滄海叢刊

史學圈裏四十年

李雲漢 著

東大圖書公司印行

國立中央圖書館出版品預行編目資料

史學圈裏四十年／李雲漢著.--初版.
--臺北市：東大發行：三民總經銷，
民85
面；　公分.--(滄海叢刊)
ISBN 957-19-1957-8 (精裝)
ISBN 957-19-1958-6 (平裝)

1.李雲漢-傳記

782.886　　85001257

著作人　李雲漢
發行人　劉仲文
著作財產權人　東大圖書股份有限公司
臺北市復興北路三八六號
發行所　東大圖書股份有限公司
地　址／臺北市復興北路三八六號
郵　撥／〇一〇七一七五──〇號
印刷所　東大圖書股份有限公司
總經銷　三民書局股份有限公司
門市部　復北店／臺北市復興北路三八六號
重南店／臺北市重慶南路一段六十一號
初　版　中華民國八十五年三月
編　號　E 78091
基本定價　捌元陸角
行政院新聞局登記證局版臺業字第〇一九七號

ISBN 957-19-1958-6 (平裝)

在草屯荔園的歲月

1

夫婦小憩於中正堂雲漢池畔（兒子肖元所攝）

全家合影（攝於民國七十一年六月，次月小兒肖元不幸於預備軍官訓練演習時因公殉職）

父女（肖寧）在芝加哥合影

母親與兒子肖元

3

與 C. Martin Wilbur 在紐約歡敘

與薛光前合影

與唐德剛合影於哥大校園

踏雪去哥大研究室

首訪東京

與黃季陸師（**右**）

與秦主任委員孝儀先生（**左**）

與劉世景（右）兄（陽明書屋）

在香港報告論文

瞻仰國父母親楊太夫人墓園

檀香山國父像前

訪問史丹佛大學胡佛研究所

9

芝加哥湖畔（右爲女兒肖寧）

在伊利諾大學西安事變五十年研討會報告論文

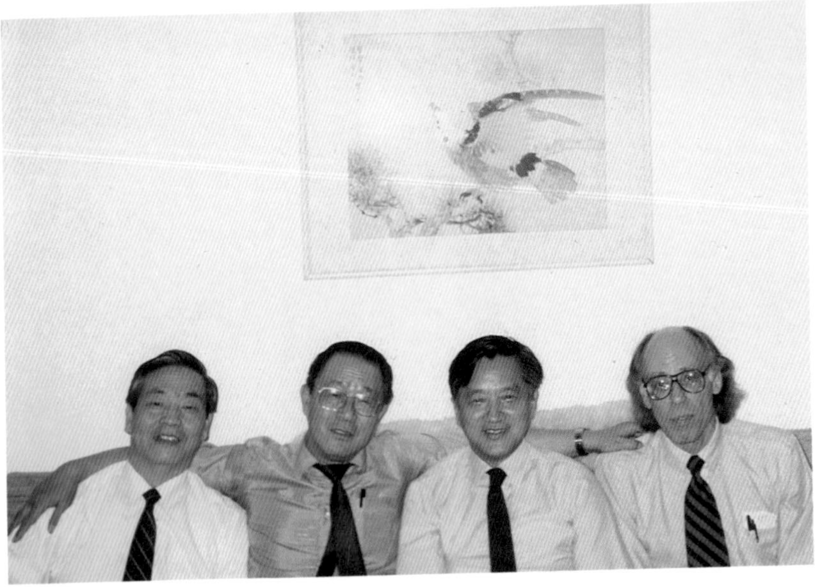

李雲漢、劉紹唐、于子橋、易勞逸

莫斯科大學亞非學院研討會上報告論文

（右爲譯員安德烈講師）

陳鵬仁、李雲漢、梅立克謝托夫

一行訪查革命遺蹟（左起中村義、家近亮子、陳鵬仁、李雲漢、山田辰雄、久保田文次、田中健二）

12

橫濱瞻謁黃克强先生紀念碑

在東京專題講演

作了李海天先生（左二）貴賓

左一爲宋晞理事長，右一爲陳鵬仁副主任委員，右二爲瞿韶華館長

致開會辭（臺北市立圖書館）

民國史座談會
（左起李璜、蔣永敬、李雲漢）

接待劉安祺上將（前右）

在臺大三民主義研究所講演

微笑在臺北辦公室中（民國八十四年）

我這條路——代序

人生在世，每個人的際遇不同，佛語說：「每人頭上各有一片天」。每個人都有自己的路。有的人，路很平坦，廣闊；有的人，卻是崎嶇不平，歷盡艱辛。

我在戰亂的烽火中長大，民國三十九年（一九五〇）以前是個純粹的流亡學生。隨了戰火的蔓延而逃亡，最後幸運的來到臺灣這個避風港。又在窮困中奮鬥了幾年，直到四十六年（一九五七）夏天，畢業於國立政治大學教育研究所之後，才選擇了自己的道路——研究中國近、現代的歷史。

這條路很單調，很孤僻，懷有雄心大志的人不想走；這條路很漫長，很辛苦，急於計日程功的人不願走。樂於踏上這條路的人，多半有點傻勁；我想我就是這樣一個「傻表哥」。

史學研究的道路上，我把自己的工作分作三部分：一是研讀，一是教學，一是著述。研讀是基本工夫，而且是沒有止境，也不能停息的。不研讀，就會落伍，就會變得粗俗，甚至面目可憎。不斷的研讀，知識的領域自然拓展，心路和眼界也因之自然的開闊。爲了研讀的方便，決定不離開史學機構，因而和中國國民黨中央黨史會結了不解之緣，在黨史會服務長達三十六年。去過國史館，做了兩年專任纂修兼主任秘書，任兼任纂修則有八年。第三個和我關係密切的史學機構是中央研究院近代史研究所，那裏的學者名家十、九都是我的同道好友，我也曾在近代史研究所做過一年的訪問學人。

從民國五十二年（一九六三）起，在大學裏講述中國近、現代史課程，除了赴美進修的兩年外，沒有間斷過，直到八十四年（一九九五）秋季，才辭卸了政大歷史研究所的兼任教授，算來已有三十餘年的教學經歷。我之樂於教學，出於兩種因素。一是奉行先父的遺願：先父在我小學時代就曾叮囑我將來要從事教育工作，造福鄉人；先父在故鄉爲中共殺害後，我立誓要常年從事教學工作藉以安慰他在天之靈。二是我始終服膺「教學相長」這句話的精義，教學可以促進自己的進步，也可從學生的言論和閱讀報告、論文中，攝取新的知識，並可瞭解年輕一代的看法與需要，來調適自己、充實自己。

著述，也是我的素志，中學時代就欣賞「斐然有著作之意」的師長，自己也曾寫過一冊紀念先叔父爲日軍加害的書：《葉落餘響》。初到臺北時，窮得夜晚沒有棉被覆身，還是靠幾篇文章的稿費解決了這個難題。不過，眞正談到著述，是在民國四十七年（一九五八）以後的事，那年開始寫第一本學術著作，以後就沒間斷過，每過二、三年，總有一冊書出版，否則就覺得沒有交代，對不起自己。著作也有無限的辛酸，卻也同時會帶來不少安慰、鼓勵，以及爲人豔羨的榮譽。書得了大獎，那份興奮是難以形容的。不得獎，也會有自得之樂。前年——民國八十三年（一九九四），中國國民黨建黨一百周年之慶，我窮三年又二個月之力，適時著成《中國國民黨史述》一書，逾二百萬字，彌補了中國國民黨沒有完整黨史著作的缺陷。沒有申請獎金，黨中央也沒有人鼓勵我，但我仍然有俯仰無愧的興奮，因爲我於公於私都有了滿意的交代。當國內史界同道認爲是一項難得的貢獻，日本史學界大加頌揚，大陸歷史學者展轉託人來求贈此書的情形發生，自然也感到極大的安慰，也會興起要再接再厲的豪氣。

史學研究的道路上，已經走過了四十年，本（八十五）年農曆四月二十二日以後就是七十初度了。短期之內，就可從工作崗位上退休，這冊書，就算是自己劃下的句點，但不是研究生活的結束。生命是可貴的，一分一秒都要珍惜，浪費生命是不可寬恕的罪惡。

前些日子，當代青年月刊社的施淑芬編輯來訪問我，問一生研究史學成功的要訣是什麼？我不敢承認是成功，但可坦然承認自己是一條不顧疲憊而步步前行的老牛。我告訴施小姐：標定方向，勇往直前，是我差堪告慰於私衷的一貫精神。

這條路，走的眞辛苦。沒有名，沒有利，一直在僅保溫飽的情形下過日子，幾乎是沒有任何娛樂和享受。但在心理上並不感到孤獨，精神上也不覺得貧乏。因爲我擁有自己的書城，也有很多很多史學界的朋友和學生，黨史會的同事更是如同家人，樂也融融。遇到的長官也多半是學術界出身的君子人，完全沒有接觸到政治漩渦中的是非。自己以爲是個史學圈裏的耕耘者，絲毫沒有「高幹」的感覺。別人也這樣看待我，秦孝儀先生就曾說我是個「在史學圈裏打滾的人」。

四十年來和我攜手同行，甘苦與共的人，是內子韓榮貞女士。她照料我們全家，前三十年還得從事於教學。爲這個家，她幾乎是犧牲一切。我常說，她是我的女友、太太、管家、護士、顧問和督戰官，在遭逢到最痛苦的時刻，都由於她的理智和堅強，才能安然渡過險關。她的名言是：跌倒了，自己站起來，不要叫別人看笑話。沒有她的照料和協助，我不可能走得這樣穩；如果說我還有一點成就的話，內子應是不折不扣的第一功臣。但她不讓我在文字上說什麼感謝的話；一次在一冊新著的前言中提到她的協助，她卻硬要我刪去。這次我要擅自做主，一定要提一提，不要我內心永遠感到不安。

無怨無悔，不忮不求，勿怠勿忽，盡心盡力；史學研究道路上走過了四十年，到了休息點，但不是終點站。解除了職務，放鬆了心情，以後的道路會走得逍遙自在，但不是懶散懈怠！

中華民國八十五年一月十日，懷元廬

史學圈裏四十年

目次

一八、在東京紀念孫中山先生

二三、著作

一、最早寫的兩部書

初到荔園

民國四十六年（一九五七）八月，經由政治大學教育研究所的推薦，得到中國國民黨中央黨史會主任委員羅家倫先生的接受，我到黨史會當編審，是正式就業也是從事史學研究工作的開始。

那時黨史會的辦公處所是分散的。主任委員辦公室在臺北中央黨部內，總辦公室設於臺中市政府內，典藏室（史庫）則設於南投縣草屯鎮郊外的荔園。去臺中前，先去看羅先生，他不厭其煩的告訴我一些話：「給你編審名義，是科長階層，不要小看這個位子」，「派你到荔園史庫去，雖然苦些，目的是接近史料；不熟悉史料，是不能作研究的」，「要下三、五年苦工夫，否則，不會有什麼成就」，「某某人是秘書，某某人是總幹事，某某人是專門委員，學識不一定比你好，位階卻比你高，要尊重人家，好好相處。」

本來政大推薦三位同學到黨史會工作，除我外，還有蔣永敬和梁尙勇兩兄。尙勇兄因要出國進修，不願意離開臺北，臨時打了退堂鼓。我和永敬兄就一頭鑽進了史庫裏，開始了一段爲時不算短的單調生活。我們都是有所爲而來，目的是要到史料的寶山裏挖寶，爲自己的學術研究打好基礎。

我和永敬兄早期的研究工作，像是配合進行的。我選擇研究黃興（克強），永敬兄就研究胡漢民（展堂）；其後永敬兄要研究鮑羅廷與武漢政權，我則開始研究從容共到清黨的一段歷史。後來都到哥倫比亞大學去進修，我倆的研究就分道揚鑣了。永敬對越南的胡志明有了興趣，我則想探討一下宋哲元如何支持抗戰前華北危局。同學，同事又同道，我倆已有了四十年的友誼。當年有人戲稱我倆是羅家倫先生門下的「哼哈二將」，今日史學界朋友則推譽我們爲史學界的「蔣李二公」。

決定寫《黃克强先生年譜》

我之選定以黃克強先生爲研究對象，多少是受到羅家倫先生的影響。羅先生在《黃克強先生書翰墨跡》一書序文中，對黃興生平志業作如下的描述：

> 我讚揚黃克強先生生平赴義恐後的精神，百折不回的志節，豪邁恢宏的氣度，斐然成章的文采，所以能鼓舞一世，完成他偉大的生命。
>
> 他有魄力，有感情，不斷的求學問，不斷的做修養工夫。他是豪士，是英雄，是開國元勳，但是他更是有中國文化根底的讀書人。他是「士」，這個士便是曾子所謂「士不可以不弘毅，任重而道遠。仁以爲己任，不亦重乎；死而後已，不亦遠乎！」的士。這個士也就是孟子所謂「豪傑之士！」

這段話，太令人感動了。對於黃克強這樣的「士」，怎可不加以研究、闡揚和評論呢？研究黃氏生平事業的第一步，是要先編一部像樣的年譜；並決定以《黃克強先生年譜》爲預定的第一部書。

回家告訴新婚未久的內子，她全力協助。內心充滿了熱情和希望，竟脫口說了大話：「希望我們第一個孩子出世的時候，我的第一部著作也出版。」——眞是幼稚，不負責任，寫一部書那有這麼容易！女兒肖寧於民國四十七年七月降生了，我的書卻連個影子也沒有。內子笑問我諾言怎麼沒兌現，我只有低下頭來，表示羞愧。從此不敢再講空洞的大言壯語。

民國四十六年冬開始蒐集資料，並閱讀與黃克強有關的革命文獻與專家著述。經過四年的時間，才寫出《黃克強先生年譜》的初稿。自知自己功力尙淺，寫出來的「黃譜」尙是不成熟的作品，疏漏與錯誤之處必然很多，未經修訂補正之前，不願輕易發表。「譜稿」是用有格稿紙，每一個字都是自己親筆寫出來的。四年的時間並不算短，花費的心血也不算少，卻沒有勇氣和信心立即出版，想來可也眞是洩氣，心裏也感到很苦悶。但退一步想，自己並不是一位專業研究員，必須以公家交辦的工作爲優先，公餘才能寫作。慢一點沒關係，只要鍥而不捨，總可以見到叫自己滿意的成果。這樣一想，也就心安理得了。好在內子從未責備我再三「跳票」，我正壯年，正大有可爲，何必過於自責！

譜稿與正本

荔園雖僻處鄉間，史學界人士前往參觀或作研究的人還有一些。吳相湘，王德昭兩位教授曾去過數次，一住就是一兩星期。美國哥倫比亞大學中國史教授韋慕庭（C. Martin Wilbur）一連有兩個暑假，每週都去荔園三至四天。三位教授都成爲我的好友，除王德昭教授已作古外，韋、吳兩位至今仍保持聯繫，信件不斷，三十多年的友誼，十分可貴。中央研究院近代史研究所建所未久，郭廷以所長曾來過荔園，有意要邀請蔣永敬兄和我參加近史所的研究計畫，支一份研究津貼。郭所長把兩份申請表託羅主任委員家倫先生面交永敬和我，永敬和我考慮到會造成黨史會同仁間的閒話，婉詞謝絕。近史所其他先生如王聿均、李毓澍、黃嘉謨、呂實強、王樹槐、呂士朋、李國祁、王爾敏、劉鳳翰、李恩涵、張朋園、賈廷詩、亓冰峰、張玉法等人，也都先後訪問過荔園。這幾位先生以後都是史學界的大將，也都是我無話不談的知交。

吳相湘是位勤於治學，最有辦法挖資料的人，稱得起是民國史研究的先進。他到荔園來看到我的「譜稿」，建議交給他先在他主編的「中國現代史叢刊」發表。我雖然有些膽怯，還是同意了。於是取題爲《黃克強先生年譜稿》，刊載於吳相湘主編，臺北正中書局印行的「中國現代史叢刊」第四冊，於民國五十一年三月出版。吳教授在其所撰「前言」中寫出一段介紹文字，認爲與薛君度著《黃興與中國革命》「互有詳略而相得益彰」。吳教授的原文是：

> 《黃克強先生年譜稿》是國立政治大學碩士李雲漢先生的作品。他是以中國國民黨中央黨史會收藏史料爲憑藉，內容豐富，引用甚多稀見的史料；與薛君度博士新著《黃興與中國革命》（*Huang Hsing and the Chinese Revolution, by Chun-tu Hsueh*, 1961）互有詳略（薛著中於黃氏遊美言行特別詳細，所據均前此未曾發表之文電），而相得益彰。民國四十八年夏，編者遊美時在薛君度博士處有先睹其原稿之快，回國後又得李雲漢先生出示譜稿；今幸兩稿均已刊行，世人讀後對於中國革命元勳——黃克強先生，當更增景仰。

「譜稿」出刊後，我很注意黃克強先生在臺家屬的反應。克強先生長女黃振華女士時任立法委員，尚不熟識；其夫婿陳維綸博士則是兩三年前結識的朋友。維綸博士對「譜稿」認爲很充實，很正確，表示他家中尚存有若干原始史料，將親自爲克強先生寫一部傳記，標題爲《黃克強先生傳》。後來陳固亭先生告訴我，黃振華女士對我寫的「譜稿」，甚爲滿意。儘管如此，我仍感到「譜稿」不夠完備，拒絕出版單行本，再加修正增訂，於民國六十二年（一九七三）黃克強先生百年誕辰，始由中國國民黨中央委員會黨史委員會正式出版。正文之後，增列了一篇〈關於黃興的研究和史料〉。

《黃克強先生年譜》是我所寫的第一部書，卻不是我最早出版的一部書。最早出版的一部書是《從容共到清黨》，於民國五十五年五月由中國學術著作獎助委員會出版，上下兩冊（影印再版時合爲一冊），六十萬字，兩度獲獎，是我早期的代表性著作。

《從容共到清黨》著述動機與經過

爲什麼要寫《從容共到清黨》一書？我向中國學術著作獎助委員會（China Committee for Publication Aid and Prize Awards）提出的〈從容共到清黨著述經過及內容提要〉一文中，說明著作動機是：

著者之撰寫《從容共到清黨》一書，係基於下列的兩點認識：

一、自民國十一年（一九二二）冬，中國國民黨開始聯俄容共，到十六年（一九二七）春全面清黨繼之以對俄絕交的五年間，是中國現代史上的一個錯綜複雜的階段。它是國父孫中山先生的忠實信徒們爲維護革命正統與民族生存而從事反共奮鬥的第一回合，也是國民革命成敗所關與中華民國存亡所繫的重大關鍵；可是這驚心動魄的一幕，尚沒有一部正確翔實的著作問世。身爲一個中國現代史的研究人員，著者覺得有責任對這個重要的歷史環節加以透澈的研究。

二、大陸淪陷後，在共黨惡意的曲解、竄改與揑造下，中國國民黨當年容共清黨的眞象，竟被籠罩於隱諱與誤會的疑雲中，中山先生爲國家民族所作的深謀遠慮，與他的信徒們在此時期内與共黨艱苦鬥爭的壯烈事蹟，也爲一些粗淺、偏執與誤謬的言論所掩蓋。身爲中國國民黨的黨員，著者覺得有義務從歷史文獻中找出眞實憑據來，廓清這一段歷史的眞象。

我也曉得，要寫這樣重要而複雜的早期國共關係史，是相當艱鉅的任務。最基本的前提是：所能掌握的史料夠不夠？我自己有沒有寫這部書的能力？

關於史料問題，經過檢查黨史會庫藏原始檔案文獻，認爲十分充分，而且普天之下惟此一家，以前還沒有人運用過，我不來運用實在太可惜。關於中共的史料比較少些，但不礙事，因爲在容共時期，中共很多活動的紀錄都存在國民黨的檔案中，再輔以有關的期刊、報紙及中外學者有關的著作，應當沒有問題。

關於個人能力問題，倒是値得冷靜的考慮一番。過去雖寫過碩士論文和《黃克強先生年譜稿》，但從未寫過這樣重大且具爭議性政治問題的專著。如決定要寫，就不能虎頭蛇尾，更不可半途而廢。仔細想過一段時間，認爲自己雖不是個絕頂聰明人，自信智慧和文筆尚可應付這一挑戰，史德站得住，史識仍可從寫作過程中培養，只要有冷靜的頭腦和專注的精神，相信可以有個交代。就這樣下定了決心，以有進無退的精神，致力於容共清黨的研究，寫出一部夠學術水準的專著。

民國五十一年（一九六二）開始這項工作，幾乎是全力投注。四年之後——至五十四年（一九六五），經過三度易稿，終於完成了《從容共到清黨》的初稿，也是手寫稿，計五十萬字，分裝爲三冊。內容分十二章，三十七節，一百二十二目。引用及參考資料計四百四十七種，含中國國民黨中央執行委員會第一、二屆各種各次會議紀錄、上海、廣州、漢口及南京四階段的黨務檔案、文件、報告、中外文書刊、論文，及相關期刊、公報、報紙。在臺灣，看不到太多的俄共及中共的原始文獻，這是當時無法克服的困難，引以爲憾。

推薦、審查、獎助出版

書稿寫作期間，曾向黨史會主任委員羅家倫先生口頭報告過，因爲運用原始會議紀錄及檔案文獻，必須先獲得主管許可。羅先生未阻止我，卻也未特別鼓勵。同事間，則有人向羅先生講我的壞話，說是不應當利用公家資源從事私人著作，羅先生也沒理會。書稿完成後，正逢中國學術著作獎助委員會登報徵求優良史學著作，決定申請獎助。於是帶了書稿前來臺北，請求羅先生寫推薦信。羅先生問我寫作經過，翻了翻書稿，然後說：

我沒法翻閱全文，但我相信你。書稿留下，你先回去，我再翻閱後寫信推薦。

羅先生眼界甚高，是我早已知道的。他言而有信，我也深信不疑。他眞的再翻閱一次，然後寫了推薦信。信稿留在劉世景兄手中，世景兄抄給我一份，全文如下：

中國學術著作獎助委員會大鑒：

茲介紹並推薦李雲漢先生所著《從容共到清黨》一書全稿，應

貴會之獎助出版。李君爲政大教育研究所碩士，於得學位後在中國國民黨黨史編纂委員會任編審職務，於今八年。不斷在史庫整理與研究史料，並著有《黃克強先生年譜》，由正中書局出版以後，又費四年半之研究，根據大量之黨史會所藏史料，佐以中外有關本題之論著，寫成本稿，計五十萬言。所用當時之紀錄、專著、文件、論文、報告共四四七種，頗爲詳審，足以揭發國際共產黨與中共狼狽爲奸，相依爲禍中國及顛覆國民黨與國民政府之陰謀。李君文字質樸、不事誇張，而以對方陰謀文件爲佐證，尤爲有學術根據之作品。

爲此專函推薦

貴會惠予審查。如能獲選出版，更所欣幸。此頌

大祉

羅家倫

中國學術著作獎助委員會聘請了幾位專家，對我的書稿進行審查。其中一位審查人員於十年後認識我，曾對我敍說審查過程，但已是昨日黃花。審查人員只是專家，而不是學者，因爲學術圈裏還找不到精研這段歷史的人。審查合格並經獎助會會議通過，決定頒予我一萬元獎金並提供全部印刷費及英文介紹譯稿費，印一千冊書，有八百冊歸我自己支配。但也寄來了四條審查意

見，要我「參考修正」。四項意見是：

一、所引原始資料過長。按本書爲研究之作，而非資料彙編，如非必要，所引文字似可儘量從簡，人名表尤不宜全錄。最好將原稿刪減爲三十萬字左右。

二、行文立論，應請避免感情，主觀成份，驚嘆號等亦以少用爲宜。

三、書中人物名號，應使劃一。外國譯名，應附註原名。

四、另附該書校閱表，請著者參考。

這四項意見，都屬技術層面，並未涉及內容。希望「刪減爲三十萬字左右」，尤不合理。我對這些意見，接受一小部分，大部分都不能接受。經過再一遍調整後，字數非但未減，反增加到六十萬字了。中國學術著作獎助委員會也很開明大方，照我的書稿付印，並分裝爲上、下兩冊，分平裝、精裝兩種版本，列爲「中國學術著作獎助委員會叢書」之十五。民國五十五年（一九六六）五月，《從容共到清黨》正式出版，由臺灣商務印書館和香港龍門書店負責經銷。英文譯名爲 *Admission of the Communists into the Kuomintang and the Purge*（1923－1927），獎助會請人節譯了一份提要，共二十二頁，寄送國外各學術機構參考。獎助會負責人及業務人員，我至今無從獲知，出版前後都用函件聯絡，對他們的負責明快作風，留下了極爲深刻的印象。

獲得首屆中山學術著作獎

中華民國五十四年（一九六五）十一月十二日，爲國父孫中山先生百歲誕辰。中華民國各界組成了一個規模盛大的委員會，策劃並辦理各項暫時性及永久性的紀念活動。永久性的活動，其主要者有二：

一、募集巨款，在臺北建一壯麗威嚴的國父紀念館，供中外人士瞻仰，並作爲集會、表演及其他社會活動的中心。

二、將募款中撥出六千萬元，設立中華民國中山學術文化基金董事會，辦理學術著作、文藝及研究發明之獎勵，並資助有關各項專題研究。

中山學術文化基金董事會於民國五十四年十一月成立，由王雲五先生任董事長。決定於五十五年舉辦第一屆各項獎金，經公開登報公告。我看到這消息，眞是興奮無比，認爲這是一個考驗《從容共到清黨》一書的新機會，決定申請。依規定需要獨立學院或大學及學術機關推薦，這次我不再要黨史會推薦，免得羅先生爲難；我在臺中的私立逢甲工商學院兼課，就去見院長張希哲先生，希望由逢甲學院推薦。張院長一口應允，他說這是美事，也是逢甲學院的一份光榮。將著作連同推薦書寄出，並獲知中山學術基金會已經收到後，就不再過問此事。當時已報考中央黨部舉辦的公費留學考試，獲得錄取，請假來臺北語言中心進修英文，準備明年出國。十一月，中山學術文化基金會公布了首屆中山學術著作得獎人名單，我名列第三位。全部獲獎人員及其著作如下：

任卓宣	三民主義新解
傅啓學	國父孫中山先生傳
李雲漢	從容共到清黨
朱介凡	中國諺語論
郭婉容	寡頭壟斷市場之分析
林爾康	物理論文五篇
韓光渭	電子學論文
項黼辰	數學論文卅三篇

十一月十日，接到王雲五董事長十一月九日來函，通知我於十二日前往臺北參加頒獎典禮，函曰：

雲漢先生惠鑒：敬啓者，

台端所申請本會五十五年度學術著作獎，經於本月八日本會第四次董事會通過，頒發獎狀一紙，獎牌一座，獎金新臺幣伍萬元。茲訂於本月十二日上午八時三十分，在臺北市中山北路國賓大飯店國際廳舉行頒獎典禮。特函奉

達，即希

準時蒞臨領獎爲荷。此頌

台祺

董事長　王雲五　十一月九日

十一月十二日上午八時，首屆中山學術及文藝創作獎頒禮典禮開始。王雲五董事長以主持人身分首先致詞，遂即由副總統嚴家淦先生致詞並頒獎，然後合影留念。觀禮的各界人士甚多，政治大學校長劉季洪先生坐第一排，我去向他道謝，他高興的連忙給我介紹教務長羅孟浩等人，並說：李先生是我們政大校友獲得中山學術獎的第一人，值得祝賀。

獎金新臺幣伍萬元，當時並不算是小數字。獎牌頂部是孫中山先生金像，金像背面以篆體文字鐫以「中華民國中山學術文化基金董事會中山學術著作獎」。像下是六寸高的圓形牌柱，最下層是圓形牌座。牌柱正面鐫有紅字一行，書明：

中山學術著作獎　得獎人　李雲漢

牌座正面則附以長方形金屬橫匾，上鐫文字亦橫寫，原文是：

中華民國五十五年　國父誕辰
中華民國中山學術文化基金董事會贈

對我而言，得獎的眞正意義尙不在獎金、獎牌和獎狀，而在學術界對我研究成果的肯定。十一月十二日各報把我的年齡誤刊爲四十七歲，事實上是三十九週歲。自己以爲快四十歲了才有此差滿人意的表現，實在太不成器；有人卻認爲我係初出茅廬小子，怎可能與任、傅兩先生齊名；也有不相識的人認爲我必然是一位「老先生」，趙淑敏教授初次見到我時，即說：「我一直認爲你是一位老一輩人啊！」

國內外的反應與評論

《從容共到清黨》一書所討論的早期國共關係，當時在國內尚是一個比較敏感的主題，在國外則是一個熱門話題。因而，這部書出版後，在美國和日本都受到相當程度的重視，國內的反應則是意外的平淡，沒有人寫評論，也沒有人提出質疑。

書出版後，曾寄贈幾位前輩學者請他們指教。張其昀、程天放、吳相湘、羅剛、張鐵君等人都有回應，這些信件有一部分還在保存著。張其昀先生表示「至爲欣慰」，希望我有暇時「惠臨山莊一談」。他那時主持國防研究院，「山莊」是指陽明山莊。我去看過他，對我很勉勵。程天放先生時任考試院副院長，他親筆寫信給我，說：「足下工作之餘仍能致力著述，所取資料足供研究黨史之參考，文筆亦流利，良殷欣慰。」吳相湘教授兩次來函，一謂「此一段史乘，大著應爲空前絕後之權威作品矣，可喜可賀。」第二函則稱：「前所建議，乃以兄或將作教書之計，自拜讀大著後，弟想法改變，深願兄能多利用史庫完成幾種專著也。」羅剛教授函中希望我能在出國前「過我一談」，我因忙辦出國手續未能去看他。張鐵君教授來信謂「資料豐富，編纂亦頗有獨到處」，卻認爲沒提及他當年在武漢工作情形，引以爲憾：「惟武漢我接收李立三與向忠發之全國總工會及湖北總工會，我親與其役，書中並無片言隻字提及，殊遺憾耳。」

在國內，《從容共到清黨》已有四種版本。一是初版本，二冊。二是影印一版本，一冊，增加了影印再版序言。三是國防部總政治作戰部印本，分上、中、下三冊，事實上並未徵求我同意，事後曾向我表示歉意。四是及人書局影印二版，是應簡木桂兄之請所影印者，以應日本市場之需求。

在美國，康乃狄克特大學（University of Connecticut）教授馬時梓（Herman Mast III）曾寫過書評，刊登於「亞洲研究季刊」（*Journal of Asian Studies*），盛讚資料之豐富及其重要性，他的一段原文說：

If you are at all interested in China in the nineteen-twenties, Li's abundant quotations, footnotes, and bibliography will be intriguing-for a variety of reason. First, much of the documentation is new; fully 30 percent is new to me. It is of real significance, for example, that the minutes of Government Central Committees, ranging from those of the Central Cadre Committee meetings during reorganization in 1923 to those of the Political Council in 1925－26, are cited extensively for the first time. The Chronological list of minutes at the beginning of the bibliography(vol II, pp. 813－14)is complete for the period, to the best of my knowledge.

韋慕庭教授對這部書的瞭解最深刻，因爲他是研究國民革命軍北伐的專家；他引用這部書也最多，在他的名著《中國國民革命，一九二三－一九二八》（*The Nationalist Revolution in China*, 1923－1928）一書中，賦予這部書一個 TJK 代號，爲基本引用書籍之一。韋氏於卷首序言

（Akhnowledgements）中，一開始就提到：「一九六二年，我以弗爾布萊特獎助下前赴中華民國研究，通過郭廷以和羅家倫兩位教授的協助，得以到中國國民黨中央委員會的檔案館中研讀史料，兩位專家──蔣永敬和李雲漢教授，對我大力相助。以後數次訪問臺灣，他們協助我讀到更多的檔案史料，我也從他們依據國民黨的收藏寫出的著作中引用很多。」記得一九八二年四月，我和張玉法等前往哈佛大學訪問，費正清（John K. Fairbank）也對我說：「我們很重視你的書，韋慕庭教授寫劍橋中國史的北伐時期，特給你的書以 TJK 的代號，以便廣泛引用。」

這部書在日本也廣受歡迎，東豐書店主人簡木桂兄數度來函要求供應，第二次影印本也是他的主張，目標是日本的史學界。山田辰雄教授告訴我，很多日本學者已讀過你的《從容共到清黨》，只是見不到你本人，覺得很遺憾。民國八十四年三月十四日去東京慶應大學參加「研究孫中山思想與中國國民黨黨史的趨勢」研討會時，京都大學教授狹間直樹於發表論文時，還曾提到這部書，他說：「李先生的《從容共到清黨》出版於大約三十年前，對於研究第一次國共合作時代的人，這是必讀的文獻。我的觀點雖然不一定和李先生相同，但我卻曾專心拜讀過這部大作，獲益良多，至為感謝。」

《從容共到清黨》說明聯俄容共政策的本旨和運用，否定所謂「聯共」、「三大政策」及「新三民主義」為孫中山先生所制定的說法，這自然與中國共產黨人的教條針鋒相對。老同學吳湘永在世時曾說：「如果毛澤東真的能讀到你這部書，不指名你為戰犯才怪。」大陸上當時禁止這部書流行，但曾買過一部分書去研究。如今情勢大變，兩岸學者來往頻繁。八十四年九月來臺北出席「兩岸抗戰勝利五十周年學術研討會」的三十幾位教授都曾見過面，有幾位提到早年在很困難的情形下讀到《從容共到清黨》，甚至需要用手抄，言來不勝今昔之感。

書已出版三十年，很多後來出現的資料都沒有採用，有些說法都應當修正。只是一直沒有時間來增訂一番，市面上早就見不到這書，想來也不無遺憾。但我對聯俄、容共和清黨的基本看法沒有改變；共產黨一開始就想取國民黨而代之，是兩條不同路線的革命，所謂「合作」，只是雙方的策略運用而已。

二、留美生活

再打一次硬仗

生平不會投機取巧，什麼事都依靠自己的眞本領；這種想法和做法，支配我一生。

早年在故鄉的情形不必說了。民國三十八年到臺灣來，窮病交困，走投無路，但沒有氣餒，也從不怨天尤人。我相信政府，遲早總會給我們這群流亡學生安排個出路。我更相信自己，在任何情形下都不會喪失上進的勇氣，繼續深造是唯一的出路；能步上這條出路，必須憑自己本領打硬仗：在試場中脫穎而出。

民國四十二年（一九五三）參加高等考試，是第一次打硬仗，成功了，多了一層資格。這資格對我很有用，四十三年九月政大研究部復校招生時規定可以以高考相關科別及格之資格來報考，這機會便被我抓住了。但一直在流亡途中跑南走北的人，只有二年專科的眞實學歷，要和大學本科四年甫行畢業的新銳在試場上較量，其困難是可想而知的。這是我第二次在試場上打硬仗，不能不以破釜沈舟的決心來應戰。又勝利了，帶給我指南山麓兩年充滿溫馨和希望的研究生生活。

四十六年就業以後，接著結婚，女兒和兒子先後出生，內子和我都有自己的工作，家帶給我溫暖，同時也加重了壓力。但我仍有出國深造的心意，內子全力支持我，要我把握任何可能的機會。我們是窮苦人家，靠每月薪金來維持生活，要出國必須要考公費，考公費又談何容易！我考過夏威夷大學的獎學金，前一晚應老同學程威海兄之邀去吃宵夜，不小心吃壞了肚子，次日剛進入國文考場就肚痛得忍受不了，作文只開頭寫了一段就退出試場，結果不問可知，全盤皆輸。內子並未怪罪我，只是時常提起這樁叫我臉紅的糗事來，開我個小玩笑。

民國五十四年，有了一個新機會。中央委員會決定舉辦黨務工作人員出國研究的考試，待遇與中山獎學金完全相同，考取了是項很大的榮譽。應考類科中，由於羅家倫先生的爭取增列了史學一門，羅先生屬意要我去應考。羅先生曾寫信給我：

> 本星期爲派遣留學生事有所決定，經我說明黨史會需要後，在座諸公認爲合理，以本黨每年所感到急需之人才爲派遣的對象，所以今年將黨史列在第一，盼即注意及之。如能考取，當好好做一番工作，以期勿負黨的培植。

師長的督促，內子的鼓勵，以及自我的需求與欲望，皆不容許稍事猶豫。我報名應考，準備再打一次硬仗，而且是一次只能成功不能失敗的硬仗。如果失敗了，也許就銳氣盡挫，沈淪到底！

考試日期訂在民國五十五年五月二十八、二十九兩日。地點在臺北市中山南路十一號之一中央委員會第一會議室。考試科目分共同學科與專門學科兩類：共同學科爲「總理遺教」、「總裁言行」、「語文」（英文或日文）；專門學科，考史學門者，應考「西洋近代史」、「史學方法論」。筆試及格後，始有資格參加口試。

自報名到考試，有六個月的時間可以利用。但公務是不能放開不管的，只能用公餘假日來準備。內子全力支持我，我也決心全力以赴。到時間即北上應試，考完全程。參加考試人數雖僅十一位，看來似乎都有來頭，考史學門的尚有一位，更是青年有爲之人。考過後回到臺中家中，自忖成績未必能超越群雄，多少有點悒快。不意數日後即接到劉世景兄專函報捷，他說：

吾兄參加黨工人員出國研究考試，榮獲最高分，爲群雄之冠，賀甚！喜甚！主任委員亦爲此高興異常。特此報捷，并頌　時祺。

我自己當然也感到驚喜，因爲未使師長和家人失望。稍後我獲得一份應考人簡歷冊，是羅主任委員出席甄試委員會議時帶回來的，他在上面以鉛筆記下了我考試成績：

主科成績：七六·四分

語文成績：七一分

主科成績並不意外，語文成績卻叫我不大敢相信，因爲英文是我最弱的一環。記得初入政大研究部時，所長陳雪屏先生約我談話，一開始就說：你們流亡學生的英文不會好，要特別加油。他請李其泰先生爲我們幾個情形類似的人，補習英文。幾年來雖也不斷聽廣播，閱讀英文書刊，但總覺得進步不多。這次竟取得全體考生的最高分，且他人無一滿六十分者，自然有喜從天降之感。但喜悅只是一時的，因爲筆試過後還有口試，如果英語口試不及格，還是會被剔除。英語口試能順利過關嗎？我不敢作答案，但不能不抱希望。

口試是在五十五年六月二十一日下午在中央委員會第二會議室舉行。主考人是臺灣大學外文系主任英千里教授，應考人就我一個。爲了禮貌，我早到試場等英教授，並協助接待。英教授到後，奉茶寒暄。過了一會，他忽然問：考生怎麼還不來？我立即回應：先生，我早來了。英先生哈哈大笑，說：原來就是我考你啊，隨即用英語考問起來了。問了十多個問題，我答錯了，他立刻糾正，叫我不要慌。問完後和我握握手，我行禮致謝後退席。有沒有過關？一個星期之後才得到通知：出國研究人員考試結果是錄取兩人：李雲漢，赴美研究史學；朱正明，赴日研究工商管理。研究期限均為兩年；期滿即須回國，必須在原單位服務兩年以上，始可離職。對我而言，這些規定都是多餘的，沒什麼意義，因為我從沒有長留外國或是跳槽到其他機構的打算。

進入哥倫比亞大學

既決定以公費赴美研究史學，首先要考慮的問題是：以何種身分進那所大學，較適合於我的年齡、身分和研究上的需要。

年齡已四十週歲，公費又只有兩年，不可作超越自身能力的遠大規劃。這兩年公費，得來不易，也不可毫無計畫的任意虛擲。與內子很理智的分析過，也曾請教過幾位師長前輩，最後的決定是：不改變自己研究的路線，不浪費精力時間於一些與我研究無關的課程，要有時間閱讀並蒐集資料，並可經常與同一研究範圍內的學者多討論、切磋，生活環境也比較適合我的習慣。修不修學位，對我而言，並不重要；只求充分發揮兩年時光的效益，早去早回。

就在這樣的考慮下，我決定進紐約市的哥倫比亞大學（Columbia University）。把這情形寫信告訴韋慕庭教授，也徵求他的意見。他回信說：我當然贊成你來哥大，在哥大東亞研究所研究中國史的朋友也無不期盼你早日前來；我已根據你的專著向哥大推薦爲訪問學人，其他的事來後再說。不久，哥大的邀請書寄來了，我憑這份邀請書向有關機關申請辦理出國手續。不料手續繁雜，一拖就是幾個月。

蔣永敬兄也是應邀爲訪問學人，早於民國五十五年秋初就去哥大了，他在來往信件中把哥大東亞研究所情形講得很淸楚。哥大在臺北做研究的幾位校友，如 Tom Kennedy, Mrs. Caral C. Andrews 等人，也都表示熱烈歡迎。Tom 請我吃過飯，安太太（Mrs. Andrews）送我裝盥洗用具的旅行包，已從哥大修畢學位回來的張朋園兄則對我提供了一些珍貴的經驗。朋友們的熱情，令我感到無限溫馨，尙未踏進哥大校園，已經沾潤到哥大這所名學府的光輝了。

我決定去哥大研究的主題是：「宋哲元與抗戰前的華北政局」。我已蒐集了一些資料，並擬定了一份研究綱要。內子於教課及照顧一雙兒女上學外，還抽空幫我抄錄一些有關華北問題的英文文件，眞是太爲難她了。說眞話，出國期越近，越捨不得離開這個溫暖的家。想到離家後，把所有大大小小的公私事務都加在一個弱女子身上，實在感到很深的內疚。爲了進修，這是不得已的事，同時也是她所希望的事啊，我只有這樣想，聊以自慰。在內子面前，我從未表示過離情縉綣的兒女情態。

民國五十六年（一九六七）三月六日，我終於在家人友好的護送下，從臺北松山機場搭上飛赴美國紐約的西北航空公司（Northwestern Airlines）的班機，經東京、西雅圖、芝加哥，到達了紐約的甘迺迪國際機場（John F. Kennedy Airport）。這是第一次遠離家門，而且一去就是兩年，一路上思潮起伏，想到過去也想到未來。在中途站西雅圖看到了山嶺上的積雪，想起了北國故鄉的嚴寒，不曉得父母在中共暴虐凌辱之下能不能活到今天。所幸一位尼泊爾青年找我講話，談得很投機；又發現空服員中有一位秦姓小姐，可以用國語談話，這才使我恢復了心靈的平靜。我是有所爲而來，一定要有所得而回才對。

飛機在紐約甘迺迪機場落地，已經是午夜十二點五十分了。辦理通關手續後已近兩點，有沒有人在出口處等我？心裏多少有點不安。直到走出檢查門見到蔣永敬、唐德剛兩兄在焦急的等我，感到很高興，很溫暖，心也才放開了。永敬是老同學，德剛是聞名而初次見面，這麼晚兩位還在苦等，眞是過意不去。德剛兄駕車送我到永敬住處暫住，他說車是新買的，我是他新車的第一位遠道來的乘客，認爲是好的開始，我和永敬都抵掌叫好。

在永敬處睡一夜，次晨第一件事便是寫信回家報平安。開頭就告訴內子：「紐約時間三月六日夜半安抵紐約。……眞的分開了！我在外一切自知謹愼，妳在家也應以健康爲重，願我們能平平安安渡過這兩年。」同時叮囑孩子：「寧元兩兒：爸爸到紐約了，坐了二十多個小時的飛機，好好玩。在家要聽媽媽的話，好好讀書。」

三月七日租房子、買食用品。八日到哥大坎特樓（Kent Hall）去看韋慕庭教授，也就是向東亞研究所報到。他隨即陪我去秘書處註冊，領到一張 Visiting Scholar 的 ID Card，可以任意進出哥大各圖書館，並可隨意選聽自己喜歡的課程。由於語文還不能適應，我決定先進外籍學生中心（Foreign Student Center）附設的英語進修班進修。九日參加編級測驗，被編入Level 5，十日就上課。眞的一天也沒有浪費，感到有劍及履及的欣喜。按規定，語文程度到Level 8才有做正式學生的資格。每一級要讀六週。我讀過第五級後，成績還可以，就跳到第七級。讀完第七級，哥大教務處就發給我中日文系的Admission。但我沒有註册，仍維持訪問學人的身分，比較自由而有彈性。直到半年之後，薛光前先生建議我一邊在哥大研究，一邊到他服務的聖若望大學（St. John's University）讀個碩士學位，我才成爲一個具有雙重身分的留美學生。

師友之間

對研究中國現代史的人而言，哥倫比亞大學有兩項有利條件：一是圖書史料多，一是人才多。哥大兩年，我深受其惠，眞是一段充實而甜美的歲月。

東亞研究所以研究現代中國和日本爲中心，當時研究中國的風氣勝過研究日本，所以教授中除美國人外，中國人比日本人多；東亞圖書館有不少日文書籍，管理員卻都是中國人。專治中國現代歷史的美籍學者，首推韋慕庭。韋氏是哥大中國史研究的倡導者，東亞研究所於一九四七年成立後，他一直是主要的設計人之一，擔任過所長，講座教授。他的聲望甚高，與費正淸齊名，而德、識則非費氏所能及。韋氏主持哥大中國領袖人物的口述歷史計畫，一生致力於北伐前後之國共關係及孫中山生平的研究，先後著有四種名著：

(一)《共產主義、民族主義與蘇聯顧問在中國之文件評述，一九一八—一九二七》（*Documents on Communism, Nationalism, and Soviet Advisers in China*, 1918－1927），由哥倫比亞大學出版，一九五六年。係將《蘇聯陰謀文證彙編》中之文件加以評註，並有一篇很長的介紹性論文。係在夏蓮蔭（Julie Lien-ying How）的協助下著成，故署為兩人合著。

(二)《孫逸仙——受挫的愛國者》（*Sun Yat-sen, Frustrated Patriot*），哥倫比亞大學出版，一九七六年，為孫先生英文傳記中最完備之著作，引用中、英、俄三方面之大宗史料，重點在評述孫先生晚年的政見與活動。大陸的楊慎之中譯為《孫中山——壯志未酬的愛國者》，由廣州中山大學於一九八六年十月出版。但把原序刪除了，因為原序數度提到中華民國，有深深感謝中華民國歷史學者協助他的話。

(三)《中國國民革命，一九二三—一九二八》（*The Nationalist Revolution in China*, 1923－1928），由劍橋大學、哈佛大學同時出版，一九八一年。本書原為哈佛大學劍橋中國史叢書之第十二冊，重點在敘述中國國民黨改組與國民革命軍北伐的過程，頗凸出蘇俄顧問的角色。

(四)《革命的使者：蘇俄顧問與國民黨中國，一九二〇—一九二七》（*Missionaries of Revolu-*

tion, Soviet Advisers and Nationalist China, 1920－1927），哈佛大學出版，一九八九年。本書爲第一種著作的增訂本也是擴大本，包括八十一件文件。著作人仍署名爲 C. Martin Wilbur and Julie Lien-ying How，藉以紀念英年早逝的夏蓮陰小姐。

韋慕庭爲人熱誠，治學態度極爲謹嚴。我在哥大及後來在臺北，多次和他談到一些爭議性的問題，發現他絲毫不苟，絕不因私人間感情而影響到學術的客觀性。他常爲中華民國和中國國民黨仗義執言，如一九七二年中華民國被排出聯合國以及一九八五年席格勒夫（Sterling Seagrave）出版《宋氏朝代》（*The Soong Dynasty*）一書來誣衊中國國民黨的領導人，韋氏都曾發表詞嚴義正的言論，以正視聽。

韋慕庭之外，另有兩位研究中國現代史的美籍教授，曾和我討論過問題。一位是女教授鮑格（Dorothy Borg），是韋慕庭介紹我和她見面的，因爲她曾研究過戰前的中日關係，著有《一九三三至一九三八年間之美國與遠東危機》（*The United States and the Far Eastern Crisis of* 1933－1938）一書，論述自九一八事變至中日戰爭爆發期間的中日關係，極有見地，我和她有很多看法都相同。另一位是包大可（A. Doak Barnett），他是有明顯左傾色彩的人，對中國國民黨組織及領導人批評甚多，我去聽他的課，課前課後都對我很客氣。課堂上提到蔣中正先生，說蔣先生有獨裁作風，但卻是一位律己甚嚴且能力極強的領袖，看來並沒有太多的成見。

在哥大的中國籍教授，當時有何廉、夏志清、房兆楹和杜聯喆夫婦、胡昌度、喻德基、蔣彝、唐德剛等人。梁敬錞不在哥大，家住哥大附近，又經常到哥大尋找史料，也算是哥大「中國族群」的一員。這幾位先生，唐德剛兄最熟，他幫助我最多。夏、房、杜的研究室都在坎特樓，我第一年的研究室也在這裏，時常見面，但因爲他們不研究我這一行，見面只是寒暄，不談問題。胡昌度是教育學院（Teacher's College）負責人，韋慕庭介紹我去看過他，他也給我提供一些語文進修與研究工作的建議。喩德基在新聞學院，也只見過一兩面。見面最多，談問題也較深入的是兩位長者：何廉和梁敬錞。何教授已退休，我去過他家好多次，他對我講過盧溝橋事變次日，他以行政院政務處長自南京趕往廬山向蔣委員長請示處置方針的事，他說聽委員長「盡量宣傳」一句話，就曉得中華民國政府要打仗了，這是令人興奮的事。我曉得何先生寫有回憶錄，我有一次問起西安事變，他答應拿出回憶錄原稿給我看，隨後又說：還是不能讓你看，抱歉。張玉法兄到哥大後，受郭廷以所長之託去拜訪何廉先生並轉去郭先生送的禮品，也是我陪玉法去的，是一九六八年十月八日，那天何先生請我倆到「月宮」中餐館大快朵頤。

我遇見梁敬錞（和鈞）教授，是在哥大法學院圖書館中。我已讀到他在「傳記文學」月刊發表的日本侵略華北史述的系列論文，他也知道我研究「宋哲元與華北政局」，兩人可說是走在一條路上，所以他見面後就對我說：同行不是寃家，讓我倆 compare 一下。我不太瞭解他所說 compare 一字的心意，是否要一較短長呢，那我怎麼敢當。見面多了，瞭解深了，成了最好的朋友，雖然年齡上差了一大截。民國八十四年（一九九五）夏，臺北世界書局要重印梁教授早期著作

《九一八事變史述》，閻初總經理要我寫一篇「重刊本序」，我不揣譾陋，欣然同意，認爲「爲同道老友遺著說幾句話，義不容辭。」

哥大每月舉行教授討論會（Faculty Seminar）一次，都在晚上，請一位主講人講一專題，然後討論，餐費自付。我以訪問學人身分受邀參加，得到了不少論文，也認識了一些朋友。像陸培湧（Pichon P. Y. Loh）、王一駒（Y. C. Wang）等人，都是在這場合中結識的好友。薛君度兄早已相識，他每次來參加，會後也常一道再到咖啡室談談。我聽過顧維鈞來講演，從袁總統（世凱）到蔣總統（介石）都曾提到，眞的是口若懸河。他說一九三一年九一八事變後，他也被認爲是「賣國賊」，曾看到有「打倒蔣介石顧維鈞賣國賊」標語。我對這事持懷疑態度；因爲他於事變後到國民政府服務，職銜先是特種外交委員會委員兼秘書長，後是署理外交部長，似乎不大可能和蔣主席連在一起被指名辱罵。

東亞研究所的博士研究生，都是我的同學好友。特別是研究民國史的幾位，如研究廖仲愷的陳福霖、研究吳佩孚的吳應銧、研究民初思潮的葉嘉熾，以及從臺灣來的吳章銓、夏沛然等兄，往來尤爲密切。李又寧已經修畢博士課程，仍回來參加大部分學術活動，徐乃力、朱永德已取得博士學位就業了，也不時回哥大一道餐敘，或作郊遊。永敬和我是東亞所討論會上的特殊人物，像是來賓，也像是研究生。年齡畢竟是大了些，受到尊重，卻也因此而受到拘束。

第二年，情況略有變化。韋慕庭到夏威夷大學去客座一年，李又寧回臺大客座一年，蔣永敬回國了，陳福霖去了香港。雖然張玉法來了，但我們的活動多半在校外，我的研究室也搬離坎特樓，東亞研究所不復爲大家談東論西的集合點，我消耗在波特拉（Butler）和東亞兩所圖書館的時間最多。

一位極有才華卻身世坎坷的哥大東亞研究所俄裔美籍女同學，是Mrs. Lydia Holubnychy，祖籍烏克蘭，平時大家都喊她Lydia。她研究第三國際與中國革命，曾將第三國際的一些俄文文件譯爲英文，所撰碩士論文題目爲*The Comintern and China, 1919–1923*，博文論文是*Michael Borodin and the Chinese Revolution, 1923–1925*。在哥大時，時常和我討論中國國民黨改組與北伐歷史，對中國學者極爲景仰，特別欣賞中國人的謙虛。我回國後，每逢聖誕節都寄賀卡來祝全家歡樂，後來卻自殺身死，令人無限惋惜。她的論文則已由哥大於一九七九年出版，韋慕庭教授曾特地寫信告訴我這件事。

去聖若望大學讀個學位

在哥大做訪問學人，很自由，很體面，可以憑自己的需要看書、聽課、找資料，也可受邀請出席各種學術會議及活動。可是有朋友認爲這是消極的「混」，不下苦功讀個學位太可惜。考慮了好一陣子，最後的考慮是兩者兼顧，不放棄訪問學人身分，也要讀學位，奢想要一舉兩得。要這樣，不能在哥大同時兼有兩種身分，必須另行申請其他學校。紐約市區及其附近，有四五所大學。最著名的是紐約大學（NYU），不容易申請到，而我只有一年半的時間了。其他學校，我又不想進。想來想去，只有設於皇后島（Queens）的聖若望大學（St. John's University）較爲適當，薛光前博士在那裏做亞洲研究中心主任，向他請教一下吧！立即寫了信，並約期去看他。

薛光前先生倒很乾脆，一開始說像我這樣身分的人，用不到再花費時間讀學位。後來看我態度誠懇，決心已定，遂同意讓我申請，並願做爲推薦人，希望政大能把我的成績單寄到聖大。此後我未再過問，九月初接到通知去註冊繳費。薛先生說：「我讀過你的著作，認爲你有足夠資格來做 advance student。

就這樣，我開始成爲聖大正式註冊的研究生，開學後才又考了一次 GRE 試驗。每週抽三個晚間去上課，花了一個學期和一個暑期班，把課修完了，第二學期仍去加選一門「亞洲政治與政府」。沒要我寫論文，就頒發給我碩士學位證書。看來好像很容易，其實我是兢兢業業，選課一點也不敢馬虎。第一學期選讀四門課，成績是 A+ B B B。曾於一九六八年二月五日寫信給內子敍述我當時複雜的心情：

趕到Graduate School的公告牆上看成績。不錯，我眞的是A^+BBB。但等我把別的中國學生的成績也看過一下後，不禁感到又高興，又恐懼。高興的是我的成績在中國學生中是較高的（多半中國學生是選三門課，成績亦多爲BBB），恐懼的是公佈欄內得 incomplete的人很多，一不小心就會輪到我。

在我選課時，偏重於日本史，從古代、中古到近代，對日本史有了系統性的瞭解，也使我對日本民族性有了較深入的認識。這對我研究戰前華北地區日本軍人的狂妄囂張，大有裨益。

薛光前先生是羅馬大學博士，專長是國際政治。一九四九年以前曾任職於中華民國駐意大利大使館，並參加中華民國駐聯合國代表團參與歐洲事務的一個小組。一九四九年後，薛先生到美國去從事教育工作，先後在西東大學（Seton Hall University）和聖大創設了亞洲研究中心，其後並晉升爲聖大的副校長。他是位熱愛中華文化，並熱烈支持中華民國的學者，在聖大建有孔子像及中山先生紀念堂。薛先生也是紐約地區華人組織的領導人之一，每年在聯合國內中國代表權的辯論和表決，薛先生大力奔走，爲中國代表團出過大力。他是個具有「工作狂」的人，長於組織和講演，事必躬親，給朋友的信件即到即回，都是親筆，精力那麼旺盛，好像時時刻刻都在想事，做事。可惜得了絕症，於民國六十七年十一月病逝於臺北榮民總醫院，實現了葉落歸根的心願。

聖大的教授陣容，自然比不上哥大那樣整齊，但也有幾位眞才實學之士。由於是教會學校，教職員及學生中有不少修女。亞洲研究中心的中國籍學生最多，但不完全來自臺灣。像丁非比（Phebe）來自菲律賓，蔡德偉來自馬來西亞，張鶴年神父來自日本，一位黃姓女校長來自香港，朱澤孚來自臺灣。大家都是中國血統，但由於國籍不同，有人並不承認是中國人。蔡德偉的國語講得不錯，但他只承認自己是「中國種」，而不是華人或華僑，並謂中國國民黨和中國共產黨都是擾亂馬來西亞的「壞東西」。他的怪論，曾引起丁非比的嚴厲批評。非比是菲律賓華僑，持菲律賓護照，但曾在臺北讀過師範大學，愛國觀念很強。她也是最漂亮大方的校花，很多男孩子包括蔡德偉在內，都對她崇拜萬分，卻又不敢輕易對她表示愛慕之意。

李本京兄是聖大同學中的「龍頭」，年級最高，服務又熱心，後來做了亞洲研究中心的副主任。在政大，他是比我晚好幾期的學弟；在聖大，仍然尊稱我為學長。王正明兄來自中國文化大學的交換學生，他大學部讀的是臺大，並曾畢業於軍校，是個允文允武的人才；太太則是美國小姐，卻有著中國女性的嫻慧美德。劉琦言是位古典美人，人很聰明，也很有嬌氣，由於是我行專同學馮國璽的妻妹，因而時常和我談談臺灣的事。我都是上課前趕到，下課後匆匆趕長途汽車回哥大附近的住室，沒時間和同學多談，也不清楚班上到底有那些同學。回臺灣後，除了李本京教授外，別的同學都失去了聯絡。魯光桓教授來臺北擔任東吳大學客座教授時，曾招待他吃過一次飯，不曉得他於何時離開臺北。他曾跟錢穆先生做過研究，是哥倫比亞大學史學博士，只是一生是個王老五，有極大的感慨。

未發表的英文論文

來哥大前，就決定要利用哥大豐富的資源完成有關宋哲元的專題研究。

宋哲元是中國人，他所管轄的冀察兩省和平津兩市是中國領土，和他有直接政治關係的政府是南京國民政府，極力爭取他卻又同時壓迫他的外國勢力，則是日本駐華北的軍隊、使領館人員及特務人員。研究宋哲元這樣的一個人和事，自然要以中國方面的史料爲主，再輔以日文及英文史料，始可顧及到每個層面，而又不失本末主副之分際。中國政府方面的文獻我已涉獵過，並隨身帶了一部分去哥大，哥大所藏的書籍、期刊、口述歷史紀錄、東京戰犯審判文件及英、日文專著，則是我要閱讀和採擇的主要對象。兩年的時間雖不算長，但必須用英文寫出一份論文來留給哥大，才算克盡訪問學人的責任，也算對哥大每月津貼我一百美元生活費的酬謝。

我在東亞研究所，首先申請閱讀黃郛（膺白）的全部文件。所方同意提供我顯微膠捲（Microfilm），而不讓我看原件。其實膠捲內容和原件一樣，只是用閱讀機閱讀眼睛比較吃力而已。我看得很慢，因爲要做筆記。《亦雲回憶》發表過的就不再抄錄，只有沒有發表且有高度價值的文件，我才抄錄下來。

哥大東亞研究所所藏中國名人的口述史，是沒有發表過的寶藏。有一部分是中央研究院近代史研究所在臺北訪問，送哥大東亞研究所一份，所有權則是兩所共享。我向韋慕庭請求閱讀與我研究主題有關部分——秦德純、石敬亭、孫連仲、龐炳勳等人的口述史紀錄，韋氏即要我同時寫信徵求郭廷以所長的同意。等郭廷以先生回信同意了，哥大才讓我閱讀。據說我是獲准閱讀這些口述史資料的第二人，第一人是唐德剛兄。不過我對這幾位老西北軍將領的口述資料，認爲可用的不多，多少有點失望。尤其是秦德純，他的口述資料遠不如《海澨談往》講的眞切，很多地方他都避重就輕。

「東京軍事法庭審判日本戰犯文件」（*International Military Tribunal for the Far East*, IMTFE）有英文、日文兩種版本，均庋藏於法學院圖書館（Law School Library）內。我從英文部分中選擇與中日戰爭有關的文件閱讀，並複印其重要部分，也花費了三個星期的時間。記得首次遇到梁敬錞先生，就在去看這批資料的途中。他是常客，看文件非常細心，令人欽佩。

逗留在波特勒圖書館的時間最多，因爲那裏庋藏了大量英文書籍和報刊。「中國每週論評」（*China Weekly Review*）也就是「彌勒氏評論報」（*Millard's Review of the Far East*），有很好的時事論述與分析，並有人物小傳，對我最有用，花費的時間也最多。我找到陳公博主編的「革命評論」，也是在波特勒圖書館。抄錄報紙上可用的報導及評論，確是苦差使，我卻樂此不疲。偶然找到罕見的史料，會帶來極大的快樂。一九六七年八月，我隨同韋慕庭等去密西根大學

（The University of Michigan, Ann Arbor）參加第二十七屆國際東方學人會議時，抽一個下午去密大圖書館中文部看看，卻意外發現該館存有北平的「實報」，並且從七月份報紙中發現了宋哲元於平津淪陷後給張自忠的一通電報，這對我瞭解宋氏當時的態度是極爲有力的佐證。

用英文寫篇長論文，生平也是第一次。也曉得這是一次危險的嘗試，寫出不能被人接受的英文論文來，正是自不量力，自討沒趣。然而，不鼓起勇氣寫，永遠也不會進步。決定不管好壞，完全由自己來寫初稿，再請位美國朋友潤色一下，不失面子，時間上也容易控制。寫了一部分後，覺得原定題目範圍太廣，決定縮小範圍爲《宋哲元與二十九軍》（*Sung Che-yuan and the Twenty-ninth Army*）。經過一番夜以繼日的努力，論文初稿終於成型，自己再作修正後打字，全文共爲二百九十頁，計分十章。我在「前言」（Preface）中說明論文的宗旨是：

The purpose of this study is twofold. First, it is intended to draw an outline of the biography of General Sung Che-yuan, the late Chairman of the Hopei-chahar Political Council and Concurrently Commander of the Twenty-ninth Army. Second, an attempt is made to evaluate the main factors which led to the outbreak of the Lukouchiao Incident of July 7, 1937, and to analyse the elements that eventually propelled China into full-scale resistance against Japan.

請那位美國朋友爲我修飾一下呢？以青年學者比較好些。剛好馬時梓（Herman Mast, III）來電話邀請我去他家住兩天，我就答應並將論文稿帶去請他批評並作潤色。他是伊利諾大學（The University of Illinois, Urbana, Illinois）的博士，研究戴季陶的思想，三年前到臺北蒐集資料時和我相識，現任康乃狄克特大學（The University of Conneticut, Storrs）中國史副教授。我去了馬時梓家，他夫婦熱情招待，當我要他看論文時，卻只翻閱了開頭十多頁，就說很好，沒問題，不再往下看了。看他態度很誠懇，不像是故意耍花槍。

我決定要在一九六九年二月上旬離美歸國，爲的是提前趕回和妻兒團圓共度農曆新年。歸期一天天逼近，論文的增強工作也不能不停止。歸國前三天，我帶了一份論文稿去看韋慕庭教授，向他道謝並辭行，請將論文轉交東亞研究所，存備參考。他收下論文，也勉勵幾句。這份論文的中文稿略作補充後，由臺北傳記文學出版社出版，改題爲《宋哲元與七七抗戰》。英文稿我也保留了一份！

查查我的家書，證明我是二月三日上午離開紐約的，仍搭西北航機。好友們都來送行，我這樣寫信告訴內子：

三日早上，紐約落著雨，和我兩年前抵達紐約時情形一樣。唐德剛開車送我，張玉法、徐遠齡（爲了送我，特地請了一天假）及李又寧都同車送至機場。王正明及李本京則自行抵達機場相送。朋友們的熱情很使我感動。當我與他們揮別進入機艙時，心裏確有幾分傷別之感。

二月四日到了東京。在東京停留六天，到十日才飛回臺北。留美生活結束了，展開在面前的是一條很廣遠的研究之路，好好的走吧！

三、感喟與省思

爲羅先生說幾句話

羅家倫先生鼓勵我上進，給我爭取留美研究史學機會，考試前夕還寫信給我，認爲應考是「一件盛事」，要我「當鼓勇氣，憑實力以試。」我赴美之日，羅先生在行政院餐廳爲我餞行，也說了一些殷切期勉的話。留美期間，我曾不斷的把在國內的所見所聞以及研究進修的情形寫信向羅先生報告，卻只接他一次回信，以後就看不到他的片紙隻字了。五十六年秋，蔣永敬兄回國後才寫信告訴我，羅先生健康大不如前，記憶力衰退。至五十七年十一月，羅先生因病退休，很多事都已記不清楚。我回到臺北後曾見他一面，他已不大認識我，也不能講什麼話。五十八年十二月二十五日，終於與世長辭。

羅家倫先生主持黨史會和國史館，是他一生事業中最重要的一個階段。他做了不少事，卻也受到不少人的批評。所主編的《國父年譜》初稿本，更受到一位教授的攻擊，一狀告到中央委員會，惹起了不算小的風波。批評及攻擊羅先生的人，也是我所熟識的朋友，他們攻擊羅先生的文字我也讀過，總覺得意氣用事的成分多。平心而論，羅先生不是沒有缺點，但有些批評不但不公平，批評者本身的史學和史德就不能令人佩服。

羅先生提倡簡體字運動，惹起一部分人的口誅筆伐，說他與中共「隔海唱和」，他自我解嘲說：我準備到警備總部去「自首」。我是不贊成羅先生的簡體字的，但對反對羅先生的人所提出的理由也認爲是強詞奪理。曾問過羅先生和某某人有個什麼過節沒有？羅先生坦誠相告：有，都是因爲進不了中央大學而懷恨在心，伺機報復。

說羅先生工作一無表現，我也認爲是言過其實。

就黨史會而言，羅先生是第一位以學術態度整理並發表史料的主任委員。他邀請郭廷以教授等人於查驗史料內容後，擬定一份分類編目辦法，供一般史料分類編目之用，沿用至今。他要求全體同志合力將一捆捆的檔案編號裝封並編成目錄簿，如上海「環龍路檔案」及「漢口檔案」等，均可按號調用。編印了《國父全集》，出版了《國父年譜》和《國父批牘墨蹟》，創刊革命文獻，開始有系統的公布革命史料，並先後編印了「中華民國開國五十年文獻」及「國父百年誕辰紀念叢書」等大部頭史籍，另外也編刊了《開國名人傳》、《開國文徵》、《黃克強先生書翰墨跡》等書籍，並將李廉方的《辛亥武昌革命紀》影印出版。羅先生於民國五十七年蔣永敬自美返國後，調任永敬爲編輯室總幹事，信任永敬大肆改革，如革命文獻的革新，革命人物誌的編刊，以及中華民國史料叢編的影印等，均有大助於革命史的研究。

就國史館而言，由於國史館的人員與史料未能遷臺，民國四十五年在臺北復館時，一無所有。羅先生就任館長之時，連辦公室都沒有，一切從頭做起，不可能有立竿見影的成就。羅先生決定編纂「開國實錄」和「抗戰實錄」，方向是完全正確的，只因人力財力均不能配合，致兩大計畫均未能完成。這是國史館最受批評之處，也是羅先生一生中引以爲憾的事。

羅先生是首開近代史研究風氣之人，如何能不重視近代史研究？只是制度、人事、經費及環境等多重限制，使他無法爲所欲爲。據我所知，當時中央財務委員會的負責人對羅先生不表支持；羅先生想盡辦法向各方面求援，發動幾位黨籍企業家捐助鋼筋水泥，才能把草屯荔園新史庫建築起來，是極其不容易的事。

當然，羅先生在臺灣主持兩所史政機構，寫過幾本小冊和一些紀念性文章，但沒有一冊學術性的專著。這點，羅先生自己也覺得很遺憾。劉世景兄告訴我，羅先生晚年告訴過他：「世景，我是讀書人，卻沒有學術專著出版，這怎麼交代呢！」

還有，羅先生眼界甚高，下屬寫的文字他看不在眼裏。每一本書的封面要親筆題款，序言要自己動筆，函札及重要呈文也不假手別人，這樣事必躬親，可就苦了！五十四年國父百年誕辰前數日，幾十冊書已印好只等他的序，我曾奉命到他潮州街九十三號公館中立等取稿，看他眉頭皺得緊緊的，一口水也不喝，奮筆直書的情境，覺得令人尊敬，也叫人憐憫！

黃季陸先生要開創大格局

繼羅家倫先生主持黨史會和國史館的人，是黃季陸先生。記得黃先生接任黨史會主委，是民國五十七年十一月間的事。我從美國寫信向他道賀，他親筆回信說：「黨史會百事待舉」，「正擬借重長才」。

這時黃先生正熱心於荷馬李（Homer Lea）史料的蒐集。要我與任職駐美大使館文參處的毛先榮兄聯絡，必要時去看看周書楷大使，一定要把有關荷馬李的著作購買或影印回來。我和毛先榮兄聯絡好，華府地區由他負責，紐約地區由我負責，分別將荷馬李的著作及有關資料複印後逕寄臺北。

黃先生似乎希望我在美國多待一段時間，要我去史坦福大學一趟。我回家心切，按預定計畫要在五十八年二月回臺，並函告黃先生，歸途中將在東京逗留數日。黃先生立即匯美金一千元至中華民國駐日本大使館，等我到東京時提出來爲黨史會購買書籍。到東京後，幸虧黃福慶兄協助我，把黃先生囑辦的事辦好。那時林尊賢兄和劉昆輝兄都在大使館服務，也得到他們兩位的協助，並在大使館吃過一餐飯。

回到臺北後，首先要去看黃先生，他要我夫婦到石牌家中吃晚飯。第一次見到黃師母王全麟女士，賢慧慈祥，對我們殷殷垂詢，關懷備至。黃先生說：黨史會要做的事太多，希望先清點庫藏史料，編製卡片，以利於運用，並逐次公開。

中央委員會在中山南路十一號的新辦公大樓已落成啓用，黨史會主任委員和秘書室的辦公室在三樓。初次進入新大樓，精神爲之一爽。世景兄對我說，你回來了，要去看看副主任委員，我這才曉得黃先生請了副手——前師範大學校長杜元載博士。我去見過杜先生，他很客氣，也很興奮，告訴我要把我的 rank 提高。過兩天，就呈報中央調升我爲專門委員，我卻認爲這是「遲來的正義」。

談到黨史會副主任委員，使我想到狄膺（君武）和傅啓學兩位先生。狄先生與羅先生是北大同學，都是五四人物，狄先生在黨內地位比羅先生高，原任中央監察委員會秘書長。改造時期，中央監察委員會撤銷，狄先生轉任黨史會副主委。事實上，狄先生不過問黨史會的事，有幾年夏天，到草屯荔園去度幾個星期的假，我曾在一個月光溶溶的夜晚，聽狄先生講述一些「不足爲外人道」的革命故事，風趣極了。另一位副主任委員是傅啓學先生，是羅先生親自請來幫他忙的，傅先生在國父百年誕辰這段忙陣中也確是幫過羅先生大忙，在國父年譜風波中，傅先生且曾披掛上陣。可惜由於一項研究監察院派系的計畫引發了是非，傅先生解除了黨史會副主任委員職務。現在杜元載先生來協助黃先生，是黨史會遷臺後的第三位副主任委員。一年以後，崔垂言先生又由設考會副主任委員調任黨史會，是爲第四任副主任委員。杜先生於黃先生退休後升任主任委員，崔先生則由政府特任爲蒙藏委員會委員長。

黃先生對黨史會工作，深感興趣，也有遠大計畫。曾聽到他說：不做三任部長，早到黨史會來就好了。現在來，太晚了點。他是老革命黨人，很有豪情壯志。爲了清點和整理荔園史庫的史料，成立了一個清點小組，委員五人：沈裕民、曾介木、楊毓生、蔣永敬、張恩柄；我被指定爲執行秘書。以公開考試方式一次錄取大學學生近四十人，分五組進行工作，浩浩蕩蕩，黨史會還沒有先例。清點之後，繼之以製卡，進行了一年多，終於完成。黃先生又請得專款，購置了微捲閱讀機、縮攝機等儀器，目標在走向管理科學化。

國父軍事顧問荷馬李夫婦之骨灰，由史坦福大學專人護送至臺北，安葬於陽明山第一公墓，是黃先生於民國五十八年內辦理的一件大事。這件事之順利進行，一方面是由於蔣總統中正先生有了批示，一方面是由於黃先生地位聲望，足可號召。在一次會議中，黃先生做主席，他裁定要陽明山管理局選定最好的建墓地址，潘其武局長連聲回應「是，是，一切照部長指示辦理。」潘局長畢恭畢敬的態度，留給我極爲深刻的印象。他仍視黃先生爲內政部長，是頂頭上司。若換別人來主持這事，恐怕各有關機關就不一定這樣言聽計從了。

爲革新工作振奮精神，黃先生於民國五十八年年底調整了會內人士。原任秘書沈裕民調任纂修，由蔣永敬接任秘書，劉世景接任第一室（編輯）總幹事，我被派任爲第二室（徵集，兼辦中華民國史料研究中心）總幹事，次年又加了纂修職銜。永敬、世景和我在黃先生充分授權下，無論何事，一經商量定案，就分頭進行，有人稱我三人爲「三劍客」。

爲慶祝中國國民黨建黨七十五週年，更爲了實施黃先生「公開史料，便利研究」的政策，由黨史會與國史館合作設立了中華民國史料研究中心，於民國五十八年十一月二十四日正式開幕，中央委員會秘書長張寶樹先生曾親臨參加，並致詞祝賀。次年開始舉辦以討論現代史與革命史爲中心的討論會，成爲臺北地區各史政機關、各大學研究人員交換心得之集會，無形中增進了機關與機關間的合作，學人與學人間的感情。

黨史會也開始與國外學術機構間建立合作關係。如美國哈佛大學燕京社，華盛頓中國史料中心，史坦福大學胡佛研究所等機構，都曾簽訂過交換與合作合同。國內外研究中國現代史的學者，則被約聘爲通訊研究員、研究員，年輕學人及高等研究生約聘爲副研究員，享受利用黨史會史料進行研究及贈閱書籍的方便；國內研究員副研究員定期舉行座談會，針對某項專題交換心得，或對某項現行政策提出興革意見。在美的李又寧、陳福霖、李本京、張緒心等博士及國內的陳三井、胡佛等教授，均曾先後接受過禮聘。

馬時梓於民國五十九年（一九七〇）再度來到臺北。他親見黨史會在黃季陸先生領導下展現了新的風貌，想寫一篇報導文字在「亞洲研究季刊」（*Journal of Asian Studies*）發表，徵求我的意見，我當然同意並予以協助。他的文章寫成了，題目是〈國民黨黨史委員會的變化時代〉

(Changing Times at the Historical Archives Commission of the Kuomintang)，於作者 Herman Mast III之後，註明 With the assistance of Li Yun-han 。這篇文章刊載於「亞洲研究季刊」第三十卷二期，於一九七一年二月出版，其中有這樣一段話：

> 近數月來，臺灣出現了一種正確而重要的發展趨向：獲得允許進入中國國民黨中央黨史會從事一些敏感問題之外國學人人數，正穩定的增長。……黃季陸繼任主任委員後，發動了一系列的改革，重要的職位首次由研究有成的學者擔任，蔣永敬被任爲秘書，李雲漢任徵集室總幹事，蔣主要負責草屯史庫的管理與監督，李負責史料的蒐集出版，並擔任主任委員辦公室與有意到黨史會作研究之外籍學人間的聯繫。

然而，黃先生任主任委員只有二年又六個月。到民國六十年五月黃先生參加辛亥革命六十年之季，就依據黨務主管年滿七十須依例自退的規定，退出黨務工作，專任國史館館長。還記得黨史會同仁在自由之家以茶會歡送黃先生的情景，黃先生講話時有點哽咽，有幾位同仁也暗自流淚。黃先生離去了不久，永敬辭去了秘書，調任纂修；我也辭去了總幹事兼職，只擔任纂修職務。同時擔任纂修的尚有劉宗向（紹唐）兄；劉、蔣、李三人氣味相投，自封爲黨史會的「三老纂」。纂修的地位本來是很高的，都由革命元老來擔任，被尊爲「老先生」，位在秘書之上。

民國六十年（一九七一）改制後，把纂修放在與秘書平等的位階上，屬於工作人員，但秘書是行政幕僚長，有實權，纂修則是幕賓，無關緊要，可有可無了。

四種著作的不同評價

民國六十年六月，臺北幼獅書店出版了我的一冊小書：《國民革命與臺灣光復的歷史淵源》。這是應中央設計考核委員會之邀請而撰寫的，列爲「青年理論叢書」第二輯第四種。由於「叢書」限每種不超過五萬字，是不折不扣的一冊小書。爲寫這冊書，我首次引用了黨史會庋藏的「臺灣檔案」，也廣泛參考了各家專著與專論，並以清新平易而略帶民族情感的筆法，希望能引起讀者的興趣和共鳴。出版前，例須經過專家的審查，很順利的通過了。出版後，一般反應也還良好，鄧傳楷主任委員即曾當面對我表達其感謝與欣賞之意。

民國六十二年一年內，我有三種著作出版：

《黃克強先生年譜》中國國民黨中央黨史會出版

《宋哲元與七七抗戰》傳記文學出版社出版

《于右任的一生》臺北市新聞記者公會出版

「黃譜」係根據「譜稿」增訂而成，本書第一章中曾作說明。「宋哲元」是留美期間的一項專題研究，回國後又經過兩年多的加強，並曾獲得中山學術文化基金董事會的三萬元研究獎助。篇幅雖只二百四十六頁，卻花了五年的時間，應當說是「用心之作」。出版後，反應良好，迄未有人提出批評，宋哲元將軍長女宋景憲女士與其夫婿賈成騫先生都表示滿意，景憲女士生前每年都寄賀卡致意。宋將軍次女宋景昭及其夫婿孫湘德，後來也都成爲朋友。這冊書，也是我送審副教授獲得順利通過的作品。劉社長紹唐兄告訴我，這冊書在大陸很受歡迎。《于右任的一生》是應臺北市新聞記者公會之邀請而寫，我在「自序」中說明寫作緣起：

「中國時報」副總編輯常勝君先生，和「中央日報」副總編輯任熙雍先生，告訴我臺北市記者公會將出版幾位元老記者傳記的計畫，也希望我擔任「于右任先生傳記」的撰寫——我略加考慮，就很爽快的答應下來了。也許我有些不自量力，但我認定臺北市記者公會的計畫，是件具有歷史意義和價值的工作，我應召貢獻一點微薄的能力，是一項責任，也是一項義務，在某種程度上看來，也可能是一種榮譽。

我是後進。本諸尊賢敬長的傳統，我寫「于傳」，敬稱于右任先生爲右老；但引文中對右老的稱呼，則悉依原文，以表示對原著作人著作權的尊重。

我是一個研究中國現代史的人。我寫「于傳」，時時考慮著史學著述所要求的尺度；史料的正確爲首要考慮，文筆的流暢亦須兼顧；記事以右老生平經歷的主要史事爲主，足以表徵右老人格、思想、風範、創見的瑣聞韻事，亦不容忽視；紀年取民國年曆，以重正統，且以彰右老開國元勳之功；引用資料註明其來源，以示負責，且便於讀者索源求證。

「于傳」出版後，列爲新聞叢書第二十七冊。承臺北市記者公會理事長曹聖芬先生寫了「序」，對我頗加褒勉，說「于傳」「有許多新的發現，以其取材之審愼，文字之暢達，此傳殺靑，不僅新聞界人手一篇，且將流傳於國人。」好幾位朋友，也都欣賞這冊書的氣勢，世景兄特別欣賞「呼嘯於大革命的浪潮中」一節，認爲有「長江大水，一瀉千里」之勢。這冊書以一個暑假的時間寫出來，一氣呵成，自己也覺得筆法簡潔明快。

張玉法兄卻有比較嚴峻的批評。他看過我這三冊著作後，在「新知雜誌」第三年第六期發表一篇書評，標題爲〈從傳記文學到傳記史學〉，副題爲「評介李雲漢先生近著三種」。他先提出傳記由文學進展到史學的歷史道路，條列傳記史學與傳記文學的區別。然後分別對我的三種著作作了褒貶，提出三書的「共同長處」與「共同短處」。玉法兄的一段原文如下：

> 三書的共同長處約有四點：其一，在史料運用上，不以一種語文或一類資料爲滿足。其二，注重前人研究的成果，進一步超越了前人。其三，撰述注重論文形式，有註文也有參考書或資料介紹。其四，文筆流暢，條理分明，爲邏輯的組合（logical organization ）。三

書共同的短處是：滲入的感情多，沒有把主觀減至最少，讀者可能會懷疑作者在爲誰說話。惟可以斷言的是，雖然三書的文詞都很美，但都是道道地地的史學著作。李先生不同於許多傳記作者的是：他已擺脫了文學的約束力，用史學的文字、觀念和方法寫傳記史學。

玉法兄對我褒多於貶。褒的地方不必談了，貶的地方卻值得我好好的省思一番。他的批評用語很含蓄，但我可以體會到他的一番心意。他批評我感情太重，針對《于右任的一生》，玉法兄說：

李先生筆端常帶感情，這是歷史家的一種習慣，尤其是寫傳記的時候。但我不喜歡他把一個歷史人物稱爲「某老」、「某公」，也不喜歡他誇一個歷史人物是「中國近代最傑出的人豪」（原書頁一）。儘管如此，我仍認爲《于右任的一生》是傳記史學而不是傳記文學，因爲它是客觀的敍述並論斷于右任一生的言行，平實的就事論事，引用了一百零四種直接、間接史料，幾乎無一語無證據。

「筆端常帶感情」，不但玉法這樣批評，韋慕庭教授也曾說我對於宋哲元的研究，太過於

「中國人味道」。兩位好友的規勸，我自然要好好反省一下。以後時時刻刻記著這短處，盡量做到客觀些。但客觀公正，並不是不講是非眞僞。史學是求眞的，眞象是白的，就說是白的；是黑的，就說是黑的，那就是客觀公正。日本人侵略中國，是顚撲不破的史實，說日本人侵略正是說明史實的眞象，中國人這樣說，一部分日本人也這樣說，第三者的外國人只要尊重史實，也應當指明日本是侵略者。

玉法兄另外提到《黃克強先生年譜》紀年問題。他的一段批評是：

> 清史現已爲國史的一部分，清繼明，民國繼清，均爲國史的正統（如果史學研究有樹立正統必要的話），今日似無必要把清朝的紀年改爲「中華民國紀元前」，來增加史學中的時間困擾。由宣統元年、二年、三年，到中華民國元年、二年、三年……已足以表明中華民國爲正統了，讓時光倒流，如用紀元前之類，不符合歷史的習慣。讀過歷史的人都知道甲午戰爭發生在光緒二十年，若要問發生在民國紀元前幾年，怕李先生一時也答不出來。不過，李先生用這種紀年法是遵從中國國民黨寫史的習慣，這怪不得他。

誠然，黨史會出版的革命人物年譜和傳記，紀年係以民國紀元爲主體，民前稱民元前，並附以清曆及西元；民國後用民國紀元，亦附以西曆。這一「習慣」，是黨史會於民國十九年（一九三〇）初成立時就建立的，理由是革命黨人不承認清爲正統且要推翻它，爲尊重革命黨人的立場和志節，因而確定以民國紀元爲中心。羅家倫主編的《國父年譜》，蔣永敬編撰的《胡漢民先生年譜》，我編撰的《黃克強先生年譜》，都沿用這一「習慣」。羅先生寫胡適先生墓碑，甚至也用了生於民國前多少年，歿於中華民國多少年的字樣。玉法提出這點來，我有條件接受了，只要不涉及革命黨人本身史事，我都用清曆與民國曆。但我反對記清代史事時用清曆，記民國史事不用民國年號，而用西元。迄今除外交問題外，我都是用中華民國紀年，下附西元。既然「民國繼清」，就沒有用清曆而不用民國曆的理由。跟中共政權一樣不用民國紀年企圖讓中華民國在歷史文書中自動消失，這大有可議。

我的黨史觀

我的治史態度，受羅家倫先生的影響頗多。去哥倫比亞大學進修期間，涉獵面極廣，覺得外人治中國史的態度與方法，有其長處也有其短處，所以主張選擇性的接受西方觀念和方法，而非「全盤西化」。逐漸的，建立起自己的史學觀，要做到「不爲書愚」「不爲人役」。

民國六十二年（一九七三）一月，我在「綜合月刊」發表一篇〈研究和講授中國現代史的幾個問題〉，首次說明我對中國現代史的一些看法。我強調：

中國現代史不是一般性的常識。講授中國現代史的人，需要具備卓越的史識史德去鑑別史料，要用現代史學的研究方法去分析史料，更要具備應用外國語文的能力與國際政治知識去評斷史料與史著。這樣，他才能從複雜零亂的背景中發現眞實的歷史。

同一文中，我提出幾項訴求：開展研究現代史的風氣，政府應公布國家檔案，研究人員要多聯繫，創辦一種夠國際學術水準的現代史刊物。這些訴求，當時並沒有得到任何反應，史學界也沒有任何回響。這篇文章，於民國六十六年加以增訂後，收入臺灣商務印書館爲我出版的《中國現代史論和史料》。

中國國民黨是中國近代最大的政治團體，民國十七年（一九二八）以後一直是中華民國的執政黨，中國國民黨黨史自然形成中國現代史的重要部分。只是與中國國民黨持不同政治立場的人，往往對中國國民黨史任意踐踏。我的史學研究係從中國國民黨黨史開始，感慨特別多。我不同意把黨史看作是政治宣傳品，認爲是需加精煉的現代史史材，主張黨史研究客觀化、普遍化、學術化。民國六十三（一九六四）年一月，我在一次海外歸國僑生座談會中作專題講演，講題爲「研究中國國民黨黨史的幾點意見」，是爲第二次對外宣達我的史學觀。我提出研究中國國民黨黨史的五點認識，其原文如下：

㈠黨史乃黨魂之所在

我們中國國民黨已經有了八十年的歷史，這在我們同志說來，是件引以爲榮的事。過去八十年來，無數的先烈先進們，以他們大好的頭顱和寶貴的生命，創造了可歌可泣的事蹟，寫出了光輝燦爛的史篇，這不僅形成了黨人引以自豪的光榮傳統，同時也孕育了青年人對黨的嚮慕、尊敬和感到鼓舞、奮發的一種動力。

我常常這樣想：中國國民黨對其黨員以及同情者維繫與號召力量，不是靠了黨紀和利害，而是靠了三種精神力量：一是對於國民革命理想與建國目標——三民主義的理想與五權憲法的制度——的服膺；一是對於領導者——民國十四年以前的國父孫先生和十四年以後的總統蔣先生——人格的崇拜；一是對於諸先烈先進革命精神與志節的景仰。這三種精神力量結合成了本黨的生命，也就是形成了本黨賴以生存和發展的黨魂。而這三種精神力量的表現，就是在黨史史篇字裏行間，黨史不滅，因而黨魂也永遠不朽。

誰都不會否認，一九一一年廣州三二九之役犧牲的八十六位烈士的精神與志節，是本黨黨魂的象徵；試問沒有本黨史籍的記載與闡揚，烈士們的精神志節如何能長久活在後人的心裏，形成一種鼓舞啓發的偉大力量？效法先烈，不是句口號，而應首先瞭解烈士的精神志節而後才能知所效法，有所效法；如何能使後人瞭解先烈的精神志節，那又是非黨史不爲功。不瞭解黨史，即不能認識黨的生命由來和價值所在；對黨的生命和價值茫然無知，掛各做個黨員就毫無意義。知識青年是有理想的，是有理智的，既然要做中國國民黨的黨員，如何可以不瞭解黨？要瞭解黨，就不能不研究研究中國國民黨的黨史。

㈡史爲國史之骨幹

國史一詞的解釋，有廣、狹二義：廣義的解釋，國史係指中華民族五千年來的歷史；狹義的解釋，國史係指中華民國的歷史。本人此地所稱國史，係指狹義的解釋而言，我說「黨史爲國史的骨幹」，意思就是說中國國民黨的黨史乃是中華民國國史的主要成分。

我們都曉得，關於黨史與國史的關係，不單黨外人士與我們的看法不同，即同是黨內同志，大家的見解也未盡一致。有一部分同志，認爲黨史就是國史，因爲中華民國是中國國民黨創立的，中國國民黨也是始終爲中華民國的生存而奮鬥的，黨的主義和政綱與政府的施政方針是一而二，二而一的，因此黨、國可以不分，黨史也就是國史。但也有一部分人，尤其是黨外的人士，卻不同意這種黨史即是國史的看法，認爲這種「定於一尊」的說法，是「心胸偏狹」的表現，因而著書立說，有意無意之間，表現出對這個「黨國觀念」的反對，甚至計畫予以推翻。

我是國民黨人，也是國民黨黨史的研究者，我個人不大同意黨史即是國史的說法，因爲國史的範圍廣，黨史的範圍狹，況且在民國歷史舞臺上出現的人物和團體，確實並不完全是我們國民黨人。但我更反對爲要推翻「黨國觀念」而故意貶抑國民黨人的地位與貢獻，那是不公平的，是意氣用事。就我個人的體察，認爲「黨史爲國史之骨幹」這一觀念應當是顚撲不破的。我不否認國民黨以外的個人與團體在民國史上應佔的地位，與其所曾作的貢獻，但就整個中華民國史實而言，毫無疑問的，中國國民黨是個決定性的力量，它影響最深，貢獻最大，始終居於歷史主流的地位，不斷的開創新局面，創造新時代，把國家一次次的從艱危中救出來，一步步的向進步——或者說是現代化——的道路上推進。如果嫌中國的進步不夠快，一定有人同意；如果說六十年來的中國毫無進步，那是睜著眼睛講瞎話，既然承認近代中國在進步中，你就無法否認中國國民黨對國家所作的貢獻！

從六十一學年度起，各大專院校開設了「中國現代史」——實際就是中華民國史——的課程，於是研究中國現代史的風氣已逐漸開展。讓我向講授和研究中國現代史的先生們發一個問：如果把中國國民黨黨史部分——包括政策、人物和他們所創造的史實——抽出去，中國現代史將會變成什麼樣子？不必隱諱，連個空架子也擺不起來的。我想，眞正瞭解中國現代史的人，一定會體察得出：「黨史是國史的骨幹」並非虛語！

生活於當前的時代，必須瞭解現代的中國；要瞭解現代中國，不能不研究中國現代史；要研究中國現代史，就不能不從研究中國國民黨黨史著手。換句話說：有意的或無意的忽視中國國民黨黨史的研究，就永遠無法瞭解中國現代史的全貌。中國國民黨的黨員固然要有此一認識，黨外人士尤應具備此一胸懷，此一認識。不要忘記：史學研究者的信條是：客觀與忠實。

㈢黨史有豐富的材料

有人也曾提到：中國國民黨黨史是值得研究的，無奈史料缺乏，無從著手。對於這個問題，我仍然抱著樂觀的看法。目前，黨史史料尚未完全公開，一部分負責人和管理人缺乏史學運用的觀念，這都是事實，但黨史史料卻並未曾缺乏到不能著手研究的程度。相反的，我認爲黨史的史料是豐富的，因爲除了已公開的文字史料外，尚有大量的活的資料——當事人的口述和私家記述——可以發掘；除了在中華民國的轄區臺灣之外，在英國、在日本、在香港、在南洋、在美國、甚至莫斯科，都收藏了中國國民黨的黨史史料，問題是要靠研究的人設法去找。傅斯年說：「上窮碧落下黃泉，動手動腳找材料」，做研究的人是要多動手動腳才是，是人去找材料，不是材料找人——材料永遠不會像落葉一樣片片飛到你的面前的。

㈣黨史係開闊的園地

也有人認爲，黨史的研究範圍逃不出黨的組織、宣傳、起義等活動，這方面已經有不少人做過研究，寫過書，似乎沒有再鑽研的必要，因爲路線越來越窄狹了。對這個問題，我的答案是否定的。我認爲黨史研究的範圍不僅不狹窄，相反的，這是一片開闊的園地，正等待園丁們去開墾、去培植。我的兩點理由是：

其一，雖然已經有人寫過黨史的專書，如鄒魯的《中國國民黨史稿》，馮自由的《中華民國開國前革命史》及《革命逸史》等，但這些書在內容上、體裁上，仍然不足，只能視作是黨史的一部分資料，不能概括黨史的全部，尤其不能表達出中國國民黨的全部精神來。即如鄒魯的黨史稿而言，只寫到民國十四年三月孫中山先生逝世，也就是說只交代了自興中會成立（一八九四）至中山先生逝世的四十年的歷史，只佔國民黨八十年黨史的一半，後來的四十年呢，還沒有人寫。馮自由的書也大部分是說中國國民黨早期的史事，筆法不夠嚴正，錯誤也多，需要後人補充、增訂甚至改寫的地方，還是很多很多。所以鄒魯、馮自由談過的問題並不是不可再作研究的，如鄭憲以英文出了以 *The Tung-meng-hui: Its Organization, Leadership and Finances*: 1905-1912為題的博士論文，仍然受到國內外歷史學人普遍的重視。

其二，最近四十年來的黨史，還很少人去發掘，去研究；而且時代愈接近，黨史的範圍也越廣，值得研究的有價值的題目也越多。中華民國史料研究中心曾擬過一份研究專題篇目表，供各大學歷史研究所研究生選擇論文題目的參考，其中大部分都是北伐以後的題目。就拿北伐這次革命戰役來說，值得研究的問題就非常之多，政治的、軍事的、社會的、文化的、外交的都有。美國哥倫比亞大學的韋慕庭教授（C. Martin Wilbur）從一九六二年起就開始研究北伐史，至今十餘年，書已寫成了一大厚本，但整個計畫還沒完成，這足以說明北伐這一階段內容的豐富。有人說黨史的範圍窄狹，那是因為他從來沒有下過工夫，他還沒有瞭解黨史的內容。

(五)研究黨史實當前的急務

由於我們過去缺乏開明的觀念，大家都不大願意接觸現實的歷史——尤其是黨史，以致我們在現代史的研究上不僅是落後，簡直是落空。若干具有歷史意義的問題，我們不談，可是我們的敵人談，我們的仇人談，外國人談；若干史料，我們不發表，外國人做研究時就只有根據敵人所宣布的資料，與我們完全不利而且是曲解史實的史料，結果，吃虧的是我們，上當的是我們。我們吃虧上當，還落得被人斥責爲「活該」，想來這是多麼愚笨的事！

我們不願自己騙自己，據我在國內親身的體驗，覺得本黨的聲名，在國外的學術圈裏是不大好的。爲什麼會有這種現象呢？是由於我們未曾在現代史範圍內多寫幾十部夠學術水準的專著。就抗戰這次民族聖戰來說，是本黨所做的對國家民族最大的貢獻，如今卻被中共曲解竄改，硬說抗戰是他們領導的，仗也是他們打的。再於我們對中共的討伐，乃是弔民伐罪的義舉，可是中共方面有些「中國民族解放運動史」之類的書籍流傳到海外，顛黑倒白，混淆視聽，我們爲什麼就沒有一本像樣的書來揭穿其虛僞？我們不講話、沒有書，外國人就只有聽中共的，他們聽得久了，反倒以他們爲是我們爲非，這也是如何痛心的事！一位在美國大學裏做歷史系主任的學人曾來信慨嘆說，如果我們再不驚醒，再不努力，三五年後，解釋中國現代歷史的人都將是我們的敵人和他們的同路人！果眞到了那步田地，我們的罪孽將是如何的深重！

此項史學觀念，我抱持至今，未嘗改變。目前，中國國民黨黨史和中華民國國史又都面臨一些新的挑戰，史學界似乎也很少人再談「史觀」，因而「學術暴力」有摧毀「歷史正義」的危機，言之痛心！

沈默是金

中國國民黨是個具有強烈使命感的黨，也是個具有其他黨派無可比擬之歷史成就的黨。但，絕非完美無瑕；相反的，缺陷和過失還是不少。一部分黨工幹部之知有權術而不知有學問，恐怕是最令人歎息的事。記得民國五十八年三月回國後，曾去晉見中央委員會秘書長張寶樹先生，我坦述黨內幹部學識不足的缺失，張秘書長立即回應：「因爲有些人不讀書，人家才叫我們黨工同志爲黨棍！要想法促進大家進步。」

黨史會是中央委員會各單位中唯一從事於學術工作的單位，歷任負責人不是元老，就是有名望的學者；然而「君子可以欺其方」，有一段時期，黨史會也有幾位與學術無關的人擠進來，我曾戲稱之爲「不三不四的人」，話傳出去，就被指爲是狂妄驕傲，後悔也來不及了。開始學乖些，時常記取中學時代閱讀「彭公案」時即牢記在心的兩句話：「無益言語休開口，莫關己事少當頭。」

然而，災難之火幾乎燒到我的身上來。有人向保防單位寫黑函，說我壞話；有人把永敬和我著的書秘密移交保防單位要求審查，看看有沒有「違反黨紀」或對總理總裁不敬之處，目的是要陷我於罪。所幸保防單位有其正確認識，認爲我們的書是經過評定爲優良著作而獲得大獎的，對黨史有利無害，何以還要再「送審」？顯然是別有用意。好事者碰了一鼻子灰，我倆也免於受害。事後有人把這事告訴我，我沒有表示任何不滿，只覺得這些人愚昧得可憐。保防單位一位同志於退休前親口告訴我：「他們胡鬧，這些密函我早已報准銷毀結案了。」

沈默是金，我很服膺這句話。「病從口入，禍從口出」，我時時刻刻提醒自己；不要為害自己，更不要傷害別人。本來就很木訥，時時想到要慎言謹行，有一段時間我是「沒有聲音的人」。

還有一次，有一位海外關心黨史會的學者忽然寫一封信給黨的高層，指責黨史會工作不力，說該會不是沒有人才，但不加重用。高層把信交到黨史會，當然又是一陣風雨，我親歷親聞這一幕，但從來未講半句話。只想為黨史與現代史的研究與教學多盡點力，這期間發表的學術論文最多。「中央研究院近代史研究所集刊」、「中華學報」、「師大學報」、「師範大學歷史學報」等學術性刊物，都曾發表過我的論文。民國六十五年，並再為中央考核紀律委員會寫一小書，書名為：《中國國民黨的歷史精神》，由正中書局出版。這書的審查人仍是崔垂言先生，他用蒙藏委員會委員長辦公室便箋，以毛筆行書寫了五頁，字寫得好，文字尤鏗鏘有力。審查書第一段頗為稱許，錄之於下藉以自我勉勵：

此稿宣揚本黨大公無私之開朗精神，以及為國為民之明塙宗旨，所引用之資料多為一般人所不習見或未注意者，若非對近代史有深湛之研究，實難出此。其中闡述 總理 總裁兩大導師旋轉乾坤之氣魄，凌駕歐美之意志，建設至進步、至安樂國家之宏猷，完成最艱苦、最莊嚴革命之偉業，對於繼起之青年志士，尤饒啓迪作用。

四、美西之行

臺北到金山途中

民國六十一年六月七日，星期三，是個晴朗，乾燥而帶幾分悶熱的仲夏天氣。

今天要遠行了。機次：預定十二時五十分臺北起飛的中華航空公司 CI－002次班機。目的地：美國西海岸的舊金山（San Francisco）和蒙特雷（Monterey）。任務：辦理爲配合第二屆中、美「中國大陸問題」研討會的召開而舉辦的中共資料展覽，並出席美國亞洲學會太平洋岸分會一九七二年度的大會。

已經不是第一次出國了，但仍然有些怯生生的感覺。妻是教師，今天有課，但她仍然決定先到學校上過課後，再趕回家來送我去機場。我呢，口頭上雖說是行李簡單，不必勞妻的駕相送，內心裏卻是眞的希望她能陪陪我。人就是這麼奇怪，有時候口頭講的和心裏想的，完全是兩回事。

恰好十一時三十分，一輛計程車把我和妻送到松山機場的候機室裏。隨後三位同行的伙伴都到了，他們是國際關係研究所資料組組長關中先生，國防部情報局聯絡室副主任李人傑先生，司法行政部調查局科長李毅剛先生。我們四個是屬於打前站的一組，赴美出席研討會的三十幾位先生要到十一日才能啓程。眞是巧合，四位打前站的人，有三位姓李，難怪有朋友笑說我們是個李氏旅行團。

出境的手續都是國際關係研究所總務組的先生們代辦的，札奇斯欽教授、尹慶耀主任秘書、區鉅龍組長也都趕到機場來送行。這份盛情和熱誠，眞叫人感動。送行的人越來越多了，難得黃師季陸先生也在大熱天裏趕了來。老人家從二樓候機室開始找我，到樓下左側的貴賓接待室才找到我，上下樓梯，多麼不便，眞使我感到無限的愧怍。黃師對我此行的行程及任務，殷殷垂詢，對旅途中一些飲食生活的細節，也頻頻叮囑，一份父執對子弟的珍貴情感，在黃師慈祥的面容上流露出來了。黃師送我一份厚貺，等我伸手接過來時，眞不曉得說什麼好，只覺得眼角已經潤濕了。同事世景、純瑜、澤澄、紹易、繼光、廷傑、抱石、易堂等兄也都趕來了。時間已過十二時三十分，他們都還沒吃中飯，幾次催他們回去，他們都不肯。友情的可貴，在離別的霎那間最容易感受到。家人的溫情與同事的友情同時沁進肺腑裏，我能不算是個幸運的人嗎！

十二時五十分登上機艙，飛機卻延遲到一時三十分才起飛，較預定時間足足遲了四十分鐘。

機上服務人員沒有說明延遲的原因，應當算是「服務不週」。但我絲毫沒有埋怨服務人員的意思，搭乘國人自營航機所帶來的一種親切感，使我不再介意這點微小的疏忽，看到服裝整潔身材健美的空姐，正禮貌的照顧外國籍的旅客們，還有一種欽佩之感呢。

飛機起飛了，我很想從機窗中欣賞一下寶島美麗的山河，想不到不解人意的雲層，偏偏擋住了我的視線。轉眼間，飛機已出了海，除了綿綿疊疊浩瀚無垠的雲海外，什麼也看不見了。

駕駛員報告，飛機已升高到兩萬一千英呎的高度。機身平穩得像懸在蒼穹中的紙鳶，幾乎覺不出是在大海洋的上空行進。漸漸的，思想又沈進了回憶的港灣裏。我想起機場送行的師長、好友和家人，想到正在校中就讀未及趕來送我的寧兒和元兒，想到辦公室裏幾件該於離職期間完成的工作，想到此行的任務，想到在美的友人，想到……思潮在洶湧翻騰，無論如何也無法安靜下來。

札奇教授在機場對我說：這次是去作戰的。是的，這確是去作戰的。距離前次由美回國，才不過三年，但就在這三年之間，美國變了，變得突兀，變得離奇，變得可怕。美國的學術界已逐漸被陰霾的左傾氣氛籠罩起來，年輕的美國孩子開始謳歌毛澤東的王朝，中共赤色的觸角已伸進了美國社會的若干角落，多麼可怕呀！這次是去作戰，是去兩面作戰，一方面要與中共在美的爪牙們奮戰，一方面要與老美幼稚的左傾分子奮戰。想到作戰，精神反倒振奮起來了，於是又想到了中學時代，在三民主義青年團的旗幟下與潛伏校內的職業學生奮戰的經歷。我再度背誦起流亡途中自警自勵的壯語：「在暴風雨中成長的孩子，永遠喜愛著暴風雨！」

「護照要隨身攜帶，不要被誤爲日本人，遭到報復。」這是另一位負責人員對我的叮囑。因爲三個日本暴徒在特拉維夫機場逞兇殺人的惡行，引起了美籍猶太人的憤怒，他們寫信威嚇日本駐美的外交官，要對日本人施行報復。想到這事，又回想起五年前的一段往事。五十六年二月三日，我搭西北航空公司班機由西雅圖飛向紐約，機上一位白白胖胖，明目皓齒的黃膚黑髮空中小姐，幾次來爲我服務。我猜她是中國人，但她講英語。直到飛過芝加哥，她再來爲我送冷飲時，偶然發現她佩戴的名牌上有個 Chin 字，於是我情不自禁的喊了聲「秦小姐！」她立即驚奇的回答：「原來你是中國人，我一直以爲你是日本人呀！」我問：「我那些地方像日本人？」她似乎覺察到我有點不懌，機智的說：「現在再看你，一點也不像日本人了。」說罷笑著走了。難道我眞的有點像日本人嗎？如果如此，那眞不幸，我從唸「人、手、刀、尺」的童年時代起，就是「打倒日本帝國主義」的狂熱者啊！

腦海裏正起伏不定的回憶這些往事，臺北到東京兩個半小時的航程結束了。剛想繫好安全帶，準備降落，服務員卻報告說：由於羽田機場擁擠，飛機要等到二十分鐘以後才可降落。飛機在東京上空兜圈子，窗外一會兒出現山巒，一會兒出現海洋，一會兒是萬家燈火，一會兒卻又是霧氣溟濛，什麼也看不見了。飛機降落時，正是東京時間五時四十分。

在羽田「空港」，我們有半個小時的停留。除了發現候機室門口，有十多個警察，配帶武器及「五三六」，如臨大敵之外，我沒發現羽田機場有什麼改變。踏上了日本國土，也想到了中日間的關係。佐藤要下臺了，繼任者不管是田中、三木甚至福田，都不是有遠見有骨氣的政治家。日本的政客們一心一意要向周恩來無條件投降，同時又想攫取我們的釣魚臺列島，我對這個「經濟大國政治侏儒」的東鄰，不禁感慨系之！

六時二十分再從東京起飛，開始了橫渡太平洋的漫長航程。服務員拉下布幕來，開始放映電影。片子不錯，只是我無心欣賞。在我腦板上不時出現的，仍是家人、師長、同事、好友們熟悉的面孔。我沒有地位、事業和財產，但我卻一直生活在友情、溫情與親情的氛圍裏，能說不是幸運嗎？

我的座位是一八C，左鄰A、B兩個座位上的兩個醜丫頭，幾乎惹得我生大氣。我在臺北登機時，她們就坐在那裏，皮膚黑黝黝的、長髮披肩、短衫露臂，看膚色像是中國人，又像是一對混血兒，也像是南洋地區的華僑。與鄰座旅客通姓問名，略作寒暄，是普通的禮貌。但我討厭她們的樣像，有意的避免和她們交談。空姐也把她們認爲是中國人，送冷飲時，先用國語問我：「茶？還是咖啡？」接著問她：「小姐，你呢？」這兩個怪丫頭竟一語不發。我不曾理會她們，她們的一些粗野行動卻在激惱著我。首先，B座的那個竟赤腳蹲到座位上來，像個野性難馴的頑猴。從她腳上放散出的臭味道，自然也不好聞。我有意糾正她，但一想這不是在家裏管教自己的女兒，如果她不服糾正，多不好意思。忍下了這口氣，只好把頭偏向右側，隔了通道，和關中兄講講話。

夜深了，服務員送來了精緻的拖鞋。仍是B座的那個妮子，試穿了一下，覺得太大，竟用英語說要我和她調換一下，我只好趕緊說一聲：「They are of the same size」，才止住了她。我開始討厭她，希望她沒有中國人的血統，如果這種野丫頭是中國人，眞是不幸。最後終於證實我的猜想對了。她們不是中國人。飛機將達舊金山，服務員送來報關表要每位旅客塡寫時，B座的那位向我請教怎樣塡法，才說出她們是越南籍，要移民到美國去當西洋人。

足足十個小時的航程終於熬過去了，機窗裏遠遠看到新大陸的山巒，時間卻仍是七日上午十二時，比起飛時還後退了一個半小時。飛機在金山海灣上空兜個圈子，平穩的降落了，大家都鬆了口氣。走出機艙後再回頭看看，機尾上漆著的中華民國國旗閃閃發光，我又有了自豪的感覺，美國的機場上，如今也有中國人的飛機停留著，太平洋的航道已不再專屬於美、日兩個海權國。

經過一番檢查，我們終於走出了入境室，張緒心、馬大任以及總領事館的幾位領事已在等候多時了。緒心兄是開了四個半小時的長程車，專程來接我的，他一看到我就喊：「李雲漢，這裏。」一點客套也沒有，仍是政大同學時代的坦率與熱誠。十分鐘後，我們分乘馬、張兩兄的汽車，向舊金山的市區駛去，每個人的臉上都掛著勝利的微笑。

華埠巡禮

生爲華人，我愛華埠。三年前在紐約讀書的時候，去 Chinatown 幾乎變成了生活上的定例：每週至少一次。有時是去吃館子，有時是去看電影，有時是去逛書店，但多數時間是去漫無目的的閒蕩，總覺得看到了中國文字的招牌和黑髮黃膚的中國人面孔，就感到無限的親切，就不覺得孤獨。如今來到華人聚集最多的「大埠」，第一件事，應當是去訪問 Chinatown，我想。

巧得很，下榻的旅館——Holiday Inn——就在華埠的邊緣，這要感謝胡佛研究所馬大任先生的安排。實在說來，這家「假日旅館」本身就是華埠的一部分。所有招牌、指標、通告以及房間裏掛著的住宿規則，都是中英文並行，四樓有孔夫子廳，二樓有八仙廳，還有尙在籌備中的中國文化中心，到處都充滿了中國文化的氣息。旅館的職員也大部分是華裔，有幾位負責清理房間的女服務生，且能講幾句生硬的國語。

從假日旅館的二樓，有一座寬廣的陸橋，通到對面華埠的小公園裏。每天早上，只要能起得身來，我總喜歡到這座陸橋上散一會步。橋的兩側塑有八片浮雕，係以中國人的美德禮、義、信、孝等故事做爲主題。每片浮雕故事都附有中文說明，我曾把「禮」和「義」的兩段說明抄在記事簿上，現在再抄在下面：

禮——孔子問禮：

百世之師孔子，生時對於夏商周三代之禮儀，曾實地考證，擬增刪損益，酌中重訂。禮是立身處世之道，也是文化制度之本，孔子因此曾不遠千里就教於老子，這種敬老尊賢虛心向學的精神，使孔子本身成爲中國「禮」的代表。

義——桃園結義：

漢末劉氏後裔劉備寬厚弘毅，喜結交天下英豪，與關羽、張飛在桃園結義，曾指天設誓，有福同享，有難同當，三人雖非同生，但願同死，後來共創大業，劉備被奉爲蜀主，與魏、吳鼎立而三，號稱三國。而劉關張三人道義之交，世所傳誦。

上面這兩個故事在國內都是家喻戶曉的，在國外的人看來都有了新的意義。可惜洋孩子們根本無法領略中國文化的奧妙，他們把中國文字最多不過是看作藝術品或裝飾品而已。我在陸橋上停留過不止一次，但沒看見一個來來往往的洋人，曾對這些中國字的浮雕表示興趣。也許我太道學先生了，二十世紀七十年代的今天，幹嗎還留戀這些古老的玩意兒呢！

穿過陸橋，進入華埠，我第一個要訪問的目標，是座落在 Hangah Street 四十九至五十一號的「少年中國晨報」（*The Young China Daily*）。這家在舊金山歷史最悠久的華文報紙，是孫中山先生於一九一〇年所創辦的，創刊號於一九一〇年八月十九日出版，社址設在企李街（Clay

Street）八百三十一號。報額只印「少年中國」四字，最早用的字不知爲何人所題，辛亥（一九一一）三二九之役後所用的報額「少年中國」，乃是黃克強勉以受傷之右手所題。創刊號的發刊詞是總編輯黃超五所撰，第一句就說：「嗚呼，我旅美華僑，非皆我皇祖黃帝大刀闊斧，披荆斬棘，開闢河山，爰建帝國，以資以育以長子孫所遺傳之民族也哉？」開宗明義，標出民族主義的鮮明旗幟，我最喜歡這種明快的筆法。

跨進「少年中國晨報」的門檻，首先引起我注意力的是右首陳列的孫中山先生當年所用的辦公桌，和一張方型直背的轉椅。辦公桌的面積不大，木質，看來已有些破損，如果不加說明，誰也不會想到孫中山先生早年曾在這張木桌上，簽署過無數的革命文獻。桌上面放置著孫先生的兩尊雕像，一尊是半身，一尊是立姿，就服式看，立姿的一尊是孫先生在廣州就任非常大總統時戎裝像。壁上懸掛著「少年中國晨報」十週年紀念時，孫先生所題贈的賀匾，寫的是「國民之導師」——在一個研究國民黨黨史的人看來，這些都是價值連城的重要史蹟，沒有開闢專室陳列出來供人瞻仰，未免太可惜了！

承蒙「少年中國晨報」社長凌遇選先生，副社長李健民先生熱烈接待，並引導參觀報社的設備，贈送一部分報刊，這份盛情，令人深感。我在排字間，看到了故國民政府主席林森及其他先進們的書畫眞跡，頓時有了留戀忘返的感覺。可惜我沒有帶照相機來，錯過了這次收集革命史料的良好機會。

當我辭別凌遇選社長，走出少年中國晨報社的房門時，情不自禁的再度注視「晨報」的英文招牌，THE YOUNG CHINA DAILY, founded in 1910 by Dr. SUN YAT-SEN, father of the Republic of China，並對這家堅貞亮節的僑報，作無言的虔誠的祝福。

走出少年中國晨報社後向左轉，出街口就看到了華埠的郵政局。想到該給國內的親友寄幾封郵簡了，於是走進郵政局裏。我本來無意在這裏發現什麼，走進來後卻又發現了我所喜歡的東西。那是懸在郵局西邊牆壁上的一方玻璃櫥框，首先映入眼簾的是「全球一家」四個大字。上款是幾行端秀的中國文字：

維

中華民國十九年西曆一九三〇年四月十七日，爲華埠郵政分局開幕之期，同人等躬逢盛會，欣忭奚如！緣客歲本總商會派員向

美京郵政總局暨金山郵政支局呈請開設分局於此，荷蒙批准，如期實現。從此交通稱便，友誼益親，則商業日隆，實基於此。爰綴數言，以留紀念，並題曰「全球一家」。

金山中華總商會同人敬題。

文字款式悉抄原文，標點是我加的。這座小郵局的開設也有一段歷史，它的設立就是華僑在美開基創業的一項紀錄。郵局的服務人員也都是黃面孔的同胞，但他們除了講粵語外，就只講英

語。如果他們也能講國語就好了，那樣會使國內的來人格外感到親切。

郵局的隔壁，是一家僑光報社。報社玻璃門上，貼了一面兩寸見方的青天白日滿地紅國旗。我住下來，看了看當天的報紙，反共義士袁懋如寫的《我向自由世界控訴毛澤東》，正逐日連載。總領事館副領事向光禮先生告訴我，金山有僑報十家，我所訪問過的兩家——「少年中國晨報」和「僑光報」——是堅強反共的，其他「金山時報」、「人報」（週刊）、「正言報」（半週刊）、「文華週報」及「東南報」，也都堅守擁護政府的立場，用中華民國紀年；親共的報紙有三家：「華聲日報」、「時代報」（每星期三出版）及「太平洋週報」。爲了好奇，也爲了做「知己知彼」工夫，我每天都把這十份華文報紙買來，「一視同仁」的閱讀，覺得內容都很貧乏，親共報紙言論紀事更貧乏得可憐，有些言論更幼稚得叫人好笑。

從企李街上坡，我到了都坂街（Grant Ave.）——這是金山華埠的中心街道，也是華埠商業文化的中心。中華會館和中華學校都在這裏，商店林立。我對商店不感到興趣，因爲大部分商品係來自香港和臺北，在國內看得多了，不感到新奇，有些工藝品和瓷器之類是日本人做的，看了反倒惹人生氣。日本人的商品大量湧進華人的商店，是華埠商業的危機，也是華人的恥辱。大家應當想辦法驅逐這些商業上的侵略者才是。

都坂街和布希街（Bush Street）交口處，矗立了宮殿式的牌樓，綠瓦金柱，莊嚴而美觀，這是 Chinatown 的精神堡壘，也是中華文化在金山華埠的象徵。牌樓正面的懸匾，是孫中山先生所題「天下爲公」四個大字，兩邊的楹聯是「忠孝仁愛，信義和平」，爲僑領黃仁俊所題。一個中國人站在這座牌樓下，覺得神氣起來了，因爲這座牌樓象徵著的，是一個具有深厚悠久歷史文化的中華民國的眞正精神！

從都坂街折向斯打頓街（Stockton Street），再轉向沙羅緬度街（Sacramento Street），我像一個探險者一樣，慢慢的走，細細的瞧，小心翼翼的找。我想發現一些民族文化在海外的遺跡，我想觀察華僑社會在急遽變化中的一些痕跡，我也想探測長久居住在華埠的華人的心理狀態，我想……，也許由於我想的太多，發現所獲的太少，走馬觀花的瀏覽一番，怎麼能夠瞭解華埠這個龐大而複雜的社會呢？

一條街一條街的走過去，商店、餐館、書店、報攤，甚至什麼「中國民主憲政黨部」等奇奇怪怪的招牌前面，我都曾駐足觀賞，連「新華書店」那幾個歪歪斜斜的醜字，我也曾不吝嗇的投它一眼。記不清是那條街上，我在一家「福民書局」門前停住了。是書店的招牌「福民書局」四個熟悉的字吸引了我。哦，原來是已故羅志希老師的手筆。書局的櫥窗裏陳列著周作人的《和平回憶錄》，我很想翻翻，看看這位文化漢奸回憶些什麼。等我推門時才發現門外懸出了Sorry, We're Closed 的告白。時間已經太晚了，回旅館去吧！這時才想起中飯晚飯都還沒吃呢。

中共資料展覽

第一屆中、美中國大陸問題研討會於一九七〇年在臺北舉行時，國際關係研究所曾邀請黨史會，調查局和情報局，分別舉辦過中共資料展覽，供參加會議的中美學者專家們參觀，一般的反應甚爲良好。這次中、美中國大陸問題研討會在舊金山舉行，由史坦福大學胡佛研究所主辦，大會秘書長馬大任先生，因再函請國際關係研究所籌辦一次史料展覽。馬先生並曾分函黨史會等三單位的負責人，希望多提供史料。國際關係研究所爲籌備這次史展，曾邀集有關單位舉行過三次協調會議，決定組成中共資料協調中心，統一規劃史展工作的進行，並由關中先生負展覽組的總責。

不料正在籌備期間，美國方面的態度變了。他們雖沒有拒絕史展的舉辦，但卻提出了展出史料由美方選定，展覽範圍限於一小房間等等令人啼笑皆非的條件。不消說，這是受了美國政府改變對華政策的影響，若干美國學者的態度有了轉變，因而有這種出爾反爾的行動。我們面臨的抉擇是：接受美方所提的條件，辦理屈辱的展覽；拒絕美方的條件，取消史展；或是婉拒美方的提議，由中國方面單獨在會外辦理史展。吳俊才主任召集各單位的負責人員商量，覺得國家的處境雖困難，但國家的體面是不容損傷的，美方的提議不能接受，決定由我們單獨在會外舉辦展覽，錢由我們自己拿，展出些什麼，在那裏展，也都由我們自己決定。

在國內時，我們也確曾爲展覽的地點問題憂慮過。既要顧及史料的安全，又要考慮展出的效果，還擔心中共在美的爪牙們，來找麻煩。但等我們到達金山後，就知道我們的顧慮是沒有必要的了。感謝總領事館的幫忙，找到了一個非常理想的地方——座落在佩直街（Page Street）四十四號的「國際前鋒學院」（International Pioneer Academy）三樓的三間大廳。

這所「國際前鋒學院」，是值得特別介紹一下的。這是一所新近創辦的特殊型態的教育機構，爲國際再教育基金會（International Re-education Foundation）所資助，其目的在教育一般青年從思想上獲得覺醒，以排斥目前在美流行的左傾及頹廢思想，使學生重建以倫理爲中心的人生觀。他們的信條是眞理（Truth），希望（Hope），愛（Love）和美（Beauty），三樓的幾個廳就是以這幾個字來命名。這所機構的創辦人是一位韓國學者崔翔翊（Sang Ik Choi），實際負責校務者，則是一位年僅二十五歲的美籍青年華德（Michael Y. Warder）。崔翔翊是位國際馳名的教育家和作家，我在該學院出版的《普世之音》（*The Universal Voice*）上讀到他的作品〈東方的智慧：因果論〉（Wisdom From the East, Theory of Cause and Effect），發現他對東方哲學的根底甚深。六月十七日下午六時，吳俊才主任請大家在積臣街六百五十號雙喜酒家（Song Hay Restaurant, 650 Jackson St., S.F.）吃飯時，湊巧我和這位韓國友人同桌。幾句寒暄過後，他突然問我：

「韓國和日本都是中國的鄰居，你在心理上是覺得韓國人比較親切，還是日本人比較親切？不要顧及別的，說眞話！」

「當然是韓國人和中國人比較親近」，我眞的是說的實話，「在我個人的感覺上，韓國人和中國人有兄弟之誼，可是日本人，最多是鄰居——而且還不是個好鄰居。」

我隨後深悔說話太直率了，顯得有些小家子氣。想不到這位崔先生聽後，認爲與他的感覺完全一樣。他說日本人是不可靠的，日本人還是有侵略思想，中國與韓國都得提防日本人。談過大約一刻鐘後，他因另有應酬提前告辭了，臨行在他的英文名片上，用原子筆寫了「崔翔翊」三個中國字，寫的端正挺秀，比我的楷書要好上十倍。我接過名片，送走他的背影後，頓覺有「異邦有知己，海外見知音」的感覺。

史料展覽的期限只有六天，自六月十二日到十七日。不過九日到十一日的三天，我們都要去佈置，事實上我只參加了佈置工作，因爲十四日後我便到蒙特雷（Monterey）去出席另一個會議了。華德先生非常幫忙，每天都派出三名學生來幫我們照料。這些學生中，留給我印象最深的是兩個中國學生，一個叫甄玉清，是當地的華裔，爽朗，天眞，令人一看就知是個好女孩。李人傑兄把她的名字意譯爲 Clean Jade，我們都半開玩笑的叫她 Jade。她說以前有吸煙的癖好，自來這家學院兼讀（本職是加大學生）後，已改邪歸正了。另一個是叫何玉明的男孩子，也是加大學生，曾住過臺中，會講國語。但一頭長髮，服裝也是不男不女。我最初有些看不順眼，但與他談過幾次話後，反覺他很憨直可愛。

此次展出的史料，分為三部分：第一部分是早期的國共關係史料，是黨史會提供的。第二部分是大陸淪陷前的共黨史料，為調查局所保藏；第三部分是中共竊據大陸後的資料，很多是我敵後人員所鹵獲的，為國防部情報局所提供。另外還展出了一部分臺灣出版的研究中共的專書，其中不少是很有價值的著作。我曾利用照料展覽的時間，把蔡孝乾的《江西蘇區、紅軍西竄回憶》讀過一遍。蔡孝乾是早期參加共黨組織的臺灣人，是中共的高級幹部，抗戰勝利後是共黨「臺灣省工作委員會」的總負責人。經過政府情報機構演過幾次「捉放」後，才幡然歸誠，今天卻是我情報機構的一員健將，說來也許有人不相信！

出席中國大陸問題研討會的中國代表是六月十二日到達金山的，我們住同一個旅館。美方的代表到十三日晚才到，當晚我便找到了薛光前先生，暢談三十分鐘。胡昌度、夏志清都是哥大的舊識，但沒時間詳談。韋慕庭先生（C. Martin Wilbur）也是十三日晚到的，通電話時他不在房間裏，我留張紙條約他十七日晨見面，便去蒙特雷了。沒想到等我從蒙城趕回金山時，已是十七日午後三時了。老友找我不著，已於中午搭機返回紐約。他要曹伯一兄轉告我，我說這是我失約，回來晚了，只好寫信請老友恕罪。還有印第安那大學的鄧玉汝先生，同住一座旅館達一週之久，竟未碰面。七月郅先生到臺北來相見時，才曉得六月在金山時「失之交臂」。

到蒙特雷去

對我個人來說，此次來美的主要目的是去蒙特雷出席亞洲學會太平洋岸分會一九七二年度的大會，辦理史展尚是次要的事。因爲史展的準備工作早在國內做好了，展覽場中照料史料，有我沒有我都無關緊要。

我之被邀請出席蒙特雷的大會，主要是張緒心兄和周良彥兄的安排。早在一年以前，緒心兄來信即提到一九七二年度的大會，由蒙特雷國際研究學院（The Monterey Institute of Foreign Studies）主辦，周良彥兄已被推爲大會的秘書長。緒心提議組織一個討論國民革命運動的 Panel，良彥兄毫不猶豫的接受了，他們兩位都是知名的歷史學者，也是熱愛邦國的知識分子，在西部的學術圈中，具有相當大的影響力和號召力。四月間緒心兄在加州大學斐士那分校（California State University, Fresno）主辦的中國週，六月間良彥兄在蒙特雷主辦的這次大會，都獲得極大的成功，也眞是我們中國人的光榮。

周良彥兄本來是邀請黨史會杜主任委員元載先生，文化學院史學系主任——現在已升任研究部主任——郭榮趙兄，和我三人前來與會。杜先生本也有意來走走，想不到四月裏因病住院，不能來了。榮趙兄自始即肯定前來，除了出席這次大會外，中國文化學院的創辦人張曉峰先生還賦予他與美國幾家大學洽商合作的任務。我嗎，經過了一陣猶豫，最後還是決定來了。討論國民革命運動，我們國民黨人如不參加，就會造成「缺席裁判」，不是太不公平了嗎！

我是六月七日就到金山了，榮趙卻得等到十四日才能到達。十四日一大早，緒心電話來了，約好上午十一時先去機場接榮趙，然後一道坐他的車子去蒙城。這幾天，緒心駕車往來於金山與斐士那間接送友人，相當辛苦，但他的熱誠並不稍減。凡是到過金山的人都曉得，金山機場距市區很遠，又沒有巴士可搭，計程車也得打電話從市區裏叫，如果沒有朋友駕車接，是非常不方便的。吳春熙先生對我說，他上次來美時在機場看到個來自臺灣的女留學生，「走投無車」，呆在機場大半天，急得哭了，承他協助才算解了圍。緒心曉得「出門難」的味道，所以有友人自遠方來，他再忙也總想法駕車去接。

接到了榮趙，又回到金山吃過中飯，我們便出發了。一車四個人：緒心，Donald Jordan，榮趙和我。緒心和 Jordan 坐駕駛座，輪流駕駛，榮趙和我權充「貴賓」，坐後座。Jordan 與緒心，在威斯康辛大學是同班，現在在俄亥俄大學教書。曾到過臺北，會講幾句簡單的國語。他正利用暑假的時間，在史坦福大學研究。這次也是應邀赴蒙特雷出席亞洲學會太平洋岸分會的年會，他研究的主題是北伐時期湖南政治與社會的變化。

緒心曾經寫信告訴我，從金山到蒙城這一段，是氣候清爽，景色宜人的風景區，很像八九月間的杭州。現在我終於置身所憧憬的自然美景中了，寬廣整潔的高速路側，不斷出現綠野，果園，花塍，清澗，酒莊，確實給人以清新爽適的感覺。

蒙城距金山百餘英里，一口氣跑完自然是太累了。跑到四個小時後，我們便在一家 Motel 的門前停下來，想在這裏「打尖」。這是家典型的墨西哥飯店，人也是墨西哥人，講的卻是美國話。我對店老板烤的番薯片，特別感到興趣，吃了不少。可是等我又開那隻「大扁豆」，挑出裝在裏面像肉泥似的飯糕來嚐時，卻不敢領教了。太辣，辣得叫人流眼淚！

吃過墨西哥飯後，繼續我們的行程。車子又跑過了兩個小時，我們終於踏進了蒙特雷半島的領域——這個突出於太平洋中的小半島，傍晚的景色美麗極了。天連水，水連天，彤雲，綠樹，沙灘，同時出現在矇矓的畫面中，漸漸的又都消失在夜幕裏，留給我的只是美好的回憶。

會議地點是在蒙特雷半島最尖端之著名風景區「太平洋林園」（Pacific Grove）內之亞塞拉瑪議場（Asilomar Conference Ground），想不到我們在找覓這所議場時，卻費了兩個多小時的時間。因為我們都是生客，天又暗起來了，林園內的路又多是蜿蜒曲折的穿過些密林，車子從海岸穿入森林，又從森林中鑽出來，來回繞了好多圈，就是找不到這所隱藏在茂林中的議場。一直轉到晚上九點鐘，最後終於找到了，大家這才舒了一口氣，緒心和 Jordan 的臉上也才重又掛起了笑絲。

當晚向議場的經理人登記了姓名，分配到一間房間，是 Middle Song View 的第十四號房間，我與榮趙同住。緒心和 Jordan 則住到 South Long View 去了。夜深了，萬籟俱寂，穿過窗格玻璃，只見高大密接的樹林靜靜的立在那裏。孤獨的旅居在深林中的木屋中，生平還是第一次，經過了一陣離奇的幻想，才進入了夢鄉。

三天會議，兩次出遊

第二天——六月十五日——早上六點鐘就起床了，爲的是觀賞一下這久已嚮往的海濱晨景，同時也想認清這充滿神秘色彩的太平洋林園的眞面目。走出室外，我立刻就被一種幽靜清新的氣息所陶醉了。眺望太平洋的水面，竟是那麼的平靜清徹，活像一幅漫無邊緣的深藍色的鏡面。一絲風也沒有，鳥兒也還酣睡的樹葉叢裏，松枝一動也不動。靜，靜，靜得像太虛幻境。

我以探幽尋勝的心境，穿過密林叢樹，慢慢的向著昨晚辦理登記的接待廳走去。路旁叢林中不時有馴順的花鹿探出頭來窺視著，松鼠也拖著長長的大尾巴從腳下橫過，牠們一點也不懼怕，對我這個不遠千里而來的訪客，似乎還表露出善意的歡迎呢。

早餐的時間是七時三十分，用的是大型的圓桌，可以坐十二個人，早點雖然是每人一份，早到的客人卻要等到坐滿十二個人後，才一道開動。和我同桌進膳的有一對來自加州的老年夫婦，和一位來自馬利蘭州（Maryland）的妙齡女郎，都非常健談，儼然以主人自居。其餘男女來賓，有泰國人，有芬蘭人，另外的幾位我沒有機會詢問他們的國籍，大家都顯得彬彬有禮。

九點鐘向大會秘書處正式辦理報到手續，秘書長周良彥兄已在等候了，他對每位報到的學人都親切的招呼，握手，解釋大會議程及通往各個會議室的交通路線，服務是算周到，可是他卻忙得不可開交。他告訴我說，大會的籌備工作是他一個人在唱獨角戲，我說這是能者多勞，他只有會心的一笑。當我辦理報到繳費時，周兄立即阻止我說：不用了，我已交代過，你的一切費用統由我們國際研究學院來招待。我也沒再客氣，道謝一聲就把手中的鈔票放回衣袋裏去。

從大會秘書處領到了一本會議的Program，得知會議要到下午兩點半才開始。上午的這段時期是段空檔，剛好是個結伴出遊的好機會。大約是十點左右，我們出發了，仍由緒心擔任駕駛，乘客中除了Jordan，榮趙和我外，又增加了一個俄國人贊尼眞（Dr. Boris N. Zanegin）。提到這位老毛子教授，來頭卻並不簡單。他本是蘇聯科學院的遠東研究所所長，最近轉任美國研究所所長，現在應美國國務院的邀請在美訪問，他是緒心的老友，也是大會的貴賓。緒心說贊氏現年六十二歲，曾做過駐新疆迪化的總領事，不過就外貌看來，他倒是位態度深沈，舉止端莊的學者型人物，而且顯得有點蒼老。他要來參加這次大會，緒心早就寫信告訴我了。緒心也曾寫信告訴他有來自中華民國的中國國民黨籍學人出席，他覆信表示一切O. K.。據我所知，贊氏曾希望參加在金山舉行的中、美「中國大陸問題」研討會，美方的出席人員同意他參加，中國的代表團卻巧妙的婉拒了。贊氏比我們先一天到蒙特雷來，昨晚我們到後緒心就曾給我和榮趙介紹過。但正式交談卻是今天早上才開始的。此後兩天內，我有好幾次機會必須和贊氏同行，同食並面對面的交談，發現這位俄共學者，對我們國民革命的歷史饒有興趣。我胸前佩帶的名牌寫的是 Kuomintang Archives Commission, Taipei，贊氏所佩的則是 Academy of Science of the USSR，兩個政治立場上完全不相同的人，也能在一起面對面的談問題，這就是學術自由與獨立的最好標誌。

我們這次出遊的目的，是對蒙特雷這座鄉村化的市鎮作一次巡禮。昨晚我們在這裏幾乎迷了路，但晝間看起來，公路、街道、林園卻是極其分明的。我們光顧了市場，穿過了住宅區，走近了兵營，又折回進入了林園。當我們在林園邊緣的郵局小憩時，看到當地報紙上的標題是幾個驚人的大字，Crisis Strike China, Mao Is Ill? 我也曾感到短暫的興奮。美國廣播電臺昨晚說中共僞政權要在近日內宣佈毛的健康狀況，我眞盼望多行不義的毛澤東早些死去——自然我曉得這種想法是很庸俗的，幼稚的，只有把這種希望壓在心裏。

回到林園中的議場後，還有足夠的時間，於是我們拋下車子，漫步走向太平洋岸的沙灘。水面不再像晨間那樣寧靜，海濤狂吼著一波波的向岸灘上捲來，雖沒有「驚濤裂岸」的奇觀，卻眞的有千軍萬馬的聲勢。濕潤的海風吹到面上，像是夾雜著絲雨。沙灘上滿是海草的遺梗和腐蝕中的貝殼，空氣卻仍是無比的清新。面對著浩瀚無涯的太平洋，我請海燕把我激動的虔誠的祝福帶向遙遠的彼岸，那裏，有我敬愛的祖國和溫馨的家園。

大會在十五日下午二時三十分開始了。分成五個會場，分別在 Chapel, Martin, Curfew, Dolphin 和 Sanderling 五個會議廳舉行。我參加了第一分組，會議的主題是 Foreign Policy of Communist China，由 University of Santa Cruz 的 Bruce D. Larkin 擔任主席。我研究的範圍是中共早期的發展，對目前中共政權的外交政策，只是一知半解。我很想聽聽四位宣讀論文的學者們的意見，一方面補益自己認識的不足，一方面也想瞭解一下美國學者們對中共外交策略認識的深度。聽過他們的報告後，似乎沒有發現他們有什麼特殊的看法，我怕自己聽講的語言能力不夠，問問隔座的緒心兄，他的答覆是：認識膚淺，有一位在報告時與作答時，不知所云。

沒有等分組會議開完，我便離席到議場後側的圖書展覽室去參觀展覽。展覽室很狹小，站不上三十個人就滿了。參加展出的出版單位有十幾家，規模最大的卻是分別代表中共和中華民國出版界的兩家：China Books and Periodicals, West Coast Center 和成文出版公司。前者設於金山二十四街二九二九號，是一家專售中共書籍雜誌的出版商，他們面對著展覽室的正門擺下了攤位，展出的書刊都是新版的，如「北京週報」之類，自然吸引了不少參觀的人。成文的攤位擺在展覽室的另一端，攤位要比中共的大，書籍也多，但都是過去的歷史典籍與地方誌，洋人的興趣比較差些。成文的布招上除 Ching Wen Publishing Company, Taipei, Taiwan, the Republic of China 字樣外，還有一幅青天白日滿地紅的國旗。身爲一個中華民國的國民，在海外看到自己的國旗，內心的感受是無比的興奮與激動的，我凝視著國旗，良久良久。成文在金山設有分公司，這次參加展覽完全是公司自身的決定，而且主持其事的自駕駛員，搬運夫，老板與推銷員，都由一位年輕的臺籍青年一身充當。眞是了不起，多麼可敬可愛的愛國青年。我們的行政院新聞局在金山也有個負責機構，他們爲什麼不也來亮一下相呢？我還記得第二十七屆東方國際學人大會於一九六八年在密西根的安那堡舉行時，新聞局駐紐約辦事處的陳宗堯兄曾特地趕去辦了一次中國圖書展覽，效果非常好。我對新聞局駐紐約辦公處至今存有敬意。

十六日這天，是大會的高潮，也是日程中最緊湊的一天。全部議程二十五次分組討論會，有十五次要在今天舉行，我要報告論文的「國民黨與三〇年代的國民革命」討論會，也安排在下午三時十五分至五時十五分。晚上還有主辦單位——蒙特雷國際研究學院——的歡迎酒會，和特別安排的俄人贊尼眞的專題講演。在這樣緊湊的議程中，我們眞的是沒法抽身遠離的，我也打算上午去參加「民國初年政治」（Topics of Early Republican China）的討論會，聽聽加州州立聖地牙哥學院教授朱葆瑨先生關於韓復榘的一篇報告。但緒心有另外的想法，他說邀請我和榮趙來蒙城，開會之外的另一目的是觀光。蒙特雷的旖旎風光是舉世聞名的，而且這是千載一時的機會，放過了太可惜。是的，人生難得有幾次這樣的良辰美景，與中外友人們結伴同遊。革命元勳黃克強先生於一九一四年夏天在這裏休養時，曾寫信給日本友人萱野長知，形容此地「其地濱海，氣候適宜，花草長春，林木茂蔭」，這幾句話一直印在我的心裏，好容易有機會身履其地來印證一下呢。於是我放棄了參加討論會的念頭，決定與緒心，榮趙和 Jordan 作第二度的出遊，目的地是半島的西海濱——卡默爾海灘（Carmel Beach）。

緒心仍然是駕駛，Jordan是他的副手，我和榮趙卻一直是受優待的「觀光客」。我們在海灘上聽海濤，尋海草，找嬉皮們的蹤跡，談幾天來遭遇到的趣事，細沙掩埋了我們的腳面，海風吹開了我們的胸臆，我又體味到「遺世而獨立」的情境了。遺憾的這正是上午，遊客們都還沒有趕來，若是下午，金色陽光照射下的在海灘上會滿佈享受日光浴的豐滿的胴體，那時才有的看呢。這又使我回想到在紐約的時候，有一次哥大的一群男女好友約我和蔣永敬兄一道去大西洋沿岸的John's Beach郊遊。女孩子們到了自由自在、海闊天空的天地裏，把所有的美點都顯露出來了，遊泳，玩棋，談笑話……樂得像一群天使，只有永敬和我是拘拘束束的不成個樣子。永敬脫掉鞋子到大西洋裏泡泡腳就出水了，我卻一直是服裝整齊的在海灘上揀那些五光十色的化石，想來眞不好意思。

從卡默爾海灘回來，經過蝴蝶岬。Jordan告訴我說：每逢春天蝴蝶節來時，各種蝴蝶成群成隊的飛來，五彩繽紛，美麗極了。加州州政府爲保護這些蝴蝶，制定法律懲罰那些任意捕蝶的人，每捉一隻蝴蝶，就要罰五十元美金。行經卡默爾狹谷（Carmel valley）地區著名古蹟Carmel Mission Basilica時，我們又爲這座古老莊嚴的西班牙式天主教大寺院所吸引了，下車來走進去觀光一番。這座寺院是一七七〇年建築的，是西班牙殖民加州所遺留的遺跡。這裏有十八世紀的墓園，有教廷懲罰叛教者或犯規者所用的各種刑具，有陳列著世界各地的服飾和器具的博物館，中國的瓷器也存了不少。我還發現有一具古老的中國算盤陳列在裏面。

趕回亞塞拉瑪議場，已是快到我們「表演」的時候了。這次以中國國民黨與國民革命運動爲主題的討論會，被安排在Martin會議廳舉行。主席就是緒心兄，宣讀論文的四位先生，也是緒心邀請的。第一位就是Donald Jordan，他報告的題目是The Role of Provincialism of 1926 – 1927。第二位是來自企尼學院的Oscar Rosen教授，他的題目German-Japanese Relations in China During the 1930's。第三位是榮趙，他用英語報告Chiang Kai-shek's Policy Toward Japan after the Mukden Incident, 1931 – 1937，我繼榮趙之後，以中國國語報告「西山會議之反共運動」（The Anti-Communist Movement of the Western Hill Conference, 1925 – 1927）。此外，我國的贊尼眞也報告了一個題目：「蘇聯對中國的研究」（Chinese Studies in USSR: An Informal Talk）。加州斯達頓（Stockton, Calif.）太平洋大學（University of the Pacific）研究院院長邵鴻義博士（Dr. Otis H. Shao），則應緒心之請，擔任討論會的總評論員。

由於時間的限制，每位先生報告的時間不得超過十五分鐘，我們的講稿都沒有辦法讀完，只好提綱挈領的講大意了。邵先生眞是一位有學問，有見地的學者，他對每一篇論文的評論，都客觀中肯，恰到好處。我們的旅美學者有成就，每一個中國人都會感到光榮。邵太太也坐在聽衆席上，一直到會議結束才離場。我想邵先生不但有了學術上的卓越成就，還有一個美滿和樂的家庭。

榮趙談的是抗日，我談的是反共，這正反映了國民政府在一九三〇年代所推行的兩項基本政策——反共與抗日，但這只是巧合，並沒有事先作安排。因爲我談的反共，對俄共中共都有尖銳的批評。我特別留意贊尼眞的反應，他是俄國人，也許會以衛道者的精神來還擊我。想不到他竟心平氣和的只對我的某些觀點認爲是disputable，他末後又補充說：「由於李教授和郭教授的論文，使我們更認識了對中國國民黨黨史研究的重要性。」

討論會於五點三十分圓滿結束，一個小時後再去參加蒙特雷國際研究學院的歡迎酒會，邂逅幾位素所景仰的旅美學人和幾位美籍友好，深感愉快。翟文伯博士一席出自肺腑的愛國忠言，尤其使我感動。有機會認清了最近在「十四女英豪」一片中那位「佘太君」的眞面目，也算是意外的收穫。她，就是去年榮獲金馬獎的旅美明星兼劇作人盧燕。

匆匆賦歸

十七日上午仍然有會議，但我已等不及參加了，因爲我和老友韋慕庭教授（C. Martin Wilbur）相約，十七日上午在金山見面詳談，而且金山的中美會議也結束了，我必須在十六日晚間趕回金山歸隊。本來周良彥教授已爲我訂好了十六日下午四時五十分由蒙城飛金山的機票，可是由於討論會延遲到五時三十分才結束，趕不及了，臨時退了票。緒心瞭解我的心意，他答應說服那位俄國贊尼眞教授，十七日一早就同我們回金山去，因爲緒心負有接待贊氏的任務，我們要走必須邀贊氏同行。贊氏也很合作，十七日早八時，我們一車人便又由 Jordan 駕駛，駛向金山。

長程駕駛，中途是必須休息的。我們在一家葡萄酒店裏停下來，有的喝，有的買，沒有人空手而歸。到達金山後，Jordan 又帶我們去遊金山的海濱與公園，等我回到下榻的「假日旅館」時，已經是下午二時了。趕緊與韋慕庭聯絡，然而已經晚了，韋先生已於中午離去。他要曹伯一兄轉告我，紐約的機票早訂好了，沒法延期。好在是多年的老友，他不會怪我遲歸，我也不曾埋怨他早走。其實見了面，也不過是敍敍彼此間的離情而已。

明天要回國了，大家都在分別張羅自己的行裝。正當我收拾行李時，緒心卻轉來了贊尼眞送我的一本俄文書，是贊氏本人的近著，可惜我不懂俄文，沒有立刻瞭解書中的內容。看他親筆題的字，是完全對一位朋友的口氣。由於這本書，反倒使我感到有些歉然了。自從十四日晚緒心給我們介紹見面時起，我發現他不但不對我這個反共的死硬派表示厭惡，反倒幾次主動的想和我多談談，我卻有意的盡量和他少講話。他曾向緒心問起我寫的《從容共到清黨》一書，但沒和我討論過這個問題。現在他把他的書送來了，起碼是一種友誼的表示，我卻覺得幾天來對他過於冷淡了些，反倒顯得自己太小家子氣。

十八日午後三時十五分，中華航機載著我們這群參加中美會議的乘客，飛離了舊金山。這次不是直接橫渡太平洋，而是繞道位居北寒帶的阿拉斯加。飛機沿著美國西海岸向北飛行，兩個小時後便看見了白雪皚皚的山峰。最初還是零零落落的出現，繼之則是一群群的湧出來，有大有小，有遠有近，從機窗裏望下去，眞像一群惡狠狠的白花豹。經過了四小時又二十分的航程，飛機終於降落在阿拉斯加半島南側的安哥拉齊（Anchorage）機場上了。機員報告：飛機要加油，停留時間爲三十分鐘。

在我的想像中，阿拉斯加仍是冰天雪地的世界，愛斯基摩人乘了一群狗拖曳著的雪橇，在雪野裏滑來滑去。當飛機盤旋在上空時，機翼下所看到的也確是一片銀白，那堆是雪，那片是雲，幾乎分辨不出來。可是當飛機降落後，呈現在眼前的安哥拉齊機場的景色，卻使我感到十分意外。這裏沒有雪，沒有冰，沒有愛斯基摩人，有的只是平廣潔淨的跑道，錯錯落落的幾十棟平房，和一叢叢的針葉灌木樹林。溫度也不像想像中的那樣低，既不會墮指裂膚，也用不著瑟縮抖顫，似乎比故都北平的嚴冬氣候冷不了許多。

在候機室裏，大家都搶著買紀念品。這裏是美國人的領土，卻也是日本人的天下，陳列著的紀念品大部分是日本貨，照料顧客的女郎也都是東洋娃。我也不能免俗，分別給妻兒們帶點小玩意，也給幾位好友買點便宜貨，東西雖然不值錢，但這是從遙遠的阿拉斯加帶回的，應當說是「禮輕人意重」。

又從安哥拉齊起飛了，仍然是烈日當空，這天是我經歷的最長的日子，整整十八個小時曝在太陽下。飛機的航向指向東京，在接近日本國土的當兒，一輪紅日開始降落了，也是生平第一次欣賞「海上看落日」的美景。霞光萬道，半天通紅，水面和天際連接在一起，一切都渾然合了。

降落東京羽田機場時，已是夜幕低垂。國際關係研究所駐東京的代表張棟材先生已爲我們訂好了靠近新橋的第一旅館，對我來說，算是舊地重遊，因爲三年前自美返國時，曾在這家旅館裏住過個把禮拜。似乎一切都沒有改變，街道、房舍、房間裏的設備，都和三年前一樣；改變的是日本人的心理，他們已經準備要和中共政權打交道，對於臺灣來客，已經有些不大歡迎了。

東京停留了兩天，看看朋友，買買東西。難得的是林明德兄從百忙中，陪我和李恩涵兄參觀了東京大學的東洋文化研究所。我也去代代木的東豐書店，拜訪了政大研究部的老同學簡木桂兄。他是老板，也是文化使節，他創業的理想和苦幹的精神，令人感佩。木桂兄幾次的款待我，花費不少。他告訴我許多關於東京僑社的內情，也談到如何在日趨艱困的環境中傳播中國文化的計畫，願上帝保佑老友，使他的事業如日之升，如月之恆。

六月二十二日上午九時十分，中華八一五次班機從東京起飛，兩小時又二十分鐘後，終於又回到了自己的國土之上。美西之行結束了，下一步該是向主管當局提出坦誠的報告，檢討和建議。我總覺得政府或是我們個人，該做的海外工作實在太多，太多！而已經做的實在太少，太少！

五、我在青潭

喜厭之間

民國六十三年我曾說過：

我不喜歡青潭這地方，但我高興到青潭去。

我所說的青潭，與一般人心目中的青潭，稍微有點距離。一般人心目中的青潭，是指青潭村，公路局在這裏設有青潭站，自從一家立體游泳池開業並請來外國的海豚表演後，來遊樂的人漸漸多了，臺北客運汽車公司也開闢了新店至青潭（村）的新路線。我所說的青潭，則是過青潭村尚有五分鐘汽車行程，到大崎腳，再前行一點，轉個小彎，就到了。這地方，以前叫銀河新村，現在則是國史館和中華民國史料研究中心的所在地；距青潭村已經很遠，可是國史館和黨史會的朋友們習慣上仍喜歡叫它青潭，我也喜歡「隨俗」，因爲青潭一名確比大崎腳或銀河新村高雅得多多。

國史館編印的「國史館簡介」中，說這地方「四面環山，竹林茂盛，山明水秀，風景宜人，環境甚爲淸幽，交通亦稱便利。」在我個人的感覺上，卻認爲是過分渲染了。這地方，雖有茂林修竹之盛，小橋流水之雅，但由於氣候多雨，濕氣太重，交通不便，崎嶇不平，以及一種帶毒的小得不大容易看見的黑飛蟲，都給人帶來無限的煩惱。我最恨這些小黑蟲，耳朵、手肘甚且鼻尖，都被牠們咬得紅腫癢痛，防不勝防，捉不勝捉，煩極了，開始抱怨：我打心底裏就不喜歡這地方！

既然不喜歡這個地方，爲什麼又說高興到這裏來？這個嗎，山人自有話說，耐心的讀完這篇隨筆，再來檢討我吧，朋友！

中華民國史料研究中心

民國五十八年的十一月裏。

中國國民黨中央黨史會主任委員、國史館館長黃季陸先生，爲對中外研究中國現代史的學者們提供資料上的服務，同時也爲了慶祝中國國民黨建黨七十五週年紀念，決定由黨史會、國史館聯合設立中華民國史料研究中心（以下簡稱研究中心）。十一月十五日，黨史會副主任委員杜元載（六十年五月黃先生退休，杜先生接任主任委員）代表黃主任委員在國史館會議室召開籌備會議，決定會、館合作辦法及研究中心組織簡章；二十一日，黃主任委員在自由之家招待新聞記者宣佈設立研究中心計畫，並發表〈中華民國史料研究中心〉一文；二十四日，研究中心即在青潭舉行成立會，張寶樹秘書長親臨參加並致詞勗勉；二十七日，中國國民黨中央工作會議第三十一次會議通過研究中心的組織簡章，至是研究中心的建立方算有了法令上的依據。

依據研究中心的組織簡章，設主任委員與副主任委員各一人，由會、館雙方的首長分任之。黃季陸先生同時擔任會、館雙方首長，因此決定：黃先生以國史館館長身分任主任委員，杜元載先生以黨史會副主任委員身分任副主任委員。館、會雙方並各推派相等人數組成聯合委員會，實際業務則設總幹事、副總幹事各一人主持之。十二月十六日，黃主任委員聘請國史館主任秘書許師慎、黨史會秘書蔣永敬等十人為研究中心聯合委員會委員；三天之後，即十二月十九日，黃主任委員在青潭召集聯合委員會第一次會議，決定總幹事職務，聘請姚朋擔任；副總幹事一職，黃先生指定我暫時承乏。

這是我和研究中心發生關係的開端，也是我經常要來青潭辦公的理由。由於總幹事姚朋兄迄未到職，我便只好以副手的身分冒充主幹的地位，來支持著中心的業務。五年了，五年後的今天，我依然是「妾身未分明」。

我深知自己只是一匹笨拙而又瘦弱無力的駱駝，而研究中心需要的則是一匹青鬃白眉，能衝善鬪的駿馬。笨駝何能擅充駿馬？只是基於情感與責任。於公，黃先生是長官；於私，黃先生是師長；黃先生交辦的事，不能畏縮，不能逃避；做好做不好是另一問題，一開始就推拖延宕，乃道義所不容，職責所不許。況且，黃先生設立研究中心這件事，個人認為是非常有需要，非常有意義，非常有價值的事。對黨有利，對國有利，對史界青年同好們有利，對我自己研究也有利，那又何樂而不為呢！

同仁們的熱誠相助，也給我極大的鼓勵。蔣永敬兄那時是黨史會的秘書，在他的設計下，一部分可以公開的史料從草屯史庫移送到青潭來，使中心有了最低限度的「開張」的資本：劉世景兄是黨史會的「軍機大臣」，那時候他對中心眞是有求必應；黨史會秘書室的同仁王紹易兄，第二室的同仁胡春惠兄（現已調升第四室總幹事）、呂芳上兄、林抱石兄及稍後到職的郭易堂兄，第一室老友范廷傑兄，第三室同仁夏文俊兄等，無不鼎力相助；國史館許主任秘書以下各同仁亦都密切配合，合作無間。也就由於這樣良好的條件，我開始孕育出滿懷的心願：

——黃先生有計畫要把草屯史庫全部搬到臺北來，建立規模宏大的國民革命史料館；中心應當在這個大計畫之下，發展為一所名副其實的中國現代史研究中心，與故宮博物院及中央研究院的近代史研究所鼎足而三，同為我國史學研究的重鎭。

——黃先生在〈中華民國史料研究中心介紹〉一文中，倡議編一種中國現代史料的聯合目錄；中心應當不畏艱鉅的承擔下來，分年分期把它完成。

——把中國現代史研究的風氣開展起來，把各大學歷史研究所、系對現代史有興趣的朋友們結合起來，有計畫的進行專題研究，廣泛的進行學術機構間資料與研究工作上的合作；在各方全力推動下，使中國現代史的研究跟上美、日等國，並樹立對某些問題解釋上的權威。

——出版一種夠學術水準的現代史雜誌，很像美國亞洲學會所辦的 *Journal of Asian Studies*，有論著、有書評、有新書目。——如果一時辦不成，建議先將國史館館刊恢復，以館刊爲基礎，逐漸改進充實，最後亦可發展爲第一流的史學期刊，並可有計畫的公佈一些大家在研究上所需要的國家檔案。

——舉辦以現代史爲中心的學術討論會，以交換研究心得與史料，並藉學術討論以啓發年輕一代對現代史研究的興趣，進而發掘成培植青年史學人才。

——接受公、私機構或個人委託，進行專題研究；洽聘國內外現代史學人進行個別或集體研究；資助碩士以上歷史學科研究生撰寫論文；研究的成果編爲民國史研究叢書之一、之二……陸續出版，源源不斷。

心願太多了，似乎我已陶醉在美麗的幻想裏。不過，理智的說，這些事都不應做嗎？都不能做嗎？一萬個不承認。但現實卻是無情的裁判者，五年來，這麼多心願沒能完完全全、漂漂亮亮的完成一件，這多麼悽慘！又多麼可憐！

爲什麼一件事也做不成呢？一方面怪我沒能力，一方面怪我太天眞了。只想到這是該做的，可以做的，卻沒想到做事要有做事的環境和條件。研究中心本身雖有做這些事的責任，卻並沒有具備做這些事的條件。第一，它沒有經費的來源，館、會每月出三千元（六十三年八月之後四千元，今已增至一萬元）維持行政上的開支，此外沒有一文錢收入；第二，它沒有獨立的人事編制，所有服務的同仁都是調兼的，他們本身都有固定的職責和繁忙的業務，爲中心服務是他們的額外負擔，是義務幫忙性質；第三，它沒有向主管政府機關申請立案，因此沒有資格躋身於學術機關之列，也不能申請什麼補助，國內外的學術會議也就沒有被邀請的份了。說穿了，研究中心只是館、會的附屬品，只擺個空架子，有名無實——在這樣先天不足的情況下，希望「百事俱舉」，眞是太不自量力了。回想中心剛開幕時自己的樂觀想法，我不能不責備自己太不懂事！

更糟糕的事接著來了。由於人事的更迭而發生了政策上的爭議，更加有人興風作浪，不僅使研究中心陷於動輒得咎的困境，辛辛苦苦在中心服務的人更被認爲是「色彩濃厚」，在「山雨欲來風滿樓」的時期裏，我似乎已經聞到一些火藥的氣息。幸虧主管堅持立場，逆流才算暫時遏止。但威脅並沒有解除，有意的無意的扯後腿的行動仍是層出不窮——我們在中心工作的人只有忍受，只有慨嘆，只有把辛酸淚嚥進肚子裏！被欺負到忍無可忍的時候，我也只能咒罵「這批人窮凶極惡，不可理喻！」但立即覺得自己不對，不該咒人，學乖了，用沈默來作無言的抗議！

永敬兄批評我有牛脾氣，一點也不假。這是與生俱來的，絕不向橫逆低頭，也不想在不明不白的情形下放手走開，我仍然「心安理得」的跑青潭——就在這種情境中，我發現了青潭的可愛與可敬：它代表一種剛毅的精神，它象徵一條正確的道路，它有著一種和諧的氣氛，它仍然為不少史學界朋友們所關懷，所愛護，所支持！

聊足自慰的學術討論會

如果有人問我，研究中心的工作，差堪告慰的一件事是什麼，我想我的答覆應該是學術討論會。學術討論會是五十九年九月開始舉辦的，原則上每月舉辦一次，七、八月是暑假，停止舉行，實際上每年舉行十次。這十次討論會的主題論文和大家討論發言的記錄編印出來，稱為「中國現代史專題研究報告」，截至八十四年七月止，學術討論會已舉辦過一百二十次，專題研究報告也出版了十七輯。目前，它仍被按照預定計畫繼續辦下去，希望它能與研究中心共存亡，只要中心存在，討論會就不該停辦！

林抱石兄曾告訴我，黃主任委員季陸先生當面對他說：你們能把學術討論會繼續辦到這個規模，很不容易；最初我擔心你們辦不下來。其實，黃先生這個話，也曾當面對我說過了。說眞的，不只黃先生擔心辦不下來，我這個實際負責的人又何嘗不是憂心忡忡！記得五十九年開辦以前，我曾先與館、會兩邊幾位年輕朋友商談過，看看有沒有舉辦的必要和辦得下去的可能性。館裏一位朋友表示絕對該辦，絕對支持；但想不到他只參加過一次會議，以後就遠之避之，從不到會了。這也說明開辦之初，眞正有興趣，肯支持的人並不見得很多，這也就是大家擔心辦不下來的主要原因吧！

學術討論會能辦到今天，首先得感謝黨史會前副主任委員，曾任蒙藏委員會委員長的崔垂言先生。本來，討論會的第一年度中，主講人沒有任何報酬，有時由黨史會送一兩本書，論文及記錄也只是打字油印成單行本，分贈與會人員。崔先生認爲這不是長久之計，主講人不給點稿費，只憑感情，去拉差，久了，會請不到人的，而論文及記錄不鉛印出來向外推廣，討論會的影響力就會變得越來越小，最後必至落到無人理睬的地步。崔先生因此要我草擬改革計畫，多向會、館要點錢，主講人有稿酬，專題也可一輯一輯的印出來。這計畫立即獲得館、會首長的批准，學術討論會會也才能夠順利的進入第二年、第三年……如今已是第二十七年了。對崔先生，我只有由衷的敬佩、感激與懷念！

劉世景兄和胡春惠兄都曾告訴我說，前中央考紀會的鄧主任委員傳楷對我們辦理學術討論會，頗表欣賞，認爲是「卓著績效」的工作之一。景德兄不只一次的轉來海外來鴻，對專題報告倍加讚揚。這些，都是叫承辦人感到聊以自慰的地方。——但，「聊以自慰」，只是表示心血未曾白費之意，並非且絕非表示學術討論會辦得很順利、很成功。成功，自然談不上；順利，也不敢這樣講。因爲，面臨著的也正有不少的問題啊！

繆全吉兄在世時，曾很坦誠的指出我們的問題之一：大家的興趣越來越淡了，憑感情來捧場的朋友也越來越少了;繆兄就為了這點,才兩次「統率」他全所(繆兄時任政治作戰學校政治研究所主任)師生五十餘人出席,來為我們「壯聲威。大家興趣降低是事實,原因何在呢?青潭距市區略遠,交通不方便;主講人號召力不足,講題不為大家所重視;時間過長,叫人感到疲乏不堪;會場單調,缺乏情趣……。想辦法盡可能的克服吧!終於,我們改變了討論會的方式,改為每年二至三次,成為不折不扣的中型討論會。

學術討論會始終是一些好朋友們在支持著,整理記錄、編輯專書等業務,都是幾位熱心朋友義務為之;擔任主講、提供資料、參與討論,不管晴陰風雨,經常前來捧場者,也都是近代史研究所、臺大、政大、師大等校的知己們;已經退休的朋友照常出席,開會時間有課的朋友把課調開;都是為了來「共襄盛舉」。我常想:有友如此,何憾之有?朋友們既能支持於過去,自可繼續支持於將來,有什麼理由不好好的繼續辦下去?何況館、會歷任首長的熱心支持,更使人感到「義無反顧,責無旁貸」!

國史館的新氣象

研究中心成立後的前三年,是在單獨的支撐著青潭這個局面,六十二年元旦開始,國史館的大批人馬搬來了,青潭也就跟著熱鬧起來。由於國史館的辦公大樓及其他附屬建築的完成,頓使這地方變得氣象萬千。「國史館簡介」對青潭新館址的形勢，作如下的介紹：

「本館大門靠近北宜公路之旁，宮殿式牌樓建築，黃色琉璃瓦，氣勢不凡。進門後有石級百步，碧水淙淙，橫亘於前，源遠長流，新店溪之發源地在焉。過小橋，左坡建小亭，顏曰翼如，爲紀念本館創始人邵元沖（翼如）先生。道右置溥泉館，紀念第一任館長張繼（溥泉）先生。館內陳列溥泉先生遺像遺著及前任內政部連部長震東之尊翁雅堂先生親筆致溥泉先生託孤之墨寶。並設套房臥室，備供來館研究之中外學人住宿之需。大樓建築設計，爲現代式而略襯宮殿式點綴，樓高五層，建築約八百餘坪，全部結構爲鋼筋混凝土，堅固適用，頗爲宏偉。中央宮殿式正門，入內正廳，兩壁嵌大理石青，上鐫孫大總統批胡漢民等九十七人請設立國史院之原呈及批文，左爲接待室，右爲陳列室，二樓至四樓爲辦公室，四樓後部及五樓全部爲圖書檔案庫房。

大樓庭園前有平房兩座，一名孝園，爲紀念第二任館長戴傳賢（季陶）先生；一名榮園，以榮民工程處承建本館工程頗多貢獻，藉資留念。大樓座落之右，原有二層鋼筋水泥史料庫房一棟，係於四十九年鳩工興建而成。嗣因史料圖書與日俱增，原有庫房無法容納，復於五十七年興建第二座四層樓房，以爲史庫。現命名爲「志希樓」，藉以紀念第三任館長羅家倫（志希）先生。」

引文所說志希樓，就是研究中心所使用過的一座樓。至於孝園，則是曾任立法院院長之劉健群的財產，由國史館租用。國史館計畫建築新館址時，黃先生有意收購劉健群這所宅院，但劉家索價過高，似有勒索之嫌，這筆交易就談不成了。現在劉健群也已作古了，據說宅院已轉讓給他的一位朋友，他這位朋友也想多賺一點，因此國史館仍然買不下來。國史館實際上又很需要這間房子使用，因此只好租下來，每月付出幾千元租金。有人說划不來，黃先生卻認爲這樣兩邊都合算。孝園現在也不存在了。

黃先生對於國史館大樓的興建，眞是煞費苦心。他老人家選定大樓樓址和方位，原因之一是這地方的風水特別好。從黃先生二樓辦公室外面的陽臺上望出去，一眼就看見遙遙相對的「紗帽山」（山的樣子像紗帽，我們就這樣叫它，至於山的眞正名稱，我至今不曾問過），再加兩側峰巒的襯托，看來確是氣象非凡。比起臺北市北平路二號的老館址來，這裏自然是人間仙境了。

國史館本來沒有什麼史料；經黃先生函請蔣經國院長通令各部會將大陸時期的檔案移送國史館，並大量徵集圖書文物的結果，所存史料已是價值連城，在數量上現有的館址也已無法容納得下了。國史館本來是個老機關，原來只有三十幾位同仁，老人多，年輕人少；可是目前工作人員爲數已在百人以上，幾乎有十分之六是剛從歷史研究所畢業的碩士和博士。國史館過去並沒出版什麼樣的史籍，如今卻是林林總總燦然可觀，爲國史著述中令人刮目相看。

興致盎然的餐後漫談

很多人說：四川人最喜歡「擺龍門陣」。黃先生是四川人，也是以善「擺龍門陣」出了名的四川人。乍聽「擺龍門陣」這個字眼，給人的印象一定不大好，可是聽慣了黃先生的「龍門陣」的我，卻越來越覺得津津有味，興致盎然。因爲，從黃先生的「龍門陣」裏，我得到了不少從別的地方得不到的現代史知識。

國史館和研究中心的同仁，中午都不能回家休息，因此組織了伙食團，中午共同進餐。很感謝伙食委員們的好意，每個月安排桌次時，都把我列在第一桌上——這是「首長席」，有館長、各處處長、各室主任，只有我和賴暋兄是「纂」字頭銜人物，不是主管。黃先生只要來青潭，總會留下來和大家一道用中飯；飯後也一定談幾段軼聞史事，有時一談就是一兩個小時，我們名之曰「餐後漫談」。

剛開始時，大家似乎只是爲了禮貌，館長在講話，自然不好意思起身離去。後來覺得黃先生的「漫淡」有價值、有內容，於是興趣來了，如果沒有特別要緊的事情，都願意坐下來「虛心受教」，一直到黃先生離去，大家也才跟出餐廳來。

黃先生「漫談」之能抓住一桌人的興趣，有各種不同的原因。第一，黃先生常與政府首長及海外僑領、學人接觸，也有資格看到國家的機密文件，因此他常常告訴我們一些報紙上見不到的新消息，這些新消息又常常令人鼓舞。譬如說，我們在臺灣海峽發現石油和天然氣的喜訊，早在兩個月前黃先生便把他所知道的情形告訴我們了。第二，黃先生爲黨之元老，且曾爲國之「重臣」，他的經歷中有不少「幕後要聞」，以及若干重大歷史事件決策時的眞象。這些事，在他有意無意之間漫談出來，最能叫大家聽得過癮。第三，黃先生有過人的智慧，他對若干事故的看法常常與衆不同，而他的論斷往往有獨到之處，聽過後，常叫人有茅塞頓開的愉快。第四，黃先生喜歡說笑話，他常在「漫談」中插入些叫人不能不笑的趣語，人一笑，自然就煩悶頓消精神振奮了。

我是特別留意黃先生在「餐後漫談」中，所透露的一些歷史內幕和人物掌故。譬如說，西山會議前胡漢民派黃先生北上聯絡反共人士的經過，黃先生在廣州救王應榆一命，及黎東方因學潮被拘黃先生救之脫難的情形，陳濟棠講迷信，遷祖墳到洪秀全的墓場的趣聞，中國國民黨二十七年在漢口召集臨時全國代表大會選舉總裁前，黃先生對汪精衛一段有決定性影響力的談話，三十六年在南京擔任國民大會主席以機智制止攻擊陳辭修暗潮的緊張局面等等，都是珍貴的現代史材料，是從別的地方所無從獲得的，每於餐後漫談中獲知一二，眞有如獲至寶一樣的快樂。有次在臺北辦公室與胡春惠兄談起，他也有同樣的感覺。聽黃先生講課或講演，不一定得到最珍貴的東西；但從他飯餘茶後的私人漫談中，卻往往能獲知一些最重要的史實，幫助我們解答若干現代史上的疑難。

黃先生所給予我的，自然不限於飯後的漫談。他平易近人，把每一位年輕同志都看作是子弟，愛之護之，無微不至。他常現身說法，把一些做人處世的經驗告訴我。在一次談話中，黃先生說他的為人有四個字：忠厚和平。忠厚所以待人，和平所以處事。就由於這四個字，使他只有朋友，沒有敵人，成為大家所一致公認的彌陀佛、不倒翁！這話給我的印象太深刻了，我一直都牢牢的記在心裏，一個人能做到忠厚和平，做人處事都會無往而不利！

我和永敬兄，一離開政大便到黨史會服務。黨史會主任委員開始是羅先生（志希），五十八年以後是黃先生，兩位都是老師。有一次，永敬很感慨的對我說：我倆一直跟老師們做事，養成了我們不能深切認識社會眞相的毛病，我們把一切的人都看成像羅先生、黃先生一樣是學者、是君子、明是非、有識見，根本不懂得什麼是陰謀詭計。等到橫逆一來，我們便無法應付，只有被陰謀分子暗算了。我認為永敬的話對，點頭同意，可是後來一想，跟老師們做事也有不少好處，我們的德、業，都在老師們啓迪與督責下與日俱進，使我們保持了純潔和眞誠，這豈是跟官僚政客們共事所能做得到的！

師友相處，如浴春風，青潭有此氣氛，因而我喜歡常到青潭！我也勸別人常來青潭！

「新知雜誌」有疾而終

青潭前五年，我的副業之一是辦「新知雜誌」。但，「新知雜誌」停刊了，我的感受是和別人不大一樣的。別人也許只感到惋惜，我則於惋惜之外，還有一些歉疚之感。

當我和張玉法兄都還在哥倫比亞大學進修的時候，課餘飯後，我倆時常互相傾訴「學成」歸國後的「鴻圖大志」。我們計畫編書、辦雜誌，開展現代史研究的風氣，引進新的精神和方法，我當時確是表現得很積極。後來我先回國來了，玉法繼續在美聯絡、策劃，等他於五十九年夏回來後，就立刻大張旗鼓的推動這件事。我那時正為行政工作所羈，沒法多出力，玉法怪我變得消極了，似乎不願多出力。我不敢辯駁，因爲確是沒有在紐約時那種豪情，一切事都讓玉法一個人跑，許多朋友對這件事也大力支助，「新知」遂於民國六十年的二月一日創刊。

在創刊奔走的過程中，我未能有所貢獻，以後在編校和撰稿方面要多出點力，我當時這樣想。事實卻又證明我的想法沒能兌現，從拉稿、編校，到督印、發行，都由玉法、英惠、雲峰、煥卿等兄做，國內外總有幾十個朋友出錢、出力，我除了協助作最後一次校對外，再沒做什麼事。玉法也許懷疑我偷懶，我卻眞的是覺得幫不上忙。同時也認爲玉法是個頗有新思想的人，精力充沛，由他來打開個局面，影響力會大些！

對「新知」貢獻雖不足，我的關心卻有餘。我曾拉同事們訂閱，並拉朋友們寫稿，永敬、緒心、鵬仁等兄的稿都是我逼來的，其中我鼓動夏文俊兄撰寫〈羅志希先生年譜簡編〉一事，尤其值得一提。文俊是剛學寫作的一位朋友，但他熱情、認眞、肯幹，我認爲有了這些條件所以極力鼓勵他寫。但後來發現他爲了交卷而在抱病撰稿時，我又有些不忍了。然而文俊終於把簡譜的初稿寫竣，在「新知」停刊之前刊完。由於「新知」而啓發了文俊寫作的情緒，使不可能的事變爲可能，這不是一件皆大歡喜的事嗎？

奮鬥了四年之後，「新知」因爲身罹重病而不得不停刊了。病在財力的不繼，朋友們雖曾盡心力來救治，但仍然無法解除它的厄運。有朋友建議找個「大亨」來支持一下，我們卻覺得這與我們的宗旨不合；有朋友提到另外有人願意接辦，我曾表示過個人不以爲然的意見，因爲我怕萬一「新知」在將來走了樣，將爲我們這些創辦人留下難以彌補的遺憾。我認爲：「新知」四年來已經給讀者朋友們留下了一個印象，希望這個印象一直是單純但卻完整的，不要攙雜上其他的色彩。

四年來，未曾多爲「新知」效力。但我確信，「新知」的停刊，並不代表朋友們熱情的衰退與毅力的消失。風雨如晦，鷄鳴不已，我們如何忍心就此掩旗息鼓，放棄自己的良知與責任呢！果然，在張玉法兄的發動和策動下，另一份廣受推重的雜誌創刊了，那就是迄今仍然按期出刊的

「山東文獻」。我忝列編輯委員之一，與有榮也。

我在「新知雜誌」發表了十三篇文字，以記事隨筆及書評爲多。把篇目及出刊期別及日期列下，備供查考。

篇名	期別	出刊年月日
中華民國史料研究中心與中國現代史研究	第一年第一期	民國60.2.1.
黃季陸先生革命經歷簡記	第一年第五期	60.10.1.
羅志希先生逝世二週年祭	一年六期	60.12.1.
蔣永敬與其新著《胡志明在中國》	二年二期	64.4.1.
中國歷史學會與其第八屆會員大會（上、下）	二年三—四期	61.6.1.
美西之行	二年四—六期	61.8.—12.
關於黃興的研究和史料	三年二期	
郭榮趙及其著作	三年五期	
李煜瀛先生事略	三年六期	
研究中國國民黨黨史的幾點意見	四年一期	
由陳著《孫中山先生與日本友人》談起	四年三期	
《第二次中日戰爭史》介紹	四年四期	
我在青潭	四年六期	

五種好書

研究中心出版的書籍，分爲兩類：一是中國現代史專題研究報告，內容爲歷次學術討論會的專題論文及討論紀錄，已出版至第十七輯，已如前述；一是民國史研究叢書，爲個人或集體的學術專著，已出版八種，其中有五種就是我所要介紹的好書。五種書的介紹次序，係以出版時間的先後排列。

第一種，是蔣永敬著《胡志明在中國》，副標題爲「一個越南民族主義的僞裝者」。這冊書，係由臺北傳記文學出版社於民國六十一年三月出版，卻是在中華民國史料研究中心「專題研究計畫下，首先完成的一項工作」（黃季陸序），因此我仍把這書列爲民國史研究叢書之第一種。這冊書，直到今日仍然是國人研究越南共黨歷史及其領導的唯一學術著作，內容及文字均屬上乘。我曾以〈蔣永敬與其新著胡志明在中國〉爲題，寫過書評發表於「新知雜誌」第二年第二期，我說：

蔣永敬先生這本書是研究胡志明與越南共黨的唯一的中文著作。由於這一著作引用材料的廣泛性與其權威性，格外表現出了這一研究的重要性……這本書所引用的資料的權威性，是同性質的外文著作所難比擬的。……這本書在遠東外交上及遠東政治史上，都應佔有重要的一席。

第二種，是黃季陸等二十二位學者的集體著作：《研究中山先生的史料與史學》。於民國六十四年十一月十二日出版，用以紀念孫中山先生一百一十歲誕辰。全書收錄學術論文二十篇，特載三篇，附錄一篇，共三十五萬字，五百八十頁。每篇專文都有新史料和新觀念，爲國內對孫先生的研究開拓了新的境界。作者中，除黃季陸、鄭彥棻兩人爲老一輩學者外，他如李國祁、蔣永敬、張玉法、陳三井、李恩涵等兄，都是國內新史學的主導者，他們的史識、史學和史德代表著史學發展的新方向。作者們都是義務撰文，無一文稿酬，這份情感和熱誠令人深感敬佩。這冊書的學術水準甚高，韋慕庭（C. Martin Wilbur）教授接到我的寄書後，特別來信致謝並推崇。他所著 *Sun Yat-sen, Frustrated Patriot* 一書，多次引用了這冊書中的論文。我在本書中寫了〈關於國父傳記著述的評述〉及〈研究中山先生的英文史料〉兩文，吳相湘教授讀過後也來信說是「得力之作」，近年來有機會與大陸學者討論孫先生的有關著述，他們亦對《研究中山先生的史料與史學》一書給以很高的評價。

第三種，是胡春惠著《韓國獨立運動在中國》。這是春惠兄的博士論文，於民國六十五年三月由中華民國史料研究中心出版，費用則得之於中山學術文化基金會的補助。這是討論韓國獨立運動在中國發展過程的權威著作，引用了中國國民黨中央黨史會庋藏的大宗檔案史料，並得到黃季陸、蕭錚、邵毓麟三位先生的指導及提供史料，不但中國歷史學者重視這冊書，韓國學者尤其重視這冊書，早已譯爲韓文出版。也由於這冊書，胡春惠兄在韓國史學界的盛名，並不亞於在中華民國。

第四種，是《孫中山先生與辛亥革命》。這是一部論文集，含三冊，逾一百萬字。係中華民國史料研究中心爲慶祝中華民國建國七十年而編印的，民國七十年十二月出版。內容分爲「特載」與「論述」兩部分，共選錄七十三篇有價值的學術論文，可以看到中華民國臺灣地區歷史學者們研究孫中山先生革命事業暨辛亥革命的觀點與成果。論文依其性質，分爲四個單元：一、中山思想學說；二、中山先生與世界；三、川路風潮；四、革命之爆發及其影響。著作人有五十四位，遍佈世界各地，我在「編輯敍言」中曾作如下的說明：

> 論文雖有七十三篇，作者卻只五十四位，他們都是當代的歷史學者，也有幾位是參與創造歷史的元老。五十四位作者中，有八位是外籍學者，他們是金德曼（Gottfried K. Kindermann）、史扶鄰（Harold Z. Schiffrin）、葛立格（Kenneth N. Grigg）、鄧勤臣（Dennis J. Duncanson）、詹森（William R. Johnson）、李聖根、金永敦和辛勝夏。其餘四十六位

雖都是華籍學者，其中卻有十七位旅居國外，從事教學與研究。因此，這一專輯的作者陣容，可以說是集中外學者專家之俊彥，這也是令人興奮的一件盛舉。

「特載」部分，是兩次國際學術會議的報告與論文：一是黃季陸等「出席國際孫逸仙先生學術研討會報告」及其六篇論文；一是黃季陸等「孫逸仙博士與香港」國際學術會議有關講詞與報告。這部書出版後八年，大陸才有中國孫中山研究學會主編的《孫中山和他的時代》論文集出版。兩書性質相同，均爲三冊，同爲研究孫中山的重要成績，亦同具相當程度的影響力。據悉《孫中山先生與辛亥革命》目前已無存書了，《孫中山和他的時代》似乎也不容易購得。

第五種，是《黃季陸先生與中國近代史研究》。研究中心的創辦人黃季陸先生於民國七十四年四月二十四日逝世。同年十二月及七十五年一月間，我兩度邀請曾在研究中心服務的同事們會商，決定編印一冊紀念性與史料性並重的書以紀念黃先生。七十五年四月，這冊厚達七百三十一頁的《黃季陸先生與中國近代史研究》出版了，我認爲是一冊有意義、有價值的好書；因爲它有不少新資料、新觀念，以及對黃先生的新認識。這冊書除圖片、墨跡外，正文包括四部分：第一部分是黃先生個人未曾發表過的重要函札及文件；第二部分是黃先生主持中華民國史料研究中心第一次至一〇六次學術討論會之講話紀錄——包括他以主講人身分提出的專題報告；第三部分是由十七位歷史學者及史學工作者提供的十三篇紀念文和四篇論文；第四部分是有關黃先生的兩篇年表。全書是由我發動並設計的，主編人則推呂芳上兄擔任。他寫了一篇「編後」，由於謙抑為懷，沒有具名。「編後」對黃先生於民國史研究的貢獻作如下的論述：

黃先生一生的事業與民國史結了不解之緣。……他主持黨史會兩年半，主持國史館十五年，在兩個史政機構都有進步的觀念，嶄新的政策和開創性的作法，為民國史的研究奠下了良好的基礎。民國五十八年十一月他創立了中華民國史料研究中心，這是他「開放史料，便利研究」新政策的具體措施。十五年來，研究中心在黃先生的主持下，曾服務了數百位中外歷史學者，舉辦過一百一十多次的學術討論會，出版了二十本深受歡迎的民國史著作。它的成績是輝煌的，它的影響更是深遠的。

國史館主任秘書任內

民國五十八年至六十年，我是以黨史會總幹事身分兼辦中華民國史料研究中心業務，每週去青潭二次。六十年甲等特種考試史料編纂與檔案管理人員一科以最優等成績錄取，考試院分發我去國史館任簡任職纂修，我報了到，但仍任黨史會纂修，成為館、會雙料纂修。六十二年國史館遷館青潭，我去青潭已是半個主人了。六十六年八月，離開黨史會專任國史館纂修兼主任秘書，每天要去青潭上班，成爲不折不扣的國史館成員，青潭也變成我另外的一個「家」。

國史館編制上有簡任職副館長一人，然羅志希、黃季陸兩位先生先後任館長共二十六年，卻未曾找到適當的副館長人選。羅館長一度邀臺大歷史系姚從吾教授屈就副館長，但沒有房子供副館長居住，姚先生因而謝卻羅館長的好意。黃館長有沒有計畫覓人來任副館長，我不清楚，但曾屢次對我慨嘆：「才難，錢財不難，人才才難。」似乎心目中還沒有身分相當而又有眞才實學的人可以延攬來作他的副車。

由於副館長一職虛懸，主任秘書的位置就顯得重要了，館長的公務章放在主任秘書處，一般的公文都可代批代行。也正因爲這樣，黃先生對主任秘書人選特別愼重。原任主任秘書是許師愼，是黨史會與國史館的老人，國史館在臺復館後他一直擔任主任秘書。民國六十六年，許主任秘書年滿七十週歲，不能不退休，黃先生也不能不趕緊找人。有意爭取這個位子的人，館內館外都有，黃先生也主動找過幾位，但都覺得不適當。一天，我到青潭來見到黃先生，要我陪他一道返臺北，路上突然對我說：「你能不能離開黨史會來國史館幫我？主任秘書必須專任，我考慮好久，還是你來負責好。」我告訴黃先生：「在我的感覺上，黨史會和國史館的工作都是一樣，只要老師認爲我到館中工作適當，黨史會秦主任委員孝儀也同意，我無不服從。」

只過了一天，黃先生就掛電話告訴我：「來吧，我已下了手令派你擔任主任秘書。」又說：

「孝儀那裏我已講過了。」這對我，多少有點過於突然。秦先生並未徵求我的意見就答應黃先生，是否有意要把我趕快送走？我一度這樣揣測。後來世景兄告訴我：秦先生曉得你和季老的關係。季老是黨中大老，他講的話秦先生不好拒絕，而且黃先生說是要提拔你，秦先生就更不好多說。

六十六年七月一日，我正式開始擔任國史館主任秘書職務。我原來就是國史館纂修，所以不算是新任，只算是調職，我的正式職銜是纂修兼主任秘書。

每天要跑青潭，每天要看一些公文，蓋一些圖章，接一些電話，也接見一些客人，剛開始實在也不習慣；過了幾個月，一切也就順心應手了。黃先生要我放手去做，但對人要圓通些。國史館的各單位主管也都是熟人，也都能合作無間，基本上我的工作並未遭遇到困難。但由於對工作的看法不一致，各人做事的習慣也不同，有些事也難免有所爭持；甚至也有不經心而開罪於人的地方，有時也會受些悶氣。

主任秘書兩年任內的工作，見於我主編的《復館以來的國史館》一書第二部分「國史館工作概述」。此書的主要題目是：總務處長談龍濱兄所撰〈國史館遷館經過及新址擴建〉，徵校處長遲景德兄所撰〈十年來的徵集與校對〉，史料處長張明凱兄所撰〈近年來的檔案典藏與整理〉，纂修賴暋兄所撰〈成如容易卻艱難——中華民國史事紀要編纂誌感〉，前史料處長倪寶坤兄所撰〈重刊國民政府公報及編輯褒揚令文〉，榮譽纂修許師慎兄所撰〈總統 蔣公年譜之編纂計畫〉，協修胡健國兄所撰〈清史校註〉，主計主任王羽鵬兄所撰〈歷年來經臨費預算之分析比較〉，人事主任蕭良章兄所撰〈十年來人事業務之檢討〉，協修郭鳳明兄所撰〈近年來本館同仁的進修與研究〉，另我自己寫了兩篇：一爲〈各種史料專集的編刊〉，一爲〈十年來的中華民國史料研究中心〉。這十二篇工作報告，已可知國史館復館以來的概況，及其業務發展的藍圖。

兩年工作經驗中，有不少值得興奮的事，也有一些深感愧疚一時難忘的事。黃先生相信我，圖章放在我處，一般館務他很少過問。兩年下來，未有任何行政上的誤失，編纂業務也大有進展，自可無愧於私悃。六十七年三月二十七日，總統嚴家淦先生來館視察，我負責接待並作口頭簡報，隨行總統府官員發現我並不翻閱書面報告而能對答如流，日期數字竟毫無錯誤，認爲係總統視察各機關聽簡報以來所僅見者，聽後內心裏自然亦感到欣慰。未因行政羈絆而忽視研究、協助一些青年朋友撰寫學位論文，時有自得其樂之感。因黃先生關係而認識一些來館訪問之前輩先生如孫科院長等人，亦是令人心爽之事。但也有些不如意處。例如在我指導下一位研究生撰寫史事紀要稿時用錯了史料，出了紕漏，受人指摘，我因審閱欠周未能及早發現而自請處分，且引爲極大之恥辱。黃先生沒有處分我，我卻一直受到良心的責難，這次教訓使我對文字工作不能不小心翼翼。

六、三度訪美

應邀出席「戰時中國研討會」

美國聖若望大學副校長兼亞洲研究中心主任薛光前（Paul K. T. Sih），先於一九六九年即民國五十八年七月舉辦過一次「近代中國建國（一九二七－一九三七）研討會」（Symposium on China's Nation-Building Efforts, 1927－1937），討論戰前十年國民政府各項建設工作的成效，極爲成功。會議論文，由薛氏編著爲 *The Strenuous Decade: China's Nation-Building Efforts*, 1927－1937一書，於一九七〇年出版，頗爲好評。薛氏乃計畫召開另一個學術會議，研討抗戰時期的史事，並定名爲「戰時中國研討會，一九三七－一九四五」（Conference on War-time China, 1937－1945）。這一計畫，獲得伊利諾大學（The University of Illinois, Urbanna）亞洲研究所（Institute for Asian Studies）所長易勞逸（Lloyd E. Eastman）的支持，決定由雙方合辦，地點定在伊利諾大學，日期訂爲一九七六年即民國六十五年四月三十日至五月二日，邀請中美兩國學者專家，研討中華民國國民政府戰時在軍事、政治、經濟、財政、教育、交通、外交等方面的政策與措施。

會議原邀請中、美、日籍學者二十四人。其中凌鴻勛因健康關係，未曾與會，惟仍提出論文請薛光前代爲宣讀；吳文津則因事不克出席，故實際參與研討會者爲二十二人，其姓名及服務機構以姓名英文字母之順序排列如下：

陳興家	Dennis Chinn, Stanford University
易勞逸	Lloyd E. Eastman, University of Illinois（兼任協調員）
侯繼明	Chi-ming Hou, Colgate University
謝覺民	Chiao-min Hsieh, University of Pittsburgh
入江昭	Akira Iriye, University of Chicago
易社強	John Israel, University of Virginia
賴　文	Steven Levine, Columbia University
李雲漢	Li Yun-han, Historica Sinica
梁敬錞	Chin-tung Liang, Academia Sinica

淩鴻勛	Hung-hsun Ling, Academia Sinica
魯珍晞	Jessie G. Lutz, Douglass College, Rutgers University
毛春帆	Chun-fan Mao, New York University
吳俊升	Ou Tsium-chen, New Asia Institute of Advanced Studies, Hong Kong
浦薛鳳	Dison H. F. Poe, St. John's University
夏　倫	Peter Schran, University of Illinois
沈宗瀚	Tsung-han Shen, JCRR, Republic of China
徐乃力	Lawrence Shyu, University of New Brunswick, Canada
薛光前	Paul K. T. Sih, St. John's University（兼任協調員）
唐宗明	Anthony Tang, Vanderbilt University
董　霖	William L. Tung, Queens College of the City University of New York
費德生	William W. Whitson, Congressional Record Service, Library of Congress
吳相湘	Hsiang-hsiang Wu, College of Chinese Culture, Taipei

上開名單，可謂一時之選。只是John Israel 的中文名字是易社強，大會文獻誤寫爲易社經。

從臺北前往與會者，僅沈宗瀚先生和我，沈先生先數日前往女兒家，我則於四月二十八日始搭機前往。薛光前很坦誠的告訴我，邀請我去參加並將論文列爲第一篇來討論，不是他的提議，而是美國人的意思。我想這位美國人，一定是易勞逸。會後我去紐約訪問，薛先生請我到聖大亞洲研究中心作專題報告時，也介紹說：雲漢這次來美，是美國人請的客人，我們聖大校友，格外感到高興。

這次赴美，是以國史館（Historica Sinica）纂修名義，用公務護照，也辦了旅行保險。因爲我想借此機會再到紐約、華盛頓等地蒐集抗戰史料，回程中還想去夏威夷大學看看。我請了兩個月的假，實際訪美只五十四天，到六月十八日回到臺北。臨行前數日，女兒肖寧忽然生病住進醫院，一度想放棄這次機會。好在寧兒三天後出院回家，我才照原定計畫成行。這次是單人獨馬，又惦念家中，一路上心緒不寧，怕要累苦了內子。到芝加哥機場轉機也耗費一段時間，到二十九日下午才到達 Urbana Airport。下機後，一眼看到易勞逸和賴澤涵兄來接我，心中才又充滿了喜悅。

賴澤涵兄此時尚在伊大讀博士，研究孫科與民國政治，指導教授就是易勞逸。澤涵兄駕車先接我到他寓所，見到了賴太太，談到很晚，才送我到伊大旅館——也是研討會會場所在地。澤涵兄是以伊大主辦單位的立場參加會場服務，聽敏熱誠，我在伊大的三天中，得到他很多協助，從此成爲好朋友。

我的論文和入江昭的評論

我提出的論文是用英文寫的，純粹是自己的手筆，未曾請人修改。等後來編入專書出版時，才請薛光前先生修飾一番。另有中文稿，已編入《八年對日抗戰中之國民政府》一書，爲第一章，標題是：〈戰爭的起源：七七蘆溝橋事變的背景〉。要說明的是：我的原稿是用盧溝橋，編者改用了蘆溝橋。

在研討會宣讀者爲英文稿：The Origins of the War: Background of the Lukouchiao Incident, July 7, 1937。內容包含四節：前言、一九二七至三七年間的日本對華政策、中國對日本侵略的反應、盧溝橋事變的爆發，每節又有若干子目。研討會第一日第一次會就討論我這篇論文，由我先作十五分鐘的口頭報告，然後由芝加哥大學日籍政治學教授入江昭（Akira Iriye）作評論。入江昭雖很年輕，但已甚有名望。他於一九六一年即獲得哈佛大學博士學位，論文題目即是：〈美國外交與中日關係，一九二六－一九三一〉（*American Diplomacy and Sino-Japanese Relations, 1926－1927*），對中國政情頗爲瞭解。由他來評論我的論文，應當是非常適當的安排。

我的論文，中英文稿都已發表，不必辭費了。我的口頭補充報告說明三點：一是盧溝橋事變的重要性，二是造成盧溝橋事變的眞正原因，三是日本對中國認識的錯誤。關於第三項，我有兩段話頗爲薛光前所欣賞，他在民國六十六年七月二日出刊的「世界日報」發表〈對日抗戰時期的國民政府序言摘要〉一文中，曾加引錄。這兩段話是：

三十年代後期的中國，發生了兩大顯著的變化：一爲民族主義思潮的澎湃，一爲國家建設的長足進步。大多數的西方學者和政治家，都已認清了產生在中國的這種變化，幾乎一致認爲一九三六年秋天以後的中國，已邁進了一個新的時代，眞正的統一實現了，除了共產黨人以外，都一致擁護蔣介石委員長領導下的國民政府，尤其是在西安事變和平解決之後，中國的政情已完全變化，他們決定不再對任何外來侵略者屈服，而且要從外國人手中，收回一切喪失的權益。

可是，日本政府和軍人，卻無視於中國發生的變化。他們仍然以提出「二十一條件」（一九一五）強逼中國接受時的眼光看待中國，也仍然以「瀋陽事變」（一九三一）後的侵略伎倆施諸於中國，結果卻犯了對中國認識不清的錯誤。譬如說，所謂「現地解決」（local settlement），日本於一九三二年提出來時，中國政府可以接受，因爲國力不足以抵抗日本，除接受外別無選擇。可是到一九三七年盧溝橋事變發生，日本再度提出「現地解決」的要求，中國政府卻堅持要有發言權和決定權，因爲中國政府已有行使其主權、保衛其領土的能力。假如日本當局對中國有所瞭解而稍加改變其態度，我相信中日戰爭不是不可以避免的。

入江昭對我論文的評論，頗爲認眞；有同意的地方，也有批評的地方。他首先承認我所敘述日本侵華的史實，是無可否認的，他的一段話是：

無論對於論文的整體結構，或其所引述的大部分史實，都很難表示異議。作者的主要論點——日本的軍國主義孕育了對中國的侵略意圖，並期望最後能統治中國，以及此種陰謀構成中日戰爭的直接原因，都正確無誤。

批評亦不少。他認爲「這篇論文並非一篇特別有新奇解說的作品」，「希望李先生能多對日文和中文的原始資料，予以會通」，「某些戲劇性的人物在這篇報告中，卻未出現」，同時也認爲我忽略了中國共產黨的地位、影響力，以及汪精衛一派的親日主張。入江昭的原文有兩段這樣說：

中國共產黨也只是在述及蔣（介石）的勦共與西安事變時，才被提到。鑒於他們在促成第二次聯合戰線中所擔任戰略性的角色，難道不應該給予他們更重要的地位？就爲了這點，論文中無任何字眼涉及第二次聯合戰線。論文中也沒有討論到第三國際於一九三五年召開的第七次大會——由於大會號召組織世界性的人民陣線對抗法西斯主義，而使其具有重要的歷史地位。

在另一方面，論文也完全忽視了中國親日集團的領導人汪精衛；論文中只有一次提到「親日分子」，但沒有解釋。（三五頁）汪精衛、黃郛以及其他領袖們曾追求與日本間的某種和解；只有認爲這些人的角色在中日關係發展舞臺上無關緊要的人，才會忽視他們。

入江昭也對中日兩國的主和派作了很詳細的介紹，他認爲如果雙方的主和派能夠得勢，戰爭是不會發生的，事實卻是向相反的方向發展，他似乎感到遺憾。最後，入江昭認爲我的論文如能多從經濟發展方面的軍事外交意義去發揮，「對我個人而言，覺得比單純的論述外交交涉、軍事衝突等等，更饒討論的興趣。」

對入江昭的評論，我在研討會中作答辯時曾作解釋，但未能盡量。會後我再和他討論，我認爲中共的事是中國內政問題，在對日關係之決策者是國民政府，中共並沒有發言權。汪精衛在中國的影響力不大，他的主張也得不到中國多數人的認同。日本人過度強調中共勢力，是要求中國政府答應「共同防共」的策略運用，過度強調汪精衛的勢力，則是沒有看清中國朝野抗日情緒的高昂，這兩項都是當時日本對華認識的盲點。入江昭沒再爭辯，約定以後多通信切磋。

薛光前對入江昭的觀點，也認為未瞭解中國當時的實際情勢。他在《八年對日抗戰中之國民政府》一書序言中，表明他的意見：

> 入江昭教授所持的觀點，值得檢討。但吾人絕不能蔑視中國人民的民族精神，和七七事變前後中國國民政府所面臨的政治現實。民族主義達於頂點，抗日情緒充滿全國，任何政治領袖如欲採取親日態度，常遭到嚴重的後果。

淪陷區並非悉屬日本佔領區

研討會第三次會討論香港新亞研究所吳俊升的論文：〈戰時中國教育〉（*Education in Wartime China*）。吳博士是老教育家，曾任教育部政務次長，對戰時教育尤為熟悉。他的論文很長，有五十頁，論述戰前教育、戰爭發生前後的教育危機、教育與文化的大遷移、戰時教育在數量方面的發展、高等教育、學術研究與國際文化合作等方面，甚為完整。評論人是新澤西州羅格斯大學道格拉斯學院（Douglas College, Rutgers University, New Jersey）教授 Jessie G. Lutz，她有個中文名字叫魯珍晞。她在評論時，竟然問吳俊升：「你究竟在分析那一個中國？」（Which China are you analyzing?）

為何有此一問？蓋魯珍晞認為戰時有四個中國：一個是國民黨中國，一個是共產黨中國，兩者都稱為自由中國；另外的中國是被佔領的中國（occupied China），日本人佔領一部分——都市與交通線，另外的一部分則是農村，日本人勢力達不到，自成一天地。魯珍晞並對戰時國民政府對淪陷區教育的指導權力表示懷疑。

當然，吳俊升對魯珍晞的評論有所答辯。我認為魯珍晞所述淪陷區的情況與實際情形不符，淪陷省分中不少地區仍在國民政府的行政權管轄之下。我在發言時，以我自己的親身經歷為例證：我的家鄉山東省昌樂縣縣城被日本軍隊佔領了，可是我縣大部分地區都由政府委派的行政官員主持政務，駐軍是中國國軍和游擊部隊，我也一直在青天白日滿地紅國旗下由小學讀到高中。這樣情形，怎能說是另一個中國呢？

會後我和魯珍晞又交換過意見，她表示依據的資料並不完全，因有此疏忽。本來不熟識，卻從此成為好朋友。研討會結束後我到紐約去訪問，她專函邀我前往她家作客，我因時間不允許，覆函婉謝。她是虔誠的基督教徒，研究中國的教會學校，頗有成就。她有新著出版，都寄我一冊。下面兩冊是她的代表作：

China and the Christian Colleges, 1850–1950. Ithaca and London: Cornell University Press, 1971.

Chinese Politics and Christian Missions, the Anti-Christian Movements of 1920－1928. Notre Dame, Indiana: Cross Cultural Publications, Inc., 1988.

魯珍晞在上舉第二冊書的前言（Preface）中，說明她的研究過程及著作宗旨。她提及曾應邀來臺北出席中華民國建國史討論會，承黨史會將她的論文 *Students and Political Parties in the Educational Rights Movement,* 1924－1926發表於《中華民國史討論集》第三冊，表示謝忱。她提到很多人協助過她，但有三個人要特別提出來表示感謝，第一個人是李雲漢，她的原文是：

Three individuales in particular should be mentioned: Li Yun-han of the Kuomintang Party History Commission, Carol Kiney of the New Brunswich Seminary Library, and Nelson Chou of the East Asian Library, Rutgers University.

再至哥大作客

戰時中國研討會於五月二日上午閉幕。當日下午，即搭機東去紐約，開始另一階段的學術之旅。抵甘廼迪機場，老同學于潾來接，當晚宿於于家。次晨前往聖若望大學，由亞洲研究中心副主任李本京兄接待，安排以「中華民國現代史研究的現況與趨勢」爲題作一報告，給我點講演費，也等於是變相津貼。研究中心的人事變化很大，同學中無一相識。藝專校長張志良兄也在這裏進行文化交流，同時在聖大修一學位，在伊利諾大學開會時見過面，我稱他張校長，在聖大我作報告時，他變成了在座聽講的「學生」。人生的角色不時在變化中，這是一例。

我的目的地，是哥倫比亞大學，想去住四週，把以前沒有看完的資料看完。這次多虧李又寧的安排，從哥大東亞研究所重獲訪問學人身分，並獲准住進 Livenston Hall 的學生宿舍，可省不少錢。又寧既熱心、又細心，給我送一大籃用具來，連洗牙盃都想到了，眞感謝她。東亞研究所已遷至 International Affairs Hall，比在 Kent Hall 時氣魄得多，我也有了一間很漂亮的研究室。韋慕庭每週只來一次，所中教職員以及各地來的訪問學人，對他都極尊重。

哥大研究期間，曾參加兩次學術座談會。一次是五月八日舉行的「中美關係會議」。加州大學的施樂伯（Robert Scalapino）教授應邀作 lunch speech，是我認識他之始。兩個月後他到臺北來找資料，我曾陪他去草屯史庫工作數日，爲他擔任譯述工作的人是陳侃偉博士。另一次是哥大東亞研究所於五月二十一日舉行的「中國史座談會」，是爲歡迎我重返哥大而舉辦的一次會，由我報告「戰時中國研討會之評價」。參加座談的人提出有關問題，也由我答復。參加的人有老朋友，也有新朋友，規模雖不大，人情味卻極濃厚。

國史館黃館長託我帶來一批書贈送美東我國各機構及學者，我都一一送到，並爲國史館購買一批西文圖書。我曾於五月二十二日訪問過新聞局駐紐約辦事處，對該處圖書室提供廣泛徵求國內圖書意見，但未獲得反應。曾拜會過梁敬錞、魯光桓、成文秀等人，魯光桓有好幾個晚上約我去吃中國飯，每次都作長談。記不清是那一天了，曾去參加紐約學界歡迎蔣彥士、楚崧秋兩位先生的茶會。陳福霖到紐約來看我，告訴我薛君度對他寫的〈黃興與中國革命〉書評和我在〈研究黃克強先生的史料〉一文中提及他的話，極不滿意。我想這是誤會，有機會當面談談也好。

三訪華盛頓市

八年前在哥大進修時，曾到華盛頓市（Washington D. C.）訪問過兩次。這次再來這座美國的首都名城，是第三次了。這次是搭葉嘉熾（Ka-che Yip）兄的便車：他夫婦自哥大回馬里蘭（Maryland）的家，順便把我帶到他家裏，第二天再陪我去華盛頓市，國人習慣上稱之為華府。日期是五月二十九日，在華府訪問一週，先後至美國研究圖書館協會附設之中國研究資料中心、美國國會圖書館、美國國家檔案局等機構，並曾接受過我駐美文化參事處的招待。

我要特別感謝余秉權和亓冰峰兩兄。前四天，葉嘉熾接送我，由余秉權陪同到各機構訪問，中晚餐幾乎全由他招待。秉權兄是中國資料研究中心主任，這次是初次見面，卻是一見如故。他的好客和豪爽是有名的，對朋友的熱誠更是口碑載道。這樣的好人卻不能長壽，七年後他在一次車禍中喪生。在華府的後三天，由亓冰峰兄招待，他要我住到他家中，晚間也可陪我訪問朋友或是閒談，並招待我看過一次藝術表演。

主持國會圖書館東方部的王冀兄，也是第一次見面，承他招待午餐，相談極爲融洽。他父親王樹常上將是東北軍前輩，與蔣總統中正有極好的友誼，王冀兄手中藏有不少重要史料，對西安事變饒有興趣。除東方部外，也曾到國會圖書館的法律部去參觀，該部庋藏我政府各部門之公報爲數極豐，有些是在國內找不到者。我申購一套冀察政務委員會公報微捲，是我研究盧溝橋事變不可缺少的基本材料。

在華府時，適値美國開國二百周年之慶。華盛頓各界當時舉辦一項「一八七六年文物展覽」，展出一百年前美國人使用之器械和衣飾，藉使觀衆瞭解美國一百年來飛躍進步情形。美國之音廣播公司並邀請各國訪美人士參觀此項展覽，然後發表錄音談話，以表達其對美國近世文化發展之感想與期望。由於駐美文化參事毛先榮之推薦，我應邀前往參觀，並接受美國之音中文部記者之錄音訪問。談了五分鐘，我就近代史實說明中美兩大民族間的傳統友誼，以及華裔華僑對美國文化之貢獻。於當晚即行播出，記得這天是一九七六年六月一日。

六月三日晚間，我由亓冰峰兄陪同去訪問老友詹森教授（Dr. William Johnson）。他任教於喬治華盛頓大學，是研究中國辛亥革命的專家，冰峰兄的博士論文即由他指導。數年前他來臺北做研究，我由於札奇斯欽的介紹和他相識。談到研究計畫，他說近年內將進行一項「戰後中國」

的研究計畫，並謂此等計畫需要中美兩方學者合作進行，戲稱像李雲漢這樣的人才是最好的研究伙伴。我認爲這一計畫很好，値得鼓勵。回國後向黨中央提出之訪問報告中提及此事，中央轉知外交部，外交部電令駐美大使館進行瞭解，大使館即派人去看詹森，表示願予協助。詹森大爲驚奇，他說只有這個想法，還沒有具體計畫，怕自己能力不夠。詹森給我來信說，這事一定是你傳的話，想不到你如此「神通廣大」；但是對不起，茲事體大，我恐怕無法進行這項計畫。我也覺得有點「自討沒趣」，以後說話更要愼重些。

首次訪問夏威夷

從華府再回紐約哥大，住一個星期。六月十二日從紐約直飛夏威夷，想到夏威夷大學圖書館蒐集有關中日戰爭的史料。到火奴魯魯機場已是深夜，勞邢義田兄在機場迎接。當晚隨邢兄住進夏大東西文化中心研究生宿舍，以後四天，也都賴邢兄陪同協助。

羅錦堂博士在夏威夷大學任教。他是我在軍校預備軍官訓練班第一期受訓時的同隊同學，一九六七年八月曾在密西根大學見過面，這次我來夏威夷自然要先期寫信告訴他。他特抽一天時間陪我遊覽，並請我到一家很別緻的日本餐館中吃飯。我的行李箱因故未及時運到，也麻煩錦堂兄與華航聯絡，才圓滿解決。

羅錦堂兄陪我去參觀了意奧蘭尼學校（Iolani School）——這是孫中山先生在火奴魯魯就讀的第一所學校，在中國國民黨黨史上有其地位。學校位於 Kamoku Street 五三六號，有新、舊兩校區。孫先生當年所就讀者爲舊區，實際上新舊兩校區毗聯在一起。該校自幼稚園至高中，各年級皆設立，設備亦甚完全，至今仍爲夏威夷著名學校之一。校長室內有孫中山先生坐像一尊，室外行政部門（教務處）壁上懸有鑲框「總理遺囑」全文。惜是日學校放假，沒有與師生交談機會。

夏大圖書館藏東方圖書，日文最多，中文次之。職員亦多爲日人。東西文化中心亦然，中國文化之色彩甚淡。我的「訪問報告」有如下一段感想：

參觀夏威夷大學東西文化中心及夏大圖書館，並與華籍教授及留學生交換意見，咸認夏大以振興東方文化號召，我國應以東方文化宗主國身分，加强對夏大之聯繫與合作。目前我國對該校東西中心之影響，不惟不及日本，且已不及韓國（韓國學生不及五十人，已建有韓國研究中心樓房一座，我國學生數逾三百，尚無中國研究中心之建立），實應注意。夏大華籍教授羅錦堂屢次建議政府在夏大設立漢學研究中心，職是故也。

短短四天，有兩天消磨在圖書館內，實在也看不到什麼。只見道路清潔，花木繁盛，而氣候溫和宜人，實已有世外桃源之羨。六月十七日離開火奴魯魯，機場候機時，遇到曹聖芬先生，稍作寒暄。飛機經過東京，再回到臺北。喜悅浮上心頭，不禁低吟初中時代讀過的英文短歌——

East and West, Home is best。

盧溝橋事變研究計畫

此次於參加「戰時中國研討會」之後赴美東訪問，並再回哥倫比亞大學研究一個多月，主要目的是蒐集有關盧溝橋事變史料。我認為抗戰史的研究，實為刻不容緩之事，研究抗戰史的第一步，應當先把盧溝橋事變研究透澈。為克盡一個現代史研究者的本分，我於回國後擬定一份研究計畫，要在二至三年內完成《盧溝橋事變實記》一書。我當時的計畫，包括四部分：

㈠事變的背景——依據中、日雙方史料，敍明事變發生的遠因與近因。

㈡事變的爆發——剖析日本軍方之挑釁態度，宋哲元的應付及政府決策，以明挑起戰爭的責任。

㈢中日兩國間之交涉——日方所謂「現地解決」之陰謀，中華民國政府不求戰而應戰的策略運用，及雙方在天津、南京及東京的接觸。

㈣國際反應與國聯處理——論述美、英、法、俄四主要國家之態度，及布魯塞爾會議之召集與失敗。

然計畫的進展並不順利。一則由於次年職務變動，工作忙碌；二則由於配合機關整體計畫，暫時放下自己的研究計畫，從事另外一項專題研究；三則由於三民書局約定要寫大學用書《中國近代史》；因而盧溝橋事變的研究推遲了整整十年。直到民國七十六年（一九八七）九月，我的《盧溝橋事變》一書始由臺北東大圖書公司出版。內容也有了若干改變，分爲五章：㈠九一八事變後之國難；㈡西安事變與抗日決策；㈢戰前華北情勢；㈣由盧溝橋事變到平津淪陷；㈤全面抗戰。卷首有我的一篇「引言」，於說明盧溝橋的地理位置與歷史意義，分析造成盧變的根本原因及擴大爲全面戰爭的主要因素，陳述著作態度及史料運用情形外，對全書內容作如下的提要：

本書在內容上，分爲五章、十六節、五十五目。第一、二兩章，重在敍述盧溝橋事變發生的背景，第三、四兩章重在陳論事變發生前後華北政局的變化，第五章則專論戰爭初期中華民國政府的因應與決策。全書可視作盧溝橋事變的全史，也可視作是抗戰建國史的第一部：第二次中日戰爭的開端。

七、黨史會進入昂揚時代

秦孝儀先生開創新局

黨史會在大陸時代，係由元老國民黨人邵元冲、張繼先後主持，以徵集及保存史料爲主。三十七年秋，蔣總裁中正先生即手令黨史會將重要史料遷運臺灣臺中，至三十八年六月全部史料及人員均安全抵臺，片紙隻字都未曾損失。這是中國國民黨最寶貴的文化資財，也是中華民國國史史料的大寶藏。

民國六十五年十一月，中央調整人事，調任原任副秘書長秦孝儀（心波）先生爲黨史會主任委員，原任黨史會主任委員蕭繼宗先生調任副秘書長。這一變動，對秦先生本身而言，可能是一項委曲；對黨史會而言，則是振敝起廢的大好時機。

秦先生有卓識遠見，有毅力氣魄，做任何事都保持不敗的紀錄。他就職後，曾到草屯荔園史庫視察，眼見當時的殘破、謏陋等落後情形，感慨殊多。曾戲稱在史庫工作鄉土氣味甚重的幾位年長同志為「山頂洞人」，這情形非改變不可。

改變黨史會形象，並對其大宗珍貴史料作充分運用，其先決條件乃是遷移會址至臺北地區。可是，遷址談何容易，黃季陸、杜元載兩位主任委員都曾想解決此一問題，但都無辦法可想，深感無奈。秦先生就任後不到兩年，就把問題解決了，他得到蔣主席經國先生的同意，將總統府和黨史會的史料均集中於原來的陽明山中興賓館，由秦先生統一主持並酌情運用。秦先生將黨史會的新址定名為陽明書屋，今日已是國內外史學界幾乎無人不知無人不曉的史料庋藏與研究重鎮。

民國七十五年（一九八六）十一月二十六日，秦先生主持黨史會十週年之期，黨史會同仁沒有舉行慶賀儀式，只是舉行一個簡單的茶會，把十年來的工作成果列舉出來，呈獻給秦先生作為賀禮。茶會由我主持，我寫了份賀詞，經林副主任委員徵祁兄略加潤色，由我在茶會中宣讀，原文是：

民國六十五年十一月二十七日，秦主任委員孝儀先生開始領導我們同仁。從這時起，我們黨史會進入了飛躍進步的新階段。

十年了，整整十年。我們的工作由消極變為積極，由靜態變為動態，由局部擴及全面，由國內推向國外。以往，黨史會是個默默無聞、無足輕重的小單位：如今，卻已是重要的學術機構之一，無論在中央委員會或是中華民國史學界，黨史會的工作都獲得肯定和稱道。身爲黨史會的一個成員，回顧十年來的成績，不能不感到無比的興奮和榮耀。這個十年，是我們黨史會黃金時代的一段。一切成就和榮譽，不能不功於主任委員秦先生的卓識、遠見和魄力。今天，主任委員到職十週年的前夕，我們全體同仁舉行這個簡單的茶會來祝賀，內心裏實在有表達不出來的一種情緒，是欣慰，是喜悅，更是鼓舞、感謝，甚至有幾分自豪。主任委員，我們整理了一份您十年來領導本會的工作成績單獻給您，以表達我們對您的崇敬。我們全體同仁也願意在您面前，相互保證：讓我們更加奮勵，共同秉繼承您的策劃指導，更加開展黨史會的工作，創造更爲滿意的成績。

現在，讓我們全體起立舉盃，向主任委員秦先生表達由衷的謝意、賀意和敬意。

民國八十年（一九九一）八月，黨史會聯合其他史學機構共同舉辦一次中華民國建國八十年國際學術研討會。我以〈黨史會與民國史研究〉爲題撰寫了一篇論文，認爲秦孝儀先生主持時期，是黨史會的「黃金時代」。在論文「提要」中，我這樣寫著：

秦先生注全部心力於黨史會，更以開展民國史研究爲己任。大開大闔，有守有爲，在史料集中、史料編纂、文物展示、學術研究、歷史教學、國際性學術會議之舉辦等方面，黨史會均有創新與突破，被稱譽為民國史研究的重鎮。筆者確認：秦先生主持黨史會的十四年，是黨史會未曾有過的「黃金時代」。

這一看法，迄今未曾改變，以後也不會改變。因為這是事實，黨史會的每一位同仁都是證人。秦先生以他的地位、聲望和氣魄，把黨史會由冷門機構提昇而為史學界的臺柱機構，人員編制也都擴大了一些。民國六十九年八月，原屬中央秘書處的孫逸仙博士圖書館改歸黨史會管理，國父紀念館與中正紀念堂的文物展示也由黨史會代為規劃，秦先生於民國七十二年起擔任中國歷史學會理事長，且創辦了「近代中國」與「歷史教學」兩份雜誌。「歷史教學」兩年後停刊，「近代中國」雙月刊則一直出版到今天。黨史會的影響力相對的增強，連在香港的許冠三教授都有幾分妒嫉的認為秦孝儀先生有「部勒史學隊伍」的權力。

我的「出走」與「回歸」

民國六十六（一九七七）年八月，我從黨史會退休到國史館專任纂修兼主任秘書，朋友們戲稱我為「出走」。事實上，黃館長季陸向秦主任委員孝儀提出「要雲漢來幫我忙」的要求，秦先生尊重長者，不好拒絕，何況我自己也有換換位子的意願。碰巧黨部為新陳代謝，鼓勵老人退

中國國民黨中央委員會 黨史委員會聘書

史聘字第〇九一號

茲聘

李雲漢同志為本會名譽纂修

此聘

主任委員 秦孝儀

中華民國　年　八　月　十六　日

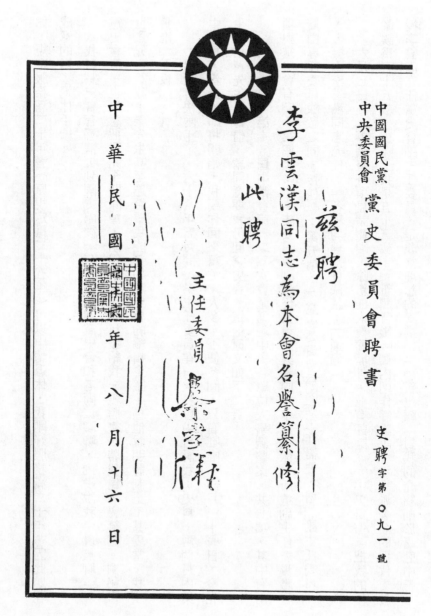

休，規定服務滿二十年者（原規定爲二十五年）可以申請退休，我剛好服務滿二十年，因此順理成章的辦了退休手續。

我對黨史會有感情，到國史館後一有空還會回黨史會和老同仁聊聊，內子說我「眞無聊」。黨史會似乎也無意把我完全開除掉，因爲秦主任委員發給我一紙聘書，聘我爲名譽纂修。劉秘書世景兄告訴我，秦先生甚至還希望我能參加黨史會的編輯會議，經他說明體制上不甚妥當，我才獲准「免役」。

「出走」快兩年了。六十八年五月間，秦主任委員在一次餐會中告訴我：史料一兩個月內集中完畢，新計畫即將開始，我要你回來幫忙。人多，不便多問，只有唯唯。同月三十一日，秦先生就給黃先生一封信，請同意要我仍回黨史會。這信原文如下二頁。

六月六日，第十一屆中常會第一一三次會議通過中央各單位人事調整案，共七項，其中有兩項與黨史會有關：第四項：「黨史委員會副主任委員梁興義同志申請退休，所遺副主任委員職，擬由專任委員陳敬之同志接任」；第五項：「黨史委員會爲因應工作需要，增加副主任委員一人，擬由李雲漢同志充任。」各項均經常會決議：「通過」。

六月七日，人事調整各項見諸報端，除新任人員簡歷外，並有評論。「中央日報」把我的年齡誤爲五十五歲，實際上我是五十三歲。「新聞背影」欄內則作評論說：「調派著名的近代史教授李雲漢充任黨史會副主任委員，是非常理想的安排。」「新生報」對我的介紹則於嘉勉中帶了

季老道席：黨史會同仁業已遷移陽明山
辦公，同時並奉　指示將大溪檔案一併移
來陽明山典藏（雖仍屬總統府建制，但為
避免紛紜，尚祈對外保密），此後史帙整理，
任務綦重，爰以雲漢同志熟悉史事史料，
兼具史識史德，因擬請其仍回黨史會，分
任繁瑣，幸蒙
俞允。頃因梁興義同志病篤退休人事

心波手簡

須作調整，不得不即將雲漢同志之任用案
提報常會，敬先瀆陳
左右，尚祈
朗詧厚諒為幸。專此即候
道第
秦孝儀拜上
五月三十一日

心波手簡

期待：「李雲漢現任政治大學副教授，對於現代史、黨史研究頗有成就，是一位苦幹的現代史學者，此次出任副主任委員，當能更有所發揮。」

陳水逢、周世輔、劉安愚、張炳智、林金生、楊寶發、余鍾驥、林衡道、易勁秋、張緒心、石永貴、葉經柱、吳相湘等先生都函電賀勉，政大校友會並於六月十八日舉行祝賀茶會。面對諸友好的關愛與勉勵，我決心做一個竭忠盡智的黨史工作者。我對家人說：黨史會將是我一生最後的港口。

難忘的一席話

中央人事令發表，秘書長要機要秘書電話通知我：各單位新任人員自行報到就職，越快越好。我不能不對黃館長說明這件事，並即請辭。想到黃先生兩年前要我來國史館，也是要我來幫助他：現在忽然要離去，總覺得難以開口。我在主任秘書辦公室想了又想，不敢逕自去見黃館長，生怕老人家有爲難處，我就會進退不得。正在我有些侷促不安的時際，黃先生來到我的辦公室。平時他也常來和我談談，但這次情形不同，面色顯得很嚴肅。坐定後就對我說：

我曉得你心裏很矛盾，其實用不著爲難。黨史國史都是一樣，回黨史會去吧！你是黨部培植的人才，爲黨部服務是很自然的，不要爲難。

黃先生接著又叮囑我：

回去認眞做事，不要叫人覺得你沒有誠意回來幫忙，這點很要緊。

聽黃先生的叮囑，我竟講不出一句話來，不自禁的流下了兩行熱淚。我感情脆弱，不善言詞，送走了黃先生，過了好一陣子心情才平復。寫報告請辭纂修及主任秘書兩項職務。沒想到黃先生批示：准辭主任秘書，仍保留纂修職務。這項職務，一直保留到黃先生辭館長職，前教育部長朱匯森接任館長後，我才當面向他堅辭。

到陽明書屋第一天，去看秦主任委員孝儀先生。他說也正要找我，有些話要當面講一下。秦先生是個爽快人，一開始就說：

我們先小人、後君子，先說不大好聽的話。你是黨史會老人，有學識，有能力，但你有個大毛病：傲上。沒有人會和我抬槓子，你卻曾和我爭執過，抬槓子。這些我都不在乎。我要的是能做事的人，要你回來就是要做事。

秦先生隨即告訴我他的計畫，準備於民國七十年暑期，召開一次國際性學術研討會，史料的整理和發表也要加強，這些都要我好好的規劃。最後並說：「以後要看你的了，放開手做吧！」秦先生旋即下一手令，規定三位副主任委員分工督核各室工作：

許副主任委員（朗軒）——

主核秘書室及第五室工作

陳副主任委員（敬之）——

主核第二室及第四室工作

李副主任委員（雲漢）——

主核第一室及第三室工作

秦主任委員心波先生一席坦誠的話，使我清醒了不少，也改變了不少。忠言相戒，而且是來自頂頭上司，生平也是第一次，迄今也是唯一的一次。特別是「傲上」毛病，自己以前也有所覺察，聽秦先生指明後，決心處處從謙抑處著想，所謂「滿招損，謙受益」，應當奉之爲圭臬。說話容易，做起來就難，以後雖未曾再「傲上」，但由於言詞不當，傷害到同僚自尊心的事確曾發生過，被人指爲目中無人，後悔已來不及。受了委曲，而又不能不壓抑自己，在會場中流下了淚的情形也有過一次，眞是有些失態。人不經千錘百鍊，是不會圓融弘毅的。追隨秦先生十多年，做人做事方面都學得了很多，他的話當時不一定入耳，後來卻體會到受益無窮。

中華民國建國史討論會

民國七十年即西元一九八一年，對全體中國人而言，是一個最值得紀念的光輝年代。中國大陸自鄧小平復出並掌權後，開始對中華民國臺灣及海外中國人進行和平統戰，要大事紀念辛亥革命七十周年，決定在武漢召開國際學術會議，並與日本學術界聯絡，由衛藤瀋吉出面在東京召開一次國際學術會議。黨史會決定主辦的國際學術研討會，係以中華民國的建立爲主題，蓋辛亥革命的成果即中華民國的建立，只講辛亥革命而不提中華民國顯然失之於偏頗，有故意抹煞中華民國存在於歷史舞臺的事實，臺北以中華民國建國史爲主題，適足以矯正武漢會議之不完備周延，用意至爲深刻。

中華民國建國七十周年，公私學術機構都有發動慶祝的責任與意願，國史館黃館長尤爲熱心。經初步交換意見，計畫中的中華民國建國史討論會，由黨史會邀請國史館、中央研究院近代史研究所、國立政治大學國際關係研究中心共同舉辦，三單位欣然同意，實際負責籌備並負擔所有費用者則爲黨史會。由四單位首長秦孝儀、黃季陸、呂實強、張京育組成籌備委員會，推秦主任委員孝儀爲總召集人。會內爲此事成立專案工作小組，由我擔任召集人，秉承總召集人之命及籌備委員會之決議，推動各項工作。

會議日期定於民國七十年（一九八一）八月二十四日至二十八日，地點在臺北市圓山大飯店。邀請國內外學者專家及青年研究人員共二百二十人參加，共提出論文七十三篇，計畫分辛亥革命史組、開國護法史組、北伐統一及訓政建設史組、抗戰建國史組、中興建設史組共五組，分別進行宣讀論文及討論。籌備會召集人於開會時改組爲主席團，由秦主任委員主持開、閉會式及綜合討論。工作小組則改組爲秘書處，秦先生聘國立臺灣師範大學文學院院長李國祁爲秘書長，我和淡江大學歐洲研究所所長許智偉、亞洲人民反共聯盟中華民國總會副秘書長李文哲兩兄，則受命爲副秘書長；黨史會同仁劉世景、呂芳上及秘書處同仁喬維和、劉偉鵬等，則分別擔任秘書、總務、議事、接待、新聞等組的負責人。然全是義務服務，沒有一文錢的補助。

民國七十年八月二十四日上午九時，討論會舉行開會式，由秦孝儀先生主持，並請行政院院長孫運璿先生致詞。孫院長並曾於八月二十六日設宴歡迎參加討論會之貴賓，再度致詞，他說：

> 這次的討論會，我們一方面希望促進國際間的學術交流；同時也希望各位史學界的碩彥，從世界的觀點對中華民國的建國史，作一次超越空間的整合以及價值的評估。運璿個人要在此特別強調：我們不僅重視歷史，同時也在創造歷史，期能對後代的中國人與全人類有所貢獻。

八月二十七日下午三時，討論會圓滿閉幕。中央委員會秘書長蔣彥士先生親臨致賀詞。閉會式後，全體出席人員前往總統府接受蔣總統經國先生的茶會招待。經國先生講話時，有一段最爲歷史學者所樂聞：

重視史學研究一向是中國文化中一項優良的傳統，所以政府雖在以往連年戰亂中，仍然竭盡心力，保存了相當豐富，也相當完整的第一手建國史料，這些第一手資料都是歷史最忠實的語言。我們誠懇歡迎國際間的歷史學者前來閱覽，多加參考，多加運用，讓正確的史料傳承後代，向後世的人說話，做歷史最好的見證。

八月二十八日是參觀時間，學者們分別參觀國父紀念館、中正紀念堂、陽明書屋、故宮博物院。還有幾位外籍學者希望到金門去看看，秦主任委員遂指派我和呂芳上同志於八月二十九日陪同前往。民國三十八年六月，我曾在船上看到金門島，當時的印象是黃土一片，現在親臨島上卻發現滿目葱蘢，路樹林立。這是我首次來到金門，仍是走馬觀花。七十四年春間又來過一次，住了兩天，重要的地方都去過了，這才發現「金門精神」的意義，情不自禁的要向金門軍民同胞致最誠摯的敬意。

討論會開會期間及前後，臺北各報先後發表了二十四篇社論，四十一篇專訪、座談和評述，九篇專題報導，可稱爲新聞界的一次大動員。「中國時報」記者毛鑄倫、劉黎兒曾以「誰領導抗戰」問題訪問過老友伊利諾大學教授易勞逸（Lloyd E. Eastman）和我，並撰成「國民政府領導全民抗戰到底」爲題的報導，於八月二十三日發表。大概是由於我的國語發音不正確，我舉例提到山東省的「昌樂縣」和「昌濰地區」，兩位記者卻寫成「長樂縣」和「長維地區」。這錯誤，《中華民國建國史討論集》的編輯人員也沒發現，一直錯到今天，眞抱歉！另外，「新生報」記者張麗君爲臺灣與中國革命問題，訪問過陳三井、王曾才兩兄和我，我們都以羅福星革命抗日事件爲例，說明臺灣光復與國民革命的關係：一脈相承。

我在討論會中提出的論文是：「九一八事變後日本對華北的侵略（一九三一—一九三七）」。安排於「抗戰建國史組」第四次討論會中宣讀並討論。會議由札奇斯欽教授任召集人，日籍藤井高美教授任評論人，先後發言的有張存武、徐乃力、衛藤瀋吉、札奇斯欽、呂士朋、陳在俊、項廼光、范力沛（Lyman P. Van Slyke）、何家驊九人，都未對我的觀點提任何異議。等「中央日報」把我的論文轉載後，卻意外的引來一位讀者寫信來詰責。這是一次國際性學術討論會，爲了便於外籍學者對史事的瞭解，我用了西元紀年。這位讀者也是山東老鄉，大不爲然，寫信來責備我說：你論文所述我都贊同，但你爲何全用西元而不用民國紀元？我實在深感遺憾。我只好寫信向他解釋一番，事實上我也是一個主張用中華民國紀年，絕無妄自菲薄之意，更談不上是「崇洋媚外」。對這位老鄉讀者的衛道精神，還是由衷的欽佩！

所有建國史討論會的論文、有關文件、討論紀錄及新聞報導與評論，由黨史會第一室同仁編纂爲《中華民國建國史討論集》，分中文、英文兩種版本出版。中文版係於民國七十年十月十日國慶日正式出版，共六大冊，二千八百餘頁。前五冊係以討論會之五個分組爲主題，第六冊則爲大會有關文件及新聞評論與報導。英文本書名標題爲 *Symposium on the History of the Republic of China*，分裝五冊，僅以五組主題爲內容，未再附譯有關文件及新聞媒體之報導與評論文字。負責編務者爲第一室總幹事呂芳上及該室同仁林養志、邵銘煌、董國銘、張瑞成、陳立文等人，我親見他（她）們日夜趕工，而毫無怨言，效率之快，令人驚佩。這幾位先生和小姐，今日都是頭角崢嶸的現代史教授或專家。

將主題論文與討論紀錄一併發表，是黨史會出版各種討論集的特徵。倡此議者爲秦主任委員孝儀先生，我力贊其成。我們的用意，在我所寫〈中華民國建國史討論會的召開及其成果〉一文（刊於中央研究院「近代史研究所集刊」第十一期）中，作如下之說明：

> 閱讀這部《建國史討論集》，有一點須向讀者指陳者，即應將主題論文與討論紀錄同時閱讀，始能收融會全旨之效。蓋評論人所作之評論，及討論時各發言人之口頭意見，對報告人所提之論文，或互相補益，或詳加印證，或析陳疑竇，或澄清舛誤，均具建設性、深入

性、評鑑性之功能。倘能多方體察，細心領會，當可明其底細，窺其全豹，藉免一管一蠡之譏。

香港與橫濱兩會

民國七十年即一九八一年，對黨史會而言，是個國際會議年。於八月間在臺北主辦「中華民國建國史討論會」之外，同時也策劃了九月間的香港會議和十月間的橫濱會議。我奉命前往參加，並參與兩會事前的聯絡與籌劃。

香港會議的全稱，爲「孫逸仙博士與香港」國際學術會議。主辦單位爲香港珠海書院——在中華民國教育部立案，校名爲珠海大學，初設廣州，民國三十八年大陸陷於中共統治後，遷校香港九龍。主持人爲梁永燊校長，他是當時的僑選立法委員，經常往來香港臺北間。我與他係於民國六十九年（一九八〇）相識。有一次，我接他到陽明書屋參觀，談到爲紀念辛亥革命與中華民國建國七十年，臺北將舉辦一次國際學術會議的事。當時就原則決定，繼臺北會議之後，如果可能的話，香港接著辦一次同性質國際學術會議，以作臺北會議的桴鼓之應。

梁校長與秦主任委員又談過一次，決定照梁校長意見在香港開會，爲便於一部分參加臺北會議的外籍學者回程中藉便在香港參加，會議日期訂於九月六日至十日召開。外籍學者和臺灣學者的邀請名單，是在臺北商定的，我奉命協助梁校長作臺北方面的聯繫。

九月六日，香港會議在九龍中華文化協會大禮堂開幕。原在臺北出席會議的外籍學者有八位移師來港，來自中華民國臺灣的學者則有二十一人。連同香港出席學者二十八人，共五十七人，宣讀論文三十六篇。梁校長本敦請黃季陸先生到會作專題講演，黃先生也慨然允諾。但由於黃夫人於此際身染重病，黃先生遂不果行。他準備好的講詞「國父孫中山先生與香港有關的史事」，託由許智偉教授代為宣讀。梁校長於開會詞中，對黃季陸先生曾親與辛亥革命的元老地位及其對民國政治的貢獻，極為推崇。梁校長的開會詞亦無異一篇價值很高的學術論文，可見他對於孫中山先生學說事蹟的研究，自成系統，功力亦深。

我提出宣讀的論文是〈孫逸仙博士與亞洲民族獨立運動〉，於第五次會議中宣讀，由王冠青教授評論。他很客氣，只表示「從文章裏得到很多啓示」，而未作任何批評。吳景宏教授發言，亦謂李雲漢這篇文章，「特別引起我的濃厚興趣」。我於第九次會議中，擔任林桂圃教授「國父的新國家起源論」一文的評論員，態度卻極嚴峻，我說：「林桂圃先生把國父視為一般社會、歷史學者，減弱了國父的地位，『新國家起源論』沒有新證據，很難有新發現。」兩相比較，顯得我這個人太不圓通了。好在林桂圃教授並不在意，仍然是好朋友。第十一次會議中，我同時評論王曾才教授〈中山學說與近代世界問題〉、及崔載陽教授〈三民主義與世界最高思想〉兩篇論文，說話就平穩多了，人總是在不斷的調整自己，追求和諧與進步。

九月十日，爲參觀訪問。我們先到新界飛鵝嶺百花林，謁拜孫中山先生太夫人楊氏墓園，獻花行禮，並留影紀念。再到青山紅樓所在的中山紀念公園參觀，有三株棕櫚樹傳說爲黃克強所手植，我有些懷疑，仍然與蔣永敬兄在樹前拍了一張合照。再去流浮山，在桃園大酒樓午膳，下午去勒馬洲眺望大陸河山，感慨頗多。回到市區後，再去參觀中山圖書館，與沈亦珍先生見面，也看到了黨史會贈送的一批圖書。

研討會全部論文、評論、新聞報導及活動圖片，均由「珠海學報」第十三期（民國七十一年十一月出刊）以專號方式發表。梁永燊校長在「序言」中，特別向國史館館長黃季陸、黨史會主任委員秦孝儀之支持與促成，表示謝忱。「香港時報」也善盡傳播報導的責任。

於策劃香港會議同時，秦主任委員孝儀先生與亞東關係協會駐東京辦事處代表馬樹禮先生商洽，盼能於十月間在日本舉行一次國際學術討論會，以紀念辛亥革命七十週年，同時顯彰三民主義的時代意義。馬代表一口承諾，擔負起策劃責任，並洽由日華文化協會主辦，會議地點決定在橫濱。預定臺北方面邀請著名學者七至八人前往，爲期一週，所需臺北東京間來回機票費用洽請教育部國際文教處補助，聯絡及論文撰寫等事宜由我負責。當時國際文教處處長爲鮑幼玉，請他來中央委員會參加協調會議並補助旅費時，非常爽快，認爲是應當做的事。

橫濱會議係於十月二十八、二十九兩日舉行，主題爲「三民主義與中國——辛亥革命七十週年紀念學術討論會」，地點在橫濱 Holiday Inn。由秦主任委員建議並經由中央核定，邀請八位學者前往參加，其姓名及職銜是：

李國祁	國立臺灣師範大學文學院院長
王曾才	國立臺灣大學歷史系教授
李守孔	國立臺灣大學歷史系教授
蔣永敬	國立政治大學歷史研究所所長
朱堅章	國立中山大學中山學術研究所所長
陳三井	中央研究院近代史研究所研究員
李雲漢	中國國民黨中央黨史委員會副主任委員
陳鵬仁	亞東關係協會東京辦事處僑務組長

八位教授組成一個非正式的教授團，推李國祁博士領隊。前七位於十月二十七日自臺北飛往東京，陳鵬仁在東京就近參加，他同時負責籌備與聯絡雙重責任。日本方面出席人員有木內信胤、宇野精一、桑園壽二、酒井忠夫等二十餘人，多爲對中華民國友好學者。亦有韓國學者參

加，出席總人數約七十多人。衛藤瀋吉受到邀請，但因事不能參加，不過他曾於二十八日早來到會場看我，表示歡迎，並要我向秦主任委員表達問候之意，禮貌極爲週到。

Holiday Inn 的主人是李海天先生，他當時是監察院監察委員，承他熱情款待，深懷感激。永敬兄提議等李先生來臺北時，我們七個人歡宴一次略表心意，但始終找不到一個適當的機會，等於說了空話。我是聯絡人，自然該負責，我曾把這番心意轉告海天先生，他笑說心領心領，謝謝謝謝。

會後我們移住東京 Grandc Hotel，並於十月三十日由陳鵬仁兄嚮導，去觀光勝地箱根遊覽。在「雕刻の森」公園內，參觀了雕刻美術館，更展謁了產經新聞社主人鹿內信隆發動興建的中正紀念堂。規模雖不大，卻是莊嚴肅穆，令人肅然起敬。乘坐登山鐵路，作之字形行進，暮秋景色，盡入眼簾，眞有心曠神怡，悠然自得之感。

國祁兄以領隊身分接見過記者，說明會議的宗旨與成就。日本報紙曾將國祁兄與大陸學者章開沅兩人照片及談話，以同等地位刊出，暗寓日方與臺海兩岸持等距離關係之意。我們也曾經由東京辦事處新聞組的聯絡，與一部分媒體記者茶敍一次。我只認識豬田一人，因爲他在臺北參加《蔣總統秘錄》執筆小組時，經常跑黨史會。他的中國話講得非常流利，對臺灣政情瞭解也很多，的確是一位難得的新聞人才。政大研究部第一期畢業同學在東京闖天下者如王瑞徵、簡木桂等兄，也都見過面，還勞木桂兄請過一次客。

十月三十一日，我們去參觀了東京大學。下午則是自由活動，去銀座附近兜了一圈。

十一月一日，我們在東京遊覽一個上午。淸晨，即去芝公園欣賞晨景。隨後參觀增上寺——德川氏家祠，我們八個人留下了一張合照。又去東京鐵塔逛逛，並到鐵塔下層商店內購買禮物。中午馬代表在美國俱樂部邀宴餞行，下午就搭機返回臺北。李國祁寫過一篇〈出席橫濱三民主義與中國學術討論會紀實〉，對此行有極爲詳細的報導。

八、組團「東進」

一項突破性設計

約集大陸和臺灣學人在一起，再加美國和日本的學者，共同研討辛亥革命的意義與成果，決定利用美國亞洲學會（Association of Asian Studies）於一九八二年三月三十日在芝加哥舉行第三十四屆年會之際，同時舉行一次研討會，讓臺北、武漢、東京三次會議的代表們齊集一堂，作心平氣和的學術研討。——這確是一項高明的構想，做成了，將是一項突破性的歷史事件。最初提出這一構想的人，是謝文孫（Winiston Hsueh）教授。

爲了促成這件事，謝文孫曾於民國七十年十月間專程飛來臺北，向秦孝儀先生殷切表達其心意。秦先生原則上同意參加這樣的一個會，細節問題及臺北方面的推動，秦先生要我來負責。文孫是老朋友，辦事熱心，組織力很強，但因在美國已久，國內政策並不太熟悉。他和我通過不少信，也通過幾次電話。我秉承秦先生的指示，提出兩點希望：

一、會議主題，須顧及到中華民國立場。

二、保證沒有對中華民國不利的動作。

亞洲研究學會在謝文孫的斡旋下，對我們的意見完全接受。討論會的主題定為「辛亥革命與民國創建」（The 1911 Revoution and the Founding of the Chinese Republic），也保證 no political propaganda aginst the Republic of China。預定擔任研討會主席的蘇珊·巴奈特（Suzanne W. Barnett）及總會財務執行秘書羅德·墨爾菲（Rhoade Murphy）遂分別於十一月十五日致電秦孝儀先生，正式邀請秦先生及由秦先生推薦的數位歷史學者，前來芝加哥參加研討會，並提出論文。

謝文孫也寫來一封長達七頁的中文信，說明舉辦這次研討會的動機和進行計畫。亞洲研究學會也邀請大陸的李新，據說他們會派五人代表團參加。十一月二十二日，我與文孫在電話中講了八分鐘，進一步瞭解實際情形後，決定接受邀請。我們的電報是十一月二十五日拍發的，芝加哥研討會的舉辦乃告確定。

赴會的人選問題，當然值得鄭重的考慮。十二月五日中午，秦孝儀主任委員柬邀黃季陸館長、李國祁院長及我在心園餐敘，商出席芝城會議人選問題。經商定除秦先生為領隊外，另由中央研究院近代史研究所、臺灣大學、師範大學、政治大學四學術機構中，各遴選一人。經推定的人選是：

張玉法	中央研究院近代史研究所研究員
張忠棟	臺灣大學歷史系教授
林明德	師範大學歷史研究所所長
李雲漢	政治大學歷史研究所教授

民國七十一年一月五日，秦孝儀先生邀集李國祁院長、呂實強所長、及張玉法、張忠棟、林明德在心園餐敘，我當然參加且負責聯絡。我們分配好論文寫作的範圍，並約定論文題目於一月底以前決定後通知我，由我彙齊寄給謝文孫，論文本文亦須於二月底以前寫好。我也同時與文孫通電話，請他代訂旅館房間。除我們五人外，秦先生並決定洽請喬維和秘書隨同前往，待開會時再請駐華盛頓辦事處的唐蔭南秘書以譯員身分，前來相助。

自民國三十八年（一九四九）十月兩岸分裂以來，已三十二年，雙方各自派出五位學者到美國面對面談談辛亥革命的事，這還是第一次。雖然是純粹的學術會議，然有關辛亥革命本質及中華民國正統問題，雙方各有立場，自不能不據理力爭，甚至要針鋒相對。因此，我們是以準備出征作戰的心情來參加這次會議。對方也是一樣，不派李新而派胡繩爲領隊，其重視的程度可想而知。研討會的發動人也是主持人之一的謝文孫兄，也深怕在會前雙方有過火言論而影響到會議的召開，事先曾透過私人關係向李新說明，並請李轉告中共宣傳部負責人，在四月二日夜八點開會之前（即香港與大陸時間四月三日晨九時之前），不得有任何宣傳攻擊。文孫給我一封私函，說：「我的要求他們會聽的，因爲他們知道我的書呆子脾氣，我眞會臨時取消此會，讓他們白跑一趟。」還好，一切照預定計畫進行，並沒有出現怒目相視的場面。相反的，芝城見面後大家都很客氣，顯得很有風度。

參加檀島興中會紀念堂開幕典禮

正準備於三月底赴美出席芝加哥研討會之際，一項新的任務需要我先去火奴魯魯。那是夏威夷僑界興建的興中會紀念堂訂於一九八二年三月二十八日（臺北時間爲三月二十九日青年節暨革命先烈紀念日）開幕，邀請中央海工會主任曾廣順，黨史會主委秦孝儀前往主持。並舉辦革命史蹟展覽，曾主任商得秦主委同意，由黨史會提供史料照片，請我提前一週去火奴魯魯，指導駐夏威夷總支部先行佈置。事經中央工作會議通過，我因於民國七十一年三月二十二日由臺北搭華航〇一八次班機直飛火奴魯魯。我當日日記記述起飛及抵達情形：

臺北起飛時間是二十二日午後五時。

登機時，有「四大員」送行：喬秘書維和、劉秘書世景以及海工會的梁綽榮和郭良騰。在黨史會請求給予禮遇的公文和喬、梁兩公的「法力」下，沒有檢查，由公務門直接進入第七號候機室。到達 Honolulu 國際機場後，也有總支部書記長黃公弼進入機場相迎，常務委員潘明紀則在機場外相候。北美協調會駐檀香山辦事處處長左紀國也來到機場，見了面，自我介紹一番。但他主要目的是來迎接張豐緒，只是附帶接我一下而已。他說，二十七日請我吃飯。

黃書記長安排我住在華航的旅館 Hawaii Dynasty Hotel。我的主要工作是協助總支部辦理展覽，因此每日都去總支部，也就是興中會紀念堂看看。幾天內，遇到了老朋友姜聯成，他是夏威夷太平洋文化中心總經理(Managing director, Hawaii Pacific Culture Center, Inc.)，正在策劃辦一家華語電視。也結識了一些新朋友，如僑務委員會顧問鄧兆麟、夏威夷總支部首席常委古伯帶等是。最令人感動的是有些老同志專程來看我，並自動幫忙，或捐贈電化用品給總支部。我在三月二十四日日記中記有四位熱心人士之義行：

一天都在總支部，看那位黃岳宣同志裝訂圖片。……上下午有四位見過面的同志，值得一記。

一位是陳國梅老先生，九十歲了。上午特地到總支部來看我。他是同盟會會員。他老兄陳棟求，興中會會員，與另一位伍建同志，擔任「送信」工作。一位是張鏡波同志，號文強，是現任檀山總支部評議委員。以前曾跟隨戴笠工作，參加過中美合作所，也曾在中南美住過。中美斷交時，曾有升旗與遊行抗議的壯舉。他的名片上印有「中華民國過河小卒」字樣。中飯是他作東，地點在文化廣場內的帝后酒樓。一位是甘張丙容，即甘輝夫人，是檀埠婦女界領袖，現任總支部婦工會主委。名片上印有九項職銜。她爲興中會紀念堂曾捐款一萬美元。今日又捐了一臺電冰箱。她從下午一時就來等，到四時冰箱才送來，眞是熱心。黃書記長説，由於她鋒芒過露，難免遭忌。一位是年輕同志王泰生，服務於一家 Aloha Produce Cooperation。他辦了一份「自由中國之聲」（*Voice of Free China*），爲興中會紀念堂落成出刊一期專號，即第六十九號，今天特地送來百餘份。我將帶回一份，作爲興中會紀念堂文獻之一。

中華文化中心是火奴魯魯華人集中之地區，中山學校（Sun Yat-sen's School）也設於附近。校長爲楊華德，我也去訪問過他。興中會紀念堂左側河沿的小廣場上，有孫中山先生銅像一尊，立姿，手捧文件作宣讀狀。這像是高雄市所贈送者，爲名雕塑家陳一帆之傑作。我於三月二十五日下午去謁拜，當日日記記有下面兩段話：

這座銅像，豎立於文化中心左側，靠近河邊的空地上。佔地面積不大，卻是火奴魯魯最令中國人感到驕傲的一個象徵。這是王玉雲當高雄市長時贈送給檀香山市的。時間爲民國六十五年七月。高市和檀市係於一九六二年即民國五十一年締結爲姊妹市，這座像象徵著高雄市民對檀香山市民的友誼。披西當市長時，兩市的關係甚爲友好，現任市長安德孫上臺後，情形就大不如前了。

孫先生的銅像是立姿，兩手捧一本書，似在宣讀，這本書應當是三民主義，書背面卻沒有三民主義的題名。像座是大理石做的，前面刻有孫中山先生銅像和英文 Statue of Dr. Sun Yat-sen 字樣。後面則刻有孫先生墨蹟天下爲公四字，以及天下爲公的英譯：The World for all。左側是中文「恭建孫中山先生像誌」，其內容說明建像經過，已經不太清楚了。右側是英文說明，標題是 Statue in Honor of Dr. Sun Yat-sen，標題下的解釋文字也沒能記下來，字太小了，看不清楚。

我日記中認爲孫先生手捧宣讀的是三民主義，是憑想像。後來讀到宋譚秀紅等所著「興中會五傑」，著作人認爲「他雙手所捧的是興中會成立宣言」，應當是正確的。

三月二十五日晚間，檀香山總支部常委古伯帶先生請我到他經營的餐館「佛笑樓」（Fat Sin

Lau Chopsuey）吃晚飯，然後去參加總支部的慶典籌備會議。古常委主持，他要我以中央來人身分講話，我也樂於表達一番欽佩和期勉的意見。可是我不會講廣東話，英語也不靈光，只有講國語，由劉其瑗女士翻譯。劉女士是劉秉善先生掌珠，愛國心極強，文才也不錯，國立臺灣大學畢業後才到夏威夷來的。

二十六日，應老友羅錦堂教授之邀，到羅府晚宴。碰巧政大同學華力進也來到此地，他鄉遇故知，暢談盡歡。另一件令我高興的事，是林藹教授寫信來，附了一封國父孫先生寫給其尊翁謝萬寬信件的複印件，眞是意外的收穫，當即覆函致謝。

二十七日，秦主委和曾主任來到火奴魯魯，當晚聽取有關慶典準備情況之簡報。二十八日上午，秦、曾兩先生共同主持了興中會紀念堂落成典禮，秦先生以「檀香山在中國近代歷史上的光榮地位」爲題作了講演。前來參觀革命史蹟展覽的華人子弟，絡繹不絕。舊金山總支部書記長莫翔興和名畫家匡時（仲英），也應邀前來觀禮，我也忝列貴賓，受到極隆重的接待。國安會館的舞獅隊，都是年輕人所組成，且有幾位美國女學生參與其間。也參觀了青少年國術隊的表演，他們穿的背心上都印有青天白日黨徽，這說明他們就是中國國民黨的傳人。此時此地，我想到了檀香山總支部充滿光輝的過去，也同時看到了希望已冉冉上升的未來。

首次訪問胡佛研究所

三月二十九日，我和秦主任委員及喬維和秘書離開火奴魯魯，直飛舊金山，開始我們東行的第二站。當晚到達舊金山，北美協調會駐舊金山辦事處主任鍾湖濱在機場相迎，當晚住進了氣派十足的旅館 Hilton and Tower，並承鍾代表在「金亭」餐廳（Golden Pavilion）設宴款待，與金山友人相見。

當我們決定要去芝加哥參加研討會的消息傳到美國後，史坦福大學胡佛研究所的馬若孟（Ramon Myers）教授希望秦先生路過舊金山，並去胡佛研究所參觀。馬若孟請胡佛圖書館的董王璆麗女士寫信和我聯絡，把訪問時間安排在三月三十日，因為我們二十九日抵舊金山，三十一日就得去芝加哥，只有三十日一天可以利用。我到舊金山當晚即與董王璆麗女士通電話，一切照原定計畫進行。

三月三十日上午十時，我們來到了胡佛研究所。馬若孟親自接待，他並單獨與秦先生談話二十分鐘，把他所瞭解的一些情況告訴秦先生，並曾以朋友立場提出一些建議。他作簡報，帶我們參觀，招待午餐。下午並有座談會，請秦先生先作二十分鐘的講演。參加聽講及座談的人不少，也有來自大陸的人士在內，但沒有提問題或發表意見。同時間內，大陸來的幾位教授也來到了舊金山，並於今日去柏克萊（Berkeley）訪問加州大學。事後我才聽說，他們曾向亞洲研究學會提出抗議，說秦先生在胡佛研究所的講演有侮辱他們的語句。亞洲學會要謝文孫把這意見轉告我，我說我在場，並沒有任何侮辱他們的言詞，勸他們不要節外生枝。

三十日晚，應文化參事劉家治的晚宴。回旅館後，一位多年不見面的老朋友傅占陸來看我，又在咖啡廳吃些東西，一直談到深夜才離去。他說是在報紙上看到我來舊金山的消息，無論如何忙，都得想辦法找我一敍。老友的熱誠，使我感動不已。

來舊金山，已是第二次。由於是團體行動，日程又排得很緊，所有的朋友都沒有通知，連封家信也沒有寫。維和兄比我更忙，很晚了，還看到他在打電話與芝加哥、華盛頓及聖路易的友人聯絡，安排有關我們會議及會後前往訪問的事。

芝加哥研討會

芝加哥的「辛亥革命與民國創建」研討會訂於四月二日晚間舉行。但為配合亞洲研究學會的全部議程，我們必須於三月三十一日晚六時前趕到芝加哥的帕麥爾旅館（Palmer House），向大會報到。在臺北時，我們即已決定分途出發，秦先生和我要經過火奴魯魯及舊金山，張玉法和林明德同機前往，張忠棟好像是「獨行俠」，我和秦先生訪問史坦福大學胡佛研究所時，發現忠棟兄已經來過了。不過，到三月三十一日傍晚，我們都在帕麥爾旅館會面。

三月三十一日上午十時，秦主任委員、我和喬維和、唐蔭南兩位秘書，從舊金山搭聯合航機（United Airline）飛赴芝加哥。沒想到，在機艙中竟和大陸來的他們幾位同座。這是不期而遇，但我們並沒有「冤家路窄」的感覺。如果不是他們大吹大擂的說是「自北京來的，去芝加哥開會的」，我們根本就不會注意到他們，最多也不過是點點頭，表示禮貌而已。都是黃面孔的中國人嘛！

眞像趙復三講的「無巧不成書」，我們坐了兩排：前排右起是我、唐秘書，再一個就是大陸上來的趙復三；後排右起是喬秘書、秦主任委員，鄰位就又是大陸來的年輕人李宗一。兩排人於是就有了「兩席話」，第一排趙復三首先開始和我對話：

趙：從臺灣來的嗎？

李：是的。

趙：到那裏去，來美國做什麼事？

李：我時常到美國來的。

趙：我是從北京來的，到芝加哥出席辛亥革命學術討論會的，聽說臺灣也有好幾位學者來參加，其中有個李雲漢。

由於趙復三點了我的名，我不能不看看他。原來他手中已拿了我向大會提出的論文的英文稿，論文上印著我的英文姓名，因而有此一問。我懷疑他是「明知故問」，我也警覺到他們「神通廣大」，未到芝加哥即已取得了我們的論文。我看看他，未再說話。靜下來聽聽後面一排的談話，秦先生正和李宗一談的很熱鬧，有說有笑。

到芝加哥 O'hare 機場，北美事務協調會駐芝加哥辦事處主任陳錫蕃來接，順利住進帕麥爾旅館，我的房間是九七二室。行裝甫卸，第一件事就是電話通知就讀北伊利諾大學（NIU）的女兒肖寧，她早就坐在電話機旁等候接話了。告訴她房間號碼，約定第二天下午來旅館看我。次日晚間，寧兒來了，就在房間內撥電話回臺北家中，向媽報平安。知家中一切順妥，我也才放下了心。

亞洲學會以主辦單位立場，於四月一日晚間舉行了一次歡迎餐會，地點在第一樓中餐館。餐前有一個難題，就是座次的安排問題，尤其是秦先生、胡繩，誰坐首位的問題。論地位、論聲望，都應當是秦先生居首，但秦先生不願使主辦單位爲難，建議宴開三桌，由日本東京大學教授衛藤瀋吉坐首席，秦先生居右邊一席爲主客，胡繩先生居左邊一席爲主客，相比之下，秦先生仍居胡繩的上位。主辦單位接受了這一建議，胡繩他們也說：「無論在黨政、在學術那一方面，我們都十分尊重秦先生，我們不反對這樣的安排。」

餐會開始時，胡繩他們給人家的第一個印象，是他們一開始就運用笑臉攻勢。胡主動的離開座位，到右首桌上向秦孝儀先生敬酒，說：「心波先生，你好，久仰你了！」秦先生非常機智，他立即回以：「胡繩先生，我非常關心你的健康！」因爲胡繩在四人幫時代，曾是被打入牛欄的受害者，他雙手至今尚顫抖抖的。秦先生這句話，他聽在心裏，不知道作何感想。我想那餐飯，他吃的並不十分舒服。

胡繩先生不僅主動向秦先生敬酒，也由趙復三陪同，到另外桌上向臺灣來的學者們敬酒，令人很驚訝的，是他們對我們幾個人的底細，調查得很淸楚，那個帶眼鏡的是林明德，這個人是李雲漢，張玉法是山東嶧縣人，張忠棟是芝加哥出身的史學博士等等，他們都一口氣介紹出來。甚至於我們每一個人的房間號碼和電話，他們都一淸二楚。我們卻大而化之不去管他。

辛亥革命與民國創建的討論會，安排在四月二日晚間八至十一時的所謂「黃金時間」舉行，地點在帕麥爾旅館六樓最大的一間大廳 Adams Room。聽衆有五百多人，晚到的人都沒有座位，連走道都站滿了人。聽衆中當然有不少人是純粹爲了看熱鬧而來的，而且以華裔美人爲多。也有專門爲捧場而來的，像鄒讜等人，其主要任務就是在爲大陸來的幾位護航。

當然，會議開始前還有些必要的安排，如報告人座次問題、照像問題、新聞發布問題等是。謝文孫先生向各方面聯絡，大陸上來的幾位希望以年齒長幼爲序安排座次，我們認爲不但不合理，且覺得好笑。秦先生很鄭重的建議：座次應按報告人姓名的英文字母順序排列，會場中不准攝影，新聞由大會主持人統一發布，這些建議，主持人都接受了，而且嚴格執行。只是趙復三這人不遵守規定，他在會前私自向新聞記者談話，說了些「我們的臺灣朋友試圖避開孫中山晚期的扶助工農政策」、「辛亥革命有小資產階級性質的一面，並不會貶低辛亥革命的重要性」之類似是而非的話。

討論會由巴奈特教授和謝文孫教授共同主持，首由巴奈特宣布開會，並致歡迎詞，繼由謝文孫報告籌備經過，並一一介紹來自各方，坐於主席臺上之報告人、評論人及譯員。他報告有關辛亥革命在東亞舉行的三次會議時，係以舉行的時間先後爲序，首臺北、次武漢、再次爲東京，尤其對臺北的討論會之成就，表示高度贊揚。在介紹個人時，則按主席臺上的座次，依次介紹各人的姓名、服務機構、職稱，而不介紹其國籍。論文共有十篇，勢不能一一宣讀，僅由三位評論人——史扶鄰（Harold Z. Schiffrin）、高慕軻（Michael Gasster）、倫欽（Mary B. Rankin），先作綜合性之評論，然後再開始討論。

三位評論人評論過後，主持人詢問論文的原作者有無答辯，章開沅便搶先走向發言臺，針對張玉法的論文〈辛亥革命的性質與意義〉，提出駁難。章教授不諳英語，由趙復三翻譯，首先說來自臺灣的幾位「同道」的論文都已讀過，張忠棟、林明德、李雲漢等先生的論文都可在他辦的刊物上發表，只有張玉法論文認爲辛亥革命爲全民革命，他不能同意。他認定「辛亥革命是資產階級民主革命」。章開沅的話，大家似乎都不感到意外，因爲希望他們大陸的學者們大膽的跳出中共標定好的框框，幾乎是不可能的事。

由於章開沅的挑戰，遂引發了對於辛亥革命是資產階級革命還是全民革命的一場爭論。首先是張玉法對章開沅的反擊。張玉法教授歷舉中外歷史學者對於辛亥革命研究的結論，以及同盟會的革命綱領爲依據，反駁章開沅「辛亥革命爲資產階級民主革命」一說之不能成立，並從章開沅本人的著作《辛亥革命史》一書中找出其自相矛盾之處，並問章開沅「你的書中否定資產階級的力量，如今在此地怎麼改變了說法？」「你寫的書我都讀過，可是我的書你似乎都沒讀過，事實上我的書早已對你的問題作了答案，你一讀即明白。」

開始自由討論後，對章開沅這位「辛亥革命權威」的講法，不少人提出質問。鄭竹園教授要求章開沅爲「資產階級」下一定義，另一位青年留學生鄧中堅問章開沅究竟用些什麼資料而認爲辛亥革命爲「資產階級革命」。還有不少的人提詢問，章開沅雖作了答復，卻已現出心勞力絀之態，只是搪塞幾句而已。鄒讜試圖爲章撐腰，質問張玉法，但一開口自己就先弄錯，張玉法回他：「你說的，是章開沅先生的講法，不是我。請不要弄錯。」

討論會的最高潮，應當是秦孝儀先生、胡繩先生、衛藤瀋吉先生先後作綜合報告的時候。秦先生是第一位應邀作報告的人，他以極爲委婉但卻堅定有力的言詞，提出了三點意見：

第一，這次討論會的主題，是「辛亥革命與民國創建」，這裏所說的「辛亥革命」，已經肯定指出是孫中山先生所倡導的國民革命，也就是以孫先生的思想和主張作爲其最高綱領的全民革命。這裏所說的民國，當然就是孫中山先生締造的中華民國。要討論這一主題，自然必須肯定並尊重孫先生的思想學說，與創建中華民國的史實，然後才能夠掌握問題的核心，求得正確的結論。

第二，歷史學家的基本信條，就是求眞、求實。因此，歷史的研究，必須以正確的史料所反映出的事實爲依據，而不應以任何政治觀點，予以曲解，甚至予以有意的抹煞。歷史是有其大是大非的，這一大是大非，乃是由於研究發現所推演出來的定論，而不是先存著主觀偏見，然後再根據這個主觀偏見，去找尋自己所想要的材料來塡充。目前作中國現代史研究的人有些就往往犯著這樣「意」、「必」、「固」、「我」的毛病。

第三，臺灣地區典藏著豐富的中國現代史史料，也有極爲豐碩的研究成果，同時還具有與世界各國學術研究機構進行交流、合作的意願與經驗。中國國民黨中央黨史會，近年以來，尤其重視學術研究與合作。當然，合作的基礎，必須置於公正與眞誠之上，這一立場和態度，希望國際史學界能夠有其共同的、確切的認識與瞭解。

秦先生報告過後，掌聲雷動，先聲奪人之勢，令人欣慰而感動。趙復三事後曾發表專文，也說「他(秦)的發言稿中沒有任何挑起爭論的政治口號」。繼秦先生之後，胡繩先生接著報告。他有氣無力的宣讀已經準備好的講稿，對於秦先生報告中對他們暗示的指責，不僅無反駁能力，且亦主張客觀眞實云云，有不少話實在是重複秦先生的言詞，這給人以胡繩先生支持秦孝儀先生的感覺。尤其叫胡繩難爲情的，可能是由於緊張過度，於照本宣科的念講稿時，竟誤將孫中山先生晚年「反帝、反袁」的政策，讀成「反帝、反蔣」，引起鬨堂大笑。只是趙復三故意不把這一言詞的失誤翻成英語，一部分不懂中國語言的洋朋友，只跟著笑，但不明白笑什麼。第二天美國的一家報紙還給報導了開來。一位旅美學人私下對筆者說，胡繩出這個紕漏，回去怕要受到檢討。筆者的感觸是：胡繩這樣的理論家還對孫先生的主張如此陌生——不陌生就不可能弄錯，所謂尊敬孫中山先生也者，只不過是欺騙人之談！

討論會結束，「第一回合的交鋒」就算過了。利弊得失之間，自然是各說各話。但彼此間儘管立場不同，都能保持學者風度，殊爲難得。當時誰也沒有想到，十年之後，章開沅、趙復三兩位教授都先後來臺，彼此間成爲同道好友。章開沅先生且曾在政大歷史研究所任客座教授半年，和我有了同事之誼，在香港、臺北的學術會議中也多次見面，當年芝加哥會場中的緊張氣氛早已烟消雲散了。

我在芝城討論會上提出的論文是〈同盟會與辛亥革命〉，沒有討論，討論也不會有太大的爭議。文孫兄有意把雙方提出的論文編印專集，並要替大陸各人提出的論文作修飾工作，我們沒有同意，因爲我們不想被解釋爲「兩岸合作的開始」。文孫對我們的態度有點失望，以後未再積極參與類似的事務。倒是李又寧把兩岸九人的論文英文稿，於五月間發表在她所主編的「中國歷史研究」（*Chinese Studies in History*）旬刊上，加一主題爲「中國人看中國歷史」（Chinese History Through Chinese Eyes），提供國際史學界作爲研究參考。

聖路易四日

參加芝加哥研討會議，是我們五人訪美團第一階段任務。研討會結束後，隨即開始第二階段的工作——到東部去作學術訪問。我們還是採「分路進兵」方式，各人自由行動，預定於四月六日到紐約的 Vista International Hotel 會齊。

我和秦先生應謝文孫之邀，到聖路易大學（St. Louis University）訪問。我們是於四月四日上午十一時搭乘 Delta 航空公司的飛機，自芝加哥飛聖路易，於午後一時三十分到達。在聖路易華盛頓大學任教的楊日旭教授，聖路易區黨務負責人黃綱先生，及聖路易大學派來的一位代表，在機場相迎。

我們先去參觀了聖路易大學的校區，又去有名的 Arch 一遊。晚間，接受聖路易大學校長 Grobman 的晚宴，駐美文化組長毛先榮應邀前來參加。美國食品與美國習慣，我都不十分適應，很受拘束。Grobman 校長留秦先生住校長公館，是一項很高的禮遇，但我們感到很不方便，一晚都沒有睡好。翌（五日）晨，我們就遷移到距機場較近的 Marriott Hotel，我的房間號碼是九二二一，這就方便多了。

四月五日的主要活動是：上午參加毛先榮組長主持的贈書儀式，毛先榮說明贈書意義，我代表中國國民黨中央黨史會贈送錄音帶、黨史會簡介及中華民國建國史討論集英文本。中午，請毛先榮、謝文孫便餐。下午由楊日旭引導訪問華盛頓大學，並與校長 Thomas R. Fitzgerald 晤談二十分鐘。晚間在一家「京園」中餐館邀宴聖路易地區中國學人及留學生，其中有中華協會及自由人協會等團體的代表，共三十餘人。席間他們曾熱烈的提出一些國內的政治問題，秦先生均坦誠作答，有時亦慷慨陳詞——是我在國內很少看到的表現。餐會是黃綱連絡的，他說有些人是開了五六小時的車趕來參加，熱烈的情況實屬空前。

本訂好機票，於四月六日自聖路易飛往紐約的。我們也已到了機場等候登機，但臨時接到通知：由於紐約大雪，Kennedy Airport 關閉，飛機停飛。我們只好再回 Marriott Hotel 住一夜，房間改到了六二一四。當晚與韋慕庭、陸培湧通電話，告以無法於六日晚趕到紐約去，七日已不可能參加預定的餐會，改約於八日中午見面。也給寧兒掛電話談談，得悉她已和家中通話聯絡，家中一切平安；元兒放春假，多半時間在家中。

七日上午仍無法飛行，藉空檔參觀了哲弗遜紀念館及博物館。

四月七日下午，飛機終於起飛。我們是搭寰球（TWA）航空公司班機於一時四十五分離開聖路易機場，到紐約已是晚間六時三十分。在紐約只待一天，九日便飛往波士頓訪問哈佛大學。也只停一天。十日就搭機西歸了。七日至十日四天間的活動，我的日記記述如下：

七日

晚六時三十分到達紐約甘迺迪機場，協調會駐紐約辦事處及紐約總支部均有人來接。出機場後，驅車直至設於世界貿易中心（World Trade Center）的維特國際旅館（Vista International Hotel）報到，分配到的房間號碼是八一二。設備很新穎，開門已不用金屬品製的key，而用帶有電腦暗號的卡片，方便而又安全。玉法、明德、忠棟三兄也都到了，內心至慰。

晚八時，鄧權昌代表請秦先生吃飯，算是接風。我應邀參加。十一時回到旅館，與于濰、曹介甫等兄通電話，告知在紐約活動計畫。旋接袁默之電話，談談別後情形。十二時過後，接吳章銓電話問候，頗感意外。蓋章銓服務於聯合國，對中共頗爲接近，雖是哥大老友，卻甚少聯絡。今於深夜通話，語雖泛泛，亦足慰老友心懷。

八日

晨，與玉法、明德共進早餐。今天的主要活動在紐約，而以晚間哥大的Seminar爲此次訪問紐約的重頭戲。

中午，陸培湧教授在「彭亭」中餐館設宴款待，主客是秦先生和我們幾位「臺灣來人」，陪客最主要的爲韋慕庭教授。紐約是熟地方，我和玉法、明德先搭地下車（subway）到三十四街的Macys公司買點禮物，再步行前往彭亭。發現客人尚有鄧權昌代表、汪德成主任，及裘家齊先生。培湧溫文好禮，花費恐不少。他向秦先生提出，希望能得到毛夫人的畫像，答應回臺北後一詢。

午後四時，曹介甫兄偕鄒達來訪。鄒達是本黨先進鄒魯的哲嗣，鄒梅和鄒讜的弟弟。臺灣師範大學畢業，曾任教於南洋大學，現在美從商。我們一起登上世界貿易中心的一〇七樓，眺望遠景，頗爲悅目。鄒對現代史饒有興趣，詢及有關西安事變諸問題，頗中肯綮。介甫告訴我，華航方面已聯絡妥當，我回程機票改訂爲四月十一日午後二時三十分由洛杉（Los Angeles）起飛的005次班機，直航臺北。

哥倫比亞大學的Seminar於晚間七時舉行，曹介甫駕車送我前往。Seminar由李又寧主持，參加者除哥大老友外，研究鄧演達的賀欽賢（John Kenneth Olenik），研究教會教育的魯珍晞（Jessie Lutz），研究西安事變的吳天威，研究蔣介石早年思想的陳培湧等均在座，討論頗爲熱烈，對Olenik頗多評論。我的語言表達能力尚不足以言所欲言，仍以藏拙爲妙。會後，又與田雨時等去吃宵夜，過中夜後始由高雙英夫婦駕車送我回旅館。

九日

昨晚睡得晚。晨六時二十分，被玉法電話叫醒。要搭八時的飛機去波士頓，晚了會誤事。先給秦孝儀先生去一電話告辭。他將由紐約去華盛頓，然後回臺北。急急下樓 Check out，六時四十分搭計程車赴 La quadia Airport，搭 Eastern Shuttle 班機飛波士頓。于潾兄特趕來送別。八時起飛，九時三十分到達波士頓，十時二十分即住進 Cambridge 的 Holiday Inn，要先付費，才可 Check in。我的房間號碼是三一七。

十一時，訪問燕京圖書館館長吳文津博士。十二時，去看哈佛大學費正清研究中心主任 Philip Kuhn。他取中文姓名孔復禮，後又改爲孔自立。承他午餐招待，並與張玉法商談與中央研究院近代史研究所進行合作事宜。

午後二至四時，在燕京圖書館的 Common room，與我國在哈佛的留學生晤談。計有林滿紅夫婦及江勇振等五、六人。林、江都是師範大學歷史研究所博、碩士研究生出國深造，故以老師稱我，我對他們的優異表現，亦有與有榮焉之感。康綠島女士在臺北時即見過面，這次是從麻省理工學院（MIT）過來相會，尤爲難得。她說後日即返臺北，將研究五十位近代報人的人和事。

五時，我們至費正清（John King Fairbank）住所，訪晤這位已經退休的史界名人。一九六八年我首次來哈佛時見過他，這次是第二次，直接和他面對面談話則是第一次。他問起芝加哥研討會情形，玉法告訴他大陸學人都說辛亥革命是「資產階級民主革命」，問他的看法如何？他說：那是他們（大陸學人）的看法，我們不這樣看。不同意但不作批評，講話可謂老練到家。他告訴我說：我們編《劍橋中國史》，引用你的《從容共到清黨》甚多，特別為你的書取個代號：TJK（Tsiung Jung Kung），以求方便。對我來說，費正清的這段話，使我深感欣慰。

晚，吳文津兄邀赴他家中，以豐盛的晚餐款待。客人盡是「臺灣客」，陪客則有楊聯陞夫婦及適在哈佛任訪問學人的馬先醒兄。談東論西，極感愉快。文津兄為近代學術奔走，走遍全世界，史學圈內幾乎無人不知 Eugene Wu。

歸來

四月十日上午離開劍橋，我和玉法飛向洛杉磯，明德、忠棟則又單獨行動。我急於要回臺北，但須至洛杉磯始有直達班機，所以改了機票，與玉法一道先到洛杉磯孫英善兄處留一夜。

孫英善，就是張玉法〈哥大散記〉一文中的「英兄」。我只曉得他是玉法流亡途中的同學，熱誠負責，經營能力甚強。到他家裏後，他才告訴我和內子也是流亡途中的同學，並保留了流亡途中的一張合照，六七位女生排作一排，旁邊站一位小男生，那就是英善，內子韓榮貞就在這排女生中。英善要我把這張照片帶回來「送給大姐」，「也許大姐還記得我」。太難得了，對我家而言，這也是一份寶貴的家乘史料。

玉法晚上掛電話至臺北家中，說明次日我倆即同機返抵中正機場。玉法嫂李中文女士把這消息轉告舍下，元兒要去機場迎接。次日按預定行程起飛，於四月十二日午後回到了臺北。走出檢查室後，就見到元兒笑面相迎，說聲「辛苦了，爸。」覺得孩子眞的長大了，已經很懂事。誰又想到三個月後，竟於預備軍官入伍訓練的天龍演習中，不幸殉職。他到機場接我，這是唯一的一次，每逢想到當時的情景，以及開車返臺北途中父子在路上的談話，我都會無法控制悲痛的情緒，熱淚盈眶！

九、華夏一等獎幕後

意外的喜訊

民國七十六年（一九八七）一月中旬，忽然收到中央委員會頒給我的華夏一等獎章一座，外附鑲框的「獎章證書」。這事事前我毫無所悉，臨事也沒有授獎儀式。我覺得很突然，電話問劉秘書世景兄，才曉得這是主任委員秦孝儀先生的德意，是秦先生爲我與世景申請的，我是一等，世景是二等，因爲近三、四年來的學術會議，我倆最辛苦。獎章證書的全文是（見下頁）：

我做事一向是「盡其在我」，從不計較得失與榮辱。只要問心無愧，自會心安理得。過去曾被核定爲特保最優人員，和老總統蔣中正先生拍過團體照，也得過中山學術著作第一獎，我都不以爲意，從不炫耀。華夏一等獎章是黨內的高等獎勵，由我意外得來，本也沒放在心上。但由於「獎章證書」中提及我在「四次大型學術性會議」中之地位，也引起我一些感慨。四次學術會議

中國國民黨中央委員會獎章證書

七十六史字第 0002 號

黨史委員會七十年起先後舉辦四次大型學術性會議所有會前之策劃籌備主題之構思學人之聯繫邀約論文之分組調配李副主任委員雲漢同志襄助獻替實任其勞具識遠慮深績密將事使大會圓滿成功深獲國際學人之交譽有以致之特頒華夏一等獎章壹座用示酬庸

主席 蔣經國

中華民國七十六年一月 日

獎章號碼 一六九

中，我都是扮演無名英雄角色，「獎章證書」指出我「實任其勞」，這說明上級明察，不會埋沒一些長期在幕後辛勞的人，不能不說是一種安慰和鼓勵。

「獎章證書」中提到的四次大型學術性會議，我想應當是指下述四次討論會：

一、民國七十年八月舉行的「中華民國建國史討論會」。

二、民國七十三年五月舉行的「中華民國歷史與文化學術討論會」。

三、民國七十四年十一月舉行的「孫中山先生與近代中國學術討論會」。

四、民國七十五年十月舉行的「蔣中正先生與現代中國學術討論會」。

有關「中華民國建國史討論會」舉辦背景與經過，本書第七題中已作說明。其他三次討論會的情形，也有分別予以敍述的價值。

「中華民國歷史與文化」學術討論會

此一討論會的召開，肇始於中國歷史學會第十九屆會員大會的一項決議。大會召集人秦孝儀先生指出：

去（七十二）年五月，中國歷史學會在臺中東海大學舉行第十九屆會員大會之時，有二十幾位教授聯名提案，建議於民國七十三年內舉辦一次全國性的學術討論會，以紀念國父講演三民主義與先總統蔣公黃埔建校六十週年，暨中國國民黨建黨九十週年。會員大會一致通過這一提議，並授權中國歷史學會理事會負責推動。理事會開會研商，委由孝儀報告執政黨中央委員會。孝儀當將此一計畫提出於中央主管會談，中央熱烈贊同，決議由中央黨史委員會與文化工作會，會同中國歷史學會邀請有關學術機構團體，共襄盛舉。

秦先生是黨史會主任委員，也是中國歷史學會副理事長，一肩擔起籌備這次大型討論會的責任，黨史會乃是實際工作的基本單位。爲使討論會能充分表現全國性的精神，特邀請九個單位共同主辦：中國歷史學會、國史館、中國國民黨中央委員會黨史委員會、中國國民黨中央委員會文化工作會、中央研究院近代史研究所、中華文化復興運動推行委員會、行政院建設委員會、陸軍總司令部及國防部總政治作戰部。由各主辦單位首長組成籌備委員會，推秦孝儀先生爲召集人，另由各單位副主管或高級業務主管組成工作委員會，由中國歷史學會總幹事王壽南先生爲召集人。工作委員會下分秘書、議事、總務、新聞四組，各就職掌，推動籌備工作。秘書、議事、總務均由黨史會承擔，新聞由文工會承擔，我則以工作委員會委員身分參加工作，秦先生說我是有實無名的「總提調」。

民國七十三年五月二十五日，討論會在臺北市陽明山中山樓開會，會期三天，至二十七日結束。應邀出席的學者專家三百二十人，列席旁聽的研究生九十人，參加討論會的總人數在四百一十人以上，為近年來國內舉辦之無數次學術討論會之規模最大者。提出論文共六十篇，分四組進行討論：國民革命史組、政治外交史組、文化思想史組及社會經濟史組。蔣總統經國先生頒發書面賀詞，嚴家淦、黃季陸、黃杰、秦孝儀、蔣彥士、俞國華等先生，亦分別在開、閉幕式及餐會中致詞，誠可謂盛況空前。在接受「臺灣日報」記者王台珠訪問時，我曾指出此次討論會的幾項特色：

——「過去軍事單位是一獨立系統，很少與學術界聯合討論問題，這次文武學術界的合作，包括史料的提供運用，是一好的開始。」

——「過去歷次類似會議中沒有提到過的問題，這次都談到了，亦是第一次將社會經濟列入研討範圍。涵蓋範圍廣泛，等於是整個人文社會科學的綜合會議。」

——「參加此次會議者，包括了老、中、青三代歷史研究學者，三天來，一百多位年輕的歷史研究所碩士、博士班研究生，在旁聽席上專心聆聽、不時也參與討論。這些後起之秀，正是使中國現代史的研究能有更好發展的基石。」

我提出的論文是〈有關西安事變幾項疑義的探討〉，分析四項問題：㈠蔣委員長抗日決策問題；㈡周恩來角色問題；㈢所謂「承諾」問題；㈣停止剿共與收編共軍問題。由於西安事變是首次在國內學術會議上提出來討論，自然引起各方面的注意，討論會內外都曾引起一陣競相談論的熱潮。

記得我的論文是在政治外交史組第四次討論會（七十三年五月二十六日上午）宣讀並討論。這次討論會的召集人是王曾才教授，評論人是蔣永敬教授。蔣教授很客氣，他說我「研究有素」，「無隙可擊」，他「只能提出幾點淺見，來證明李先生見解的正確性」。自由討論時，就有不少批評和建議了。計有魏汝霖、王世憲、馬起華、段家鋒、卓文義、呂士朋、沈雲龍、曹伯一、劉紹唐、樂炳南共十位先生，講了話。其中王世憲是中國民主社會黨的主席，也是名憲法學者，建議我與張學良先生直接接觸。沈雲龍是中國青年黨常委兼黨史會主委，名近代史學者，是我的好朋友，他的話卻是恭維中略帶不平，要求開放史料給民間運用。他的話有幾段很帶刺：

讀了李教授這篇文章，我深深感覺到李教授不僅是一個史學家，如果在司法界，一定是一個最好的辯護律師。他研究的問題的確是個敏感問題。目前他有幾個比我們優越的地方，他看的資料我們看不到，經過他過濾之後，我們增加了一點新知識。在海外是有不少資料，可是也不能進口。所以討論這個問題，我們找不到證據，也沒有辦法辯護。假定我們打官司，那一定打敗，因爲李雲老收集很多資料，我們又有什麼辦法呢？東也是禁忌，西也是禁忌，我不知道這個禁忌到何年何月才沒有禁忌。這是我們研究歷史的人首先碰到的大難題。我們也一再的呼籲收藏資料的機關，能不能稍微開放一點，我在今天的會議上鄭重的要求，因爲李雲老是負責黨史會的，國史館的主任也在此地。李雲老這個辯護律師，當然天衣無縫，不過站在他的地位，拿出去的話都是官方的資料，首先就被打了折扣。假如換另外一個人發表，我想更强而有力。

我對評論人和十位發言人的嘉許和批評，很坦誠的作了答覆。我也說明：大家把黨史會看得很高，以爲什麼史料都可在黨史會找到，其實沒有那回事，很多重要資料都不在黨史會，並不是黨史會有資料不拿出來。對各位若干寶貴的意見，我都會牢記在心，期能實踐。

大衆傳播界也對「西安事變」這問題大感興趣。中華電視臺的李艷秋和臺灣電視公司的李惠惠，當日都對我作了專訪，當晚三家電視臺也都播映討論這一問題的實況。「中央日報」的馬西屏，「聯合報」的王震邦，都在其報導中引用了我的一些話，「臺灣日報」的王台珠並以「李雲漢教授探討西安事變始末」爲題，於五月二十七日發表一篇專題報導。處在這種氣氛中，我也不便再說什麼。眞正的研究工作是要在冷靜理智的環境中進行的，不是靠媒體的喧譁。史料是要研究者「上窮碧落下黃泉」的去找，而不是坐在自己研究室中等。

「孫中山先生與近代中國」學術討論會

民國七十四年這一年度，就中國國民黨黨史而言，有三層紀念意義：一是總理孫中山先生一百二十歲誕辰暨逝世六十年，一是中國革命同盟會創始八十週年，一爲對日抗戰勝利暨臺灣光復四十週年。由於孫先生是中華民國的締造者，爲中華民國政府與人民尊崇爲國父，故孫先生一百二十歲誕辰，亦屬國慶；抗戰勝利與臺灣光復四十週年，尤爲薄海騰歡，普天同慶之全民族喜慶節日。因而，黨史會決定結合各史政機關及團體，繼去（七十三）年中華民國歷史與文化學術討論會之後，賡續舉辦另一次大型學術會議——定名爲「孫中山先生與近代中國學術討論會」，計畫邀國內及外籍著名學者一百五十人出席，另設觀察員及旁聽人員共五十人，與會總人數當在二百人左右，其規模較民國七十年之「中華民國建國史學術討論會」略大。

秦主任委員孝儀先生於會前與我數度商量，決邀四個史學機構即國史館、中央研究院近代史研究所、中國國民黨中央黨史委員會與中國歷史學會聯合主辦，有關單位如教育部、外交部、國防部、新聞局、中央文化工作會，中央秘書處等，則洽請爲協辦單位，並請教育部能夠補助費用。一如往例，全部籌備工作由黨史會負其主責，中央文工會、秘書處亦派人協助。

會議地點，中山大學教務長李國祁兄建議在高雄市國立中山大學，衆皆稱善，中山大學校長趙金祁博士亦熱烈歡迎。身爲大會召集人之秦孝儀先生曾說明討論會擇定高雄爲舉辦地點的原因：

會議之所以擇定假高雄舉行，蓋國立中山大學，為紀念國父之最高學府，兼之黌舍聿新，氣象闊大，外籍學者足以自此認識我作育人才之盛概。而高雄業已升格為院轄市，在當地舉行國際性文化活動，宜亦有助於南臺灣地區學術文化水準之提升。

由於討論會在中山大學舉行，中山大學即列名為協辦單位之一。李國祁教務長乃為籌備委員會推任為工作委員會召集人，亦即大會開會期內之秘書長。事實上，會場場地的安排及食宿接待，胥賴國祁兄全權張羅，臺北方面之籌備工作，我自是責無旁貸。

會議日期定為十一月二日至五日。外籍學者於十月三十一日及十一月一日即分別到達臺北，住圓山大飯店。十一月二日國內外學者同時由臺北搭車南下，中經中興新村，由臺灣省政府主席邱創煥先生招待午飯並作簡報，然後直抵高雄中山大學辦理報到手續，下午四時三十分即舉行開幕典禮，五時三十分歡迎酒會，活動安排十分緊湊。

出席學者共提出論文五十九篇，分四組進行討論：孫中山先生思想學說、中華民國開國史、國民革命與對外關係史、抗戰勝利與臺灣光復史。計召開分組討論會四十次，綜合討論會一次。會場中舉辦文獻圖書展覽，又洽定在中山大學、臺南成功大學、高雄文化中心三處分別舉行演講會，由三位知名外籍學者發表講演。三位主講人姓名及其講題如下：

林邁可	認識孫中山先生——一個超越時代的偉人
馬若孟	中華民國的現代化、價值觀和教育
金德曼	世界政治對中國國家建設的衝擊（一九二四—一九四六）

開幕式由秦主任委員孝儀先生主持。邀前總統嚴家淦先生致詞，講題爲「中國近代歷史的正確方向」。副總統李登輝先生應邀參加閉幕典禮並講演，講題是「眞理是正義的基礎」。中國國民黨中央委員會秘書長馬樹禮先生於十一月四日應邀南下參加聯合晚宴，並以「『主義、領袖、責任』在中國近代史上的重要意義」爲題，發表講演。所有講詞、論文、評論、討論紀錄、活動圖片及新聞報導，均由黨史會收錄於《孫中山先生與近代中國學術討論集》，共四冊，於同年十二月出版，爲研究中國現代史的重要參考書。英文本則有五冊，標題爲*Proceedings of Conference on Sun Yat-sen and Modern China*。編譯工作，李文哲博士的貢獻最大。文哲兄英、日文都好，能講能寫。一天到晚在做事，不居名，不講話，講義氣，夠朋友。當今社會中，這樣的好人並不多見。

我提的論文是〈中華革命黨的組黨過程及其組織精神〉，自信是用心之作，目的在澄清若干有關中華革命黨建黨的訛誤與曲解。議事組將我論文安排在中華民國開國史組第八次討論會（七十四年十一月四日）來討論，與張玉法的論文〈二次革命的根源〉同組。主席是李國祁，評論人是李守孔、于子橋。

于子橋的英文名字是George T. Yu，是一位研究近代中國政黨史、政治史的權威學者，他的著作 *Porty Politics in Republic of China: The Kuomintang*, 1912－1924，被視爲名著。他雖是于右任先生的嫡孫，卻本獨立思考的精神，對國民黨持批評態度。這次評論我的論文，也仍然一本其學者本色，一方面說我的論文是「一篇很有價值的報告」，「是很大的貢獻」，「不但提出了許多問題，並也解答了許多問題」，一方面也率直提出他對我論文的「三點不同的意見」。事實上，他是提出了三個啓發性的問題：

其一，「孫中山先生與中華革命黨在當時的作用問題，也就是孫中山先生及中華革命黨的成立對當時及以後的中國革命，有何影響？」

其二，「中華革命黨的性質是秘密的、特殊的，因此它的黨員數目問題我認爲並不是很重要的；重要的是它的紀律問題，如黨員對孫總理的忠心是否較以前完美？革命目標是否較前具體？組織是否較嚴密？」

其三，「中華革命黨在整個中國國民黨歷史的發展上有何重大意義？例如沒有中華革命黨會不會有民國十三年的改組？是不是還有今天的問題？」

子橋提的三個問題都很有分量，可以寫一部書。我不可能逐一答覆，僅就中華革命黨的歷史地位說明我的看法。我的答覆是：

中華革命黨在中國國民革命的發展中所發揮的作用和地位如何，我覺得可以用四個字來表達，就是「承先啓後」，把同盟會的精神延續下來，把眞心革命的人才集中起來，因爲有中華革命黨所以才有先總統蔣中正先生的承先啓後機會。在當時，經過二次革命失敗後，倘沒有中華革命黨的重行組織和號召，則分散各處的革命黨員能否再聚集一起繼續爲革命大業奮鬥，是很難說的。所以我說它是承先啓後。有了中華革命黨的繼起，才有民國八年的中國國民黨，也才有十三年的改組。

自由討論時，發言者提問題多針對張玉法兄的論文，只有來自日本追手門大學的伊原澤周教授（原名彭澤周），關於中華革命黨黨員人數問題，提出詢問：

關於黨員人數問題，根據日人萱野長知的《中華革命黨秘史》所述，中華革命黨在東京成立時，入黨人數約六百名。李先生所說的三千人以上，在時間上是指成立時的人數呢？還是以後的人數？而在地域上來說，是指日本的黨員人數呢？還是世界其他各地的黨員都包括在內？

我在論文中關於黨員省分及人數問題，有兩項依據原始文件而作的糾誤。其一，是說明：「民國三年六月二十三日中華革命黨在東京舉行選舉大會，到者十八省」，而非鄒魯《中國國民黨史稿》所記的「八省」，也就是說，我要糾正鄒魯的錯誤。其二，根據黨史會所藏「中華革命黨原始黨員名冊」，說明：「名冊」共二十六冊，其第一冊所登記者即有三千三百三十三人，其中有一千八百二十四人爲民國三年十二月以前入黨者。這一事實，足以糾正大陸學人尙明軒所謂「黨員最多時只有五六百人」（尙明軒著《孫中山傳》，一九二頁）的錯誤。我並沒有提到黨員人數在「三千人以上」，事實上美洲一地黨員即「達七千人之衆」。伊原澤周是老友，可能記錯了，因而有此一問。我仍然很誠懇的作如下的答覆：

很感謝伊原先生提供的資料。我文中根據「中華革命黨原始名冊」，統計當初中華革命黨員至少有三、三三三人，這是指現有名冊上所記載的而言。其中一、八二四人，爲民國二年九月到三年十二月之間加入者。至於民國三年六月前有多少？是不是六百人，因未單獨統計，所以還不知道，日後可再補充。而這一、八二四人，分布地區有大連、上海、夏威夷、香港及東京，不包括美洲和南洋。

陳哲三教授曾發言，關於日本人僞造文件的問題，根據他在黨史會親見一批日人贈送的孫先生文件，經鑑定是贋品的事實，認爲「日本人對僞造文件是很精熟的」。他是爲我論文中提及三項文件可能出於僞造一事作補充，不需要我作答覆。

「蔣中正先生與現代中國」學術討論會

民國七十五年（一九八六）十月三十一日，爲蔣中正先生百年冥誕。黨史會決定邀請國史館、中央研究院近代史研究所及中國歷史學會再度合作，共同主辦一次國際性學術會議，以爲紀念。並仍邀請教育部、外交部、國防部、新聞局及執政黨中央文化工作會、秘書處爲協辦單位。嗣經決定假國立中央圖書館舉行，因加邀該館參加協辦，故主、協辦單位合計爲十一，籌備工作由黨史會擔任，費用則由教育部酌量補助。

籌備工作之進行，大致與以往各次討論會相同：由各主協辦單位首長組成籌備委員會，推秦孝儀先生爲總召集人；下設工作委員會，實際負責各項籌備工作。所不同者，此次會議之工作會議設兩位召集人，三位副召集人，委員十二人，可謂洋洋大觀。這一安排，係出於秦孝儀先生的創見，意在每一主協辦單位均有高級人員參與，並對歷次討論會卓著勞績者聘以召集人、副召集人名義，以示獎勉。

我和呂實強兄被聘爲召集人，王壽南、李文哲、喬維和三兄則爲副召集人。秘書、議事、接待、展示等工作，胥由黨史會同仁主導，秘書處協助，新聞協調則由文化工作會承擔。劉世景、劉偉鵬、邵銘煌、宋建成、林泉等先生，均力任其難，其熱誠與負責精神，令人欽佩。至於我，有沒有召集人名義並不重要，黨史會旣承擔主要籌辦工作，身爲副主任委員自屬責無旁貸，惟當悉力以赴，冀能無虧職守。

討論會係於民國七十五年十月二十六日至三十日舉行，共爲五天。出、列席中外學者、觀察員及旁聽人員逾二百三十人，其中外籍學者近六十人，分別來自美、英、德、法、意、比、日、韓、印度、泰國、新加坡、澳大利亞、南非、香港等國家或地區。共提出論文一百篇，分五組進行討論：㈠蔣中正先生之思想學說與行誼，㈡蔣中正先生與國民革命，㈢蔣中正先生與中國現代化，㈣蔣中正先生與世界，㈤蔣中正先生與復興基地建設。共召開分組討論會四十八次，綜合討論會一次。所有論文、討論紀錄及有關文件與新聞評論報導，由黨史會輯編爲《蔣中正先生與現代中國學術討論集》中文本五冊，英文本五冊，於民國七十五年十二月出版。英文本書名標爲 *Proceedings of Conference on Chiang Kai-shek and Modern China*。

在分組討論會中，我擔任第二討論組——蔣中正與國民革命組第二次會議的主席，並在第四次討論會中報告我的論文。第二次討論會以討論蔣中正先生民國十二年（一九二三）訪俄爲主題，由兩位名史學家報告，一位是吳文津博士，論文題目是：〈戰略上的分歧：民國十二年蔣中正先生赴俄報聘之研討〉；一位是王聿均教授，論文題目是：〈蔣中正先生訪俄及其觀感〉。吳文津的論文，由韋慕庭評論，王聿均的論文，由張玉法評論。這樣堅強的陣容，使我身爲主席的人倍感光彩。特別是韋慕庭先生，我在開會講話時特別介紹其地位與著作，推譽他是「在美國開研究中國歷史先河的一位學者，更是現代史界的元老。」並指出：「我們非常感謝韋先生這次來，帶來了三份以前國內從未見過的重要文件，提供給我們，在此特別提出來，表示對韋先生的崇敬與感謝之意。」

第四次討論會於十月二十八日上午舉行，由關中博士任主席，只討論一篇論文，就是我的〈清黨運動的再評價〉，評論人則有兩位，均爲來自美國華裔學者，一位是老友吳天威先生，一位是羅家倫先生次女公子我慣於稱師妹的羅久華女士。想不到，這次討論卻是意外的熱烈。

我這篇論文，首先說明清黨運動的正確定位：「中國國民黨有權採取容共政策在先，自然也有權決定清除共產分子於後；清黨乃中國國民黨嚴正的決議與正當的行動，既非如某些外人所謂『政變』，尤非中共信口亂講的所謂『背叛』。」我肯定的提出四項論點：

其一，清黨是國民黨在危急關頭的斷然決策，也是一種非常的行動，目的在維護國民黨的生存以及國民革命的路線。

其二，清黨是絕大多數國民黨人的選擇，也符合絕大多數國民的願望。

其三，清黨過程中，上海和廣州所採取的手段比較嚴厲，邊省及北方各將領雖贊成清黨，但其態度則屬陽奉陰違。

其四，寧漢分裂期間，中共在武漢提出所謂「三大政策」，以混淆三民主義的理論。

吳天威教授先作評論。他表示有一點完全同意我的說法，即「清黨運動不是蔣先生一個人的事情，而是一個整體的運動」。另外，他有「幾點不同的看法」：一是關於中山艦事件的事，一是工人是不是反共的事，一是沒提到汪精衛和陳獨秀發表的「四一宣言」。對於「革命」與「反革命」的區別，天威兄也有截然不同的看法。羅久華教授的評論，語意極爲委婉，問題卻甚尖銳，她說「工人參加清黨值得考慮」，希望我「能不能解釋一下國共兩方面在工人工會方面鬥爭的情形。」久華也提到蘇俄方面的資料，並詢問「到底有多少共產分子給屠殺」。

這些問題本身即是爭議性的。因此開始自由發言時，先後有黎東方、蔣永敬、李齊芳、何家驊、吳文津、沈雲龍六位名教授發表意見。黎、李兩位都是依據其本身經驗，說明工人是反共的，何家驊謂「凡是有共產黨的地方的老百姓，沒有一個不希望清黨的」。蔣批評「三大政策」，吳建議採納一些主張「聯合政府」者的一些意見，沈則對清黨後同時也取締青年黨，大爲不滿。

我在綜合答復時，很感謝兩位評論人和六位發言人，給我提供的寶貴意見。我也表明：有些意見我樂於接受，有些意見我無法接受。對於吳天威兄提到中山艦事件與清黨關係一節，我率直的答復：「你提到三月二十事件跟清黨連不在一起，我覺得是連在一起的。我以爲不但是三月二十，我連西山會議通通把它連在一起，我以爲這是一個整體的運動。清黨運動是反共運動的一個演變和擴大，最初是局部的，少數人的，一步一步的到最後清黨爆發爲全面的，成了一個全面的反共運動。」

很感謝李又寧教授。她把我這篇〈清黨運動的再評價〉譯爲英文，刊載在她主編的 *Chinese Studies in History* 季刊一九八八年春季號，讓更多的美國讀者可以讀到。論文的英譯標題是：*A Reappraisal of the Party Purification Movement*。佔了二十五個 Page，也說明是在「蔣中正與現代中國學術討論會」提出討論的論文。

美國和香港的三次研討會

民國七十三年至七十五年三年間，我不僅受命策劃並參與了國內的三次大型學術會議，另外也參加了美國的一次會和香港的兩次會。尤其是香港的兩次會，黨史會曾補助過經費，我也曾協助珠海大學校長梁永燊來設計會議規模並建議邀請人選。

美國的一次會，係在民國七十三年（一九八四）十一月，在德拉瓦州（Dalaware）威明頓（Wilmington）市舉行的全美中國研究學會（American Association for Chinese Studies）一九八四年年會。年會主持人許倬雲教授決定議程中設一專題研討會，討論第二次世界大戰期間日軍在華暴行，請中華民國史學界派人參加並舉辦史蹟圖片展覽。許教授去看過秦孝儀先生，請求協助。秦先生與國史館、中央研究院近代史研究所商定，由黨史會、國史館、近史所各派一人參加宣讀論文，黨史會提供日軍暴行圖片在會場展示，另請亞東關係協會駐東京辦事處派一人前往。其人選為：近史所王聿均、國史館洪桂己、黨史會李雲漢、亞東關係協會東京辦事處陳鵬仁。洪桂己先去美西再轉美東，陳鵬仁直接從東京飛美，我與王聿均兄結伴同行，搭中華航空公司班機直飛紐約，次日再換乘小飛機飛往威明頓。此為我第五度訪美。

我提出的論文是〈有關南京大屠殺中外史料的評述〉，這篇論文經補充後，復於七十四年十二月提出於近史所主辦之「抗戰建國史研討會」。威明頓之會議只有二天，我帶去的史蹟圖片展過後即贈送給德拉瓦大學。會議結束後當晚我去Newark劉岱兄家中住一宿，並與妻通過電話。次晨即搭機飛回臺北。

香港的兩次國際學術會議，其主題：一為「孫中山先生與中國現代化」；一為「中國近六十年來之憂患與建設」。

「孫中山先生與中國現代化」國際學術會議，於民國七十四年十一月八日至十一日在香港九龍中國文化協會舉行。出席中外學術界人士六十三位，分別來自英、美、法、德、日、澳、星及中華民國與香港，共提出三十二篇論文。中華民國有十八位學者與會，我應邀在開幕式中作專題講演。十一月十日「香港時報」第三版刊出講詞要點，標題是：

李雲漢依據近代史指出
國父革命建國方向
為中國現代化道路

第一次會議討論蔣永敬的論文：〈孫中山先生與「三大政策」〉，由我作評論。我自己的論文〈由中華革命黨組黨看孫逸仙先生的志節和思想〉，安排在第二次會議中宣讀，評論人是香港中文大學亞洲課程部副主任李南雄。十一月十一日參觀遊覽，地點是青山紅樓中山公園、青松仙觀、流浮山及中山圖書館。內子韓榮貞女士這次也應邀以觀察員身分前往參加，一同行動。林邁可（Michael F. M. Lindsay）夫人李效黎初見我倆言詞行動並非普通友誼，然男老女少，又不敢斷定為夫妻。直至參觀青松仙觀時才弄清楚我們是真夫婦，於是向我們說出她心中的狐疑，還很羨慕我們這對「老夫少妻」。這次香港之行，內子是首次，我則是第二次。

第三次去香港，是在民國七十五年（一九八六）十月三十日，目的是出席香港珠海書院主辦的「中國六十年來（一九二六—一九八六）之憂患與建設」國際學術會議（International Academic Symposium on Adversities and Reconstruction in China During the Last 60 years（1926–1986））。臺北的「蔣中正先生與現代中國學術討論會」甫於本日閉幕，我即偕同參加臺北會議後立即「轉移陣地」至香港的幾十位學者，搭中華航空班機飛往香港。梁永燊校長已先期自臺北趕回香港，準備接待。

應邀與會之各國學者有六十八位，來自中華民國臺灣地區者十七人，共提出論文三十三篇。我仍然受邀請在開會式中，與韋慕庭（C. Martin Wilbur）同爲專題講演發表人，我先宣讀中國歷史學會理事長秦孝儀先生以「地異心同精神一貫」爲題的賀詞，然後講了幾句代表自己祝福大會的話。我擔任第二次會議主席，並於第三次會議中報告自己的論文：〈抗戰初期國民政府的體制與政策（一九三七—一九四五）〉，評論人是中國文化大學三民主義研究所所長唐振楚教授。唐教授謙謙君子，說「不敢說是評論，只能說是心得」，他指出四項優點，惟一的缺點是「全文有些錯字」，然後講了一段他個人對蔣中正先生抗日決策的一些感想。倒是王樹槐兄發言時，提了兩點建議，非常感謝他，答以「待將來加以補充」。

第五次會議中，我評論李守孔兄的論文〈閩變之研究〉。這是個好題目，也是個敏感題目。守孔兄很用心，內容很充實，我還是提出一些舛誤和建議，請守孔兄更正及參考。「忠於史實」，是我們歷史學者的共同信條，論文沒人批評，不一定是好。

會議於十一月二日結束，我於十一月三日返回臺北。王壽南教授寫了一篇「紀實」，刊載於「中國歷史學會會訊」第二十三期，於同年十二月出刊。全部論文暨有關文件均發表於「珠海學報」第十六期，於民國七十七年十月出刊。只是珠海大學校長，也是連續舉辦香港三次國際學術會議的主持人梁永燊先生，卻不幸於民國八十三年（一九九四）十月棄世了。我在紀念他的文章中，寫出如下的輓語：

諤諤一士，君眞吾儕健者，臺北議壇風發，常聞讜言弘論；循循多才，公乃當世哲人，香江學苑春暖，永溢杏壇芬芳。

一〇、六度訪美

公私兼顧

民國七十四年十一月「孫中山先生與近代中國學術討論會」過後，秦主任委員在一次談話中，提及胡佛圖書館所藏宋子文、張嘉璈等人史料應有人去研閱，並揀其重要者複印回來，妥為運用。他希望我能去一趟。我告訴秦先生，我亦有意偕內子赴美一行，也想到美國國會圖書館和國家檔案局去看看。秦先生很高興，說機票由黨史會提供，生活費自行負擔，這叫做「公私兼顧」。

我夫婦為什麼想去美國走走？因為女兒肖寧於七十二年五月十五日與石世鉅君結婚時，我們沒能去參加，她雖回來過一次，但對他們婚後的實際生活情形並不瞭解，心裏總有點放心不下。秦先生既然要我赴美各地研閱並蒐集有關史料，就先到女兒家住一兩天，然後留內子在女兒家，我一人去胡佛研究所，再去華府，公畢後再接內子一道返臺。

我本請准公假一個月，自十一月二十九日至十二月二十九日。但十一月二十八日參加中央工作會議前，秦先生面告應提前幾天回來，因會務繁忙，無人可以替代我的工作，因決定提前一週歸來，請武競時編審商鴻霖公司爲我改訂機票。但鴻霖公司說聖誕節前機次已無虛位，票改不成，到美國後再想辦法吧。

家人小聚

我夫婦於十一月二十九日赴美，首站爲芝加哥，計畫到 Dekalb 女兒家小住三日。這三天的生活，我在日記中有如下的記述：

十一月二十九日

今日偕妻赴美。

行前致函劉秉秘書世景兄及武小姐，仍囑懇請鴻霖從華航公司設法弄到紐約至臺北的直達機票，日期在十二月二十日前後爲宜。

八時四十分離家，十時抵中正國際機場，這次係搭 Northwestern 公司班機，可直達

Chicago。成仁來送行，在華航辦公室談四十分鐘，NW102班機準時於十一時四十五分起飛，經東京轉104號機，於當日午後十三時三十分左右，到達Chicago的OHare機場，長達十六小時的飛行，當然有些累。但一眼看到兩年未見面的寧兒時，就變得非常開心了。

除寧兒、鉅婿外，尚有世鉅的二兄世銘夫婦及小妹惠美一道來接機，他們是到Chicago地區遊覽的，明天即回居留地，鉅婿駕車接我們回到他在Dekalb的家，已經是午後三時了，天已開始飄雪。

十一月三十日　星期六

一夜大雪，戶外變成了銀色世界，多年沒有看到這種大地冰封銀花滿樹的景色了，不由得心情一爽。但轉念間又覺黯然了！一則這是美國土地，不是我的故鄉；一則元兒已逝，自己是個命運悽慘的人，有那種心情來欣賞異國的景色呢！

不顧天氣惡劣，一家四口仍然去Chicago一天，買點衣物，包括我的一付手套和一頂軟帽，是鉅婿簽的帳。中午則在「華園」中餐館（Szechuan House）用餐，由我做東。回到Dekalb家中時又已是昏黑時分了。

分別給毛先榮和葉嘉熾寫一信。

十二月一日　星期日

一夜大風雪，無法出門，妻和女兒一同下廚做幾樣菜，與女婿共飲幾盃啤酒，也有說不出的溫暖，女兒住的仍是研究生宿舍，房子很小，我和妻都有些不大適應。心裡卻仍然充滿溫馨，能從萬里之外飛來和骨肉至親小聚幾日，總是令人興奮的事。女兒女婿有他們自己的想法，希望幾年後能夠安定下來，但願他們成功，當此亂世，能找到個棲身之地就算不錯了，還有什麼企求呢！

帕拉阿圖十四天

十二月二日，星期一，我從芝加哥搭 American Airline 班機飛舊金山。登機後由於引擎故障，延誤了兩個半小時始行起飛，至傍晚六時三十分方到達舊金山機場。出檢查室後，發現莊焜明兄偕同一位徐先生和一位劉小姐來接我。焜明兄任教於國立臺北工業技術學院，我完全不曉得他已來胡佛研究所研究。眞是「他鄉遇故知」，高興極了。他送我到董太太（王璆麗）家，並請大家同進晚餐以示爲我接風。

第一晚住宿董家。雖然通過信，也通過電話，前次來史坦福時也見過面，但總是新朋友，不好意思打擾她太多。她能幹、熱誠，是來過胡佛研究所的人都知道的。第二天，她就給我安排好了假日旅館的房間。我在日記中寫有這樣一段：

第二件事是安排住宿問題，董太太說他們原安排我住 Faculty Cleck，每日租金六十五元，可以步行到校。但經電話聯絡後，那邊不能提供我十三天的住宿時間，因而作罷。再聯絡 Holiday Inn Palo Alto，單人房，租金每日七十八元，再加一成稅金，可步行至圖書館，費時半小時，旁邊有家中國餐館 The First China Resterant，對我甚方便。我答應了。中午即由董太太、莊焜明和魏艾送我來 Check in，住進三六八室，這旅館的地址和電話是：

625 E1 Camino Real

Palo Alto CA 94301

Tel（415）328－2800

我一次繳足了十三天的房租，中餐在中國餐館，由董太太請客，我也用不到客氣了。

日記中提到魏艾，他是魏萼兄的介弟，政大國際關係研究中心研究員。原來並不相識，也不曉得他在此地。見面後自我介紹，有一見如故之感。我在帕拉阿圖（Palo Alto）這段時間，承他協助很多。去舊金山市區到各書店買書，都是由魏艾兄帶路搭公共汽車，既省錢，又舒服。

到胡佛研究所，第一件事自然是去看馬若孟（Ramon H. Myers）。他曉得我來，早就在辦公室等我。見面後略作寒暄，就給我簽發一張 Identification Card，賦予我借閱書刊的權利，然後帶我到圖書館走一圈，熟悉一下進出管道。我提及要調閱張公權日記原件暨宋子文文件，他立即答應沒問題，但隨即補充一句：宋子文文件大部分尚未公開，連他自己也無法看到。意思是說，只要我借閱已公開部分。這道理我懂，任何文獻機構和圖書館，都有類似的規定，不能強人所難。

馬若孟交給我一封信，是譚煥廷（Mark Tan）留給我的，他去香港買書去了，不能接待我。但要提供他的研究室，供我使用。老朋友盛情可感，我也就不客氣的利用他的書桌和其他設備。只是我不取鑰匙，進出都麻煩一位女性管理人開門及鎖門。

十二月四日起，開始進入檔案室借閱宋子文文件，並作筆記。如沒特別的事，我不離開檔案室。宋子文文件中文部分共有十八盒，可公開者只有五盒。英文部分多為信函和電報的副本，並未發現有高度史料價值的文件。張公權的日記資料全部看過，並複印一份帶回來。另外有關中國國民黨黨史的書刊，也都借閱並擇要複印，總期能有效利用這短短十幾天的時間。

既到了胡佛研究所，不能不去拜會吳元黎教授。約好五日中午見面，他一定要請我到一家「天福」中國飯店吃午飯，也談了一些逸史軼事，他說他不是研究歷史的，不敢多談，否則就是「班門弄斧」。

馬若孟於六日再見面，除了關心我的生活情形外，告訴我三件事：

㈠寫一部有關國民黨專書計畫，尚在考慮中。考慮到的執筆人除他自己外，想邀魏萼、賴澤涵參加，也可能找找張俠（Maria H. Chang）。

㈡張公權的日記正在英譯中，已譯好十分之一左右。將來出版時，由他撰一篇 introduction，日記中重要的地方或有疑問之處，將加註釋說明之。

㈢他本人將於下週二（十日）前往英國，到我離開此地時，他還不會回來。

馬若孟講的第一項國民黨黨史專書，可能就是他和賴澤涵寫的二二八事件，如果是，那不能算是國民黨專書。張公權的日記倒是眞的譯好出版了，書名是 *Last Chance in Manchuria* 副題爲 *The Diary of Chang Kia-ngau*，由 Hoover Institution Press 出版，一九八九，編者兼撰文介紹者爲葛麟（Donald G. Gillin)與馬若孟(Ramon H. Myers），譯者則係一位 Dolores Zen，在 Donald G. Gillin 的協助下完成。Gillin 也是老友，曾來陽明書屋作過半年的研究，他執筆寫的 Introduction 長達五一八頁，有註解，是一篇很好的論文。

爲了集中精力與時間於閱讀史料，儘量減少不必要的活動。楊亮功先生於我來美前，曾託我代他拜訪幾位老友，我沒有車不能遠行，只有掛電話聯絡一下，轉達楊先生的心意。董太太建議我利用此機會多與史丹福大學研究亞洲問題的教授如 Dr. Albert Dien, Dr. John Lewis, Dr. Rickard Starr 等多談談，我也沒完全做到，只和 John Lewis 談了一會。老友范力沛（Van Slyke）

在歷史系，他來看過我，他有一次與大陸訪客的座談會，希望我能參加，我也婉謝了。但有胡佛研究所本身舉辦的講演會或座談會，我還是出席。如無名氏（卜乃夫）十二月六日下午的演講，我就去了。無名氏言及中共於鎮壓反革命一個階段即慘殺九百萬人，等於第一次世界大戰時協約國戰死官兵的總和，令人驚心怵目。他送一冊 *The Scourge of the Sea*，是他本人被關進集中營時期悽慘情景的自述。

朋友有電話找我，但我經常不在研究室而在書庫內，因而不能不麻煩胡佛研究所的一位日籍小姐Kyoko代接並紀錄轉告。我曾寫信給華府的亓冰峰，告訴他我去華府的日期和飛機班次，要他代訂旅館並接機。碰巧他要去中國大陸，因此先掛電話來說明一下。Kyoko代接，並留下一紙message: He will arrange everything for you. Someone else is coming to see you at the Airport. He is leaving on December 13th. He will send you a letter. Kyoko

吉星福、張振芳伉儷的熱誠款待，尤其使我感謝不已，也有幾分不安。吉先生是山東同鄉，第一屆國民大會代表，來臺北時曾見過面。這次在無名氏講演會中他見到了我，以後好幾個晚上都叫人來接我去他家，再一道去飯館吃飯。吉夫人張振芳教授與他一樣熱情。老夫婦已是高齡，自己不能駕車，又無兒女晚輩在身邊，每次都要他們的學生或朋友接送我。記得十二月十日晚是在重慶樓吃中餐，吉先生說：我們到重慶樓吃飯，是表示念念不忘重慶精神。愛國情殷，能不令人感動！賢伉儷捐出一筆錢在臺北成立吉星福張振芳伉儷文教基金會，獎助研究生，由李瞻兄經理其事，孫震兄任董事長。要我任董事，我一口應諾。能爲吉老先生賢伉儷略盡棉薄，是最愉快的事。

白天在胡佛研究所，晚間在旅館和家人、友人通電話，作一些必要的聯絡。這次不能到哥大去，關於李宗仁資料的事，託李又寧費神接洽。提前回臺北的機票，也由孫英善兄給辦好，約定我於十五日去華府，內子於二十一日抵華府相會，二十三日離華府經洛杉磯回臺。

十二月十四日，星期六，在胡佛研究所十四天的訪客生活結束了。昨晚已在龍鳳閣餐廳請董太太和他先生、莊焜明、魏艾等餐敍，略表謝意。今天離開胡佛研究所，Kyoko 前來握握手，說句祝福話，遠比其他中國人有禮貌。

華府第二天：訪錢復代表

十二月十五日晨九時離開 Holiday Inn Palo Alto，趕往舊金山機場。要搭十一時起飛的 American Airline 二二四次班機，飛往 Washington, D.C. 橫越美國大陸上空，多了一次空中旅行的經驗。

由於時差及誤點關係，到達華府的 National Airport 已是晚間八時三十分。承毛先榮、程錫珊兩兄來接，累他們等了好久。老朋友，多謝多謝。先榮兄送我去亓冰峰給我預定的 Allen Lee Hotel，幫我安頓好他才離去，約定明天中午請我吃午飯。送走先榮兄，第一要事是掛電話到 Dekalb，向內子和女兒女婿報平安，並告知此旅館的電話號碼，要他們於二十一日飛來華府相會。

這家 Allen Lee 旅館，座落於F街二二二四號，是座很古老的旅館，設備不算完備，只是比較便宜點。冰峰在信中解釋，他之所以爲我代訂這旅館原因有二：一是爲我省點錢，二是這裏距地下車站很近，便於我搭地下車去國會圖書館。老朋友爲我設想如此周到，心存感激，自然不計較旅館設備好壞。橫豎只有晚間才回來睡覺，白天都在外邊跑，住好的旅館也確是浪費。

到華府的第二天——十二月十六日，星期一，主要的工作是和朋友們見面，熟悉去國會圖書館的交通路線，並去拜訪駐美代表錢復先生。

十一時，程錫珊兄來旅館接我，一道去代表處文化組辦公室，赴先榮兄的約。錫珊帶我搭地下車，並告訴我去國會圖書館時，應搭藍線，到 Capital South 站下車，車資是美幣八角。到先榮兄辦公室後，科學組組長劉國治兄也來了，聊了一會，便去一家中國餐館「蓉園」吃飯。就我們四人，吃的可口，談的也投機。回先榮兄辦公室後，發現孫英善兄寄的華府至臺北的機票也已寄到，二十三日回國計畫遂告確定。

下午三時，錫珊兄陪我去北美事務協調會駐美國代表處去看錢君復代表。這是禮貌，也是公事，因爲秦孝儀先生有話要我傳達，有事也要徵求錢代表的意見。最重要的一件事，是秦先生計畫於明年十月下旬爲蔣公百年誕辰，計畫召開一次國際學術會議，有意邀請魏德邁（Wedemey-er）和高華德（Goldwater），詢錢代表是否適當，其餘何人邀請，併請錢代表考慮。錢代表當即表示幾點意見：

一、Wedemeyer很想去臺灣，但健康問題怕不允許。今年十月我國國慶時，他先要錢代表請他吃飯表示慶祝，而不參加代表處的慶祝酒會，怕身體不能支持。

二、Goldwater應當沒問題。但他的參議員任期明年三月居滿，十月前後是否再介入選舉尚未可知。如介入選舉，就比較難以成行。

三、Judd Walter健康甚佳，Mrs. Nelson Johnson也可以請。兩人都極崇敬蔣公，也必然會應邀去臺北。

四、學者中，Martin Wilbur最好能請到。前幾日在顧維鈞葬禮中見到Wilbur，覺得他精神很好。

五、錢代表十二月間將返國一行，當與孝公一晤，商定初邀人選。

我告訴錢代表，學者邀請名單已有初步決定，Wilbur當然在內，他也表示可以去臺北。我在胡佛研究所時已和他聯絡過，這兩天將再通一次電話。計畫中的會議是學術性的，也是紀念性的，出席人以學者爲主，也有各國政界友好來參加。

此外，錢代表也和我談一些公事外的話。他說讀過我的兩篇文章，深受感動。一篇是在「傳記文學」發表的〈哀悼黃季陸先生〉，另一篇是在「中央日報」發表紀念元兒的〈吞淚慰兒魂〉。他說如果不是至情至性的人，是寫不出這樣眞情感人的文章的。錢代表特別說：「令郎的事，眞是情何以堪！但望你保重。」這一提，頓使我哀思湧現，強忍著鎭靜，眞的把眼淚吞進肚中。

走出錢代表辦公室，又到副代表辦公室向程副代表建人兄打個招呼。錫珊兄陪我看了看周圍的環境，景色很美。邊談邊走一大陣，才又叫車送我回旅館。

舊地重臨卻陌生

十二月十七日至二十日，是做採購、訪問和閱讀的一段時間。一天去國家檔案局，兩天去國會圖書館，一天去政府出版局（Government Printing Office）。這都是過去曾經去過的地方，可謂舊地重遊，心理上卻仍然感到很陌生。四天中有兩天是葉嘉熾兄來陪我，一天是王大鵬先生接送，只有一天是我自由行動。王大鵬是亓冰峰託他去機場接機的，他有事沒有去，十六日曾來電話抱歉，十八日一定要來接我去國會圖書館。麻煩人太多，深感不安。這四天的活動，大體上見於我的日記，茲節錄有關記述如下：

十二月十七日　星期二

上午十時三十分，葉嘉熾來陪我去 National Archieves，他係搭 Subway 來，我們也搭 Subway 去，既省錢又舒服，眞是太好了。我們臺北的捷運系統什麼時間完成呢！

到了 National Archives，才曉得還有一些手續，要不是嘉熾，我的語文能力是無法溝通的。弄到了閱覽證，但我沒時間坐下來閱讀。只是檢查一下總目錄，決定將護法時期孫中山先生與美國關係的微捲買下來，供以後閱讀。一共是二十七捲，每捲二十元，外加郵費三元，合爲六百二十一元。寫的寄件地址是臺北中山南路十一號，收件人是秦主任委員，主辦人說，要八個星期才能寄到。

National Archeives 的事完後，嘉熾帶我到 Chinatown 的一家「八達」湖南餐館吃飯，叫了三個菜，有些浪費。他再送我回來，出 Subway Station 後，又在一家食品店中買了牛奶，這樣吃的問題就算解決了，去了一件麻煩事。

五時三十分，掛電話給 Prof. C. Martin Wilbur，談五分鐘，告訴他我不能去看他了。他說已收到李又寧的信，也已寫信給哥大，希望能准許複印一份李宗仁的回憶錄。太好了，眞是感激不盡。畢竟哥大老友是有深交的。Martin 也接到秦主委的賀卡和永敬的信。我因爲來美了，賀卡一張也沒有寄。

晚，再掛電話給于濬，他不在家，于太太接聽。告訴他們，回程不經過New York了，請他們放心。九時三十分，鉅婿也來電話，妻和女兒也都講了話。

十二月十八日　星期三

一大早外面就風聲悽厲，天氣果然冷起來了，好在沒有下雨，天氣仍是晴朗的。出門並不礙事。

王大鵬講好來帶我去國會圖書館，晨起後一直在等他，直到九點四十分他才來。他開車，送我去，一小時後又送我回來，省了不少時間。今天僅僅去大概的看一下，明天我自己搭Subway去，想待一整天。

中午是劉國治兄請吃飯，程錫珊、李慶平以及他科學組的幾位先生作陪，吃的菜蠻不錯。

李慶平告訴我，上月林副座陪馬若孟去成功大學講演，馬說中華民國個人領導的時代已經過去，今後是群衆領導時代。「中央日報」海外版把這消息用頭條新聞登出來，頗引起海外人士的揣測，懷疑政府是否要採新政策，先讓馬若孟放出空氣？這倒是非常意外的事，國內並沒人注意這事。海外的人似乎甚爲敏感，最近對三中全會的召開，反應也極爲熱烈，似乎抱了很大的希望，希望政府有突破性的改革！

飯後回到旅館，沒再去國會圖書館，整理一下在Hoover Institution時複印的一些史料，超過一千頁，並不算多。現在想印也沒有機會了，後天嘉熾來，問問有什麼書店可以去看看！

晚十一時，再給孫英善掛電話，這次掛通了，英善卻不在家，孫太太接聽，告訴她機票已收到，謝謝。華航機票還請她再為 Confirm 一下，免得臨時發生問題，朋友們幫助很多，當感念不忘。

十二月十九日　星期四

到華府已是第四天了，也是我不用人陪單獨行動的一天，目標是國會圖書館的亞洲部。早上的氣候很冷，走在街上耳朵凍得發疼。我是八時四十分離開旅館的，先到那家 Seven-Eleven 小店中買個小點心吃，喝半盃開水，再去搭 Subway。由於前天已搭過，路線也已清楚，搭 blue line 到 Capitol South 站下車，一切都沒問題。到達國會圖書館時已是九時二十分了。

先找到胥浩功(David Hsu)先生，徐立即介紹一位女士，是居蜜女士(Mi Chu Wiens)。我早就聽說居女士在這裏服務，這次見了面，當然很高興。她是居覺生先生的孫女，心理上自然也有種親切感。她很重視南京大屠殺史料，曾在「中國時報」發表過一篇文章，這次複印一份送我。中午是她請我吃西餐，給我留下地址，希望我寄一份我那篇有關南京大屠殺的論文，希望能維持聯繫，她送我一份她的作品：「有關南京大屠殺的史料」。

在亞洲部檢閱藏書，只有大半天的時間，只有走馬觀花。偶然找到了李宗仁回憶錄，很高興，但沒有時間全讀，只讀了較重要的一小部分，並將全部目錄抄下來，一共寫了八張卡片。希望李又寧的複印工作，能夠成功，那樣我就可以向秦先生繳滿卷。

下午三時三十分離開國會圖書館，仍搭 Subway 回到 Allen Lee Hotel，胥浩功託我兩事：一是調查臺灣各大學的藏文教學情形，二是有關藏文教學的參考書。我答允回去就辦，可與董樹藩委員長聯繫一下，請他協助。

十二月二十日　星期五

十點過後，葉嘉熾來了。我們一道去 Government Printing Office 去購書，本想買一九四四年以後全部的 Foreign Relations Docaments，但書不全，一九四六年以前的已經沒有書了，就已經有的，選購了下列十種：

Foreign Relations of the USA

(1)1946, Volume 8, The Far East 1971: 1139p.

(2)1947, Volume 7, The Far East, China, 1972: 1477p.

(3)1948, Volume 7, The Far East, China, 1973: 887p.

(4)1948, Volume 8, The Far East, China, 1973: 986p.

(5)1949, Volume 8, The Far East, China, 1978: 1353p.

(6)1951, Volume 7, Part 1－2 Korea and China, 1983.

(7)1952－1954, Volume 14, China & Japan.

Relating to Stilwell:

(8)U.S. Army in World War Ⅱ: the China-Burma-India Theater: Time Runs out in CBI.

(9)U.S. Army in World War Ⅱ: The China-Burma-India Theater: Stilwell's Command Problem.

(10)U.S. Army in World War Ⅱ: The China-Burma-India Theater: Stilwell's Mission to China.

以上十書，共價美金二百六十三點一二元，連同郵費在內。委託GPO直接寄臺北，秦主任委員收，地址寫的是中山南路十一號。

購完書後，再去Chinatown吃飯。我要請客，選的是「全國酒家」，記起來了，以前余秉權兄曾帶我來這裏吃過飯的。這次吃廣東點心，也要了炒麵，吃不下，剩餘的要嘉熾帶回去。

從飯店出來，發現已下起了大雪。我本想再到百貨公司買些領帶，也想要嘉熾陪我去一趟George Washington Univ.的bookstore。由於下雪，放棄了這一念頭。搭地下車到Metro Center，要嘉熾回Maryland，我再搭Blue line到Foggy-Bottom下車，衝著大雪回到旅館中來，全身都沾滿了雪花。

結束了四天的工作，明天就可與家人團聚。

小遊與返航

十二月二十一日，內子偕女兒女婿由芝加哥飛來華府，一家又團聚了。我們住進一家新旅館Arlington的Holiday Inn，有了較大的空間。中午，錫珊兄接我們去「八仙」大酒家款宴，劉岱兄一家也從Delaware趕來參加，我們三家歡聚一堂這還是第一次。吃得香甜、談得愉快，餐後又去錫珊兄家中小坐，到六時才回到旅館。一家歡聚在華盛頓，這也是第一次。鉅婿租用一部車，行動很方便。晚間圍燈話家常，嚼糖果，別有一番樂趣。只是一想到逝去的元兒，眼眶就會發紅，他的靈魂是不是也在我們身邊呢！

二十二日星期天，決定作一次郊遊，目的地是Mount Vernon的華盛頓總統故居（The Home of George Washington）。氣候有點凜冽，我們的遊興卻很濃。華盛頓宅第的每個房間都去觀賞一遍，連他的墳墓也去憑弔一番。這地方背山面水，風景幽美，只是時間有限，不能去河中泛舟。因為程錫珊、楊以琳伉儷等我們趕到中國城的「中國茶園」吃中飯。他為我們一家破費甚多，雖是要好同學，心中總感到過意不去。

再暢敍一夕，分外愉快。

二十三日早，五時起床，因為我們都要趕早班飛機。女兒女婿要趕回芝加哥上班，他們搭七時十五分起飛的飛機。我和內子搭 American Airline 班機，要趕去 Dulles 機場，起飛時間是八時四十五分。還好，AA飛機沒有誤點，五個小時之後我們到達洛杉磯機場。

孫英善兄在機場迎接，帶我們到中華航空公司貴賓室休息。在這裡，遇到中央海工會副主任，臺大教授黃錫和兄，和黃公弼兄，原來公弼兄已調任駐洛杉磯黨部的書記長，當面向他道賀。

午後二時再起飛，這次是華航的華夏艙。本以為華夏艙可以安靜些，誰曉得同艙的一群中國軍人，吵吵鬧鬧，令人心煩。中華民國的軍人竟如此沒有訓練，不懂公德，眞出人意外。經過十三小時又四十分的航行，我們終於在桃園中正機場落地。成仁在機場照料，一切都順利。二十四日晚九時四十分，回到了臺北興隆路的家裏。為時二十六天的訪美任務順利完成了，疲倦中也有幾分喜悅。

四點建議

回到臺北次日——十二月二十五日，寫了一份「赴美研閱及蒐集有關史料經過報告」呈給主任委員秦先生。報告最後一段，提出四點建議，秦主任委員於二十六日批示：「辛勞足感，建議各項皆同意照辦」，明快極了。四點建議是：

(一)胡佛研究所圖書部中文圖書負責人董王璆麗女士面告：該所存有「少年中國晨報」約十年份，有意轉讓中國學術機構，中共第一檔案館正申請中。惟此報係我黨報，且爲國父所創辦，似應由我方爭取移藏爲佳（只須付運送費）。可否由本會函請外交部轉令北美事務協調會舊金山辦事處，即向董王璆麗女士接洽，請移贈本會，運送費用當由本會負擔。

(二)中共於其史學雜誌中，大量公佈抗戰時期之文電、日記等史料，且不少係蔣公電令。我方雖有蔣公言論集出版，但無電令等文字專輯，致外人引用蔣公電文，多有取自中共期刊者，頗有損黨譽。本會似可先就「近代中國」雙月刊所發表之蔣公電令加以彙編補充，編印專輯，供應學術界需要。必要時並可附入有關將領文電。可否即請近代中國社先行研究？

(三)史坦福大學胡佛研究所一向與我關係良好，被認爲係依循雷根總統反共路線者。然中共顯已加強對該所之爭取，訪客不斷湧至，北京大學及廈門大學均有史學教授在該所作訪問研究，書籍期刊亦大量增加（包括各大學之學報）。馬若孟博士雖堅決反共，其屬下則亦不乏中立或左傾之人。長此以往，難保該所之立場不會動搖。如何加強雙方關係，應爲我學術界鄭重研究之問題。

㈣美國國會圖書館居蜜、胥浩功等建議，本會出版各書極受歡迎，惟版本、款式似宜採一般學術專著形式，以便於編目及上架陳列，使學者應用方便。其意甚佳，當求改進。

一一、西安事變研究

首次借用「大溪檔案」

我研究西安事變，一方面是出於自動自願，一方面是執行黨史會的決策。蔣經國主席於民國六十八年六月七日在第十一屆中央委員會一〇二次中央工作會議講話時，提及西安事變，認為此一事變是「中共使用謀略較為成功的一次」，指示：「我們將此事經過予以公佈，讓國內外人士瞭解，以資澄清。」這一指示，由黨史會來執行。八月，我重回黨史會服務，秦主任委員孝儀先生就向我提及此事，希望我能承擔起來，我立即表示願意完成這件事。因為我於著成《宋哲元與七七抗戰》，編過《九一八事變史料》與《抗戰前華北政局史料》，正從事撰寫《盧溝橋事變》之際，研究一下西安事變正是我計畫中的一部分，那有不欣然接受之理？這是一項挑戰，決心放下其他研究工作，集中精力先完成此項任務。

經過一段時間的考慮，提出一份計畫：要以學術研究立場，本嚴正治史態度，盡可能運用原始史料，交待四項專題：

一、西安事變前中共與張學良、楊虎城的關係；

二、事變實紀；

三、中外輿論與各方反應；

四、事變餘波與最後解決。

史料方面，除黨史會所藏會議紀錄及有關文獻外，希望能借閱總統府機要室所管理之蔣中正先生檔案——即通常所稱「大溪檔案」；人事方面，除若干當事人的回憶及文件外，希望能訪問張學良（漢卿）先生。前者，通過秦先生聯絡，機要室同意由秦先生具名借閱，交我使用；後者，張學良先生不願談西安事變之事，表示不必見面，李先生怎麼寫都好。

最初決定的書名是「西安事變始末」。後來秦先生認爲太鄭重了些，也不夠謙虛，建議改爲《西安事變始末之研究》，代表這只是我的研究作品，尚難視之爲定論，這樣就客觀多了。

耗費了兩年多時間，到民國七十年（一九八一）十二月才定稿。當然，兩年多時間並不是專心只做這一件事，籌備「中華民國建國史討論會」也佔去不少時間。由於史料集中，不必再到別處去找資料，只研閱「大溪檔案」借出來的文電函札，又摘要作了筆記，這就耗費了不少時間。有段日子，一連幾天不回家，晚宿陽明書屋辦公室，稱得上是「幹勁十足」。

出版與評論

《西安事變始末之研究》書稿完成後，曾請秦孝儀先生評閱一番，我自己又再修改一遍。因此，延至民國七十一年（一九八二）二月，始由近代中國出版社出版。全書三九六頁，分精平裝兩種版本，爲中華民國臺灣地區第一部討論西安事變的學術專著。

我的著作，向不請人題序，只有這冊「西安事變」例外。懇請秦孝儀先生寫篇短序，因爲沒有他的惠助，這書是寫不成的。秦先生很客氣，所撰序文中有一段稱讚我「平實」和「踏實誠懇」，這段話是：

> 李雲漢教授近著《西安事變始末之研究》，應該是第一部應用政府檔案文件和當事人直接陳述寫成的中文學術性專著。孝儀於出版之前曾獲讀其全稿，深感這一專著除應用了最珍貴的原始史料之外，尚有兩項明顯的特點：一是對事變始末作了全面性的敘述，對國內輿論與國際反應的分析，亦極其平實；二是附帶發表了六十餘篇重要的文電和論文，充分表現出了踏實誠懇的態度。

書將出版時，引起傳記文學雜誌社社長劉紹唐兄的注意。七十年十二月爲西安事變四十五週年，「傳記文學」要出刊第三十九卷第六期（總期號爲二三五），紹唐兄開始刊出《西安事變始末之研究》第一章〈西安事變的前因和經過〉，同時刊出張玉蓀、王禹廷、于衡、欒恕人、賴璉（景瑚）等人關於西安事變的文章，儼然是一期西安事變的專號。我的文章，連載了五期，至第四十卷四期刊完。「傳記文學」是最受國內外各階層人士所喜愛的一份月刊，紹唐兄刊出第一章全文，也無異爲全書作了義務宣傳。但由於近代中國出版社並未向社會公開《西安事變始末之研究》一書的出版，也沒委託書店經銷，因此社會上絕大多數人並不曉得有這書的存在。近代中國出版社這種保守作風，直到最近幾年才稍有改變。

七十年夏，政大通知我要辦理副教授升等爲教授手續，須送繳最近出版之著作，轉呈教育部審查。於是通知近代中國出版社，先提供《西安事變始末之研究》之抽印本送審。不意出乎意外的順利，很快就取得教育部頒下的「教授證書」。一位審查先生於事過數年後告訴我，他打了高分，因爲這書中有不少新史料，也有許多新解釋和新發現。

七十一年十一月間，「中國時報」系統的「時報雜誌」刊出劉台平寫的「政府檔案中的西安事變」，係針對我的《西安事變始末之研究》所作的書評。劉先說了他的一些感想，認爲這冊書的出版，「爲國內現代史界注入了一劑興奮劑」，「該書所欲表達者，誠如作者所言：不務華麗，但求眞實」，「對於史料的運用，堪稱一流」；然後指出這冊書的優點和缺點。

優點是：

雖然該書並未看出有何顯著且傑出的應用史學理論或方法，但作者立場之客觀性及求證之合理性卻是可以肯定的。作者的一切結論皆源自於史料所得之證據，作者並未以未經證實的假設來做其重要觀點的依據與結論。也未以此來影響讀者贊同他的立場。其結論也非源自資料的邏輯推理而是源自資料的分析。

此書雖云爲史學著作，但由於作者渾厚的文學基礎，卻將全書排比，撰寫得相當技巧，文體流暢、高雅，表達清楚有力，書各部分的組合相當合乎邏輯，前因後果、來龍去脈從頭至尾交代得清楚明瞭，使讀者閱讀起來不會吃力，且極容易與作者產生共鳴。

缺點是：

綜觀全書，仍有一點小小的個人感想想提出一談的。其一是個人以爲結論似乎稍嫌弱了點，該書雖然提出了許多新的看法，並修正了許多不正確的觀念，但對整個事件的評估上，尤其是對事件所造成的影響，似乎沒有充分的給予評判，只是約略的在內文中提出零星的看法及意見，並未能有一明確具體的評估。

其次，對事件後的具體影響亦未能再深一層的指出，例如此事件促進了全國內部的團結，鞏固了蔣先生的領導地位，加速了中日戰爭的爆發等……皆是該書應該再予以闡釋、指出的，並歸至結論部分。

劉台平先生的語氣很和緩，批評卻甚深刻。我很感激他，但沒機會見面細談。另一位黃祖蔭先生，卻就帶了有色眼鏡來觀察了。黃先生寫了一篇讀者投書，在「時報雜誌」第一五九期刊出。他說他還沒有讀到這本書，「不敢妄加肆言」，「倒有幾點感想，骨鯁在喉，不吐不快」。黃先生的感想是：

一、筆者覺得李雲漢先生身爲中國國民黨黨史會副主任之職，運用資料，近水樓臺，隨心所欲，其他史學家就沒有這份享受，輒望「史料」興嘆，雖然說現代史料已於去年開放了，據說眞要去借閱參考，手續相當麻煩，而且還是有限制的。

二、西安事變的主角張學良先生，現在臺北，精神矍鑠，以植蘭來排遣晚景；像去年現代史討論會居然沒有請他列席，眞是遺憾。李先生的大著雖然引用了他的反省錄，但有沒有更進一步去和張先生去印證呢？還有共黨方面如周恩來的談話什麼的，有否作爲反證對質之用呢？

無論如何，由近代史中國出版社印行，在一般人的眼光中，它仍是一本官方的答辯書，好歹吾人可以拭目以待。

黃先生似乎認爲：我在黨史會有利用史料之便，寫出本被劉台平認爲是「好書」的書，是應當的，沒什麼稀奇。其他史家沒這麼方便，所以沒法寫這樣的書，只有「興嘆」。沒有多用張學良、周恩來等人的話作對質，令人遺憾。由近代中國出版社印行，仍難免被認爲是「一本官方的答辯書」。讀過黃祖蔭先生的投書，深感涕笑皆非。不從書的內容上評論長短，就不能算是眞正負責的書評。黃先生固然是在發表他個人的「感想」，但白紙黑字印出來，已經對我、黨史會、近代中國社作了不信任的傳播，這不是損人也不見得利己的事嗎？

國外的學者，如研究西安事變的權威，*The Sian Incident: A Pivotal Point in Modern Chinese History* 一書的著作人吳天威教授，就曾寫過書評。我沒有讀到天威兄的書評，只聽到蔣永敬提起過。蔣教授於中華民國歷史與文化學術討論會上評論我的論文〈有關西安事變幾項疑義的探討〉時，說過下面一段話：

李雲漢先生《西安事變始末之研究》一書，曾根據了大量的原始資料，特別是「大溪檔案」。此書在國內外已有極高的評價，例如在國外一位研究西安事變的專家吳天威教授最近有一篇書評（Wu Tien-wei, "New Materials on the Sian Incident—A Bibliographic Review," Modern China, Vol. 10, No. 1, Janu. 1984, pp. 115 – 141），對李先生《西安事變始末之研究》一書，有極高的評價。

何應欽上將口述一段秘史

與西安事變有密切關係且受到中共方面不利評論的中央要員，首推何應欽上將。我寫西安事變始末，也未曾向他請教。書寫成後，可能是秦主任委員送他一冊，請他審閱一番，看看有無不妥之處。我自己並不知道這事。有一天，何上將辦公室忽然來了電話，說何將軍希望和我見面談談，時間訂在（七十二年）二月十八日上午十一時，地點在廈門街何將軍的辦公室。我想大概是談西安事變吧，如期準時前往。

我不是軍人，不習慣稱何上將，見了面我率直稱他爲敬公，就像稱陳立夫先生爲立公一樣。敬公倒很客氣，沒稱李同志，而稱李先生，有時也稱李教授。他很爽快，一見面就說：

李先生，你研究現代史很有成就。今天請你來，要談談西安事變的事。你的書我已看過，大體很正確，但還不完備，關於軍事方面的敍述太少。你曉得，我當時對各省在軍事方面派過不少人，也作過很多部署，可是你書裏沒提到！

我告訴敬公，我是根據黨史會庋藏的會議紀錄和有關文獻而寫的。黨史會沒有典藏軍事方面的檔案，看不到檔案，自然不能隨便落筆。

何敬公聽我提到中央黨部的會議紀錄，好像很感興趣。他要我查明他在中央會議時說的話，以及戴季陶院長的講話，告訴他。我即表明：黨史會並未存有當時中央政治會議或中央常會的速記錄，實無法獲知當時各人的發言實況。我問敬公：您還記得當時講話情形嗎？

我這一問，引起何敬公一段感慨，也說出一段他當時與馮玉祥針鋒相對的情形：

> 馮玉祥當時是軍事委員會副委員長。他說：委員長被劫持在西安，不能執行職權，軍事部署及軍隊調動當然由副委員長負責。我看情形不對，於是就說：軍事委員會組織規程並未如此規定，如何安排，要大家來商量，共同負責。馮玉祥不相信我的話，要秘書連聲海立即去取軍事委員會組織規程來查。我也心慌，因爲我也不敢確定「規程」中有沒有這樣的規定。等把「規程」取來一看，果然沒有副委員長執行職權的規定，馮玉祥大爲不滿，拂袖而去！

何敬公講到此處，轉而問我：「李先生，我覺得奇怪，軍事委員會組織規定怎麼會不規定副委員長職權，你給我解釋一下！」我告訴敬公：

軍事委員會是民國二十一年三月成立的，當時只設委員長、委員，並未設副委員長，因此組織規程一開始就沒有副委員長一條。民國二十四年十一月中國國民黨第五次全國代表大會之後，蔣委員長為促進團結，建議政府特任閻錫山、馮玉祥兩人為副委員長。命令是發表了，閻、馮亦分別就職，但組織規程並未修正，因而沒有副委員長之規定。

何敬公微微點頭，表示接受我的解釋。又談了一些軍事檔案未能全部運來臺灣的事，引以為憾。我建議他多作些口述史料，以保持歷史的眞相。他卻很感慨的說：「我講，人家不一定相信，要你們教授講，人家才相信。」

十二點了，我不能不告辭。與何上將見過多次面，單獨和我談西安事變，就只這一次。他後來發表的自述中，也對西安事變作了若干說明。他人已經不在了，後悔沒有多約幾次談話的機會。

西安事變五十週年國際學術會議

民國七十五年即一九八六年十二月十二日，爲西安事變五十週年。北美洲二十世紀中國史學會（The Historical Society for 20th Century China in North America）等三史學機構於十月三至五日舉行一次紀念性之學術研討會（50th Anniversary of the Sian Incident, An International Conference），邀請傳記文學社社長劉紹唐兄和我去參加，我們去了，並宣讀論文。因爲這是五十年來首次舉行之討論西安事變的國際會議，又是有臺海兩岸學者同時出席的場合，因而頗爲史學界所重視。

研討會的發動者也是主持者，是南伊利諾大學（Southern Illinois University）歷史系教授吳天威和美國國會圖書館東方部主任王冀博士。他倆分頭籌備，計畫在華盛頓喬治城大學（Georgetown University, Washington, D.C.）與伊利諾州立大學（The University of Illinois）先後舉行兩次會，邀請中國大陸、臺灣、日本、法國、加拿大及美國學者參加。華盛頓之研討會由王冀籌備，王博士係華盛頓喬治城大學博士，很容易得到其母校的支持，提供研討會場地。吳天威博士則成功的獲得南伊大國際教育計畫及服務中心（International Programs and Services, Southern Illinois University at Carbondale）與香檳城伊利諾大學東亞及太平洋研究中心（Center for East

Asian and Pacific Studies, University of Illinois, Urbana, Champaign）的支持，決定在伊利諾大學之University Inn舉行。吳天威時爲北美洲二十世紀中國史學會副會長，他與伊利諾大學東亞及太平洋研究中心彼得喜倫（Peter Schran）商定：「西安事變國際學術討論會與即將在香檳城召開之美國中部亞洲學會年會聯合舉行，藉以節省開支，利於籌備，並能獲得多數參加亞洲學會年會之學者便於參加。」

王冀教授曾函邀我和張玉法兄前往參加華盛頓之研討會，我和玉法都以公忙無法抽身復函婉謝。因爲我正負責籌備同年十月在臺北舉行之「蔣中正先生與現代中國學術討論會」。吳天威教授於七十五年三月間即來函邀請我與紹唐兄前去參與盛會，我以同樣理由婉謝，紹唐兄亦以傳記文學社編務羈絆，不克與會。八月間，天威兄再函紹唐和我，謂大陸學者已決定與會，臺灣何可缺席，無論如何，非來不可。紹唐兄和我幾經斟酌，決定應天威兄之邀請，尅期前往。我並函告天威兄，淡江大學美國研究所主任李本京兄已到伊利諾大學客座一年，建議邀本京兄出席，天威兄欣然同意。

十月二日，我與劉社長紹唐兄搭西北航空公司班機由桃園中正機場起飛，同日下午三時三十分抵達芝加哥機場。轉RU（Britt Airways）729次班機飛Champaign，晚七時三十分到達。李本京兄接我們住進University Inn，趕上傍晚四時開始的開會式與五時開始的歡迎酒會，並參加伊利諾大學的歡迎晚宴，老友易勞逸（Lloyd E. Eastman）、于子橋（George Yu）等，都見了面。

討論會於十月四日正式開始，五日下午結束。分三次討論會，討論主題是：

第一次討論會	西安事變之新史料及其詮釋(New Materials and Interpretations of the Sian Incident)
第二次討論會	張學良與楊虎城的生平與思想(The Lives and Thoughts of Chang Hsueh-liang and Yang Hu-cheng)
第三次討論會	西安事變與國民黨及共產黨（The Sian Incident and the Kuomintang and Kongchantang)

應邀出席研討會之各國學者近四十人，實際到會聽講者則在六十人至八十人之間。出席人中，一人來自法國，即畢仰高（Lucien Bianco），一人來自加拿大，即徐乃力（Lawrence N. Shyu），五人來自中國大陸，其姓名及職銜是：

楊拯民	楊虎城長子，中國人民政治協商會議全國委員會常務委員兼副秘書長。
鄭德榮	東北師範大學副校長。
陳崇橋	遼寧大學教授。

米鶴都	米暫沈之子，政協全國委員會服務，諳英語。
章念馳	章炳麟之孫，上海社會科學院歷史研究所，未到會，其論文「章太炎與張學良」由汪榮祖代爲宣讀。

劉紹唐、李雲漢、李本京是中華民國臺灣來人。紹唐參加第一討論組，報告「臺灣有關西安事變原始史料與最近之研究」。他以極輕鬆口氣說明張學良在臺北生活以及與他私人間交往情形，並出示張學良贈他的書籍及題字，頗能使大陸及美國學者之觀感爲之一新。本京兄參加第二討論組爲評論人，評論米鶴都的論文：〈楊虎城的生平思想與西安事變〉（*The Career and Thought of General Yang Hu-cheng and the Sian Incident*），亦能有所發揮。我提出的論文是〈西安事變的善後處理與抗日決策〉，英譯爲 *The Aftermath of the Sian Incident and Decision on War of Resistance Against Japan*。被安排在第三討論組，爲十篇論文最後討論的一篇。我於報告提要時，對國民政府安內攘外政策之正確性及抗日決策並非完全起於西安事變之論點，加以闡述；我認定張學良的行動是叛變行爲；同時將隨身帶去的《西安事變始末之研究》及黨史會編印的《西安事變史料》（「革命文獻」第九十四、五兩輯）等書籍，分贈每位出席人員。米鶴都是位青年人，他曾帶了我的書告訴我，他父親米暫沈雖是楊虎城的秘書，但非共產黨員。

我的論點，不但不能爲大陸來的幾位學者接受，人在美國卻明顯對中國國民黨有敵意的幾位老兄也不以爲然。吳天威兄似也持保留態度，但他們當時並沒有站出來批評我。直到張學良在臺北九十歲生日接受中華電視公司記者訪問自承「我錯了」，「我是叛變」，外國學者才略有省思。天威兄到臺北來見到我，說：「你說得對，張學良自承是叛變。」

大陸來的幾位先生，楊拯民是中心人物。大會視之爲貴賓，曾於五日晚餐會中請他講演，我認爲大會如此做有失公正，拒不參加。不過議場內的活動，不管是什麼人報告，不管話怎樣離譜，我還是全程參加。新聞界也重視這次討論會，中央通訊社駐芝加哥特派員呂康玉，世界日報社駐芝加哥特派記者朱嘉立、王慕慈，均到會場參加聽講，並做採訪。十月二十二日，「世界日報」芝加哥版曾依據我的論文及口頭報告刊出專訪，題目以紅色套版標出：

西安事變使中共能坐收漁人之利

李雲漢說中外歷史學者均表同意

伊大旅館研討會期間意外欣喜的事，是見到了兩位青年朋友，也是兩位優秀的青年學人，都稱我爲老師。一位是李朝津君，他在臺大讀書時，曾到師大歷史研究所聽過我的課，所以叫我老師，現在是在芝加哥大學修博士學位，這次是專程來伊大研討會旁聽。見到他，瞭解他進修情形，聽聽他的見解，很高興。另外一位是曾在國史館做過事的王文霞小姐，現在正在伊利諾大學留學。我完全不曉得她在此地，她也不曉得我來此地開會，歡迎酒會中突然見了面，自是又驚又喜。她是輔仁大學畢業的，卻也稱我爲老師，隔天到我房間來談一陣，也告訴我一些大陸學生在伊大的情形，對我很有幫忙。她學成回國後，在成功大學歷史系任副教授。

十二月五日早上，我與中央通訊社、世界日報派來的幾位記者共進早餐。楊拯民也到同一餐廳鄰桌招待他的客人，經過我面前時看看我，我順便點頭爲禮，他卻說：「好，我認識你了。」這句話，有正面好的意義，表示初識的喜悅；也有負面的壞意義，表示我知道你的一切了，暗示我已洞悉你的伎倆。我不知道楊拯民的話是好意，還是另有所指；不過我寧願相信他是出於善意。以後再也沒有和他碰過面。

研討會結束了。我於五日下午五時半，和唐德剛、朱永德、汪榮祖、郭成棠、吳文津等兄搭RU752次班機飛芝加哥，六點二十分到達。出機場後，寧兒和鉅婿來接我，成棠兄說：「雲漢兄，到家啦！」眞的，看到孩子就像回到家一樣的溫暖。

在寧兒家住一天兩夜，七日上午再搭西北航空公司班機經東京飛返臺北。到臺北時已是晚上九時，老妻已做好了我喜歡吃的菜苦等著。回來了，一切OK。到十月二十三日向中央工作會議提出一份赴美開會的報告，這樁事就算圓滿結束。

兩份贈書

我在《西安事變始末之研究》一書，和〈有關西安事變幾項疑義的探討〉一文中，對蔣中正委員長在西安有無承諾的問題，都做了較爲審愼的說明。大陸學者自然不滿意，因爲在中共的說詞中，一向是視周恩來電報中所提到的五項條件爲蔣的「承諾」，謂蔣回南京後推翻了自己的「承諾」。我有《周恩來選集》這部書，裏面的電報我也研究過，我始終認爲這是中共單方面所提出的條件，只是一面之詞。周恩來說是與宋子文、宋美齡談判的，可是兩宋又不證實，張學良亦未談到有什麼條件的事，我始終認爲中共是喧賓奪主。不過，有關西安事變有關的史料，我也一直在蒐集，書也買，更有友人送我書。我收到的贈書或借書中，金沖及的贈書和劉安祺的借閱書，頗有意義。

金沖及先生是中共文獻研究室的主要負責人，他在中共黨中的地位和我在國民黨中的地位，大概差不了很多。彼此有在芝加哥見面的機會，卻喪失了這個機會，至今仍是「聞名而未見面」。民國八十年即一九九一年四月，他輾轉託人帶一冊他主編的《周恩來傳》給我，親筆用正體字題了「雲漢教授指正」一行字，也親筆簽了名。書編的不錯，只是我至今沒有適當的機會向他致謝。

《周恩來傳》第十九章，是〈西安事變〉。編者的敍述很詳細，有一份周恩來十二月十七日給毛澤東電報的原跡印件，與所謂「承諾」有關的電報用的仍是排印件。說：「這些承諾，中國共產黨長期間內一直沒有把它公開發表。經過近半個世紀後，才在《周恩來選集》上卷所收的〈關於西安事變的三個電報〉中第一次披露出來。」中共爲什麼早不發表？主編人並未說明，這在我腦中仍然是個問號。

劉安祺上將，字壽如，朋友及部屬們都稱他爲壽公。我是他從青島帶來臺灣的，晚年時有來往。

劉安祺上將在世時，偶而也曾談到一些他所知道的密勿。他知道我曾寫過關於西安事變的書，有時也談到西安事變這件事。有一次，應邀到他中山北路七段三十號的寓所去吃飯，飯後閒談涉及張學良長期幽居的情形，劉將軍即找出他密藏的一冊《四十年家國》給我看，並允許我帶回家來閱讀。不過，他說：「雲漢，這書借給你，不是送給你，看過後要還我。」

《四十年家國》是一冊一百二十七頁的薄薄一本小冊，內標題爲「揭開二十四年來從未公開之謎——張學良幽居生活實錄」，在當時尚是禁書。我帶回來細讀一遍，就把它珍藏起來，沒有還給劉上將，他以後也沒再要我歸還，大概曉得我很想擁有這小冊。

民國八十四年九月九日，劉上將以九四高齡病逝臺北。我聞耗之日，就在《四十年家國》封面內頁，用毛筆寫下一段話，作爲紀念：

這是劉上將壽公借閱之書。尚未壁還，壽公已遽歸道山，決定永久珍藏，書此以爲紀念。

一二、教學用書與學術專著

我的教科書經驗

中小學每一學科都有固定的教科書作爲教學範本，是由來已久且被認爲是天經地義的事。教科書的編寫必須依據教育部訂頒的課程標準，藉以實現國家的教育目標，也是理所當然。大學中開設的各種課程，是不是也要有一種教科書？好像大家的意見並不一致。

我在大學中講授中國現代史方面的課程，從不採用教科書，而是依據自己擬訂的「講授綱要」，於每一專題之後列舉數種重要參考書，要學生們自己去選讀。我看不起那些不作研究只編教科書的教授，認爲向學生推銷自己編的教科書不是很體面的事。

教科書有的是一人著作，有的是集體編著。大體而言，集體編著者較爲完整，但文字方面則難免良莠不齊。據我的瞭解，大專學校中國近代史課程（民國四十一年至六十一年）教科書，以中國近代史教學研討會編著，幼獅書店出版的《中國近代史》，比較完備；且有附註，以明史源，遠比一般「夫子自道」的教科書爲進步。但也仍然不免「因撰寫人不同，筆法不盡一致」的缺點。由於各章執筆人並不署名，讀者也無從得知這本教科書出之於那幾位教授的手筆。

民國六十學年度開始，中國近代史課程改爲中國現代史，仍爲共同必修科。幾年內，出現了十多種以中國現代史爲名的教科書，體例與內容自是各成一格，但普遍的現象是偏重政治和軍事，忽略社會、經濟和文化。有幾種中國現代史的著作者，直把現代史視作是國民革命史，當然失之於教條式的宣教，難有任何的啓發性。歷史教育本來是有聲有色的舞臺，由於教科書的不當以及一部分教授的不稱職，竟變得枯燥無味，時常聽到學生們無奈的抱怨聲音。

我不主張有固定的教科書，然而卻由於情面和職務關係，有兩次參與撰述擬似教科書的經驗。一次是參與幼獅書店的約請，與老友呂士朋、蔣永敬、陳捷先、李守孔合寫一本《民國史二十講》，我寫了前四章，自知並不理想。另一次是應國立編譯館之約，與幾位同道撰寫《中國現代史》一書。我們都用了一些心力，但由於經過不知名的外行人胡亂修改，印出來的東西就有些不可原諒的舛誤。例如把國民黨、中共等詞都加引號，變得不倫不類。這樣的書當然不會有銷路，恐怕圖書館裏也不一定找到。

編撰師專教科書

我曾憑一己之力，編過一冊師範專科學校通用的《中國現代史》。

那是李國祁教授受國立編譯館之聘，擔任歷史科教科書編輯委員會主任委員的時候。國祁兄是名學者，有識見，有魄力，師範大學歷史研究所的深厚基礎和優良學風，都是他在所長任內奠定下來的；全國中小學以至專科學校歷史科教科書的編訂與審查，他也有著極爲卓越的貢獻。

國立編譯館所設師範專科學校中國現代史科教科用書編審委員會，主任委員爲李國祁，委員有十六人，以姓氏筆劃排列爲王仲孚、王曾才、呂實強、李雲漢、李正富、宋晞、邱添生、林宗賢、陳德清、陳鑰、陳美雀、陳世僧、張開乾、黃良銘、屠炳春、闞道明。李主任委員提議，各委員同意，推我爲「編輯者」負責《中國現代史》一書的撰寫，李國祁兄則爲當然總訂正。我也當仁不讓，決定擔負起這項工作。

編寫教科書看起來很容易，做起來並不簡單。第一，必須依照教育部民國六十七年三月頒佈之「五年制師範專科學校中國現代史課程標準」來編撰，甚至各章節也要遵照「教材綱要」之規定。第二，教學時數有限，各章節篇幅有限，只是一個學期的課程，容納不下太多的內容。第三，必須依照固定的格式，每一章或節之後，附以「註釋」和「研究與討論」；「註釋」分量要適中，不能過多或過少，「研究與討論」則提出三至四個問題，便於教師作考試命題之選擇，也幫助學生按問題去準備答案。總之，教科書的編撰係有一定的規範，不能讓編撰人獨出心裁，自由發揮。

儘管如此，我還是想法多注入一些新材料、新觀念、新精神，文字尤力求平易簡明。第一，我引用了最新公布的史料及最近出版的書刊。第二，每節內的子目標題盡量生動具體，避免教條式語句。第三，多附圖像及附表，力求新穎均衡，而又正確無誤。第四，附錄「大事年表」暨「參考書目」，便於查考。

全書共十章，二十九節。其中第一章「緒論」，副題爲「中國現代史的範圍與特徵」，比較能發抒我的一些歷史觀念。我指出：研習中國現代史的主要價值有三：一爲砥礪愛國精神和民族氣節，二爲肯定民族文化的眞價值和新出路，三爲認清救國建國的理想和道路；這是和其他教科書所不同的。對於中國現代史的範圍，也有自己的看法，我的意見是：

中國現代史一詞，具有斷代史的性質，自當有其一定的範圍，亦即有其明確的起點和訖點。現代史既名爲現代，其訖點應止於目前發生的史事，這是沒有問題的。至於起點時間，歷史學者的意見雖非一致，但大多數人認定應以辛亥革命（一九一一）爲中國現代史的起點。辛亥革命的直接結果，是滿清政府的推覆與中華民國的成立。因之，若以辛亥革命爲起點的中國現代史，事實上就是中華民國的開國建國史。然而，辛亥革命並非驟然而生。辛亥革命以前，革命黨人已經奮鬥了十七年，曾發動過許多次的起義行動，這段歷史自不能不加以鄭重的敘述。有的著作已將這段史實視之爲中華民國史的前篇。因之，中國現代史的研究，事實上應追溯到興中會的創立（一八九四）。

這份教科書由國立編譯館於民國七十年八月出版試用本，試用沒有問題，乃出版正規本。二、三年後，曾通知我增訂最後一章，俾將最近發生的史事納入。以後便沒有下文。我不知道一般的反應如何，也不知道在什麼時候停用的。我只保存了一冊試用本和一冊正規本，作爲紀念。

由於寫教科書，更加體驗到歷史教學與歷史研究的差別。歷史教學的目的，是在實現國家的教育宗旨，教科書的撰寫必須嚴守有關法令和體制。如紀年必須用中華民國紀元，在動員戡亂時期亦須依政府法令稱中共爲共匪，內容亦必須以歷史的正統體制爲準則，該用逆的用逆，該用僞的用僞。總之，教科書的撰寫人有其一定的責任，也有無可推卸的義務，要以國家民族整體的活動與利益爲準則，不涉及地方或個別團體。歷史研究則是海闊天空的園地，研究者有充分自由發揮的權利，只要不涉及誣衊誹謗，研究作品會受到不同程度的尊重。

三民書局的史學叢書

臺北市的三民書局，是規模最大，信用最佳的一家書店，在重慶南路和復興北路都建有大樓，有極爲寬敞而設備完善、內容豐富的門市部。董事長劉振強先生是位艱苦奮鬥獲得成功的文化企業家，行政院新聞局曾經頒獎獎勵。目前他是三民書局股份有限公司及東大圖書股份有限公司的董事長，也是弘雅圖書股份有限公司的常務董事。

記得是民國六十九年夏天，劉振強董事長突然造訪，希望我聯絡幾位史學界朋友，爲三民書局寫幾部歷史專著，自上古史直到近代史。劉先生很直率的說，他和我並不相識；曾到商務印書館去看我的著作，覺得內容文筆都符合他希望的標準，因而很冒昧的來找我一談。說起來，他也是流亡學生出身，和我有相同的遭遇，有心爲歷史學界出系列叢書，我當然欽佩他，感謝他，也願意爲他做點聯繫工作。

我初步的想法是：秦漢史請王仲孚教授，隋唐史請王壽南教授，遼史請逯耀東教授，宋史請宋晞教授，元史請李符桐教授，明清史請陳捷先教授，近代史我自己撰寫。然而，聯繫結果並不理想，只王壽南、宋晞、李符桐三位先生一口應允，其餘諸先生則因時間不允許，無法作立即承諾。李符桐先生書稿未完成，不幸於民國七十三年逝世。實際按原計畫成書出版的，只有王壽南和我兩個人。

《中國近代史》的寫作

我承諾寫中國近代史，有一個想法，是將學術專著與大學教科書融爲一體，學術性與可讀性並重，而在體例、文字都能表現出新的風格。爲了達成這個目標，決定第一年蒐集並研閱史料，第二年寫成初稿，第三年再作修訂後付排。並決定全書的範圍，始自清的建國與入關，迄於民國七十年代臺海兩岸關係的開展，時間上有三百餘年，包含近代、現代兩部分。

開始時尚稱順利。民國七十一年已開始動筆，不意遭逢愛兒殉職的悲痛，不得不擱置下來。這意外的不幸，使我深受打擊。一度想中止這項工作，免得後來虎頭蛇尾。內子堅不同意，認爲做人要守信用，講道義，絕不可因不幸的災禍而損及做人的原則。因此我於停筆一年後，重新鼓起勇氣繼續寫作，連晨間的登山活動也暫時停止，決心一鼓作氣來完成這項工程。

書於民國七十四年五月完稿，同年九月出版。三民書局編輯部刊登出廣告，作了如下的簡明介紹：

本書敍事始自滿清建國至民國七十年代，是一部層次分明，文字清暢的中國近三百年史。

著者將學術專著的精審與大專用書的詳備，合而爲一，廣泛引用中外史料與史著，有引述、有評論、有注釋、有參考書目。體例上打破傳統，內容上力求充實與新穎。若干關鍵性的重大歷史事件及一般史書未及記述之敏感問題，本書均依據正確可靠史料，予以客觀公正之分析。全書章節區分及標題文字，均具創意，自成一格。書末附錄主要參考書目，選列中外主要史料叢書及高水準之學術專著二百餘種，供作深入研究之參考。

全書分十二章，每章三至五節，每節又包含三至五個子目。總計十二章，四十九節，一百八十五個子目，逾五十萬言，總頁數爲七百二十二。是大學用書，未附印任何圖片，這或者是優點也是缺點。

書出版後，第一位寫信給我表示道賀的是趙淑敏教授。她說，在三民書局意外的發現了我這冊新出版的《中國近代史》。買一本帶回家翻閱，發現這是學術價值極高的大學用書，完全合乎她多年來的想法，因此趕快寫信道賀。但也同時指出了一項錯誤，我立即通知三民書局改正過來了。

以接近四年時間，完成了這冊《中國近代史》，心理上自可暫時放鬆一下。但三民書局基於銷售市場的考慮，又向我提出新的情商：這冊標明爲大學用書的《中國近代史》最適用於大學歷史所系，其他科系已感難以消化，專科學校就更無法消受了。專科學校的需要量遠大於大學，極需要把此書簡化爲專科學校用書，這是許多教授們的反應，也是三民書局殷切的希望。我沒有理由不接受這一建議，答應著手刪節，民國七十五年一月刪節完成，同年三月三民書局就出版了《中國近代史》的第二種版本——簡本，適合於專科學校的教科用書。我寫了簡短的「弁言」，說明「簡本」的特點：

> 這是拙著《中國近代史》一書的簡編。目的在便於專科學校的教學，也是爲社會上一般讀者所準備的參考用書。
>
> 在結構和內容上，本書大體仍維持《中國近代史》的原貌，只是更加精簡，更爲扼要。實在說來，這冊簡編乃是《中國近代史》的精華，仍然保存了原著若干顯著的特徵。
>
> 原書有註解，書末附有「中國近代史主要參考書目」，簡編爲節省篇幅，都忍痛刪除了。對若干讀者而言，也許會造成一些不方便。每節之後，增列了研究與討論的題目，則可有益於教學和進修。

三、兩大編著計畫

秦孝儀先生大手筆

民國六十八年至七十五年間（一九七九—一九八六），黨史會主任委員秦孝儀先生，在史料發表和史籍編纂方面，先後完成了五種大部頭典籍：

一、中華民國重要史料初編——對日抗戰時期

二、三種圖錄

㈠《國父圖像墨蹟集珍》

㈡《先總統蔣公圖像墨蹟集珍》

㈢《先烈先進圖像文物集珍》

三、中華民國四種發展史

㈠《中華民國政治發展史》

㈡《中華民國經濟發展史》

㈢《中華民國社會發展史》

㈣《中華民國文化發展史》

四、兩種英譯史籍

㈠《蔣總統秘錄》英譯本（*Chiang Kai-shek, His Life and Times*）

㈡《中華民國史話》英譯本（*A Pictorial History of the Republic of China—Its Founding and Development*）

五、「中華民國建國史」

這五種大部頭典籍，前四種是黨史會的工作，第五種中華民國建國史的編印，則是教育部的規劃。黨史會負責的四種，也不是單靠黨史會自身人力所能勝任，而是動員了學術界的大部分人力，共襄盛舉，如中華民國四種發展史中的著述，執筆學者專家即在八十人以上。兩種英譯巨著更須遴聘海外名家來主持。每一種都是一項大工程，非有秦先生的聲望、識見和魄力，不可能做得到，甚至不可能想得到。

這五項編著計畫，我實際參與並擔負一部分主編責任者，只有第一、五兩項。現在要敘述者，亦是參與這兩項計畫的經過和感想。

中華民國重要史料初編

據我所瞭解，秦先生係於民國六十八年夏間，鑑於黨史、國史之不彰，及中共近年來之肆意曲解至甚竄改，因決意將公藏史料發表，以期「讓史料說話」，達「明是非，判眞僞」之目的。秦先生自述其動機：

> 中國國民黨建黨已八十七年，中華民國建國亦已七十年。自建黨革命，至革命開國；自討袁護法，至北伐統一；自剿匪至於抗日，再自抗戰勝利而至於戡亂中興，日往月來，久更多難，黨史國是，亦血亦淚。雖曰前日之新聞，即後日之歷史。公開資料，原自有其與史實足相印可之一面；然亦有隱而不彰之一面，甚至有道路流聞，或蓄意竄改，必使與史實相本相戾之一面。責在典藏纂修者，如聽史實之不彰以至相戾，垂睫曲肱，默爾而息，則此爲失實，此爲溺職，此尤爲對國父與先總統蔣公苦心定力、遠圖偉烈之掩沒，罪孰甚焉？孝儀於此自省，責無可逃，爰陳奉中樞，准發庫藏，先就對日抗戰一段史料，輯爲《中華民國重要史料初編——對日抗戰時期》一書，公之於世。

民國六十八年八月我重回黨史會服務，秦主任委員即以此項編輯計畫相屬。初擬定名為《抗戰史料叢編》，手頭所存第一、二次會議紀錄均標此名稱，次年始改為《中華民國重要史料初編—對日抗戰時期》，簡稱《抗戰史料叢編》。內容初擬包含緒編、作戰、外交、建設、共黨、偽組織、及戰後中國七項，後經數次研商及修改，乃決定全書包含七編，其主題為：

第一編　緒編

第二編　作戰經過

第三編　戰時外交

第四編　戰時建設

第五編　中共活動眞相

第六編　傀儡組織

第七編　戰後中國

依秦先生指示，此一計畫之進行，分取材、複勘兩組，分別負責初編及審校。取材組，由黨史會副主任委員以下之編輯同志參加；複勘組則由主任委員約聘黨政有關人員參與其事，除許副主任委員朗軒先生外，餘人均為會外人士。其人員配備情形如下表：

編次	主題	採編人員	複勘委員	備註
一	緒編	陳敬之、劉世昌、許兆瑞、范廷傑	崔垂言、張伯謹	
二	作戰全程	許朗軒、胡璞玉、向正明	許朗軒、陳桂華	主題旋改爲「作戰經過」
三	戰時外交	賴德炎、蔣京	蔡維屏、錢復	
四	戰時建設	呂芳上、林泉	張祖詒、周應龍	
五	中共活動眞相	吳伯卿、鄧耀秋	沈之岳、阮成章	
六	傀儡組織	孫子和、曾白雲		
七	戰後中國	李雲漢、林養志	沈昌煥、魏景蒙	

另有「綜合勘訂委員」，由曹聖芬、秦孝儀兩先生擔任。採編人員之第一人爲各該編之主編人，惟緒編之實際主編人爲劉世昌纂修。行政支援人員，秦先生指派劉世景秘書負全責，武競時、周叔良、阮繼光參與工作。史材的主要來源，則爲中國國民黨中央黨史會與總統府機要室所

庋藏之檔案，尤以戰時外交部分，大部分文件係採自總統府機要室檔案，均爲未曾公佈之原始史料，是爲「大溪檔案」之首度選擇性公佈。

《戰後中國》一題之列入計畫，係出於我的建議，亦由我擔任主編，林養志同志協編。其時限自民國三十四年八月抗戰勝利，至四十一年四月中日和約之簽訂，計七年之久，史料自甚繁雜。爲執簡馭繁，決定其內容限於下列七項：

一、蘇聯侵掠東北

二、蘇聯侵略外蒙新疆與我國對蘇聯的控訴

三、與中共和談的教訓

四、中共破壞行憲與全面叛亂

五、馬歇爾調停

六、接收復員與重建

七、對日政策與簽訂和約

以上七項，實爲七大章，章下又分節，惟不用章、節編次，而以壹、一、㈠之中國數字爲編輯號次。每項在體例上，首列簡明之「提要」，次爲選印之重要文件影印件，再次爲史料，係主要內容。茲以第一項之目次爲例以說明之：

壹、蘇聯侵掠東北

提要

影印文件

史料

一、蘇聯進軍東北與我國之因應

㈠蘇聯參戰與撤兵約定之磋商

㈡收復東北各省處理辦法及軍政人員之任命

㈢東北新省區劃分案

㈣蔣主席對東北問題之文告

㈤國民政府主席東北行轅接收報告

二、接收與撤軍交涉

㈠蔣經國特派員東北之交涉自述

㈡東北行營及接收人員抵達長春

㈢蘇聯反對我軍在大連登陸

㈣蘇聯協助共軍進佔營口葫蘆島阻我國軍登陸

㈤蘇聯阻我空運暨接收人員撤退

㈥我政府另訂接收東北辦法暨蘇聯延期撤退

㈦蘇軍延宕撤退並武裝中共

㈧軍政首長東北接收報告

三、劫掠工礦與「經濟合作」談判

㈠拆遷工廠劫掠資源

㈡張莘夫被害案

㈢所謂戰利品暨「經濟合作」談判

四、接收旅大之交涉

㈠關於旅大接收中蘇交涉經過

㈡接收旅大之籌議

㈢蘇軍與共軍在旅大地區的陰謀策略

㈣初步商談

㈤旅大視察及其後交涉

五、蘇聯支持中共叛亂

㈠有關文電

㈡有關報告

六、國人對東北問題之反應

(一)東北人士之呼聲

(二)全國文化界人士對於東北問題的嚴正表示

(三)青年學生愛國運動

(四)臺灣各界之反應

(五)政府辦理採取强硬外交維護東北領土案報告

我主編《戰後中國》，唯一助手爲林養志同志。林同志係輔仁大學歷史系畢業，在黨史會第一室任編審，民國八十年升任專門委員。他是屬於不善於言詞，卻是腳踏實地在努力工作的人。他對史料很熟悉，做起來有順心應手之效。但史料的鑑定與取捨，分類與各章概述、提要的撰寫，都由我親自動手。這段時間，眞的是有席不暇煖之感。

複勘委員也即是審查委員有兩位：一位是沈昌煥先生，一位是魏景蒙先生。魏先生似乎沒有實際參加審查，沈昌煥先生卻是絲毫不苟，一件件的看，有疑問就掛電話來問。這份認眞負責，實事求是的精神，留給我極爲深刻也十分敬佩的印象。沈先生曾提出建議十二條，如訪問當年實際參與國共談判之張群、王世杰，軍事大員顧祝同、何應欽等，均極切合實際。他並指出「目前提供之原始資料，尙嫌不足」，故「建議中央方面，大量提供原始及權威之資料」，期使「執筆者能融會貫通，在此重大之史實上，寫出權威之一章。」

民國七十年九月，第七編《戰後中國》全部出版，分裝爲四冊，共計三千五百七十頁。分精、平裝兩種版本，內容雖非粲然大備，然多係未經公開之文獻史料，其價值自爲國內外史學界一致公認。其第二冊有關國共和談部分，大陸學者亦認爲其權威性較大陸出版之《重慶和談》爲高。

秦主任委員孝儀先生將各編各章之概要與提要，彙集爲一書——《中華民國重要史料初編——對日抗戰時期，概述及提要》，於民國七十年八月刊印。秦先生親撰「前言」，曾透露：「此後行有餘力，當再自對日抗戰時期上溯，接續編印剿匪、北伐、開國各時期之史料。」但由於此等大典巨帙，絕非黨史會少數人力及微薄財力所能承擔，且第五編《中共活動眞相》遲至民國七十四年十一月始行完成出版，故秦先生之心願未能踐行。又由於「概述及提要」出版時，各編尚未完全定稿，所列編章次序有與實際情形不符者。以第七編《戰後中國》爲例，其各章用詞及次序即均有差異，如「概述及提要」中之「柒、戰後重建」，實書中則爲「陸、接收復員與重建」是。

「中華民國建國史」的整體規劃

「中華民國建國史」的編撰，是教育部所主持的。動員了近百位專家，以三年多時間，編成一套十六巨冊的「中華民國建國史」，由國立編譯館出版，爲一部官修中華民國建國七十年的史籍。

教育部要編刊這套叢書，是奉行政院的命令。行政院之令教育部負此責任，原因有二：一是國內史學界的呼籲，二是對抗中共編撰「中華民國史」的行動。中共的編撰「中華民國史」計畫，是由當時的中國社會科學院近代史研究所所長李新於民國六十八年即一九七九年宣佈的，次年成立「中華民國史研究室」，由李新、朱信泉分任正副主任，正式開始工作。他們以一九〇五年爲中華民國史的起點，而以一九四九年即民國三十八年爲終點。這一設計，最明顯的陽謀有二：一是掩埋了興中會時代的革命活動，無形中把中國國民黨史縮短了十一年；二是以中華民國爲已經過去的「朝代」，不承認中華民國於一九四九年十二月播遷到臺灣仍然屹立的事實。面對此一事實，國內外史學界遂競相呼籲中華民國政府重視並搶救歷史，行政院因令教育部推動編撰「中華民國建國史」。定名爲「中華民國建國史」而不稱「中華民國史」，意在說明中華民國歷史仍在不斷發展中，本書所述僅屬中華民國建國歷程的一段，以後的史事將陸續編撰。

依據我手藏的剪報資料，教育部首次邀請各史學機關首長和歷史學者參加中華民國建國史編輯會議，係在民國六十九年八月二十日。主持人爲教育部政務次長施啓揚，應邀到會者，有國史館館長黃季陸、中國國民黨中央黨史會主任委員秦孝儀、副主任委員李雲漢、中央研究院近代史研究所所長呂實強等十餘人，決定了三項基本方針：

一、「中華民國建國史」的編撰，將採取編纂大學用書或學術研究叢書的方式來進行，以作為大學中國現代史教學與學術研究的參考用書，而非由教育部編纂的中華民國正史。

二、「中華民國建國史」的撰寫人員，將由黨史會、國史館、中央研究院近代史研究所共同推薦專家十數人，經教育部同意後組成編纂小組，分頭進行撰寫工作。全書原則上約定為五百萬字，預計在兩年內完成。

三、對於中共所進行編撰的「中華民國史」，可能會竄改史實，但不必過分重視；要以客觀、公正的立場，來撰寫「中華民國建國史」，以最眞實的史料寫出最眞實的歷史，呈現於國人面前。

再經過兩次籌備會議，確定了中華民國建國史編輯委員會人選，並通過了由我所起草的「編輯例言」。編輯委員會設委員十一人，公推一人為主任委員，其人選為：

中華民國建國史編輯委員會

主任委員：秦孝儀

委　　員：王聿均、李國祁、李雲漢、呂實強、黃季陸、張玉法、許朗軒、許師愼、蔣永敬、賴暋。

依據「編輯例言」，全書分為五篇：㈠革命開國時期；㈡民初時期；㈢北伐統一時期；㈣抗戰建國時期；㈤戡亂復國時期。每篇設一編輯小組，小組設召集人，負責邀約聯絡撰稿人，並給與必要行政支援，設執行秘書，處理本小組事務性工作。撰稿人各按本身專長撰稿，並可同時擔任不同小組的撰稿人。各篇同時進行，初稿完成後，由各小組自行送請學者專家按學術標準從嚴審查，提出意見，由撰稿人修正定稿，即送教育部國立編譯館發排，詳細精校，由三軍大學印刷廠印刷，國立編譯館出版印行。

各篇編輯小組成員如下：

第一篇：革命開國

編輯小組：召集人李雲漢　執行秘書孫子和

王聿均　王曾才　宋　晞　李國祁　呂士朋　呂芳上　呂實強
吳振芝　林能士　孫子和　陳三井　陳捷先　陳　驥　張玉法
張存武　陶英惠　蔣永敬

第二篇：民初時期

編輯小組：召集人呂實強　執行秘書張玉法

王聿均　王家儉　王樹槐　李國祁　李毓澍　林明德　范毅軍
陳三井　張玉法　張瑞德　黃嘉謨　黃福慶　陶英惠　趙中孚
劉鳳翰　劉翠溶　賴澤涵　戴玄之　蘇雲峰

第三篇：統一與建設

編輯小組：召集人蔣永敬　執行秘書徐鰲潤

王正華　王樹槐　李又寧　李國祁　李雲漢　林能士　林澤震
胡春惠　徐　震　陳存恭　陳哲三　陳聖士　梁尚勇　陶英惠
曾濟群　趙中孚　趙洪慈　閻沁恆　賴澤涵　戴玄之

第四篇：抗戰建國

編輯小組：召集人許朗軒　執行秘書呂芳上（前）邵銘煌（後）

王家樹　李正中　李雲漢　周建卿　林衡道　胡春惠　侯家駒
袁暌九　袁頌西　陳三井　張天開　張　維　張　逵　陸民仁
陸京士　項廼光　郭華倫　郭榮趙　孫子和　黃大受　曾永賢
鈕長耀　葉楚生　葉蔭民　閔劍梅　黎東方　劉脩如　劉崇齡
蔣緯國　諸大文　錢　復

第五篇：戡亂與復國

編輯小組：召集人許師慎　執行秘書胡健國

王洪鈞　王壽南　白俊男　朱沛蓮　沙燕昌　吳聰賢　林克承
施敏雄　郎裕憲　侯家駒　高應篤　梁尚勇　陳孟堅　陶英惠

許師愼　許智偉　張潤書　黃大受　楊叔蓀　雷飛龍　虞德麟
趙洪慈　趙振績　劉錫五　蔣君章　鄭彥棻　錢　復　遲景德
賴　暋　薄慶玖

行政方面，則由教育部高等教育司支援。編輯委員會開會亦在教育部，由朱匯森部長與秦孝儀主任委員共同主持。朱部長至爲熱心，秦主任委員長於決斷，各篇召集人及執行秘書亦均能負責盡職，除第五篇外，前四篇均能於五年內蒇事，於民國七十四年內出版，第五篇則延至民國八十年四月始告完成。全書十六開本，分裝十六冊，總字數達八百七十餘萬。撰稿人近百位，是一部集體創作的史學巨著。只以國立編譯館未作任何宣導，連廣告亦不刊登，不獨社會大衆不知有此巨構，即學術界亦多有未聞此一大部頭民國史之存在者。由於執筆人多，致內容詳略不一，筆法亦不一致，排印期中亦有若干舛誤，此等缺點自亦爲讀者所詬病。

「革命開國篇」的撰寫

我參與「中華民國建國史」的整體規劃，並擔任第一篇《革命開國》編輯小組的召集人。在擬定「編撰例言」時，即著眼於三點：

其一，本書爲近代通史之形式，撰寫則出以學術研究之態度，故本書實具備一般大學教科書與專門學術著作之雙重性質。

其二，本書為集體撰寫，撰稿人自負其文責。為期體系完整而不重複，各章節標題及大約字數宜先商定，共同遵守。

其三，本書紀年採用中國年曆：辛亥革命以前用清曆，民國以後用民國紀元；年代之下，均以括號註以西元。如外交事件涉及日、俄曆法須加註明時，亦可以括號註明之。

依據此等原則，首先擬訂章節目次，再以章節主題之性質，洽聘執筆人選，最後舉行執筆人編輯會議，修訂章節項目、次序，並各認定撰寫主體，約定進度，期能如期蒇稿，交付審查。本篇編輯小組之執行秘書，請中央黨史會纂修孫子和博士擔任。最後決定之章節編次暨執筆人分工情形如下表：

中華民國建國史第一篇撰稿人分工表

撰寫章節	姓名	約計字數
導言	李雲漢	三〇、〇〇〇

第一章 革命背景 第一節 十九世紀末葉的世界大勢 第二節 外人的侵略 第三節 經濟及社會變遷 第四節 清政府的改革運動	李國祁	七〇、〇〇〇
第二章 孫中山先生的革命思想 第一節 時代與教育背景 第二節 思想的演進 第三節 三民主義理論體系的完成 第四節 中山先生革命思想的劃時代意義	蔣永敬	一〇〇、〇〇〇
第三章 革命組織的建立與發展 第一節 興中會的組織 第二節 庚子年後的革命浪潮 第三節 中和堂、華興會與光復會	宋晞	五〇、〇〇〇

第四節 革命勢力的大結合——同盟會成立 第五節 同盟會在國內與海外的組織 第六節 共進會與文學社	李雲漢	七〇、〇〇〇
第四章 理論與宣傳 第一節 興中會時期的理論與宣傳 第二節 同盟會時期的理論與宣傳 第三節 革命與君憲的論戰	張玉法	八〇、〇〇〇
第四節 女權運動 第五節 白話文學與新劇運動	鮑家麟	四〇、〇〇〇
第五章 歷次舉義 第一節 從乙未首義到庚子大舉 第二節 粵桂滇邊的革命烽火 第三節 萍瀏醴之役 第四節 皖浙諸役	呂士朋	五〇、〇〇〇

第五節　滇蜀諸役 第六節　庚戌新軍之役 第七節　辛亥三二九廣州之役 第八節　暗殺行動 第九節　歷次起義的經費籌措	呂　芳　上	七〇、〇〇〇
第六章　武昌首義 第一節　湖北新軍與革命黨人 第二節　四川路潮	呂　實　強	四〇、〇〇〇
第三節　起義的籌劃 第四節　光輝的十月十日 第五節　軍政府的組織與對外交涉 第六節　陽夏鏖兵	陳　捷　先	六〇、〇〇〇

第七章　各省光復 第一節　湘陝首先響應 第二節　滬寧光復穩定大局 第三節　義師蜂起	吳振芝	五〇、〇〇〇
第四節　海軍的嚮義 第五節　京津同盟會與北方革命 第六節　吳祿貞被刺	林能士	五〇、〇〇〇
第八章　中華民國的建立 第一節　建立臨時政府的倡議 第二節　各省代表聯合會的遷就 第三節　中山先生歸國與當選臨時大總統	陳三井	七〇、〇〇〇
第四節　臨時政府成立 第五節　南北和談 第六節　清帝退位 第七節　民國成立對臺灣的影響	張存武	三〇、〇〇〇

第九章 各國反應與影響 第一節 英法對辛亥革命的態度 第二節 俄德對辛亥革命之反應	王曾才	三〇、〇〇〇
第三節 美國對華政策及其輿論 第四節 日本對華政策及其破壞行動	陳驥	四〇、〇〇〇
第十章 開國規模 第一節 民主共和政制的創設 第二節 對外肆應 第三節 社會改革與保障人權	王聿均	四〇、〇〇〇
第四節 財經制度的改變 第五節 教育與文化的創新	陶英惠	三〇、〇〇〇
合計		一、〇〇〇、〇〇〇

撰稿人共爲一十八位，均屬一時之選。由於鮑家麟在國外不便參與，實際執筆者爲一十七位。章節內之子目與順序，撰稿人亦有所增刪。全部稿件彙齊後，由教育部聘請李守孔教授審訂。李教授極爲嚴峻，例如對第七章第一、二節之審訂意見如下：

本章第一、二兩節，寫作草率，引用轉手通俗讀物及教材居多，附註且無號碼及出處，距離學術著作甚遠，萬不可採用，應速退回重寫。

守孔兄之「審訂意見」，交我處理。我當然尊重「審訂意見」，但如退回原撰稿人重寫，事實上有困難，經詳作考慮後，決定另請專人重寫。如此淡化處理，免於一場可能發生的風波。得到一次教訓，延薦人才亦不能不慎，有人徒有其表，有人自視過高，有人言行不一，均足以僨事而或結怨。

很感謝孫子和兄的辛勞。他誠懇務實，任勞任怨，行政事務之外，自己也參與撰稿，辛勤備至。然終能如期在兩年內完成，於民國七十四年四月出版。共二冊，一、一四七頁，約一百十四萬言。大體上，能達到原所期望之學術水準，然舛誤仍所難免。有的舛誤竟出於名教授之筆端，頗令人感慨。

我在「革命開國篇」，只寫了第三章的四、五、六節，另寫了全書的「導言」。合約十萬字。但曾閱讀過全部文稿，並商得撰稿人同意，作過若干調整及補充，仍然花費了不少時間與精力。「中華民國建國史」第三、四兩篇中，我也寫了數節，字數亦在十萬以上。全書五篇的複審工作，秦主任委員與朱部長責成由我和呂實強兄負責，也眞是一樁苦差事。但最後能看到這部書的出版，又感到無限的欣慰，總算為史學界做了一件有意義的事。我手頭存有一部「中華民國建國史」，是基本研究參考書，也是深具紀念意義的歷史文證。

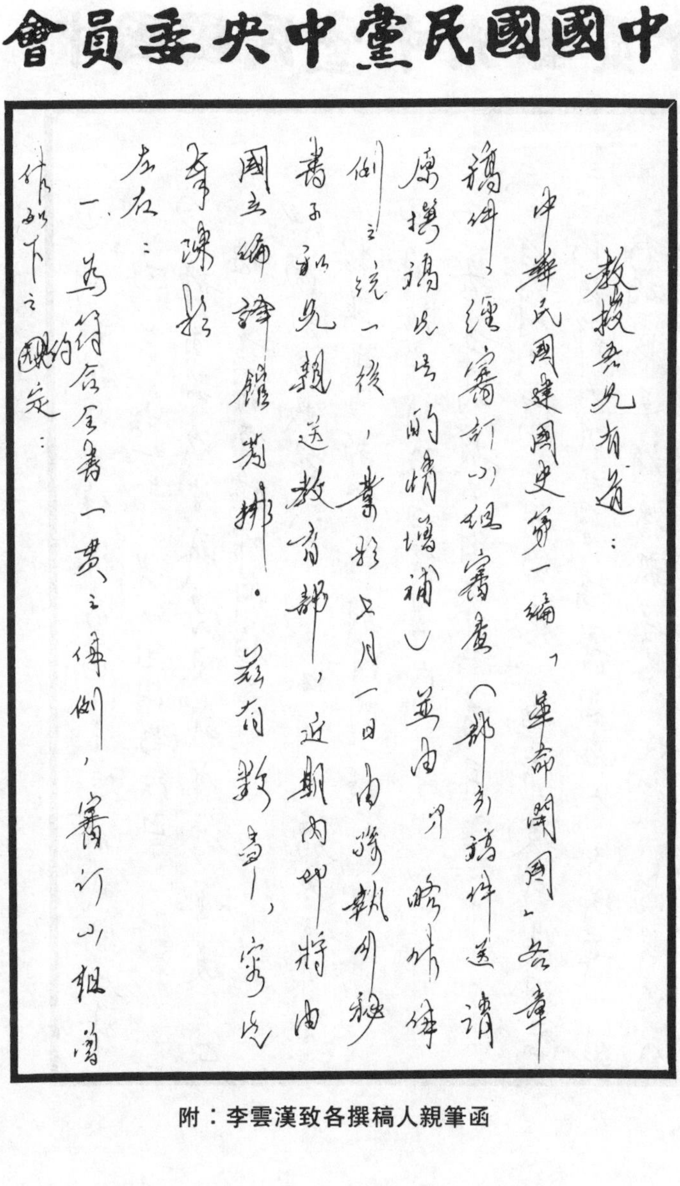
中國國民黨中央委員會

教授吾兄有道：

中華民國建國史第一編「革命開國」各章稿件，經審訂小組審查（部分稿件送請原撰稿先生酌情增補）並由[illegible]例之統一，業於七月一日由[illegible]執行秘書[illegible]先親送教育部，近期內即將由國立編譯館為排印。茲有[illegible]奉陳於

左右：

一、為符合全書一貫之体例，審訂小組曾作如下之規定：

附：李雲漢致各撰稿人親筆函

中國國民黨中央委員會

① 附註號次一律採①②……之形式，原作「註一」、「註二」……者，已代為改正。

② 部分節次，字數過多或過少，已按全書体系略作調整。

③ 由於多數節次下又分子目，原無子目之節次亦予酌加，以期体例一致。

④ 附註均列於每節之後。

⑤ 各章均暫不附參攷書目。

二、原稿已依上開約定，略作技術性調整。

三、依教部六月廿三日編審委員會之決議，該校稿應送請原撰寫人核正，內容仍可依尊意改正或補充，体例則希望

中國國民黨中央委員會

維持一致，不作改動。

此番進行已近兩載，滋擾多人，除由衷感激外，更盼編譯館能認真負責，今快出版，並將錯誤減到最低限度。至為特禱。順頌

時祺

弟 李煥 敬拜

七二、七、五

一四、接掌黨史會

秦主委獲最高獎章

中國國民黨中央委員會於民國五十八年開始實施主管「屆齡退休」制度，即各單位主管年滿七十周歲，應自動申請退休。目的在促進人事上的新陳代謝，免於過度老化。第一位屆齡退休的主管是馬超俊先生，第二位似乎就是黃季陸先生。從此成爲定制，稱爲「依例自退」。當然，經黨主席批示延長任期者，不在此限。

秦孝儀先生誕生於民國十年（一九二一）三月，至八十年三月已屆七十週歲。他尊重制度，申請依例自退。宋秘書長楚瑜說，他曾「一再表達希望孝公繼續主持黨史會」的心意，「但孝公一再說明制度的建立很不容易，還是要尊重制度。」秦先生奉准自八十年四月一日起自黨職退休，但到四月十八日宋楚瑜秘書長和各單位主管前來陽明書屋頒授實踐一等六星獎章，也是以簡單卻極隆重的儀式來表示尊重後，秦先生才算正式離開他一手闢建，辛勤經營十有四年的陽明書屋。

中央的獎章分兩種，一爲實踐獎章，一爲華夏獎章。每種又分三等，一等最高，二等居中，三等較低。三等之下尚有力行獎章，爲獎勵一般績優基層幹部之用。普通授實踐或華夏一等獎章，並不加星。此次爲了表達對秦先生最高敬意，宋秘書長親自設計於獎章綵帶上端綴以六顆金星，以表示秦先生對黨的貢獻遠在一般實踐一等獎章標準之上。記得宋秘書長於頒獎儀式中講過下面幾句話：

> 過去這些年來，孝公不祗是對黨史會有許許多多的貢獻，而最重要的，也是大家都很清楚的，孝公在擔任副秘書長職務，以及其他職務當中，對黨所作的多方面重大貢獻。我們特別藉這個機會，要向孝公表達萬分的謝意。

儀式是在四月十八日下午三時三十分在陽明書屋會議室舉行。黨史會祇準備了最簡單的茶點，沒有準備任何呈贈秦先生以表示感激的紀念品，這是我的疏忽，多年來一直爲此疏忽而心懷不安。書生辦行政，畢竟不是塊好料。宋秘書長講過話後，秦先生講了一段令人感動的話，並以「愛國以命愛黨以誠」爲題，發表於「近代中國」雙月刊第八十二期。秦先生說明他自民國二十八年入黨以來爲黨服務的歷程，黨史會近年來的工作成績，黨史會存在的意義和價值，要求多多重視黨史會。秦先生講詞的一段原文如下：

> 最後要求秘書長、副秘書長，和各位主任、主任委員的，就是希望大家重視黨史會！黨史會應該說是黨的血和淚的記錄，是黨的革命民主精神之所在。今天說一句更鄭重的話，他實在是總理、總裁、先烈、先進、歷史生命，英風浩氣之所憑依。也唯有以黨史感召同志、國人，才會繼續拋頭顱、灑熱血，「愛國以命、愛黨以誠」，讓歷史永遠永遠的寫下去！不好使他缺氧、使黨失去記憶。

宋秘書長、秦先生的講詞中，都曾說過期勉我的話。我本以爲會有機會說幾句話表達心聲，事實上卻沒有這個機會，我想講的話也就祇好存入我的私檔了。現在把它寫在下面：

> 首先要感謝孝公十四年來對黨史會的領導，和對雲漢個人的教誨。黨史會已建立了良好的制度，各項業務也都有深厚的基礎。雲漢在代理期間，更當恪遵主席和秘書長的指示，奉行中央決策，配合時代和環境的需要，爲維護黨統，弘揚黨史，固結黨魂，而克盡職守，全力以赴。尤其要熱烈請求孝公和以前一樣，時時惠予指導和督勵。

接下重擔

秦主任委員孝儀先生榮退，中央決定暫時由我代理其職務，其間頗有一些曲折。

八十年年初，秦先生已數次透露他將退休，要我接棒的意思，我都未加留意。因爲我判定中央不會讓秦先生離去，即使秦先生堅持退休，接任的人也不會是我。對秦先生有意提掖，深爲感激，但並未把這事放在心上。

三月六日，革命實踐研究院研究班第三十四期研究員到書屋來聽秦先生講課，秦先生要我陪講。課後，秦先生又提到交棒的事，並堅決表示，非我來接，他不移交。我在當日日記記曰：

> 秦先生告訴我，黨史會要交給我，別的人他不交。我很吃驚，也很感謝他的提拔。但興趣不高，卻也不能堅持。晚間與妻談起，妻則勸我勇於負責。一切順其自然吧！進退有時是由不得自己的。

三月十二日，「聯合晚報」出現「秦孝儀主委月底屆齡退休」的消息。十三日是星期三，各報均刊出黨史會將由周道濟博士接任消息。「自由時報」標題是「國民黨黨史會主委秦孝儀退休，周道濟獲內定接任」，並對周道濟經歷作了介紹。「中央日報」是「黨的喉舌」，也刊出同樣消息，語氣不那麼肯定而已。「中央日報」記者樊祥麟的採訪報導中有一段話這樣說：

據了解，臺灣大學三民主義研究所教授周道濟，是列爲接替秦孝儀出任黨史會主委的考慮人選之一。若人選一時未能決定，可能由黨史會副主委李雲漢暫代一陣子。

這天六點鐘看到報紙，九點鐘代表秦主委去列席中央常務委員會議。宋楚瑜秘書長傳一紙條給我，要我會後去他辦公室一談。我去了，宋秘書長開頭就說：

怎麼搞的？那裏來的周道濟消息？我不曉得，李主席也不曉得，你曉得嗎？

秘書長都不曉得，我那裏會曉得！不過我告訴宋秘書長，請中央勿以我的進退爲難，我祇是個研究人員，無意於行政。我的日記中也寫下一段話：「我對這事，完全以平常心處之。進，就再做幾年，身體還可支持。退，正是我所希望的，以自由之身多活動活動，老年的生活會更有意義。」

周道濟教授是我的老同學、老朋友。他若來接黨史會，我會幫他做安排，一切熟悉後，我就離去。碰巧這幾天患了重感冒，咳的厲害，也可能有人藉此情形亂加揣度。秦先生似乎已聽到什麼，他於三月二十一日見面時，告訴我不要輕言離去，要在黨史會「頂」一段時期，於公於私都好。

據秦先生說，要我代理事已定案，但接連兩週常會中，並未提出來。他有點急，曾電話徐副秘書長立德一詢究竟，據悉並未變卦。事實上，我已開始清理辦公室中文卷，準備離開。妻送我上等毛筆一枝、墨汁一瓶、端硯一方，希望我離職後有較多閒暇，可以寫字自娛。為我設想周到，眞感謝她。憑心而論，要我自已有所選擇的話，我寧肯自願退休，而不願在「形勢逼人」的情勢下，幹不下去。風風雨雨二十多天，直到四月十日晚間，秦先生邀宋秘書長、徐副秘書長和我在麗晶大飯店三樓采風軒便餐時，才當面聽到宋秘書長較為肯定的表示，並說：「下週四下午，由黨史會開個茶會，為孝公授最高獎章，順便交代。」

四月十七日上午，首次以代理黨史會主任委員身分，列席中央常會。十八日下午宋秘書長主持之茶話過後，才算正式執行代理主任委員職務。

這一變動，帶給我的不是光彩和榮譽，而是沈思和責任。代理，只是個過渡時期；也說明我的智慧和能力，還沒受到中央的完全肯定。宋秘書長楚瑜向我解釋說，由於孝公在黨內的聲望是頂尖的，接替他職務的人也應當是差不多的，要你代理，是表示對孝公的尊敬，也是表示你的謙虛。這話也有道理。宋秘書長在十八日茶話致詞時，也有一段期勉我的話：

> 主席今天也特別交待楚瑜代表他在這邊和我們所有同仁要向孝公表達的，就是如何使黨史會的工作能夠繼續發揚光大。我們很高興李雲漢同志在黨史會已經有很長的一段服務期間，相信雲漢同志一定能夠把孝公建立的閎規，不祇是能夠維護，並且是更加發揚光大。

正如陳在俊兄所說，在中央黨務系統中，我是「弱勢主管」。黨的編制人事都在精簡中，財力條件也大不如前，以前是在「大樹之下好乘涼」的情景下工作，今天面臨的卻是一大堆的工作，一大堆的困難，既不能畏縮迴避，也不能橫衝直闖。我需要好好的沈思一番，檢討一番，然後再出發，再接受更嚴酷的磨礪。我在日記中自己安慰自己，也鼓勵自己：

> 傷腦筋事也許才開始，反正我是無所求，更無所懼，挺起腰板來面對一切！

秦先生退休只是解除黨職，他仍是故宮博物院院長，我仍可隨時向他請教。他對黨史會是有深厚感情的，祇要黨史會有請求，相信他是有求必應。本來我是想呈請中央聘秦先生為黨史會委員，但中央要精簡人事，各委員會委員重作檢討，原聘專、兼任委員都沒再續聘，新聘自然就更難了。直到今天，黨史會並未發表委員人選。

四月二十九日下午，趕去故宮博物院去看秦院長，就有關工作報告一番，請他放心。秦先生送給我一幅已經鑲好框架的墨寶，主題為「風規弘既往，器識導將來」，對我嘉勉備至。我照原跡書寫如下：

風規弘既往
器識導將來

雲漢道兄治近代現代史至公至審久為士子世人之所宗
仰與予如驂如輔亦垂十餘歲頃儀七十休致
兄遂代主黨史使予仔肩雖已而來軫仍駸駸可追喜為
篆風規弘既往器識導將來以相貽焉
中華民國八十年四月既望秦孝儀心波止篆

原詞篆体，有如四方，雲漢錄存書室，時誦唯自勉。

建國八十年學術討論會

召開中華民國建國八十年學術討論會，是秦孝儀先生在黨史會主任委員任內決定的事，並於民國七十九年十一月起開始籌備。主辦單位有三所史政機構——國史館、中央研究院近代史研究所、中國國民黨中央黨史會，一個史學團體——中國歷史學會，另加教育部。各單位首長舉行過第一次籌備會議，推秦孝儀先生爲總召集人，由黨史會負責籌備工作，所需費用則希望由教育部負擔。我會同黨史會同仁照以往經驗，步步進行，國內外學者的邀請書於八十年一月底前全部寄出。

四月，秦先生自黨職退休，但非常擔心此事的進行。四月十八日在接受實踐一等六星獎章典禮講詞中，有下面一段話：

> 再一方面，我還有一件具體的事要求各位，就是今年七、八月間，我們有一個中華民國建國八十年大型國際性學術會議，當時是以我的名義發出邀請書的。現在，由李雲漢先生繼續。我希望大家支援這個學術會議，讓它開得比過去更盛大，更收穫豐足，更加在國際上能夠發揮它應有的作用。這是我非常馨香禱祝的一件事。

秦先生退休時也曾寫過「辛未三月解史職眎同志三絕句」，於最後一首絕句詩之後，註了一行感慨的話：「十年間，主持國際史學會議者八九次，八月之會不復問矣。」

我聽過秦先生的講話，讀過他的三首詩和註語，深深體會到秦先生的心情，也越加增加了自己心理上的負擔。中華民國建國八十年的國際學術會議如果辦不好，黨史會將何以自處？我又將如何對秦先生的提拔與厚望，作一交代？我不會拆爛污，決心克服當前的困難，把這次國際性學術會議，開得和以前那幾次一樣的成功。

第一項困難是黨部厲行黨務革新，人事要大幅精簡，並鼓勵老同志提前退休：如現在退休，可領月退休金；現在不退，以後退，就喪失這一權利了。在此情形下，黨史會有十位有經驗、有學能的同事要提前退休。我雖然捨不得他們離開，但事關各人的權利和福利，又有什麼理由不同意！人員去了三分之一，大型國際會議如何承辦得起來？所幸各退休同仁均明大體，慨然應允退休手續辦妥後仍然留會服務，待討論會結束後再離去。劉委員兼秘書世景兄、吳專門委員純瑜、陳編審立文等，均義務為討論會工作數月，令人感動感激。

第二項困難是錢的問題。預計全部開支將在臺幣一千萬元以上，不能算是個小數目。希望教育部能夠支援，毛部長高文先生亦曾作過原則性承諾，然未見具體答復。我和劉世景先生跑過好幾次教育部，經毛部長指示由國際文化事業教育處設法補助。國際文教處處長李炎先生熱心而又爽快，是我革命實踐研究院研究班第十五期同學，他告訴我：一定設法，但能補助多少，需看年度結束經費分配及動用情形而定。事實上，我所要求的，李處長幾乎全部同意了。這次國際學術會之如期舉行，李炎先生實屬功不可沒。

秦院長孝儀先生是籌備會的總召集人，對外文書須經他親筆簽署。但自解除黨史會主任委員職務後，即不再簽署任何文件，對外行文祇好用籌備委員會團體名義。秦先生是有原則、守分寸的人，我們幾位籌備會的召集人都很瞭解。六月間第二次籌備會議時決議增邀國立故宮博物院為主辦單位，並請秦院長以總召集人身分函請李總統登輝先生頒致書面賀詞，李副總統元簇先生蒞臨開會典禮作專題講演。瞿韶華、毛高文、張玉法、李雲漢、王壽南五人為召集人，李雲漢兼大會秘書長，並聘陳鵬仁、陳三井、李炎、朱重聖、王秋土、李文哲六位先生為副秘書長。議事組召集人為邵銘煌，接待組召集人為陳立文，新聞組召集人為汪鑑雄，總務組召集人為劉世景。會場在臺北市圓山大飯店，八月十二日下午開始報到及舉行歡迎酒會，十三日上午九時三十分舉行開幕典禮，宣布大會正式揭幕。

開幕典禮地點在圓山大飯店一樓敦睦廳。首由總召集人秦孝儀先生致開會詞，經由總統府秘書長蔣彥士先生宣讀李總統登輝先生書面賀詞，然後請李副總統元簇先生講演，講題為：「中華民國建國史的基本認知與發展方向」，於孫中山先生創建中華民國的理想，蔣中正先生為中華民國建國工作所做的努力，蔣經國先生的民主風範及政治改革，以及中華民國目前正努力於主導國家統一的方向等大端，均有所發揮。

參加討論會人員共計二三一人，可分爲三個層次：

一爲應邀出席的中外學者專家，有一六五人。其中國內一二六人，多爲知名教授及高級研究人員。外籍學者本邀請四十人，實到三十九人，來自美、德、法、日、韓、港、菲、新加坡、澳大利亞等國家或地區。外籍學者中，如美國之施樂伯（Robert A. Scalapino）、范力沛（Lyman P. Van Slyke）、馬若孟（Ramon H. Myers）、德國之金德曼（Gottfried-Karl Kindermann）、法國之畢仰高（Lucien A. Bianco）、日本之衛藤瀋吉、韓國之朴炳培、菲律賓之桂安生（Serafin D. Quiason）等，均爲國際知名學者，研究中華民國歷史與文化，卓著成就。

二爲觀察員，係主動申請參加由籌備委員會決議接受之青年學人，多爲副教授、講師及同職等研究人員。十五人中，有美籍二人，日籍一人，香港一人，其餘均來自國內各研究機構及政府機關。

三爲旁聽人員，係由國內各大學歷史研究所、三民主義研究所，及有關研究機構推薦之優秀青年研究人員，有五十一人，來自臺灣大學、政治大學、師範大學、清華大學、成功大學、文化大學、輔仁大學、東海大學等校，及國史館、國防部史政編譯局、國立國父紀念館等機關。其中亦有美國哥倫比亞大學博士候選人二人，杜克大學博士候選人一人，日本在華留學臺大碩士研究生一人。旁聽人員並協助各次討論會之紀錄工作，均熱誠負責。

討論會共宣讀論文八十篇，寓慶賀中華民國建國已屆八十年之意。其中國內學者提出五十一篇，外籍學者提出二十九篇。依論文性質，分爲政治軍事史、國際關係史、教育文化史、社會經濟史四組，每組適爲二十篇。自八月十二日起，四組同時分別開會討論，至十五日止，每組舉行分組討論會十二次，四組合爲四十八次。十五日下午，舉行綜合座談會一次，由四組代表分別報告各組討論情形，繼之以自由發言。

八十篇論文之內容，至爲廣泛。如中國國民黨領袖之思想與勳業，黨史、三民主義，人物，政治變遷，訓政時期之憂患與建設，抗戰軍事，中日關係、中美關係、中德關係、中法關係、中蘇關係、中韓關係、中菲關係，教育、宗教、科學、金融企業、新聞傳播、社會變遷、經濟發展等方面，均有論文提出。其中以領導人物、主義與歷史，及四十年來臺灣建設，爲兩大中心論題，前者有論文二十餘篇，後者亦有十多篇，對本黨政策之正確均作正面肯定，對臺灣建設之成就尤多推崇，如美國加州大學教授葛雷高（James A. Gregor）在其論文中即斷言：「中華民國臺灣在政治和經濟上的成就，已經成爲歷史的一部分。同樣的，中共在這方面的缺失，也已爲歷史學家所公認。臺灣的成功，中共政權無一能夠企及。」

與會學者於討論時，各本其獨立思考的立場，循言論自由的原則，無不暢所欲言。對某些具有爭議性的問題，如日人所謂「孫文盟約」的眞僞問題，及陳儀其人的廉污功過問題，學者間雖有尖銳的爭論，然均本諸理性的認知，信守服從眞理的原則，無傷於會場氣氛的和諧。

大會第二日——八月十二日晚，中國國民黨中央委員會秘書長宋楚瑜先生，於各主辦單位聯合晚宴中蒞席講話，對與會學者表示熱烈歡迎。行政院長郝柏村先生則於八月十五日設晚宴招待與會學者，致詞誌謝。最爲與會學者津津樂道，且引以爲榮者，爲八月十四日下午四時在總統府舉行之總統茶會，李總統一一見面握手，致詞慰勉，並合影留念，每位贈送龍鳳文鎭一對。我介紹國內外學者給李總統，都可講出他們的姓名、國籍和職位，侍從人員私下對我說：這麼多人，你每位都認識，眞不容易！我也深以有這麼多學術界朋友爲榮！

議事組安排，我擔任第五次討論會第一討論組的主席，由吳文津兄報告〈政黨聯合之政治——民國十三年中國國民黨總章之分析〉，李國祁兄報告〈鄒魯與西山會議〉。評議人爲郭恆鈺和蔣永敬兩兄。我自己提的論文〈黨史會與民國史研究〉，安排在第十一次討論會第三討論組討論，由杜維運教授評論，主席爲中央文化工作會主任祝基瀅先生。維運兄評我的論文，認爲「詳盡」是一大特色，「澄清」是一大作用，並謂「這篇論文透露了一大消息」，即是「中國國民黨、中華民國政府以及我們這個時代，似乎相當缺乏歷史的觀念，尤其在與歷史上的朝代相比較的時候。」此外，崔垂言、張玉法、蔣永敬、劉鳳翰四位教授也都提出了寶貴的意見，張玉法兄更有尖銳的批評。我的答覆是：「對於評論部分，我都會接受；最值得我考慮的地方，我會冷靜的考慮」。

議事室李彥鴻總幹事轉告我，宋秘書長希望我於八月二十一日，把這次國際學術會議的辦理情形，向中央常務委員會議提出報告，我遵命辦理。報告的題目是：辦理「中華民國建國八十年學術討論會」經過報告。於說明辦理過程及檢討意見外，提出下述建議：

爰綜合中外歷史學者的反應，提出四項建議，供中央決策之參考：

其一，充實史學機構之人員與設備，俾其有能力全面開展民國史的研究與出版。

其二，各史學機構適時擴大史料開放的範圍，以供應民國史研究的需要。

其三，爲民族生命的延續作久遠打算，各級學校的歷史教學不宜減弱，其關於民國史部分尤應加强。

其四，擴大歷史研究及活動的空間，通過史料交流與意見討論，以消除學術進步的障礙，建立對本黨黨史與民國史的正確認知與評價。

此項建議，經中央秘書處錄案通知各有關機構從政主管同志，請參酌辦理。有關討論會之論文、講詞、討論紀錄、圖片，暨新聞評論與報導，亦由黨史會編爲《中華民國建國八十年學術討論集》四冊，於民國八十年十二月出版。其特色爲中、英文論文及發言意見混合編列，不再分譯爲中英文兩種版本。

簡明黨史與黨史評論

在一次與宋楚瑜秘書長談論工作時，他認爲我們需要一冊簡明黨史，要讀者很快就能瞭解中國國民黨的歷史和現況。希望黨史會能做這件事。職責所在，我當然不會推辭。爲求速效，決定由我自己來執筆，再請會中其他同仁來研討、補充及配圖。

老實說，寫本簡明黨史不需要驚天動地的翻史料，祇就自己已有的知識寫出來，就不會有大差錯。問題是，我不能寫十頁八頁的小冊子，那樣讀者看過就丟掉，不能保存，不能引用，實在發生不了什麼效果。中國國民黨已有將近一百年歷史，也不是十句八句話就可交代清楚的。我擬出綱要，仍有十章五十二節。決定以最簡潔的筆法，將每一子題都做交代，希望能給讀者一個完整的印象。這樣的書，正可做幹部訓練或講習的教材。

不到兩個月時間，我把初稿寫成了。請劉偉鵬兄及林泉、邵銘煌、劉維開等幾位青年歷史研究人員分別檢閱，提供意見。特別是書名，請他們幾位研商。最後由劉偉鵬兄建議，可定爲《至公至誠的中國國民黨》，大家認爲很好，就此定案。我簽報宋秘書長，請他寫一篇序，並請李主席登輝先生賜題書名，這表示這是中央認可的一冊黨史教材，叫同志們感到親切，用起來也有信心。

這冊書初版本於民國八十年十一月二十四日——建黨九十七週年紀念日出版，一般反應良好，至八十年十二月出版二版本。八十二年十月，又將第十四次全國代表大會資料補進去，出版了增訂本。同時由陳鵬仁兄譯爲日文，標題爲《中國國民黨略史》，並署爲「李雲漢著、陳鵬仁譯」，由問題與研究出版株式會社分期發表。

我另外一冊有關中國國民黨黨史研究的書《中國國民黨黨史研究與評論》，是一冊研究資料報導與史著評論的專著，評論的對象以大陸地區近年來出版之中國國民黨黨史著作爲主。初版本出版於八十一年九月，由黨史會出版。內含我的論文十六篇，其中有八篇係評論大陸出版的書刊，共評論了十四種書籍及一篇論文。其中，〈評大陸出版有關孫中山先生暨中國國民黨的幾種書籍〉一文中的一部分，曾爲丁望先生轉載於他主編的雜誌，有幾篇，也在「近代中國」雙月刊轉載。我出版這冊書的目的，「自序」中曾作說明：

> 筆者從事中國現代史研究——尤其偏重中國國民黨黨史研究，已歷三十餘年，於不斷研讀有關原始檔案文獻外，對中外有關著述，亦多所涉獵。深感這些著述中，其能一本公正客觀態度，依據正確史料史證，立論嚴正，足資顯彰史實者，數不在少；而顚是倒非，以僞亂眞，如孟子所謂「詖辭」「邪說」之類者，亦所多見。一得之愚，輒筆之思之，朝研夕惕，期能明其是非眞僞，未敢稍拘一己之私。本書所輯，係筆者近數年來研讀中國國民黨

黨史有關著述之心得與評論，目的在對原書著作人及廣大讀者群掬誠以盡言責，冀可稍減「爲人所役」「爲書所愚」之弊害。知我罪我，固非所計也。

此書出版兩年又九個月之後，詹明棧總幹事告訴我已無存書，而讀者函詢希望再版。剛好我又寫了幾篇新稿，決定收進來出版增訂本。增訂一版係於民國八十四年六月出版，全書共含介紹及評論文字一十九篇，附錄一篇，共四六四頁。我在「增訂版序言」中，再度強調撰寫書評文字的目的：「在於維護史實的眞實面，破除一些有意的曲解和無意的舛誤，使讀者能有眞實的、全面的認知，免於被欺騙，或被愚弄，役使。」

眞除

一般而言，職務代理有兩種情形：一種是上級對某人有意拔擢，然其資望不足，故先令其代理，過一段時間即行眞除；一種是職務出缺，一時找不到適當的接任人選，暫令副職代理，待新人到任後，副職即解除代理，回歸原職或調任他職，亦可辭職。我奉令代理黨史會主任委員職務，自己並不敢確定是屬於那種情形。一位朋友告訴我，不是不合格，而是因爲你是學者，行政能力受質疑，又不願意主動爭取。秦先生有次也透露說：「該講話時侃侃而談，不要叫人家誤會學者不擅長行政。」這樣說，我是屬於第二種情形了。所以代理期間，隨時準備離開陽明書屋。

八十年八月間，一位服務於組織系統且可參贊機要的副主管私下告訴我：「可望於近日內眞除」。卻一直沒有下文，我也不理會這事。後來有一位新聞界的主管私下說：「他們改變了主意，我爲你感到不平。」我勸他不要不平，因爲這種事根本無所謂平與不平。

叫我有些難以解釋的是幾位老同學的關切。有一次誤傳我眞除了，老同學打電話來道賀，我怪他無端揑造是非，拿我窮開心，他感到不好意思。另一位老同學見面，則開門見山，問我爲什麼還在忍辱幹下去，他說：要幹就名正言順，否則就摔帽回家。我也只好向他婉爲解釋，但我的話總不能讓他心服！

民國八十一年三月六日下午三時，突然接宋秘書長辦公室電話，說秘書長希望在五時左右和我見個面。我立即下山，按時去見宋秘書長。他和我談了一些事，其中一段談話是關於職務的事，他說：「時間這麼快，想不到你代理這麼久了，我有點疏忽，而你也從沒有找我。我決定簽報主席，下週提中常會，讓你眞除。」

我生平最自豪也是最吃虧的事，便是從不曾爲自己的職務求過任何人，這紀錄一直保持到現在，也必將延伸到將來。

三月十一日，中國國民黨第十三屆中央委員會第一七八次常務委員會議通過李主席登輝先生交議案：

中央委員會黨史委員會主任委員一職，由該會代主任委員李雲漢同志眞除。

次日「中央日報」、「聯合報」、「自立早報」都刊出這一消息，「中央日報」並刊出照片和簡歷。同學好友均電話道賀，我的回答是：「謝謝你，實在無喜可賀，工作待遇和原來一樣，一點也沒改變。」

暫時保住「孫逸仙博士圖書館」

民國八十年初，黨中央厲行黨務革新，中央要精簡編制與人事，這是整體計畫，無可厚非。但主辦單位，竟有裁撤孫逸仙博士圖書館之議。消息外洩，不滿之聲四起。陳立夫先生寫信給秦孝儀先生，附了剪報，沈痛言曰：

> 見到這一段新聞，心裏十分難過。爲了紀念一位救了臨危的國家的偉人，而設立的小小圖書館，竟爲了小小經費而要關閉了，這是一件忘本忘恩的惡行！臺灣已經不應該如此做，中央似乎不能袖手旁觀啊！請 兄想想辦法罷！

秦院長孝儀回復陳立夫先生，表示「已於月前離黨史會職，更無置喙餘地。」秦先生把陳立夫先生的信轉給徐立德副秘書長請他考慮，也複印一份給我，讓我曉得這件事。我也接到一些反對裁撤孫逸仙博士圖書館的電話，黨史會業務會報中，有幾位同志更是慷慨陳詞，至於淚下。我更難過，認爲中央執事諸公不應當祇從行政及經費觀點看問題，不懂得文化，不愛惜歷史，眞是一大悲哀。曾和一位負責規劃精簡方案之先生談過，極不愉快。五月一日，我寫了一封信給徐副秘書長立德先生，力陳個人意見。原函如下：

立公副秘書長鈞鑒：四月二十九日「聯合晚報」刊載「孫逸仙博士圖書館將被裁撤」之不實報導，深蒙

關注，至感至歉，謹將有關各情及雲漢淺見 報告如後：

一、黨史會於四月二十六日（星期五）上午召開擴大業務會報，雲漢遵奉宋秘書長在主管會談之指示 將黨務改革案「中央精簡」部分，剴切說明，並指派同志七人組成小組研議各室業務歸併事宜，由陳副主任委員鵬仁兄召集，期於兩星期內提出建議案。當時各同志發言對全盤精簡計劃均能明瞭其必要，惟對孫逸仙博士圖書館建議移歸政府接管一節，頗感疑惑與惋惜，在圖書館服務之同志，言辭尤爲激動。咸盼黨史會專案呈報中央，請求

重作考慮，至「聯合晚報」之失實報導，實不知其何所依據。

二、案「孫逸仙博士圖書館」之前身，爲「中山文化教育館」，係由總裁暨元老同志一百人，於民國二十一年冬發起，次年正式成立，由孫哲生先生董其事，於「創辦緣起」文中，宣稱「以此爲中山先生文化上永遠之紀念，俾與紫金山上莊嚴壯麗之中山陵，同邁千古。」本黨遷臺後，該館圖書歸中央委員會，由秘書處設館管理，供同志參閱。五十四年總理百年誕辰，中央因決定改名爲「孫逸仙博士圖書館」，由總裁親題館額，亦寓永久紀念之意。其藏書近三十萬冊，不少爲珍貴善本書暨大陸時代出版之絕版書，確爲本黨一宗文化資財。近年已對社會人士公開，於黨史宣揚及學術研究，均具功能。且設於國父紀念館內，與總理文物史蹟展視室相輔爲用，中外觀瞻，均視爲本黨文化政策之一大特色。

三、以目前黨內外情形觀察，對該館處置稍有不愼，將招致強烈反彈，或將影響本黨信譽。雲漢置身史學研究三十餘年，亦常年爲黨服務，愛黨愛國，不敢後人，謹掬誠建陳三點：

㈠在尚未洽定由政府接管或另行開創管理門徑之前，明白宣布「孫逸仙博士圖書館」之人事編制，維持現狀。

㈡無論作任何處理，均須以保持「孫逸仙博士圖書館」名義，以顯示對總理之尊敬與永久紀念之意。且符合李主席常會講話之深意。

㈢將來之處理，應兼顧社會輿情及工作同志反應，俾期有利無弊或利大於弊。

四、所陳係雲漢個人意見，敬祈

鑒督

職李雲漢敬上　民八〇、五、一

我這封信，顯然未受到理睬。中央所定精簡方案中，將黨史會原有七個單位簡化爲四個單位，硬是把圖書館裁撤了。新編制最後定案前，宋秘書長當面和我談，我據理力爭，宋秘書長答應保留館長職缺，但圖書館仍裁併，在圖書館服務的幾位同仁改列入第三室編制內。我深感失望，但也無可如何。有人說，我不該和宋秘書長力爭；也有人說，我應該以去就力爭。我認爲這都是意氣用事，不是解決問題的辦法。我勸告在圖書館服務的同志暫時忍耐一下，以後再找機會說服中央恢復建制。館長劉偉鵬兄於失望之餘，憤然離職。館長一職，由邵秘書銘煌暫代。胡海敏和朱文光兩位同志帶一位服勤員苦撐圖書館的場面，照常對社會開放，殊爲難得。

民國八十二年三月，宋楚瑜秘書長出任臺灣省政府主席。許水德先生接任中央委員會秘書長。我於七月十六日，簽呈許秘書長，要求「在不增加黨史會人員編制及經費預算原則下，恢復孫逸仙博士圖書館建制。」簽呈全文如下：

秘書長：

一、孫逸仙博士圖書館爲本黨紀念　總理而設，原隸屬於中央秘書處，民國六十九年改隸於中央黨史委員會，館址設於國父紀念館內左側，館名爲　總裁親筆所題。目前藏書已逾三十萬冊，其中多爲前中山文化教育館藏書，不少爲本黨在大陸時代出版之歷史、理論、政策著作，至爲珍貴。向被視爲國內專業圖書館之一，且一直爲圖書館學會會員，經常對國內外圖書館進行合作與交換，於擴大本黨黨譽及影響，具相當貢獻。

二、民國八十年本黨中央實施精簡，未經徵詢黨史會意見，即將孫逸仙博士圖書館撤銷。消息披露之後，即遭受本黨數位中央評議委員陳立夫、何宜武等先生來函或口頭表示關切，何評議委員並轉達海外同志維持該館以紀念　總理之呼籲，社會人士亦以本黨似不再尊重　總理著述而多所非議。雲漢曾將此等情形面陳宋前秘書長，承宋前秘書長允保留館長職稱，惟建制迄未恢復。本年三月，鈞座蒞任，雲漢於呈送之「黨史會工作簡報」中，亦曾建議准予恢復孫逸仙博士圖書館爲黨史委員會建制單位之一，俾其能正常運作。

三、茲第十四次全國代表大會開會在即，爲表示本黨對　總理地位之尊重，堅貞如昔，以樹立在國內外學術界之良好形象，且避免部分代表或將藉此事有所批評，雲漢重申前請，敬祈

准予在不增加黨史會人員編制及經費預算原則下恢復孫逸仙博士圖書館建制，以利該館業務之進行，俾爲本黨永久保存此項大宗文化資財，實有利而無損，雲漢故敢掬赤誠爲請，敬祈

察核。

秘書長將此案批會秘書處。秘書處人事室經實地勘察後，建議暫依黨史會意見辦理。許秘書長於九月二日始批定：「在不增加人事經費之條件下暫依黨史會意見辦理。」中央秘書處依此批示，提案修訂中央委員會各單位「組織與編制員額簡表」暨「業務職掌」，孫逸仙博士圖書館遂恢復爲黨史會建制內之一單位，對內對外均可有其自主立場以服務社會大衆。簽請派任林泉教授爲館長，他亦欣然接受。我三年來的一樁心事，終於獲得解決，自然也感到安慰。

一五、建黨百年大慶

有幸逢此大慶

中國國民黨以興中會成立爲建黨之始，到民國八十三年即一九九四年十一月二十四日，即屆一百週年。人逾百齡，即爲人瑞，黨逢百年，自屬大慶。我在黨史會主管任內，逢此吉慶，眞是百年不遇的大好機會，心裏感到萬分的興奮。

回顧歷史，中國國民黨之慶祝建黨，始自民國三十三年即一九四四年建黨五十年之期。當時尚在抗戰時期，且爲最艱難困苦的日子——湘桂戰役失利，中美關係又因史迪威事件極爲緊張，故中央並未有大規模慶祝活動，只由黨史史料編纂委員會（今黨史委員會前身）編印了一冊《中國國民黨五十年特刊》。

建黨六十年（民國四十三年，一九五四）時，中國國民黨已退遷到臺灣。中央委員會第一組編印了一小冊《中國國民黨六十年來組織之發展》，黨史會主任委員羅家倫先生寫過一冊《六十年來的中國國民黨與中國》，並舉辦過史蹟展覽。羅先生這冊書到建黨七十年時，又擴充為《七十年來的中國國民黨與中國》。羅先生為慶祝建黨七十年（民國五十三年，一九六四），又編過一冊工具用書《中國國民黨七十年大事年表》。

民國六十三年（一九七四）為建黨八十年之期，黨史會主任委員為杜元載先生。杜先生於指派項達言總幹事將《七十年大事年表》改編增補為《八十年大事年表》外，尚曾編印過《國父建黨革命八十週年紀念冊》上、下兩冊。民國七十三年（一九八四）十一月，建黨已屆九十週年，主任委員秦孝儀先生再囑孫子和纂修將《八十年大事年表》擴編為《九十年大事年表》，並編印《國父圖像墨蹟集珍》、《先總統蔣公圖像墨蹟集珍》、《先烈先進圖像文物集珍》各一巨冊，圖文並茂，堪稱佳構。另舉行史蹟擴大展覽，編印《革命建國九十年史蹟大展》一冊，為建黨九十週年祝。

至民國八十三年，黨史會已成立六十四年，曾任主任委員職務者有邵元沖、張繼、徐忍茹（代理）、羅家倫、黃季陸、杜元載、蕭繼宗、秦孝儀八位先生，獨我能有幸逢此建黨百年大典，能不與全體同志，竭盡全力於編纂、出版、學術會議、擴大史展，徵集史料文物，獎勵著作研究等工作，期能蔚為史界盛事，以克盡職守？

初步規劃

建黨百年期前二年——民國八十二年十二月，我已開始對慶祝建黨一百週年各項活動，有所規劃。是年十二月十六日，我對第十三屆中央委員會第二一七次常務委員會議以「弘揚黨史的新情勢與新方向」為題作報告，即曾提及：

民國八十三年即西元一九九四年十一月二十四日，為本黨建黨一百週年大慶，自應擴大慶祝。黨史會職責所在，已就本身能力所及，擬定「慶祝事項（草案）」一種，呈請秘書長核定中。依據該項草案，黨史會計畫辦理六項工作：

一、舉辦中國國民黨建黨百年國際學術討論會；

二、撰寫一部完整的黨史專著；

三、出版一套黨史史料叢書；

四、與有關單位合作，擴大徵集海內外本黨文獻文物；

五、擴大舉辦史蹟展覽；

六、獎勵知識青年研究本黨黨史。

以上各項工作，奉　核定後即可進行籌備。其中數項工作當非一年內所能完成，故應及早準備。所需經費，敬祈　准予分年分期編列預算，以資支應。

中常會聽取我的報告後，作成如下之決定：

黨史委員會致力於本黨史料的徵集、維護與弘揚，以鞏固黨基、光大黨魂、黨德，著有績效，今後面對新情勢之挑戰，更改進工作觀念與方向，以掌握時代脈動，應予肯定和嘉勉。

李主任委員雲漢同志所提「弘揚黨史的新情勢與新方向」報告，准予備查，有關準備建黨百年大慶事宜，請中央委員會妥為規劃辦理。

民國八十二年（一九九三）十一月二十四日本黨建黨九十九週年，適逢星期三，我奉命在第十四屆中央委員會第十三次常務委員會議作報告，選定的題目是「中國國民黨百年來的奮鬥與成就」。我提出建議兩點：㈠開放民國五十年以前本黨檔案史料，供國內外學術界研究；㈡有關本黨理論政策及歷史的學術會議，本黨均應派員參加，以免抱持偏見者混淆視聽。此兩點建議，當經中常會決定：「送請中央委員會協調有關單位研處」。

以上兩次常會報告中提議事項，即是黨史會慶祝建黨一百週年工作項目的依據。再經黨史會業務會報討論後，確定為「黨史會慶祝建黨一百週年工作要項」一種，內含十項：

一、召開國際學術會議；
二、編印黨史叢書；
三、擴大開放史料；
四、擴大徵集海外本黨革命史料及文物；
五、徵選本黨黨史優良著作；
六、擴大舉辦本黨革命建國史蹟展覽；
七、舉辦中華民國史著史料特展；
八、舉辦「青年知識分子與中國國民黨」座談會；
九、近代中國出版社系列活動；
十、舉辦電視講演及座談。

這十項工作，每項之下均包括若干項目。如第九項近代中國出版社的系列活動，即包括：㈠「近代中國」雙月刊，全年六期均闢慶祝專欄；㈡舉辦慶祝建黨百年暨「近代中國」雙月刊出刊一百期茶話；㈢出刊黨史研究叢書二種；㈣舉辦徵文比賽。總之，民國八十三年一年內，黨史會全部人力均投注於建黨一百週年慶祝活動中，無一閒人，無一呆事。我要求全體同仁「一切勿旁邊站，捲起袖子幹」，並於七月十九日舉行之八十三年度工作檢討會中，親筆寫出四端與諸同人共相期勉砥礪：

人人盡責　自我建造不化錢的金字招牌。

事事落實　說到做到計日程功。

在在勤懇　讀者人之可貴在於不自傲、不自欺、不自賤。

日日進步　停滯就是墮落，墮落無異自戕。

李雲漢識於陽明書屋

國父建黨革命一百週年學術討論會

民國八十二年九月四日，我邀請國史館館長瞿韶華先生、中央研究院近代史研究所所長陳三井先生、國立故宮博物院院長秦孝儀先生、中國歷史學會理事長宋晞先生，在臺北市來來大飯店湘園湘怡廳餐敍，並會商舉辦建黨一百週年國際學術會議事宜。經兩個半小時研商，決定基本事項如下：

一、討論會名稱：

定名為國父建黨革命一百週年學術討論會，英文譯名為 Centennial Symposium on Sun Yat-sen's Founding of the Kuomintang for Revolution。

二、主辦單位：

國史館

中央研究院近代史研究所

國立故宮博物院

中國國民黨中央委員會黨史委員會（負責籌備）

中國歷史學會

三、地點：

臺北市中山南路二十號國立中央圖書館

四、日期：

中華民國八十三年（一九九四）十一月十九日至二十三日。

五、參加人員：

出席學者二〇〇人（國內一六〇人，外籍四〇人）

觀察員五〇人（不限國籍）

六、論文：

定爲一百篇，純爲學術性論文，以中文撰寫爲主，英、日文論文亦可接受，其提要可譯爲中文；中文論文不必英譯或日譯。

七、籌備：

㈠指導委員會：由主辦單位各首長組成，推黨史會主任委員李雲漢爲召集人。

㈡工作委員會：由黨史會工作同志及聘任人員組成之，於適當時間內成立。

八、費用：

先行估算，由黨史會負責籌措。

秦院長、瞿館長都對黨史會殷殷期勉，希望此次討論會要比以往幾次辦得更圓滿，做法上尤須力求突破，展現新風貌。黨史會同人亦以責無旁貸的心情，全心全意要把籌備工作做好。人力雖有限，但均具有豐富的經驗，且人人具有以一當十的決心，竭盡勞瘁。費用方面，亦得到中央財務委員會大力支持，可以放手做事。記得八十三年三月間，許秘書長水德到職一週年餐會中，李主席登輝先生當面告訴我：要做得有聲有色，財委會會給你最大支持。

籌備工作按計畫進行，一切順利。八十三年七月二日召開籌備委員會第三次會議，通過會議日程、參觀、書展及工作委員會人事。計爲：

一、敦請李總統登輝先生於開會式中，親臨致詞。邀許秘書長水德先生在閉會式中講話。

二、議程授權議事組視實際情形再作調整。參觀單位爲：㈠故宮博物院、陽明書屋；㈡中央研究院近代史研究所；㈢國史館；由國外學者自行選擇一處，國內學者可不必參加。

三、工作委員會自八月一日起成立，於大會開始時即改稱秘書處，其人事：

㈠以陳鵬仁先生爲召集人，喬寶泰、朱重聖、李文哲爲副召集人，開會時即改稱秘書長、副秘書長。

㈡以邵銘煌先生爲執行秘書，先聘林泉、劉世景兩先生爲秘書，餘俟工作需要時再行洽聘。

㈢工作委員會下設五組，其名稱及人事爲：

議事組：組長劉維開先生。

接待組：組長暫由邵執行秘書銘煌兼代。

新聞組：組長由文工會推薦王世豐先生擔任。

翻譯組：組長由李副召集人文哲兼任。

總務組：組長文伯瑞先生。

四、討論會場同時舉辦書刊展覽，由林泉先生爲召集人，定期召集國史館、近史所、故宮博物院負責人員會商細部計畫。

五、論文校印及接待工作，必要時請國史館、近史所、故宮博物院分別支援部分人力。

中華民國八十三年十一月十九日上午九時三十分，國父建黨革命一百週年學術討論會正式揭幕。李總統登輝先生親臨致詞，於闡述中國國民黨始終爲主導中國近代歷史發展的主要力量外，並說明當前基本政策：㈠落實主權在民，㈡實行政黨政治，㈢推展務實外交，㈣謀求國家統一。最後的結語是：

我們深信，中國國民黨今天在臺灣創造的成就，必然是全體中國人未來追求的目標；中國國民黨的存在與發展，必將爲中華民族開創光明的新時代。

應邀參加討論會的中外知名學者及獲邀以觀察員身分到會的青年學人，比預定的名額超出甚多，計共三百餘人。其中有五十多人係來自美、英、法、德、俄、日、韓、拉脫維亞、新加坡、澳大利亞、香港等國家或地區，率皆飽學知名之士。俄羅斯及拉脫維亞兩國學者之參與盛會，係屬首次，頗爲各方所重視。更有日本慶應大學之博士研究生多人志願以自費前來參加，至受歡迎。國內則有五十餘所大學及研究機關之學者、專家及青年研究人員與會，各著名傳播媒體之社長、總編輯等亦應邀參與討論，正所謂少長咸集，濟濟多才，處處洋溢著熱情與溫馨。

討論會本約定討論論文一百篇，屆時有一篇未能及時提出，實際提出宣讀討論者爲九十九篇，涉及的範圍至爲廣闊。討論會係採分組進行方式，即分爲革命開國史、北伐統一史、抗戰建國史、臺灣光復與建設史四組，同時開會討論。計會議四天，共舉行分組討論會四十八場次，綜合討論會一次。全部論文、討論紀要、有關文件及照片，均由高純淑、宋正儀兩位小姐和林養志、劉維開兩位先生，編輯爲《國父建黨革命一百周年學術討論集》，共四冊，於民國八十四年三月出版。我在「弁言」中，對此次討論會與討論集出過大力的同人，深致感佩之忱：

> 討論會的召開與討論集的編印，胥賴黨史會同人的共同努力。不辭辛勞始終其事而又無絲毫怨尤者，則爲秘書邵銘煌博士、總幹事劉維開博士、孫逸仙博士圖書館館長林泉教授，專門委員高純淑博士、文伯瑞、林養志、高稚偉三位先生，編審宋正儀、胡海敏、視導楊麗美三位小姐。葉有廣同志掌理財務，克盡忠勤。陳副主任委員鵬仁教授督勉協調，獻替良多。而李文哲博士、劉世景先生雖已擺脫中央委員會職務，然仍全力相助；國史館朱副館長重聖博士動員大批人力協助校印，尤深感佩。雲漢忝爲黨史會主管且爲籌備委員會召集人，知之綦詳，爰綴數語，以志諸同人之辛勤奮發，且以申雲漢之佩慰與謝忱。

我在討論會中，擔任第一次討論會第三討論組（抗戰建國史）的主席，並與秦院長孝儀先生共同主持綜合討論。當然，身爲大會召集人，於記者招待會、歡迎酒會、開會式、閉會式中，都或多或少講過一些話。由於政治環境和文化生態的改變，傳播媒體對這次大規模國際學術會議並未作負責任的報導，唯中視文化公司應邀在會場全程作錄影、錄音及專訪，備極辛勞，令人感動。

我提了一篇論文，題目是〈中國國民黨遷臺後黨政關係制度的演變〉，經議事組安排在十一月二十二日下午舉行之第八次討論會第四討論組（臺灣光復與建設史）討論。主席是祝基瀅博士，評論人是華力進教授。我以研究黨史近四十年的經驗來談這個問題，自認有確實可靠的依據，所述皆屬制度層次，應無太大的爭論；然力進兄係以資深政治學者，以政治學立場，作了極爲嚴厲的批評，最重要的幾點是說：「學術論文須有理論架構，這篇文章談黨政關係，沒有談黨政的理論架構，組織材料，來加以評論。」「這篇論文只限法令，黨的規章，文字上談到institution，制度上沒有談到，涵蓋面從題目上來講也不太夠。」「我看不出來，結論是根據前文敍述來綜結，從學術論文的觀點看，是一缺點。」

自由討論時，有張玉法、曾銳生、劉鳳翰、謝政諭、陳孟堅五位先生發言，主席祝基瀅先生也講了一些話。他們多認爲史學研究與政治學研究在本質與方法上並不相同，華教授以政治學研究之觀點來評論，「似乎要求過當」。曾銳生、謝政諭不同意華教授中國國民黨爲列寧式政黨的說法。他們也認爲我的論文確也有「未交待清楚」的地方。

我非常感謝華力進兄非常嚴厲的評論，但也有些不能同意和不能接受的地方。我於作答復時，很直率的講出我的看法：

要請華先生原諒，我對政治學者有若干見解不能接受。政治學者喜歡拿西方民主政黨的模式來套中國的型式，忽視了中國歷史發展的過程以及社會需要和民族性，這是不切實際的。我是根據歷史的發展，說明一些制度的產生和演變，不是以現今的一些理論架構，硬套在歷史事實上面。我也不認爲中國國民黨是個「列寧式的黨」，我只承認中國國民黨在民國十三年實行改組時，受到俄國革命相當程度的影響，但經過十六年清黨，到十七年黨權重建時，這些影響就褪色了，沒有了。曾銳生先生說的對，中國國民黨到臺灣後的改造，是一次徹底改造，改造後的中國國民黨無異是一個新黨，現在還說中國國民黨是列寧式政黨，是有違歷史事實的。

以往的國際學術會議，於舉行過後都奉命向中央常務委員會議提出報告，這次卻是例外。等了十多天，都沒有要我報告的消息，只好主動向主管會談簽報，請求「准予備查」。我的簽報案——「黨史委員會報告案：謹將黨史委員會主辦『國父建黨革命一百週年學術討論會』經過情形，報請鑒察案」，提出於十二月十四日召開的第十四屆中央委員會各單位主管同志第三十五次會談，宣讀案文後由我略作說明，無人發表意見，遂一致通過「准予備查」。這件事，到此結束。黨史會以後恐怕無力再主辦這樣盛大的國際學術會議了。

建黨一百週年紀念叢書

就我所知，黨史會成立六十五年以來，曾有三次編印系列史料叢書。一次是民國五十年前後編印的《中華民國開國五十年文獻》，一次是民國五十四年編印的《國父百年誕辰紀念叢書》，一次是民國七十年前後編印的《中華民國重要史料初編——對日抗戰時期》。前兩次編的叢書的主編人是羅家倫先生，第三次編的叢書主編人是秦孝儀先生。這次爲建黨一百週年，我決定發動黨史會有關同仁，共同編輯或撰寫一套紀念叢書，並決定幾項原則：

一、編著人署名於版權頁，視作他的著（編）作。

二、除我自己外，著述人得支領稿費，編輯人得支領編輯費。

三、叢書規格版式，由主管編纂業務之第一室統一規定。

四、如收取會外稿件，應付給稿費或轉載費。

五、把握進度，必須於民國八十三年度內出書。

經與有關同仁數度商酌，決定出版黨史著述十五種。後以「蔣經國先生年譜初稿」暨「中國國民黨黨史論著目錄索引」，撰寫不及，實際如期出版者計共十三種，分裝二十四冊。書名、著述或編輯人、裝訂冊數等如下表：

書名	著作人	編輯人	冊數	備註
中國國民黨史述	李雲漢		五	
孫中山先生與蔣中正先生		邵銘煌	一	十二開本
國父年譜（第四次增訂本）		林泉	二	
蔣中正先生在臺軍事言論集		蔡相輝	一	
李主席登輝先生重要黨務言論集		林宗杰	一	
先烈先賢書畫集珍		楊麗美 宋正儀	一	十二開本
中國國民黨職名錄		劉維開	一	
中國國民黨一百週年大事年表		林養志 宋正儀	二	
中國國民黨在日本	陳鵬仁		一	
中國國民黨與中國民主憲政	喬寶泰		一	
中國國民黨黨史研究論文選輯		高純淑	五	

至公至誠的中國國民黨（增訂本）	黨史會	一	
中國國民黨歷次全國代表大會圖輯（增訂本）	劉維開	一	
合計		二四	

上表所列十三種書，有學術專著，有工具用書，有圖輯，亦有研究論文集與言論集，適用於黨史研究的各方面需求，可謂務實做法。其詳細內容，「近代中國」雙月刊第一〇四期曾有專文介紹。撰述人及編輯人共十位，多爲從事黨史研究著有成績之同仁，亦爲實際負責各項主要業務之幹才。另詹明棧總幹事編成《中國國民黨中央委員會黨史委員會出版書刊目錄》一種，介紹黨史會出版書刊五百餘種，亦甚可觀。

擴大開放會藏檔案文獻

黨史會庋藏中國國民黨歷屆中央委員會各種各次會議紀錄暨各種檔案，爲研究黨史、國史之重要原始史料。惟僅開放至民國十六年（一九二七），自難滿足歷史研究者的熱切期望，要求開放檔案的呼聲時有所聞。我在擔任副主任委員時期，即數度建議擴大開放史料範圍，俾更能發揮弘揚黨史的積極效用。

八十二年十二月，我向中常會建議擴大開放史料，中常會決議由中央委員會有關單位研處。我以爲中央常務委員會議決議案，應由中央秘書處主動執行，故未再追踪。然至八十三年四月，尚未見秘書處採取行動，經詢問後，始悉應由原提案單位擬訂辦法，與秘書處會同邀請有關單位研商。由於我行政經驗不足，致有此延遲。當囑第三室林宗杰總幹事擬出「擴大開放史料辦法草案」一種，與中央秘書處黃鏡峰主任聯銜簽呈秘書長，請由李副秘書長鍾桂女士召集秘書處、黨史會、文工會、青工會及革命實踐研究院，先行研商，然後呈經中央工作會議通過後由黨史會據以實施。

黨史會初擬辦法中，規定史料開放範圍擴展至民國五十年（一九六一），這是我的主張。我的理由有三：一爲既稱爲慶祝建黨百年而擴大開放史料，幅度即不能太小，這樣由民國十六年一躍而至五十年，跳一大步，才眞正能表達慶祝之意。其二，我曾參與行政院研究考核及發展委員會起草檔案法的工作，深知各先進國家檔案保密年限爲三十年，凡超過三十年之檔案文獻即可開放研究；我能開放至民國五十年，距今適爲三十餘年，適合世界先進國家通例。其三，八十四年（一九九五）爲抗日戰爭勝利暨臺灣光復五十週年，先將抗戰時期包括中日和約簽訂之檔案全部公開，正可促進抗日戰爭與臺灣光復初期建設的研究。

秘書長同意先請李鍾桂副秘書長召集協調會議。五月三日，協調會議在臺北市仁愛路三段五十三號中央黨部七樓會議室舉行，各單位均由主管或副主管出席。有兩位與會同人提出開放範圍可否再擴大的看法，李副秘書長和我都認爲開放至民國五十年是極適當的。亦有一、二人對檔案內容及辦法中若干名詞的意義，提出疑問，我當即予以說明。深感「隔行如隔山」，不作史學研究者絕難體會到史料的確定性意義及其價值。李副秘書長裁決，全案修正通過，文字整理後簽報秘書長批交中央工作會議或主管會談討論。

五月十八日下午舉行的第十四屆中央委員會第二十二次主管會談，議程中列入了黨史會所提「擴大開放史料實施辦法草案」請求「准予備查」一案。主管會談由許秘書長水德先生主持，討論到本案時，他先問我：「你認爲怎樣？你是專家，我們尊重你的意見。」我再作說明，認爲開放史料是應當的，有利無弊。有人問：「是否應提中常會討論？」我的回答是：「以往有關史料開放的事，都由中央工作會議或主管會談決定。」大家不再講話了，決定「准予備查」。我在當日日記有一段話：

> 下午的第二十二次主管會談，通過了黨史會擴大開放史料的提案，史料開放範圍已擴展到民國五十年以前。對學術研究而言，應該是個好消息。

擴大開放史料案，自民國八十三年六月一日起實施。「實施辦法」並刊載於「近代中國」雙月刊第一〇一期。意外的，最關心史料開放的史學界並沒什麼反應，有興趣談這一問題的是一部分傳播界的記者。他(她)們的認知不同，看問題的角度也各有所好，因此講出話來有些不切實際，甚至不著邊際。「新新聞」的一位採訪小姐發表一篇「國民黨將在六月打開黨史的黑盒子」，引用了我的話，加進了張玉法、齊錫生的意見，最糟的是她加油加醋的說什麼「學者雖咸認此爲好消息，卻也不免擔心這只是虛晃一招」。讀過這篇報導，不但失望，眞的是感到悲哀，爲何連這點史識都沒有呢！

六月九日，中央文化工作會邀請了三十多位中國國民黨籍的新聞記者，於午後一時到陽明書屋參觀，藉以瞭解一下史料開放情形。我親自接待，先做簡報，再去研究室參閱新公開的檔案及會議紀錄。很多人照了相，也問了一些問題。沒想到民進黨籍國大代表賴坤成也在記者群中，他說如果覺得不方便，他就離去，我表示歡迎，並與他一同翻閱一項文件。有一家報紙次日把照片刊登出來了，顯示我們都很有風度。

還是有不少人詢及一些問題。我因此寫了一篇〈從史料開放談黨史研究〉的文章，在「近代中國」雙月刊發表出來，對有關詢問作了綜合性答復。我的一段原文如下：

連日來各方朋友們的詢問，可歸納爲兩項問題。一是此次開放之史料檔案的內容，一是申請來會參閱史料檔案的手續。雲漢職責所在，應當作一說明。

首先談開放之史料內容問題。黨史會所度藏的史料，依其性質及形態，可區分爲四類：一是一般史料——即不具保密價值的史事與人物史料，二是圖書、期刊、公報及報紙，三是圖片及視聽資料，四是本黨各時期各居次之會議紀錄與檔案文件。前三類史料早經公開，尤其是孫逸仙博士圖書館所收藏三十萬冊圖書，一直對社會大衆開放。第四類史料價值最高，機密性亦最嚴格，如要開放，必須經過審愼研究，並須獲得高層會議的同意。此次奉准開放的史料，即係屬於第四類的範圍，即民國五十年以前本黨中央各種會議紀錄與檔案文件，是第一手的決策性史料，爲歷史學者從事民國史研究與著述的基本和必要的依據。

由於開放史料範圍內有一項是「國防最高委員會會議紀錄」，有一位傳播記者問：這是否屬於「國防機密的大暴露」？我告訴他，不要望文生義。國防最高委員會是抗戰期間的一個機構，其會議紀錄當時當然是絕對機密，但在四十多年後的今日，其保密條件已不復存在，已是純粹的史料，自無「國防機密」可以「暴露」。

不只一兩個人，詢及「大溪檔案」問題，是不是在此次公開範圍之內？我的答復是：請不要誤會，「大溪檔案」不屬於中國國民黨中央黨史會管理，是屬於總統府的檔案，有何詢問或請求，應向總統府機要室提出，相信會有滿意的答復。

也有人問及本黨先總裁蔣中正先生的日記。我只有說聲抱歉，因爲蔣先生的日記不在黨史會，我也從來沒有看見過蔣先生日記的原本。說眞的，我自己從事研究工作，又何嘗不想能早日讀到蔣先生的日記！但日記是屬於私人的資財，記日記的人或其代理人不願意公開，其他人很難以勉强。

擴大展覽至前線與海外

黨史史蹟展覽是黨史會第二室主管業務之一，分平時的定期展覽與重要事件之不定期特別展覽兩類。建黨一百週年是大慶，當然要辦空前盛大的特別展覽。第二室詹明棧總幹事擬出一份「慶祝建黨一百週年擴大展覽計畫」，由我修改後呈經許秘書長核准實施。計畫大要如下：

慶祝建黨一百週年擴大展覽計畫

一、宗旨：使全體同志暨全國同胞對本黨建黨革命一百年來之奮鬥與成就，經由圖片與史料展覽，獲致更深入的認識與瞭解，進而堅定對本黨的認同與支持。

二、展出時間：八十三年十一月至十二月。

三、展出地點：

㈠臺澎金馬地區：

1. 臺北市：

⑴國父紀念館

⑵中正紀念堂

2. 高雄市

3. 臺灣省各縣市

4. 金門、馬祖

㈡海外各地：

1. 舊金山

2. 檀香山

3. 香港

4. 新加坡

5. 日本東京

四、展覽方式：

㈠臺北市國父紀念館、中正紀念堂之展覽，由本會負責。

㈡高雄市、臺灣省各縣市、金、馬地區，擬由本會提供展覽資料，並與組工會會函各縣市黨部負責商借場地、布置等相關事宜。

㈢海外地區擬請海外工作會函請駐外單位規劃展覽事宜。所需展覽資料由本會提供。

㈣所有展覽照片、文件及展覽簡介，概由黨史會規劃製作。

五、展覽主題與內容：規劃四項主題，以供各地區依其需要選用一項展出。

㈠以「國父建黨革命的回顧」爲主題，內容包括興中會、同盟會的成立；反對袁氏帝制；重組中華革命黨；改組中國國民黨，以迄總理逝世，共含照片文件一二〇張。

㈡以「先總統蔣公與臺灣的光復及建設」爲主題，內容包括1.心心念念光復臺灣；2.以臺灣爲民族復興的基地；3.奠定「臺灣經驗」的基礎；4.親赴各地巡視，關懷民衆，等四大單元，共含照片文件一百張。

㈢以「中國國民黨與臺灣」爲主題，內容分兩部分：1.國民革命與臺灣的關係；2.三民主義理想在臺灣實踐的過程與成就，次分政治、經濟、教育、社會建設四單元，共展出照片文件一百張。

㈣以「中國國民黨與反共堡壘——金、馬」爲主題，內容包括先總統蔣公、蔣故主席經國先生、李主席登輝先生歷次親赴戰地巡視防務，並慰問居民生活，共展出照片文件一百張。

六、經費：

㈠照片製作、文件複製及編印手冊，每套成本約計新臺幣壹拾萬元。

㈡擬請各縣市及海外各地黨部負擔所需展覽品之製作成本及郵運費用。

提供海外及各縣市黨部之展覽品，製作費由黨史會負擔，郵運費本希望由各展出黨部支付，然與海外工作會暨臺灣省黨部舉行協調會議時，他們表示經費有困難，黨史會遂一肩承擔。第二室以有限人力，承擔此項繁重任務，不但能如期製作完成，供應海內外各級黨部，且能主動開展工作領域，協助郵政黨部舉辦建黨一百週年郵政文物暨革命史蹟特展。地點在郵政博物館，於十一月二十三日開幕之日，許秘書長水德親往主持，我也前往參加，許介圭局長對黨史會之協助，深表感謝。

徵選好書好文與海外文獻文物

黨史會慶祝百年黨慶的三項徵選活動是：一爲徵選黨史優良著作並獎助其出版；二是由近代中國雜誌社舉辦徵文；三是向海外各地徵求革命文獻及文物。

第一項優良黨史著作之徵選，係黨史會成立以來首次舉辦，凡經嚴格評閱而獲入選之作品，發給獎金一十萬元，並負擔其全部出版經費。徵選辦法公布後，應徵者並非十分踴躍，其中黨史會同仁之有著作者爲將入選機會提供給會外青年學者，均未參加申請，復由於中國歷史學會亦辦理類似之徵選，有幾位已向歷史學會申請，無法再參加黨史會之徵選，儘管黨史會之徵選條件比較優厚。評審工作，分初審、複審、決審三級，評審委員均聘會外著名歷史學者擔任。最後評審結果，決定錄取二名：一爲林玲玲，其著作爲《廖仲愷與廣東革命政府（一九一一—一九二五）》，一爲王凌霄，其著作爲《中國國民黨新聞政策之研究（一九二八—一九四五）》，於十月三十一日頒獎，其著作亦於民國八十四年由黨史會資助出版。

近代中國雜誌社之徵文活動，係於八十三年六月至十月間辦理。計分大專與社會兩組，論文題目有二：一爲〈我與中國國民黨〉，一爲〈我對中國國民黨的認識與期望〉。報名應徵者極爲踴躍，經評審委員評審後，每組各選出特優作品一至三名，每名獎金三萬元；優等五至十名，每名獎金二萬元；佳作二十名，每名伍千元正。錄取名單，於十月十五日在「中央日報」公布，並於十月三十一日與優良黨史著作之入選作品，合併舉行頒獎典禮。入選作品之作者，有中小學校長，有大學教授，年長者在八十歲以上，年輕者爲二十歲之大學在學學生，其部分作品已分期在「近代中國」雙月刊發表。

徵求海外文獻文物，係於八十二年十二月即開始辦理，一年爲期，係與中央海外工作會合作進行。八十二年十二月二十日，黨史會特邀請外交部、教育部、僑委會、新聞局、中華民國僑聯總會等相關單位代表，假國立中正紀念堂會議室舉行協調會，各單位均熱心協助。徵集範圍極爲廣泛，依據「慶祝建黨百年海外史料、文物、文獻徵集辦法」，包括四類十五項：

一、總理孫中山先生、總裁蔣中正先生、蔣故主席經國先生史料項目：

甲、遺像：單照或與同志、親友合照。

乙、遺事：生平經歷各事及嘉言懿行。

丙、遺墨：手書或他人所書而代爲簽名者。

丁、遺著：手著之專著、特撰或命意而別人代擬及演說詞等。

戊、遺物：生平所用品物。

己、遺跡：所到之處，遺跡尚在者，攝影以留紀念，並紀明其到訪時之年、月。

二、本黨海外組織革命史料項目：

甲、黨務：凡本黨各時代之宣言、約章、議案、文告、命令、任狀、獎狀、誓詞及黨證等屬之。

乙、紀述：凡有關於記載事實者，如編年、紀事、別錄、傳記、事略、年譜、圖表等屬之。

丙、黨報及期刊：凡各地組織所創刊之黨報、期刊，以及當地之雜誌、新聞，其紀事或廣告與革命有關者屬之。

丁、遺蹟：凡有關於革命紀念物品者屬之。

1.遺像：革命先烈先進單照或合照。

2.遺墨：革命先烈先進親筆所書原跡或其攝影。

3.遺著：革命先烈先進所著之各種文字。

4.遺物：與本黨有關之紀念物品如戰具、旗幟、債券、電報、密碼、印章、獎章、匾額，以及先烈先進生平所用所作之一切物品。

5.雜物：凡革命紀念地、革命建築物、革命團體或各種革命運動等攝影，以及先烈先進紀念碑文或祠墓等攝影。

6.文牘：海外使館、領署等地，留存或散在民間之文牘與本黨有關者屬之。

7.雜件：凡不入以上各項者屬之。如歐美日本等外國同志爲吾國革命盡力不少，其史料宜照上列各類徵集之。

「徵集辦法」通告海外各地黨部後，反應頗爲熱烈。不獨可以徵得罕見之文獻文物與史料，且可加強黨員與中央間的聯繫。亦有老黨人之後裔，以所持有之孫中山先生墨寶或其先生手蹟以高價求售者，黨史會限於經費，實無法照價收購，深以爲憾。

一六、中國國民黨史述

應當做也樂於做的事

黨史會出版的建黨一百週年紀念叢書中的《中國國民黨史述》，是我寫的第十三種書，也是篇幅最多，用心至深的一部書。我在「自序」中開頭就說：

民國八十年六月開始撰寫這部《中國國民黨史述》，至八十三年八月完全定稿，爲時三年又兩個月。預期於本年十一月出版，作爲慶祝本黨建黨一百週年的獻禮。以一個人的力量，完成了一件值得做，應當做，也樂於去做的有意義的事，自然感到無比的欣慰和興奮。

八十三年四月間，我曾在「近代中國」雙月刊第一百期發表一篇「撰寫《中國國民黨史述》的心意和構想」，把寫作這部書的動機、態度、過程和本書的特點，都有所說明。沒有提到的地方，在這裏再略作補充。

民國八十年，我已經六十五歲。想在未來幾年內，趁精力體力都還好的時候，寫一部具有代表性的著作，向歷史也向自己做交代。當時考慮自身的研究條件，覺得有兩個方向可以選擇：

一是寫一部完整的抗日戰爭史；

一是寫一部完整的中國國民黨黨史。

兩個方向都是應該走的，但一個人在同一時間內只能選擇一個方向。究竟應該以那個方向為上選？一時還眞的下不了決心。夏間，伊利諾大學教授于子橋兄到陽明書屋做研究，也和我討論他的研究計畫，我順便把自己的問題提出來，請教他有沒有建議。子橋兄稍作思索，即很堅定的說：「你要寫中國國民黨的黨史。」我問他：「這是為什麼呢？」他的回答是：

抗戰史你不寫，別人會寫；中國國民黨黨史就不同了，你不寫，別的人就很少具備像你這樣的條件，想寫也不敢寫。中國國民黨不能沒有歷史，你又是研究黨史的，所以非你寫不可。

子橋兄的話，非常有道理，聽後爲之動容，決定好好考慮一番。馮自由、鄒魯、張其昀等先生雖都寫過黨史，但沒有一種是完整的，而且也不是學術著作。老實說，我對鄒魯先生的《中國國民黨史稿》和張其昀先生的《黨史概要》，都不能滿意，我一度想寫批評文章，來嚴厲批評這兩種書。但我自己有沒有寫一部完整而很少錯誤之黨史的能力呢？這當然是值得深思熟慮的問題。

自己在史學圈裏濫竽爲現代史學者，常聽到一些同道們批評中國國民黨沒有人才，也不重視歷史，所以始終寫不出一部像樣的黨史來。像張玉法先生，他寫一篇文章要「爲中國國民黨黨史催生」。誠然，這是我們黨史會應該做的事。八十年四月一日起，我代理黨史會主任委員，且再過三年就是建黨一百週年大慶，那時連一部夠水準的黨史也寫不出來，當然說不過去。就這樣，我決定一個人挑起這付重擔。我曾在「撰寫《中國國民黨史述》的心意和構想」一文中，寫出我當時的想法：

> 中國國民黨的黨史也同樣受到漠視、質疑和挑戰，有些爭議性的史事，常常受到缺席裁判。事實上，中國國民黨黨史是中華民國國史的主要部分；對中國國民黨黨史的漠視和曲解，自然也影響到中華民國國史的整體性與公正性。身爲中國國民黨黨史和中國現代史的研究者，多年來閱讀若干原始史料和中外各種史著，深深感覺到中國現代史研究實已面臨

喪失歷史正義的危機。所以我主張史政機構多公開史料，歷史學者也應當以大公至正的態度，作審愼而嚴正的論述，期於「示好惡之公，昭是非之正。」就本人專長及職責而言，撰寫一部較爲完整而公正的中國國民黨黨史，乃爲當務之急，且屬義不容辭。

寫一部完整的中國國民黨黨史，自然不是件輕而易舉的事。我曾冷靜的衡慮過本身的條件，也曾徵求過幾位好友的意見，並得到內子的鼓勵和支持，更基於素所抱持的歷史使命感，決定傾一己之力，義無反顧的完成這件向歷史交卷的事。我之決定以一人之力完成這部書，並沒有任何個人英雄主義想法，完全是基於學術自由和善盡責任的精神，表達個人長年研究黨史的心得，倘有任何褒貶，皆願一身任之。取名爲「史述」，意在秉持個人的知識和信念，作坦誠忠實的論述。

依據上述想法，決定作三個月的構思並集中主要的參考資料後，即行動筆。不再徵求任何人意見，書成後也不會請任何人品題。必須在民國八十三年（一九九四）十一月建黨百年大慶前印出來，那才有意義。自己曉得，這是一次對自己智慧、知識、文筆和體力的一次總考驗，也是一生研究黨史的一個總交代，我有信心可以順利通過這一關，完成這件值得做的大事。

寫作原則與過程

開始寫作之初，我就爲自己定下幾個原則，也是要達到的幾個目標，這在我的「自序」中，作了說明：

寫史論史，都不能遠離史實。本書取名爲「史述」，意在秉持個人的知識和理念，對中國國民黨一百年來的史事，作坦誠忠實的論述。撰述期間，時時刻刻在考慮並信守的原則，可歸納爲下述四項：

一、完整性：已出版的中國國民黨黨史著述，雖不乏水準甚高之名著，然均爲某一時期或某一方面之論述，尚無通貫建黨一百年以來之整體性著作，治史者輒引以爲憾。著者撰述本書，首以完整性爲基本要求。就時間而言，涵蓋自甲午（一八九四）建黨至第十四屆二中全會（一九九四）一百週年間的黨事；就空間而言，包括中華民國全部領域及海外各地；就內容而言，於組織、宣傳、軍事等行動外，尚述及黨員、黨紀、財務、理論、黨史、黨政關係等方面之演變與發展，期能顯現中國國民黨一百年來的歷史全貌。

二、正確性：著者深信：「文獻足徵」爲史學著述的先決條件，「徵而後信」爲落筆立論的必要基礎；爲讀者提供對史事的正確認識和理解，乃著作人應有的史德和應盡的責任。本於此一信念，著者採用之史源力求廣闊，而考訂取捨必求謹嚴。重大決策必須依據原始文獻；史料之眞僞及其價值高低之認定，亦必出於審愼之鑑別。態度方面，更應一本嚴正之治史精神，不預設立場，不妄加論斷，任何問題均可從正確的史料中尋求答案，而主從、是非、正逆、敵友之界定，則當秉筆直書，無所假藉。

三、系統性：本書敘事，係以年代先後爲經，以地域近遠爲緯，以中央黨務爲主軸，次及國內各省市及海外各地區之黨務活動。務期本末分明，幹枝連結，主客兼顧，不失全書體系之完整。而於國事、黨事之關係及其分野，尤力求依據軍政、訓政、憲政三時期之不同制度與實際運作狀況，釐清分際，明其脈絡，詳其當詳，略其可略。尤其是中國國民黨遷臺以來之四十五年，黨政關係與昔日在大陸時代完全不同，近十年餘來黨政分際尤爲明顯，故本書所述係以黨史爲統系，非有必要，不兼述國史。蓋國史之論述，自有國史機構負其專責，毋庸黨史著述多所詞費也。

四、學術性：本書具有中國國民黨通史性質，亦爲大部頭之學術專著。無論是內容、取材，或是體例、筆法，著者都是以學術著作的標準，來自我要求，並自我期勉。除以大宗原始史料爲基本史源外，同時採擷中外著名學者之研究成果，不忽視任何人已有的成就與貢獻，如羅家倫、羅香林、崔書琴、張其昀、黃季陸、郭廷以、梁敬錞、吳相湘、王德昭、蔣永敬、張玉法、韋慕庭（C. Martin Wilbur）、史扶鄰（Harold Z. Schiffrin）、金德曼（Gotfried Karl Kindermann）等人的著作，都曾受到著者的推重；若干青年優秀研究人員的專著或學位論文，著者亦曾廣爲參證。即大陸地區近年來所出版的中國國民黨黨史著述，著者亦引爲參考，並引用其若干公正之觀點。

先行擬定一份總目次，作爲寫作的提綱。計畫正文分四編，分別論述中國國民黨歷史四個時期的史事。另有附錄一編，合爲五編。編內分章，章下分節，合計共爲四十章，二百八十九節。每編分裝爲一冊，共五冊，各冊主題及敍事範圍如下：

第一冊：即本書第一編，主題爲黨的建立與發展，含十章，始自孫中山先生首倡革命迄於辛亥革命與民國創建，爲中國國民黨革命開國時期（一八九四—一九一二）之史述。

第二冊：即本書第二編，主題爲民國初年的奮鬥。敍事時限，係自中華民國開國至北伐統一，計一十七年（一九一二—一九二八），內容含十章，分述建元、討袁、護法、改組、北伐、清黨諸大端。

第三冊：即本書第三編，主題爲訓政建設與安內攘外。此時期爲中國國民黨在大陸執政時期，自訓政開始（一九二九）至戡亂失敗（一九四九）退守臺灣，共二十年，以對日抗戰爲本時期的中心，以十章分別論述戰前、戰時及戰後的黨政發展與變化。

第四冊：即本書第四編，主題為保衛臺灣與建設臺灣。時限自民國三十八年（一九四九）十二月中國國民黨隨中華民國政府遷移臺灣，至十四屆二中全會之召開（一九九四年八月），共四十五年。內容亦分十章，分別論述中國國民黨之改造、政績、對外關係與近年來體質與政策的變化。

第五冊：即第五編，係附錄部分，備查證參考之需用。共含四種資料：一為重要文件選錄，共八十三件；二為歷屆重要會議簡表，計三類；三為中央領導機構主持人名錄，計九種；四為黨史研究參考書刊目錄，列中、日、英文資料共近千種，多為本書所引用及參考者。

不客氣的說，這書可稱得起是巨構，預計在兩百萬字以上。面對這項大工程，我毫無畏懼，勇往直前。永敬兄曾批評我有牛脾氣，我也自認為拖著沈重破車的老牛，現在就是要發揮「牛勁」的時候。不停息，不叫苦，不發脾氣，兩眼瞪著前方，走，一步步的走，疲憊卻又堅毅的走、走。

感謝內子賢慧，家中大事小事一手承擔，使我毫無憂慮，得以集中全副精力於寫作。晚間的電視節目停了，外面的應酬非不得已，也謝絕參加。所有假日或公休時間，都做了充分有效的利用。我不會用電腦，也不想借重於剪刀漿糊，還是用最笨拙卻也最踏實的老辦法，一字字一行行的親筆來寫。當然，一邊寫還要一邊想。

將近四十年來研究和教學所積累的大宗資料，這次有用了。我對黨史的瞭解程度，使我不大用查證就可把每一時期，每一事件的背景和過程連貫起來，有那些主要史料要利用，那些學術論著須參考，那些問題有爭論，須作分析，那些組織及人物係在黨統外存在及活動，下筆時必須予以適當的定位，這些都在我的腦海中，用不著再去「上窮碧落下黃泉」。這就是學術界朋友們口中常說的「功力」；我的「功力」，就是我敢於承擔爲黨修史的憑藉。

我計畫寫的「史述」，是中國國民黨的全史，也是正史。因此，不能不講黨統，也不能不講紀綱。在落筆之初，我就定下了自我約制的標準，對紀年、稱謂、正逆地位等都有自己的做法。看我下面一段話：

本書正文四編均附有索引，便於查索。紀年用中華民國紀元，同時附以西元年代。人名以黨內文獻登錄之姓名爲準，非有必要，不稱別號。引文則悉依原文，不加更動。著者爲中國國民黨人，對黨之總理、總裁、主席、均稱先生，以示尊敬，餘人則逕稱其姓名。行文有必要時，亦得稱其職銜。自立於黨統以外，不具合法地位之會議、機構、團體或有關職務，則加單引號以區別之。其爲黨中央宣布爲叛逆者，亦加僞字或逆字以明其地位。違紀之處分，悉依中央紀律單位所公布之決定。

時間有限制，不允許我有多思索、多修改的裕如。從頭到尾，我是一往直前的寫下來，沒再回頭增刪或潤色，也許可以說是一氣呵成。直到全書三校時，我才有機會親校一遍。批評的人也許認爲我有點草率，實則這是不得已，一回頭去改，就沒法如期趕成了；同時，「一筆寫到底」也已是我的著作習慣，好幾部書都是只有一份從未回頭改過的原稿。從好的一方面講，這未嘗不是值得自豪之處，因爲這說明我思路淸楚，史料熟悉，文筆通達，詳略有節，是一般人不容易達到的著作境界。

張玉法教授曾對傳播媒體的採訪小姐說過：分量這麼重的書，最好是幾個人分段來寫；單靠一個人的力量，難免太辛苦。幾個人合寫一部書，是時常有的事，玉法的心意我很感謝，也曾鄭重考慮過，但最後仍然決定：書由我一個人來寫，責任也由我一個人來承擔。況且，我一個人寫，可以全權控制時間與進度；論點及文字，也會前後一致，系統也比較分明，不會有重複或相互矛盾之失。如幾個人寫，詳略各有所偏，觀點也不會一致，偶因其中一人因某種事故而無法完稿，全書將因而擱淺，不能於建黨百年之慶出版，那就失去了我原來規劃的意義！

「千山迂迂我獨行」，在學術研究上並不見得是壞事。假如有人想學司馬遷「成一家之言」，只要他能做到，也值得喝采。

尙有一事令我俯仰無愧，且有一份榮耀之感者，是我耗費三年多時間而完成二百萬字之黨史巨帙，卻未曾領取一文稿費。一位中學時代同學的夫人有一次說：李先生寫這麼大的一部書，一定可以拿到一大筆稿費。我告訴她：不但一文錢也拿不到，有時還要賠上誤餐費及文具費。她不大相信當今社會上會有這種事，但也不能不相信我說的都是事實。我愛我的黨，爲黨奉獻一點是應當的。我更珍惜自己的人格，這樣做，有享不盡的心安理得、淸淸白白的尊嚴和快樂。

出版

黨史會及黨史會同仁個人編輯或撰寫之著作，出版機構有兩種方式：一爲由黨史會逕自署名出版，如《國父年譜》是；一爲由近代中國出版社出版，如《中國國民黨黨史論文選集》是。我前著《西安事變始末之研究》一書，係由近代中國出版社出版，這部《中國國民黨史述》決定以黨史會爲出版機構。

本書之出版，黨史會第一室總幹事劉維開博士獻力最多。每編卷首之配圖，卷末之索引，及校印之分配與督導，均係劉總幹事所遴選，設計，分配與指導。曾經協助並親任校對工作者，有邵銘煌、林養志等先生，高純淑、宋正儀等小姐。他（她）們也都是《建黨百年紀念叢書》的編輯者，每人都有繁重的業務，也要擔任一種或數種書籍的編輯工作，再抽時間爲我做校對，眞是忙上加忙。除對他（她）們幾位深表感謝外，更以黨史會擁有這些優秀的青年史學新秀，感到無限的欣慰。

我也曾親自校對過一遍。發現視力已大不如前，有些字型看起來似是而非，而且幌動得厲害，眞的是歲月不饒人。前些日子，「聯合報」的「地下電纜」專欄，有一位「在野記者」寫一段我正在著書的事，標題是「李雲漢皓首著書」，說我爲了寫「中國國民黨一百年史」，頭髮已經全白了。這使我想到吳稚暉老先生喜歡用的「皓首匹夫」一詞，心裏有些不以爲然。現在看看自己視力衰退情形，不能不承認已是當「皓首」而「無愧」了。後來吳伯卿兄告訴我，這位「在野記者」正是筆名「應未遲」的名作家，也是老友的袁暌九先生。

維開告訴我，爲我的「史述」，他們前後已校過四次。但仍然發現有錯誤，可見校對工作要做得精確，也不很容易。當然，校對後送印刷廠改正，工人不用心，改了這個字又弄錯了那個字，也是致錯的原因。

「史述」的第一位讀者，是我內子韓榮貞女士。我把甫行裝訂好的第一部書帶回家裏，她即開始閱讀。一連幾天的時間，終於全文讀完。她是一字一句的細讀，把錯字錯詞都登記起來，我根據她的紀錄做成一份勘誤表，分貼於各冊之後。她對內容也有「讀後感」，認爲前三編有條理、有系統，對史事來龍去脈交代得很清楚，第四編述及臺灣時期史事，卻嫌空洞枯躁。

「史述」照原訂計畫，如期出版。首次出現在「國父建黨革命一百週年學術討論會」的各主辦單位新書展覽場中，確是引起不少人的注意，「中央日報」也曾有過介紹文字，認爲是史學界的一件大事。

寫成《中國國民黨史述》，公私都有個交代，自然感到很興奮。曾寫下如下一段感想：

> 本書出版之日，正國內外熱烈慶祝孫中山先生建黨革命一百周年之時，內心十分興奮。念及先師羅家倫當年之教誨獎進以及黨史研究必有傳人之啟示，亦覺十分欣慰。本書之出版，盼能對中國現代史之研究以及世人對中國國民黨之瞭解，均能略有稗益。這也是大半生致力研究黨史之一項紀念，知我罪我，其在斯乎？

書名是集的孫中山先生的字，剛勁有力。第一至四冊，封面上的橢圓形圖片，分別爲孫中山先生檀香山茂宜島的故居、廣州中央黨部、南京中央黨部及臺北中山南路十一號中央黨部的外觀，這象徵中國國民黨歷史上的四個時期。第五冊是附錄，封面上沒有圖像做標誌，致五冊書看起來體例不甚一致。我想，這是一項疏忽。如果以後有機會再版的話，就採取黨史史料集中地的陽明書屋作爲第五冊封面的標誌，應可爲讀者們所接受。

蔣永敬的評論

《中國國民黨史述》是建黨一百年來的歷史，出版後首先送請黨主席、副主席、常務委員、中央評議委員主席團主席，中央各單位主管等高級黨務領導人員惠閱，同時也期盼得到他們的反應，不管是稱許，或是批評，我都歡迎並虛心接受。然而，失望了。除了評議委員主席團主席之一的劉眞先生來過電話，並親筆寫信來道賀並讚許外，別無任何回音。倒是故宮博物院秦院長孝儀先生於接到書後，翻閱一下，在電話中告訴我：「你不聲不響，寫那麼大一部書，我要請你吃飯表示道賀。」

史學界的同道好友近二十位，我也送書請他們指教。絕大多數於收到後回電話道謝，並嘉勉幾句；也有一、二位把書轉送了別人，接受轉贈的人又告訴了我。收到書後，眞正閱讀過，並很鄭重的寫了「書評」的人，是老友蔣永敬教授。他寫的「書評」刊載於中央研究院近代史研究所編刊的「近代中國史研究通訊」第十九期，世界各國研究中國現代史的學者都可以看到。他開頭兩段先表示稱許，但也暗示我這人有點「十分可愛與可敬」的傻勁。原文是：

中國國民黨黨史會主任委員李雲漢教授為迎接國民黨建黨一百週年，適時完成並出版了他的巨著《中國國民黨史述》。計五大巨冊，二百餘萬言。這不僅是國民黨的一件大事，也是史學界的一樁盛舉。具有一百年歷史的國民黨，對於中國近百年來的政治、軍事、經濟、文化、社會等方面的變化，可謂息息相關。它的活動紀錄，實在是一部豐富的近代史料。李教授以其無比的毅力，把這一部豐富的史料，理出一套有系統的史述，確是一件鉅大的工程。

值此「信仰動搖」、「百家爭鳴」的時代，國民黨的歷史、主義以及過去的領袖人物，備受質疑和挑戰，使國民黨的黨勢面臨低潮週期，所謂「忠黨愛國」已成譏諷的對象，而李教授卻本其「素所抱持的歷史使命感」，以「義不容辭」和「義無反顧」的精神，決定「傾一己之力」，來「完成這件向歷史交卷的事」。（見原書〈自序〉）這種「傻勁」，十分可愛與可敬。

蔣教授對我所秉持的完整性、正確性、系統性、學術性四項原則，都予以肯定。對我沒有提到客觀性，表示諒解，他以極爲巧妙的筆法作了正面的解釋——事實上也有規正的意思在內。他說：

另外一種客觀性也是很重要的，但任何黨派或政黨，都有其主觀性，故其黨史自必主觀；如完全客觀，可能成爲反面的史著了。著者不言客觀性，正是其誠實而負責的態度。

表面看來，蔣教授的書評褒多於貶，實際上，則是褒貶參半。褒的地方有兩點：一是認爲「史述」這部書「既有廣度，更有深度」，蔣教授說：

本書亦可視爲國民黨一百年來的「通史」，但通史往往不易深入探討一些專門性的問題；就是有廣度而難有深度。但本書可謂「體大思精」，既有廣度，更有深度。就廣度言，舉凡國民黨自建黨以來所經歷的時代使命，均納入記述的範圍；就深度言，在敘述各時代的各種使命時，都把它們分成若干重點來進行探討，特別對於某些爭議性或關鍵性的問題，則從各種不同的角度作深入的分析。本書所列各編各章，即涵蓋各時代的各種使命，而其中所分各節，均以研究專題的方式來對一些問題作深入探討和分析，而無平鋪直敘、堆砌史料之弊。確實做到了著者所秉持的完整性、正確性、系統性和學術性的各項原則。

另一褒獎之處，則是說內容豐富，對讀者很方便，也很有用。再錄蔣教授一段話：

本書內容至爲豐富，對於欲求瞭解國民黨歷史的讀者，提供了很大的便利。例如欲求瞭解國民黨歷屆代表大會的內容，該書即有頗爲完整的記述。國民黨自一九二四年改組建立代表大會的制度，從這年的第一次全國代表大會到一九九四年的第十四次全大會，再加上一九二五年「西山會議派」的二全大會和一九三八年的臨全大會，計爲十六次。本書對於各次大會代表的人數及其產生情況，大會過程如討論議案、選舉委員，以及當選委員的人數和姓名，都有記述。如遇某居選出委員人數過多而無法一一記入其姓名時，則本書第五編「附錄」的「職名錄」部分列有「中國國民黨第一至六屆中央執行委員、候補中央執行委員、中央監察委員、候補中央監察委員、中央特別委員會委員、中央非常委員會委員名錄」及「中國國民黨中央改造委員、第七至十四屆中央委員、候補中央委員、中央評議委員名錄」，則有完整的紀錄。這些名錄一般很不容易找到。

蔣教授明白提出批評的地方，也有兩處：一是認爲內容的分配，未能完全做到「詳其當詳，略其可略」。他的批評很溫和，說：

就敘事時限和篇幅分量來作比較，正好有一相反的現象，即時限愈短的篇幅愈長。這固然不應以年限的長短來確定篇幅的多寡，即著者在其「自序」中所說的「詳其當詳，略其可略」。但如果我們進一層的去考量，這就可能與過去研究的成果和資料公布的多寡有關。尤其在臺灣四十五年的國民黨黨史資料的保存，應該最爲完整，但能供爲利用的，也是最少。同時，也可能是國民黨在臺灣的局面，遠較在大陸時期的局面爲小，故也限制了黨史的內容。或者是事情愈近，愈難處理。這些可能，是治史者共有的困難。不過從訓政、抗戰而至戡亂失敗的二十年，局勢變化最大，國民黨經歷之事亦較其他各時期爲多而複雜，這方面的研究，不能算少，但爭論亦最多。如與第二編「民國的奮鬥」十六年來比較，就顯得不夠「詳其當詳，略其可略」了。

另一項批評較爲爽直。蔣教授不同意我對第十四次全國代表大會的評價，認爲十四全和亂源甚多的第二次全國代表大會差不多。認爲「如以黨之歷屆派系糾紛問題作比較，二全與十四全的情況頗多類似之處。」「十四全所發生的怪異變態現象，不下於二全大會時期，其責任悠歸，尚難驟論。」蔣先生也不滿意我引述十三全大會主席團推崇李登輝先生的決議文，認爲「此乃官樣文章，用作史料，尚須斟酌。」

蔣教授的評論極富啓發性，對著者和讀者都有高度的啓示作用，是他柔中帶剛，行文最成功的地方。他把歷次全國代表大會的代表人數及所選出的中央委員及候補中央委員人數列出表來作比較，認爲可以發現「國民黨領導階層的流動，權力的變換，以及組織體質的變化」等現象。他藉此一比較研究，也批評了目前的中央委員會。蔣教授這段論述極有意義，把它引錄如下：

從國民黨一九二四年改組的第一屆到一九四九年的第六屆，是在大陸時期；從一九五〇年改造委員會及一九五二年的第七屆而至一九九四年的第十四屆，是在臺灣時期。從歷次大會的代表人數和選出的中央委員人數來看，就可以顯示出一個很有意義的現象。即在改組和改造之初的代表大會，代表人數和選出委員的人數，都比較精簡；但愈後則人數愈多，也就顯得浮濫。大會流於形式，委員會的權力分散或旁落，亦即黨勢走向衰落之途。就其名錄人數，可將大陸及臺灣兩個階段的各次大會代表人數及選出中央委員人數的變化趨勢排列如下：

次數	年代	代表數	中委數	候補數	監委數	候補數
一	一九二四	一六五	二四	一七	五	五
二	一九二六	二六五	三六(二五)	二四(三九)	一二(七)	八(五)
三	一九二九	三三〇(+)	三六	二四	一二	八
四	一九三一	三三六	七二	六〇	二四	二二
五	一九三五	三〇〇(+)	一二〇	六〇	五〇	三〇
六	一九四五	九〇〇(+)	二二〇	九〇	一〇四	四四

以上一至六居爲大陸時期，括號內人數爲西山會議派之大會。

七	一九五二	二〇〇	三二	一六	四八（以下稱評議委員）
八	一九五七	五〇〇（+）	五〇	二五	七六
九	一九六三	八〇〇（+）	七四	三五	一四四
十	一九六九	一二〇〇（+）	九九	五一	一五四（主席團一二）
十一	一九七六	一三〇〇（+）	一三〇	六五	一六四（主席團一二）
十二	一九八一	九九一	一五〇	七五	二三八（主席團一六）
十三	一九八八	一五〇〇（+）	一八〇	九〇	二三一（主席團二〇）
十四	一九九四	三二〇〇（+）	二一〇	一〇五	三三六（主席團二六）

七至十四屆爲臺灣時期。第七屆以後，監委改爲評議委員。

臺灣的面積和人口與大陸時期相比，至爲懸殊。但國民黨代表大會自第十屆以後的代表人數及其選出的中央委員數遠超過大陸時期，尤其第十四次大會代表數急驟膨脹到三千二百多人，選出的委員（含候補）多達三百多人，幾乎「人人有獎」，委員會也就成了「投票機器」。

很感謝蔣永敬教授這篇坦誠感人的評論。事實上，最有資格來爲「史述」作評論的歷史學者，他應算是第一人。當然，他的批評只代表他的意見，我不可能全部無異議接受。能有這樣忠言直諫的好朋友，感到很高興。相識四十多年了，彼此忠於學術的志節是經得起考驗的。

另外，在臺灣似乎還沒聽到有什麼對「史述」的批評。傳播界朋友有幾位滿熱心，張世民先生是最瞭解我寫作過程，也最熟悉「史述」內容的一位，曾兩度發表過報導文字。「中國時報」的吳鯤魯君，曾由副總編輯蘇墱基先生陪同作過專訪。前幾天一位女記者親口對我說：「去中央圖書館看你的「史述」，還作了筆記，好累。但我需要的，都在你書中找到了。」

日本慶應大學中國史教授山田辰雄博士，是最早擁有《中國國民黨史述》一書的學者。八十四年三月十三日我去他那裏參加爲紀念孫中山先生逝世七十週年而舉辦的一次學術討論會，也帶去幾部「史述」贈送衛藤瀋吉等友人。山田教授在討論會上介紹「史述」，說這次討論會也等於是我新書的發表會。他請他的高足家近亮子小姐熟讀這書，然後寫「書評」。前些日子，有人從東京回來，說我的「史述」已在東京書店裏上市，一部要賣七萬元日幣。我自己並不知道是那家書店，很可能是東豐，據悉東豐曾從臺北買過幾部書。

八十四年九月，臺北有一次「海峽兩岸抗戰勝利五十年學術研討會」，大陸學人有三十幾位來出席。陳勝粦、李吉奎等都提出要求，希望贈送「史述」。我因而送出五、六部，並託陳勝粦教授帶一部回去送給陳錫祺教授。陳先生是大陸研究孫中山先生的前輩，年事已高，健康也不是很好。上個月接到他同年十月三日親筆寫的一封信，原文是：

久仰高深，無緣親面，海天遙隔，不盡神馳。

李吉奎教授參加慶祝抗戰勝利五十周年兩岸學者討論會，攜回先生所贈《中國國民黨史述》一套五大冊，隆情厚誼，感紉無既。先生獨力成此巨著，想見學養湛深，精力充沛，彌增佩欽！一俟身體稍好，當盥手拜讀，以補我之謭陋。耑此佈謝，并候　著安。

嚴肅面對中國國民黨的臺灣時代

內人批評「史述」第四編「保衛臺灣與建設臺灣」內容失之空疏。永敬兄寫的「書評」又對第十四次全國代表大會的歷史地位與領導問題，提出質疑。維開有一次建議我：把第四編抽出來加以補充，單獨成一冊「中國國民黨在臺灣」。這些批評與建議，值得我好好的考慮，也一直在不斷的鄭重考慮。

中國國民黨在臺灣已有四十六年，比在大陸的時間還要多。按理講，在臺灣的史事要比在大陸多，「史述」的篇幅也應多很多，才合邏輯。然而，實際的情形卻非如此。我寫「史述」，是要依據正確的文獻史料，忠實的反映歷史的全貌，各時期的政治背景和客觀情勢不同，黨的地位、活動和作用，也不一致。訓政時期，黨國一體，國事也是黨事，幾乎所有內政、外交、文化、社會、經濟等方面的施政，都是依據黨的政策，接受黨的指導，也都可列入黨事的範圍，因而黨史的內容就特別充實。在臺灣，屬於憲政時期，黨政分際越來越明顯，國史與黨史也就有了分工。政府的政策和施政實況，歸於國史；只有黨本身的組織與活動才歸於黨史，因而黨史的範圍就愈來愈減縮了。

大陸上的宋春、于文藻等教授編寫過《中國國民黨臺灣四十年史（一九四九—一九八九）》，黃嘉樹寫的《國民黨在臺灣》且已在臺北出版。兩書我都讀過，也都寫了書評。他們仍是以黨國不分的老觀念，把臺灣的一切事故——特別是一些糗事，都加在國民黨身上。我以爲這做法不可取，因爲與實際的政情不符。他們感到興趣，並大書特書的事件如雷震與「自由中國」案、吳國楨案、孫立人案等，都屬於政府系統內的司法或軍紀案件，在國民黨的檔案文件中一點文證也沒有，怎可爲了要醜化國民黨或是爲了讀者的好奇心，而不分青紅皂白的一概歸之於中國國民黨史！

儘管如此，國民黨在臺灣四十多年來，本身確已經歷了極大的變化。如領導階層的遞嬗，體質與制度的改變，黨政關係的運用，本土化的趨勢，民主改革的影響，主義理論的式微以及統獨思想的爭論等，均係值得檢討的問題。只是時代越近，史料越缺乏，問題越敏感，功過越難見，有些政策正在實施中，當然無法判其成敗。因此，對於中國國民黨在臺灣的歷史，實應以鄭重而嚴肅的心情，作客觀深入的觀察，不能不寫，但也不能奢望將若干盤根錯節的問題，憑一本書或一篇文章就能夠水落石出！

一七、不尋常的經歷——莫斯科之旅

突如其來的訊息

民國八十三年九月十四日，星期三，上午照例要列席中央常務委員會議。外交部長錢復先生走過我座位旁邊通道時，忽然告訴我：「莫斯科要開個學術會，邀請你去參加」，我當時還沒弄清楚實際情況，隨口告訴錢部長：「我們也邀請莫斯科的學者來參加建黨一百週年討論會」。錢部長連說兩聲「那很好，那很好」，就走過去了，常會馬上也就開始。

這是我首次得到莫斯科要開討論會的訊息，也沒深究是個什麼會議。九月二十一日，接到外交部轉來由駐莫斯科代表處代轉莫斯科大學亞非學院院長梅立克謝托夫（A. V. Meliksetov）簽發的邀請函，才曉得是該學院為慶祝中國國民黨一百週年，計畫舉行一次國際性學術討論會，邀請我「率團出席」。邀請函是俄文件，由外交部譯為中文，大意是：

莫斯科大學亞非學院爲紀念國民黨建黨一百週年，訂於本年十月二十五日舉行一項學術研討會，敬邀李主任委員率團出席。由於亞非學院經費有限，有關食、宿及交通等費用請受邀人自理。

這是完全意想不到的事。無論從那個角度看，這都是一件喜訊，沒有理由不去參加。爲愼重計，仍要召集總幹事以上同仁先作討論。大家認爲一方面以最急件呈報秘書長轉主席，建議組團前往；一方面邀請梅立克謝托夫院長前來臺北出席「國父建黨革命一百週年學術討論會」，邀請函請「臺北莫斯科經濟文化協調委員會駐莫斯科代表處」（Representative Office in Moscow for the Taipei-Moscow Economic and Cultural Cooperation Commission）轉。九月二十三日，我致電駐莫斯科代表羅龍大使及副代表段培龍兄，原文是：

羅代表龍、段副代表培龍兩兄：

外交部轉來貴處第M.117號電，欣悉莫斯科大學亞非學院爲紀念我中國國民黨建黨一百週年，訂於本年十月二十五日舉行學術研討會，邀雲漢前往出席。已呈請層峰核示中，如奉核可，當可如期成行，人數可能爲三人，尚請惠予鼎助。

黨史會主辦之國父建黨革命一百週年學術討論會訂於本年十一月十九日至二十三日在臺北市舉行，擬邀A. V. *Meliksetov* 前來出席，請為先容，正式邀請書將寄貴處代轉。另已邀請俄羅斯國家科學院兩位學者，經已獲覆函同意前來，並宣讀論文。

有關莫大研討會進一步資料及有關注意事項，尚請隨時見示，順頌

公私迪吉。

弟李雲漢拜　民83.9.23.臺北

羅龍代表是政大研究部第一期外交研究所同學，是一位資深老練外交官。副代表段培龍在臺北也見過面，才去莫斯科不久，通俄語俄文。有他兩位在莫斯科，一切就方便得多，後來段培龍兄告訴我，莫斯科大學亞非學院要舉行這次討論會，曾向他們探詢臺北學術界的情形，認為指名邀請我組團前往，是最好的安排。這是亞非學院成立以來，首次舉辦慶祝中國國民黨建黨紀念的學術會，其出於友好的心意，自不待言，我方自應以善意回應，希望藉此奠立學術交流合作的基礎，為未來中俄關係的發展創造有利的條件。

中國國民黨的第二個代表團

我於九月二十三日簽報許秘書長，主張接受莫斯科大學亞非學院的邀請，並擬組織一個三人代表團前往。許水德秘書長批註「擬二人組團參加即可」，轉呈李主席。李主席登輝先生於九月二十七日批示「如擬」，組團去莫斯科的事乃告確定。我以爲這是件非常體面的大好事，聲勢壯一點，要莫斯科大學的學者和學生們建立對中國國民黨的好印象，有何不可！因而仍決定組成三人代表團，臺北去兩人，由駐莫斯科代表處出一人，既不違背主席的批示，又可符合我們原來的願望，豈不兩全其美。計畫定了，決定我與陳副主任委員鵬仁兄一道去，另一位代表擬請段副代表培龍。我徵求外交部同意，外交部自然樂觀其成。

我於十月六日親函電傳莫斯科羅龍代表，告以三事：

一、代表團擬爲三位成員，除弟與陳副主委鵬仁兄由臺北前往外，擬請培龍兄就近參加，頃已致函外交部徵求同意，並請兩兄俞諾。

二、有關莫大亞非學院舉辦之研討會規模如何？議程如何？有無其他國家人士參加？我方應注意那些事項？盼賜告。

三、請代延譯員，並代訂十月二十四日中午至二十七日中午之旅社客房單人房二間。

五日後，外交部轉來駐莫斯科代表處傳眞電報，告知以下各情：

（特急）㈠經洽承告略以莫斯科大學亞非學院爲慶祝中國國民黨建黨一百週年所舉行之國際學術研討會將於本年十月廿五日上午十時卅分在該院第二圓形大廳揭幕，受邀與會之外國學者包括法國、義大利、拉脫維亞及我國漢學家，此係該院首次舉辦國際性學術研討會。該院擬將與會學者在會中所發表之論文報告印行專書，該院盼我代表儘速提供擬在大會中宣讀之論文題目及概要，此外，該院亦盼利用我國內資料及文件。

㈡爲求方便及安全起見，本處已爲李主任委員等一行訂妥此間METROPOL飯店單人房二間，每間每天美金二八五元，日期自十月廿四日起至廿七日止，該飯店地址爲：1/4 TEATRALN PROEZD, 103012 MOSCOW, RUSSIA, TEL.,（7095或7501）927－6000, FAX:（7095或7501）927－6010

㈢謹電傳大會日程及譯文，訂房資料各乙份（共四頁）敬請　鑒詧。

我們請鴻霖旅運公司（Morrison Travel Service Co., Ltd.）代辦簽證及安排赴莫斯科的機票。決定搭荷蘭皇家航空公司班機經阿姆斯特丹（Amsterdam）飛莫斯科，預定十月二十三日離開臺北，二十八日回到臺北，旅程共爲六天。

劉維開在一次談話中，說中國國民黨建黨一百年來，只有兩次派代表團去莫斯科：一次是民國十二年（一九二三）八月至十二月，蔣中正先生率領的四人訪問團；一次就是我們這次前往開會的代表團。這倒是事實，只是兩個代表團成員的身分、任務、時間、聲勢、職權等，有天壤之別，完全不能相比。中國國民黨的前輩黨人，有不少人去莫斯科訪問過。如邵元沖、于右任、馮玉祥等人是。但多是私人訪問性質，未曾用代表團名義。胡漢民先生於民國十四年至十五年間的訪俄，及孫科先生抗戰期間的三次訪俄，都具有官方身分，是特使資格，然非代表團。代表中國國民黨前往莫斯科出席學術會議，五十年來確是第一次。這是値得紀念的一次，所以我寫過一份「出席莫斯科大學亞非學院慶祝中國國民黨建黨一百週年學術研討會之經過」，也保存了一批在莫斯科的活動照片，作爲紀念。

來到了當年的「赤都」

我和鵬仁兄搭乘荷航八七八次班機，於十月二十三日十九時五十分自臺北中正機場起飛，目的地是早年反共人士心目中的「赤都」——似乎長年在冰雪封凍中的東歐重鎭莫斯科。

第一站是曼谷，是我首次踏上泰國的領土。但只是過境，又是夜間，當然沒法一睹以佛塔聞名於世之佛都的眞面貌。自曼谷起飛後，飛機升空到三萬呎以上，穿過了南亞和西亞的上空，進入歐洲大陸，於荷蘭時間二十四日晨五時十五分降落在阿姆斯特丹機場。三個小時後再起飛，橫越過北歐諸國上空進入俄羅斯境內，於同日午後二時五十分抵達莫斯科。在飛機上掃視莫斯科近郊，似乎有些空曠蕭條。還好，沒有風雪，空氣也極爲清新，已消除了我對想像中冰天雪地的恐懼。

飛機在雪列緬契沃機場降落時，發現停留的飛機並不多，跑道也有點破舊，已可見到社會主義建設的眞象了。下機後，羅代表、段副代表、姜書益組長及亞非學院的兩位男女職員均來相迎，老友相見，也有賓至如歸之樂。被引導進入貴賓室，只有幾張桌椅，設備之差令人難以想像。待了好久，還不能辦妥通關手續。原來是海關人員找麻煩，說亞非學院公文說是二十五日開會，客人爲何早到一天，硬要每人罰美金一百五十元，這眞是怪事。陳鵬仁兄在其〈莫斯科之行〉一文中敍述當時情形：

> 貴賓室是個三角形的房間，燈光暗暗的，裏頭除一套半的沙發以外，什麼也沒有。等了一段時間，有人來告訴：我們應該於二十五日到達的，提前到，每一個人要罰款一百五十美元。
>
> 我駐莫斯科經濟文化代表處的姜書益兄與其力爭，證明是俄國方面弄錯，才沒被罰款。據說明：俄方的規定，旅客只許於所獲准那一天入境和出境，早到晚到，早離開晚離開，都要罰款一百五十美元。
>
> 這眞是莫名其妙的規定。

我在當日日記也記下不愉快的紀錄：

由於機場人員刁難，入關手續又費了一段時間，最後由亞非學院補具公文，始告解決。莫斯科給我的第一印象，並不算好。

快五時了，我們才住進預定好的Hotel Metropol，我的房間是三三七六。這是莫斯科有名的旅館，過去的歷史很輝煌，據說于右任、馮玉祥來訪時都住過這裏，馮玉祥覺得太豪華，沒幾天就搬走了。房舍早經重修過，現在的設備都很現代化。只是房價昂貴，我住的房間每天是美金二八五元。最令我滿意的是電話設備，安頓好後，就想撥電話到臺北家中，一撥就接通了，聲音也很清楚。向太太報告平安抵達莫斯科，在機場的不愉快也烟消雲散。

晚七時，羅龍兄請我在貴賓室吃飯。段副代表培龍兄將一份活動行程表交給我，以後兩天的活動大體上依照此項安排。行程表如下：

中華民國八十三年十月廿四日　星期一

一四：一〇　搭KL-287由阿姆斯特丹抵莫斯科雪列緬契沃國際機場

一四：三〇　貴賓室休息

　　　　　　前往 METROPOL 大飯店

　　　　　　自由活動

一九：〇〇　羅代表晚宴歡迎

　　　　　　宿 METROPOL 大飯店

中華民國八十三年十月廿五日　星期二

上　午

一〇：〇〇　前往莫斯科大學亞非學院出席「慶祝中國國民黨建黨一百週年學術研討會」

　　　　　　午餐

　　　　　　繼續出席研討會

　　　　　　出席段副代表邀宴

夜　　　　　宿 METROPOL 大飯店

中華民國八十三年十月廿六日　星期三

上　午　　　自由活動

一〇：四五　前往俄科學院東方研究所

一一：〇〇　拜會李巴科夫院長

中　午　午餐

自由活動

一九：〇〇　出席羅代表晚宴

夜　宿 METROPOL 大飯店

中華民國八十三年十月廿七日　星期四

上　午　自由活動

午餐

一二：三〇　前往莫斯科雪列緬契沃國際機場

一三：〇五　搭 KL－288號班機經阿姆斯特丹返國

莫斯科大學亞非學院研討會

民國八十三年即一九九四年十月二十五日上午十時，我和陳副主任委員鵬仁，由段副代表培龍，俄籍亞非學院中國史學系講師安得列（Anderei N. Karnev）陪同，來到莫斯科大學亞非學院（Moscow University, Institute of Asian and African Studies），拜會研討會籌備會主持人，亞非學院原任院長梅立克謝托夫先生。莫斯科大學校總區在莫斯科郊外，亞非學院則設在市區中心的莫克瓦雅街（Mokhovaya）十一號，與莫大新聞學院毗鄰。我們抵達時，梅立克謝托夫已在樓下入口處相迎。他不會講華語，英語也不行，靠譯員表達他的歡迎之意，誠摯的表情也在臉面上表現出來，是一位看來有六十歲左右的純樸學者。我當面邀請他下月到臺北來參加我們的「國父建黨革命一百週年學術研討會」，他欣然接受，表示這是十分難得的一項光榮。

研討會會場在亞非學院第二圓形會議廳。四周牆壁上已掛好我們帶來的中國國民黨革命建國史蹟圖片，標題是中文大字「國民黨壹佰周年」。他們用中文大寫數字「壹佰」是表示鄭重其事，我看來反覺得不太自然。研討會的英文名稱用 The Conference Commemorating the 100th Anniversary of Kuomintang，還算適當。我曾間接表示過，國民黨只是簡稱，正式名稱是中國國民黨。

研討會於十時二十分開始。由亞非學院新任院長梅耶爾（Mikhall S. Mejer）、原任院長梅立克謝托夫（A. V. Meliksetov）共同主持。邀請俄羅斯科學院院士齊赫文斯基（S. L. Tikhvinsky）致開會詞。齊氏爲研究孫中山先生之專家，其在國際學術界亦甚著名。他寫過孫先生的英文傳記，也參加過不少國際學術會議，發表過一些論文。我在寫《從容共到清黨》一書時就曾用過他的著作，但從未見面。這次在研討會中見到了，但也沒有機會多交談。他年事已高，健康情形並不甚好。

應邀與會之學者專家及高級研究生共五十餘人，羅龍代表以貴賓身分與會，並致詞祝賀。提出論文者有十三人，以梅立克謝托夫之「國民黨之歷史地位」和我提出之「一百年來的中國國民黨」，爲主題論文，宣讀時不受時間限制。全部論文之宣讀人姓名、現職及論文題目（譯文），表列如後：

姓名	職稱	論文題目
梅立克謝托夫（A. V. Meliksetov）	莫斯科大學亞非學院院長	國民黨之歷史地位
李雲漢	中國國民黨中央黨史委員會主任委員	一百年來的中國國民黨
格魯向茨（Yu. M. Garushyants）	俄羅斯科學院東方研究所研究員	國民黨與五四運動
格林諾維奇（Yu. M. Galennovich）	俄羅斯科學院遠東研究所研究員	二十世紀中的國民黨與共產黨
葛林戈利耶夫（A. M. Grigoriev）	俄羅斯科學院遠東研究所研究員、名漢學家	共產國際與國民黨交往史中的難題

那瑪耶娃（N. L. Namayeva）	俄羅斯科學院遠東研究所研究員	共產國際與中國國民黨第一次全國代表大會
庫茲涅佐夫（V. S. kuznetsov）	俄羅斯科學院遠東研究所研究員	國民黨與儒家
霍赫洛夫（Khohlov）	俄羅斯科學院東方研究所研究員	馮玉祥與國民黨
卡特科娃（Z. D. Katkova）	俄羅斯學院東方研究所研究員	國民黨外交政策的基本理論（一九一七—一九四九）
葉文基（P. M. Evanov）	俄羅斯科學院東方研究所中國部現代史研究組主任	國民黨意識形態演變的若干問題
米羅維茲克雅（R. A. Mirovitskaya）	俄羅斯科學院遠東研究所研究員	太平洋戰爭初期的中蘇關係及國民黨之國家制度
黃耀元（Huang Yao-yuan 音譯）	莫斯科大學亞非學院	國民黨的第十三次全國代表大會與黨的民主問題
古多什尼科夫（L. M. Gudoshnikov）	俄羅斯科學院遠東研究所研究員	國民黨在臺灣舉行的第十四次全國代表大會及黨的分裂

我預料到會場中討論時間有限，不能暢所欲言，所以把論文在臺北印好，帶二十五份到會場來分贈，目的在使出席學者能帶回去細續，也可以此文作爲他們的研究史料。沒料到出席人數這麼多，論文一散即空，很多人向隅，表現失望之態。我只有抱歉。我在報告時，不可能全文宣讀，只揀幾個重點來作說明，加上翻譯時間，佔了五十分鐘，其餘論文宣讀者則以十五分鐘爲限。

我的論文〈一百年來的中國國民黨〉，目的在向俄國學者介紹中國國民黨歷史全貌。除簡短前言外，包括六項子題：㈠建黨已滿一百週年；㈡孫逸仙博士的建國理想；㈢中國國民黨與蘇聯；㈣國共兩黨的分合關係；㈤在臺灣的四十五年；㈥未來的道路。我特別指出孫逸仙博士「聯俄政策」的立場及蘇俄共黨扶植中共的史實，致使中俄間的第一次合作關係以悲劇結束。論文的一段原文是：

孫先生之決定聯俄政策，係經過審愼的考慮。並曾先後在桂林、廣州及上海與莫斯科派來的代表懇切商談，最後乃作了聯俄同時容共的決定。莫斯科派赴上海與孫博士作最後商談的代表是越飛（Adolf A. Joff），他與孫博士獲致的諒解曾以聯合宣言的方式，於一九二三年一月二十六日在上海發表。聯合宣言共四條，其中第一條說明雙方對共產組織與制度的立場，意義極爲重要，其原文如下：

孫逸仙博士以爲共產組織甚至蘇維埃制度，事實上均不能引用於中國，因中國並無可使此項共產主義或蘇維埃制度實施成功之情形存在之故，此項見解，越飛君完全同意。且以爲中國最重要最急迫之問題，乃在民國的統一之成功，與完全國家的獨立之獲得。關於此項大事業，越飛君並向孫博士保證，中國當得俄國國民最摯熱之同情，且可以俄國援助爲依賴。

這是孫逸仙博士決定採取聯俄政策的基本立場。可惜這一政策未能被蘇聯共產黨和第三國際深切體會，並曾有意掩飾或曲解孫越聯合宣言的首段文字，致使後來研究中蘇關係的學者面臨雙方各説各話的困惑，一時難有定論。而蘇共和第三國際之一意扶植中共黨人進行破壞中國國民黨的行動，實爲雙方關係至一九二七年不能不宣告破裂的原因。這一頁慘痛的歷史教訓，值得雙方以客觀理性的態度以探討其眞正的是非得失，引爲鑑戒。

我提到中日戰爭（一九三七—一九四五）初期，蘇聯政府曾給予中華民國軍事援助。但也同時指明兩國關係變壞終至絕交控告的因素，咎在蘇方。再錄一段原文：

領導中華民國政府和人民從事於堅苦卓絕之對日抗戰的領袖，即爲中國國民黨總裁蔣中正先生。蔣先生珍惜蘇聯援華的友誼，但他更重視國家主權的獨立和領土的完整，尤其堅持軍令政令的統一，要求中國共產黨黨人及其軍隊，履行其於一九三九年九月二十二日發表之宣言中服從國民政府的承諾，中共黨人則蓄意抗命。一九三九年九月，歐洲戰爭爆發。一九四一年一月，中國發生共軍新四軍因抗命謀叛而被制裁解散之事件；同年六月，德軍開始進攻蘇聯。這一連串事件，嚴重影響蘇聯政府支援中國抗戰的態度，兩國關係開始疏遠。一九四二年一月，太平洋戰爭爆發，中、蘇與美、英兩國同爲同盟國之領袖國家，共同對軸心國家作戰，然中、蘇間由於新疆當局之歸誠中國政府以及繼之而起之新疆少數民族叛亂，兩國關係迄未能改善。一九四五年二月，蘇聯政府與美、英兩國簽訂之雅爾達密約（Yalta Agreement），嚴重損害到中華民國東北地區的主權，構成破壞兩國關係與人民情感的主要因素。同年八月戰爭結束，中國政府被迫忍痛與蘇聯政府簽訂中蘇友好同盟條約，實際上則是既非友好，亦非同盟。及中共於一九四九年叛變成功，建立政權，蘇聯首先予以外交承認，中華民國政府遂宣布對蘇絕交，並向聯合國提出蘇聯違反中蘇友好同盟條約之控訴。

這種情形，中國學者自是耳熟能詳，然對長期在資訊封禁社會中的蘇俄學者而言，則是空谷足音。他們都知道中國國民黨在臺灣的政績很卓越，也瞭解中華民國政府才是繼承中國文化傳統的政府，但對中華民國目前的困難以及未來的統一問題，則表示高度關切。我論文的最後一節，即在表達我個人的理念，也是對他們有關中國統一問題所提供的務實看法。論文述及：

中國自一九四九年以後陷於分裂狀態，已近半個世紀。由於時勢的變遷和領導人物的更迭，臺海兩岸的敵對情勢已大爲緩和，國共雙方都同意中國只有一個的說法，雙方也都認爲中國未來必將歸於統一。事實上，絕大多數的中國人都樂見國家的終歸統一，然而對於統一的時機和方式以及統一後的國家體制，短時間內不可能建立雙方都能接受的共識，統一仍然是一條遙遠而崎嶇的道路。

就中國國民黨而言，黨的性質已是一個實質的民主政黨，發展的方向是立足臺灣，胸懷大陸，並放眼世界，仍然是一個有理想的使命型政黨。他的使命，是要在自由、民主、法治、均富的原則下，完成中國的和平統一；他主張大陸與臺灣先經過一段平等相處並和平競爭的階段，以培養未來統一的心理和社會條件，等到兩岸的國民心理和社會條件極爲接近並達成相當程度的契合，自然會水到渠成，對統一的目標作出理性的選擇。

不少學術界人士，認爲中國未來統一的基礎應是固有的歷史文化，也有不少人主張應以孫逸仙博士的政治理論與制度設計作爲未來統一的基礎，更有一些人認爲中國國民黨建設臺灣的成功經驗，應已爲中國未來統一的遠景，提供了可供選擇的最佳模式。當然，中國共產黨人的想法和做法，又是另外的一種形式，是在臺灣的中國人所無法接受，海外其他各地的中國人也不願意看到的一種悲慘局面的出現。

中國國民黨在臺灣不是沒有困難，卻能以不屈不撓，忍辱負重的精神，不斷的改革，不停的進步，爲國家民族的整體利益和臺灣民衆的永久福祉，作持續恆久的努力。過去和現在，中國國民黨都是創造中國歷史的主力；中國人未來的道路上，也仍然寄厚望於中國國民黨。本人相信，歷史不會辜負中國國民黨，必將忠實的記載出即將到來的新世紀，中國國民黨應有的地位、勞績和榮耀。

上午有四位學者報告了論文，午飯時間，順便與幾位俄國學者交談，發現他們對我的意見都能接受。他們鄙棄共產黨，對蔣中正、蔣經國兩位中華民國總統都懷有敬意，對中國國民黨的歷史功過也希望從眞正的史實中建立起新的評價。午後二時，繼續宣讀論文，都用俄語。我只有借重譯員，才能瞭解其大意。鵬仁兄寫過一篇「莫斯科大學亞非學院慶祝中國國民黨建黨一百週年學術研討會紀盛」，對每位發言者講話的大要都曾紀錄下來，可供參考。梅立克謝托夫說，所有論文將會編爲專輯發表。研討會到晚間六時始結束，一共七個半小時的研討會，宣讀十三篇論文，當然很緊湊。沒有設置評論人，發言提問題的人也不是很多，這與一般國際學術會議的情形不大相同，自由開放的精神則與民主世界的研討會並無二致。

訪問東方研究所

十月二十六日，到莫斯科的第三天。上午九時，先與陳副主任委員鵬仁兄由段副代表培龍引導，去參觀克里姆林宮前面的「紅場」，也看見了已經封閉了的列寧紀念館。克里姆林宮今天不開放，只看看它的外觀，曾經是蘇聯最高權力所在的宏偉建築，顯然已失去了昔日的光彩，列寧墓前也很少人再去獻花。紅場仍有衛兵守護，出進並不完全自由。看到這些遺跡，想到列寧、史達林的不可一世，不免有「大江東去，浪淘盡，千古風流人物」的感慨。

十時，按預定計畫去訪問俄羅斯國家科學院東方研究所（Institute of Oriental Studies, Russian Academy of Science）。由於地址門牌欠明確，費了好一陣工夫才找到。段副代表是帶路人，害他傷了一大陣腦筋。到後，見東方研究所中國研究部臺灣研究中心的主任葉文基（Peter M. Ivanov）也正在焦急的等待我們。

先拜訪東方研究所所長李巴科夫（Rostislov B. Rybakov）。他很熱情，說和我是李氏同宗。他先簡單介紹該所情況，並介紹其所轄三個研究單位之主管人員和我們見面。該所研究範圍甚廣，「中國研究」乃是其中的一部分。中國研究又分三組：古代史、思想史、近代史。近代史組設有臺灣研究中心，負責人就是葉文基，或者稱他的俄名華譯：伊萬諾夫。葉文基華語流利，對中華民國政情瞭解也多，駐莫斯科辦事處很多工作都請他協助，來臺北已有多次，八十四年上半年再來臺北，在漢學研究中心的資助下研究半年，我是他的推薦人之一。

見過李巴科夫所長之後，開始與東方研究所的中國問題專家十餘人舉行座談會。他們都有很好的基礎，如卡普皆薩（U. S. Kaptsa）係東方研究所顧問，抗戰時期曾任職於駐中華民國大使館，對我戰時重慶政情頗爲瞭解，並有意撰寫《蔣中正傳》。卡特科娃（Zoya D. Katkova）研究員，則爲研究中國國民黨對外關係史之專家，過去所研究者限於民國三十八年即一九四九年以前，對中國國民黨遷臺後之外交政策及實況，則瞭解不足，因而甚願有機會能來臺灣蒐集資料。他（她）們曾提出很多問題，如汪精衛的地位，蔣經國回華後的奮鬥，蔣方良的近況，臺灣本地人與中國國民黨的感情等，我都一一答復。

東方研究所的研究陣容頗爲堅強，只以經費困難，設備與圖書均嫌不足。中央研究院近代史研究所所長陳三井博士曾於去年到該所訪問，贈送圖書一批。我也允將黨史會有關文獻資料適時贈送，以作該所人員研究本黨歷史及現況之基本依據。

此外，俄羅斯科學院遠東研究所，亦設有中國近現代史研究中心，其主任即爲著名漢學家高黎明（Alexander M. Grigoriyev）。高氏甫由臺北歸來，他在臺北南港作訪問研究時，有一次，郭恆鈺兄在蓮園請好友吃飯，我和高氏相見，晤談甚歡。昨日亞非學院研討會中，亦曾與高氏暢敍。但因時間所限，此次不能去他的研究所訪問。高黎明實亦爲中國國民黨黨史專家，他於一九七六年提出之博士論文，標題即為「中國革命運動——從一九二七到一九三一」。他也研究中國共產黨史，目前正推動重新改寫《共產國際與中國革命》一書，以期能對中蘇關係史實能有新的認識和評價。祝福他，研究工作順利進行，著作早日問世。

「孫大」舊址探訪

中國國民黨總理孫中山先生逝世後的四年間（一九二五—一九二八），蘇聯共產黨曾在莫斯科設立一所「孫逸仙大學」——簡稱「孫大」，國民黨人亦稱之為「中山大學」，招納國民黨和共產黨的學生和幹部，前去進修。蔣經國先生於民國十四年十月，以十六歲的少年人身分赴俄留學，曾在孫逸仙大學讀過一年多的書。中共的鄧小平，也曾在這所大學待過幾個月。民國十六年（一九二七）四月，中國國民黨反共清黨，十二月宣布與蘇聯斷絕來往，「孫大」因於十七年（一九二八）停辦。然而無論是在國民黨，或是共產黨的黨史上，或多或少都留下了有關「孫大」的紀錄，歷史學者也有人以這所大學為研究主題，余敏玲博士就是極為傑出的一位。

既然來到了莫斯科，總想到「孫大」原址去看看。二十六日訪問過東方研究所之後，下一目標就是「孫大」舊址，今日則是俄羅斯國家科學院的哲學研究所所在地。我們由段副代表帶路，為了多瞭解一下莫斯科，決定搭地下電車前往。莫斯科的地下電車是舉世聞名的，果然有其特點。鵬仁兄很細心，他記下了這次搭地下電車的所見所感：

莫斯科的地下電車車站出口左右，有許多臨時小店鋪，賣著CD唱片、手錶、家庭電氣用品等等。無需說，這是自由經濟小生意人的出現。

而有趣的是，莫斯科地下電車車站的設計，每一個車站都不一樣，非常別緻。而且挖得很深，恐怕有一百公尺左右，無疑的這是二次大戰時期同時用於作防空洞。倫敦的地下電車比東京、紐約、巴黎都要深得許多，但莫斯科的比倫敦還要深得很多。

莫斯科的地下電車站，有好多小花店，也賣報紙和書刊。更有人賣小貓、小狗，甚至於一張戲院門票。據說，報紙的價錢隨地而異，書刊都是舊舊的，看起來很寒酸。

好不容易，才找到了「孫大」的遺址。它只是一座黃色五層大樓，一所不甚廣闊的庭院，和一排附屬建築平房。既沒有任何標誌說明這地方是歷史上的「孫大」，也沒有任何人可以告訴你這棟大樓的來歷。我們攔下好幾位青年人問過，回答都是「不知道」，「從未聽說過」。我想，當年的「孫大」校舍已被拆除了，這座五層大樓只是在原址新建的建築物。蘇共後來以中國國民黨爲敵黨，當然不願保存與中國國民黨有關的遺跡，甚至不願談起早年與中國國民黨合作過的往事。這只是我揣想的邏輯，不一定對，也不一定不對。雖然找不到任何歷史遺跡的證據，我們還是拍了幾幀照片留念。

當日下午，也曾到觀光商店中買點紀念品，帶回臺北去。可以自由選購，不需要排隊，但要先付款，再憑付款證去取貨品。店員不給包裝，也不供應塑膠袋或紙帶，把東西一推推給你，要你自己想辦法。他們完全不理解「爲顧客服務」那一招的效用。

在亞非學院講一次課

十月二十五日亞非學院研討會結束後當晚，由我作東招待新任院長梅耶爾（Mikhall S. Mejer）、梅立克謝托夫、羅代表、段副代表及幾位譯員先生。梅耶爾院長告訴我，希望我在離開莫斯科前，給莫大亞非學院研究中國問題的研究生，講一次課。我答應了，時間決定在二十七日上午九時三十分至十時三十分，講題定爲：臺灣的過去、現在與未來。到莫斯科大學講課，這還是第一次，鵬仁兄說應請莫斯科大學發一張客座教授聘書，說說好玩而已。

爲了不叫自己失望，事先準備了一份講述大綱，內容是：

一、歷史的回顧

㈠中國人開闢的疆土

㈡從戰後廢墟中站了起來

二、中國國民黨與臺灣

㈠早期關係

㈡光復臺灣

㈢建設臺灣

三、未來的路向

㈠統一為必然趨勢

㈡目前最好的選擇——與中共政權和平競爭

十月二十七日上午，我按時到達亞非學院的講堂。梅耶爾和梅立克謝托夫兩位前後任院長均在場照料，並先向全體學生介紹我的學術經歷和成就。在座研究生全是俄國籍，梅耶爾院長怕他（她）們聆聽中文的能力有限，因而再請中國歷史系講師安得列（Anderei N. Karneev）前來翻譯。我的講臺左前方，放置了一面中國國民黨旗。這是我帶來五面黨旗中的一面，另有一面放在梅耶爾院長辦公室內，他也滿得意。

我發現原來準備的大綱用不上了。時間有限，我只能講幾個重點，多留點時間要他（她）們發問。他（她）們中間，也有幾位直接用中文提問題，而且問得很得體。我講話的幾個要點是：

關於臺灣的過去：臺灣是中國東南領海中的一個島嶼，雖然在中國史籍中早在第七世紀即有有關臺灣的明確記載，但中國人之大量移墾臺灣係第十七世紀以後的事。算來中國人之開發臺灣已近四百年，其間曾由荷蘭人侵佔三十八年，日本人統治五十一年，其餘年代都是在中國文化的薰陶和中國制度下，一切語言、文字、典章、制度、禮儀、風俗、習慣都是中國人的，因而臺灣是不折不扣的中國人所開闢的疆土。

關於臺灣的現在：臺灣是個島名，是地理名詞，並非國家名稱，臺灣是中華民國政府管轄的領土，眞正的國號是中華民國。面積雖小，卻是當今世界的經濟強國，其執政黨則是中國國民黨，面前的這面青天白日旗，就是中國國民黨黨旗，再加紅地，就是中華民國國旗。青白紅三種顏色，一方面代表自由、平等、博愛，一方面代表光明、純潔、熱烈，具有非常深遠的歷史意義和崇高理想。

至於臺灣的未來，自然在適當的時間和條件下，與中國大陸謀求和平統一，但統一後的中國並非現存的雙方政府，而是依據民主、自由、法治、均富的理想所設計的新政制，也就是要以孫逸仙博士的政治理想作爲中國統一的依據。不過，距這一目標的實現還很遙遠。

本預定上課一小時，結果超過一個半小時。這些俄國青年對中國歷史文化和臺灣建設成就，饒有興趣，都希望有機會能到臺灣來看看。安得列講師更直接表達其想來臺灣的強烈願望。他說他到北京學好中國話，但認爲北京並非眞正的中國，眞正的中國是中華民國。然而，俄國政府仍不放棄與中共做伙伴的道路，我們駐莫斯科代表處迄未獲得俄羅斯當局的善意對待，文化參事始終派不進去，學術交流一時也無法有效的展開。

講完課，離開亞非學院後，想去代表處拜會一下，表示謝意。路上經過前第三國際的辦公大廈，停下來憑弔一番。這大廈曾是全世界各國共產黨的指揮中心，也是無數政治謀略和軍事行動發號施令之地。凡是研究俄共、中共甚至其他各國共產黨歷史的學者，無不深知 Comintern（Communist International）的地位和權威，高得令人可怕。如今第三國際已是歷史名詞，這所大廈則爲幾家大企業公司所佔用，紅星雖在，光彩不再，我站在這所大廈左側前方回想它的過去，確有無限感慨。

到我駐莫斯科辦事處停大半個小時，謝謝羅代表及其他幾位先生的協助。羅代表隨即送我和鵬仁兄到機場，以貴賓身分辦了通關手續，搭上三時零五分起飛的荷航班機，飛離莫斯科。

歸來病一場

離莫斯科後，經阿姆斯特丹、曼谷，於十月二十八日晚七時返抵桃園中正機場。銘煌、伯瑞和麗美都在機場相迎，我們也慶幸凱旋歸來。八時三十分回到臺北市興隆路家中，內子已準備好我所喜歡的菜餚在等候。小別重聚，歡欣無比。

第二天——十月二十九日，連續出席中華軍史學會第二次籌備會及中國歷史學會第三十屆第二次常務理監事聯席會議，忙了一整天。沒想到，第三天就生病了。咳的很凶。以後連續數日都有急公要辦，不能休息，病情因而加重，話講不出來，政大的課只好請假了。

先後在中央黨部醫務室、宏恩醫院、三軍總醫院就診，知道是嚴重氣管炎，有三個晝夜連續咳嗽，不能入睡，已有肺氣腫現象。十一月三、四兩日仍力疾辦公，五日就無法支持，只有在家休養。內子很焦急，我也覺得很意外。平時健康情形算是不錯的，怎麼會突然病倒呢？推究原因，似乎與這次莫斯科之行有些關聯。

建黨百年紀念的國際學術討論會即將召開，多數同仁都在加班，身為主管，怎可多日不到公？心裏很急，仍然在病中寫好一份赴莫斯科開會經過的報告，也利用電話詢問並指示籌備工作的進行。一直到十一月十日前後，才算好了，恢復上班。但咳嗽的毛病，迄未痊愈。所以八十四年四月莫斯科大學亞非學院再開會紀念蔣中正先生逝世二十週年時，我就不能前往，由鵬仁兄偕邵銘煌秘書帶我的論文去代為宣讀。我的論文是：〈蔣中正先生的思想和勳業〉，亞非學院並開設了「蔣介石生平」的課程，這在莫斯科大學而言，也是「十年河西十年河東」的新認識和新行動。

出現在「縱橫天下」電視專輯中

生平最懼怕兩件事：一是在大庭廣衆前講演，一是在電視節目中出現。但由於工作需要和「學者」身分，又無法和這兩件事絕緣。特別是建黨一百週年的若干活動都是我經辦，不能不和媒體接觸，記者們提出問題不能不解答，電視公司安排的慶祝節目也不好缺席，因而在十月和十一月間，常常在電視畫面上亮相。

十一月九日，中國電視公司製作的「新聞眼」專欄，放映出「蔣公與臺灣」專輯。記者小姐專程到辦公室訪問我，當然要「有問必答」，因此在畫面上出現了兩次。內子警告我：年紀大了，形貌言語也不能取悅大衆，少上電視爲妙；我只好表示「知道了，以後要自我約束。」

然而，十一月二十四日建黨一百週年黨慶日晚上，中國電視公司製作「縱橫天下」專題，有我在莫斯科會議中談統一問題的鏡頭，我卻非常高興，絕無任何異議。本來，莫斯科大學亞非學院打破一九二八年以來仇視中國國民黨的傳統，要舉行慶祝中國國民黨建黨一百週年的研討會，主動邀請我「率團出席」，事情本身就具有高度的新聞價值，何況我談的是俄人所重視的中國統一問題，似乎可以代表黨的政策，因此就更受到重視了。記得「中央日報」、「聯合報」、「中國時報」都曾派員在現場採訪，也都寫過專文報導，但都不夠眞切。中國電視公司委託友臺所攝製的現場攝影，再和許水德秘書長訪問夏威夷和東京的活動聯合編爲專輯，意義就更重要了。我在會場中所講並由「縱橫天下」錄影播出的一段談話是：

臺海兩岸的走向統一，是必然的趨勢。但統一並不是征服。不是臺灣反攻大陸，也不是中共武力佔領臺灣，而是雙方在完全平等的基礎上，研議出一套國家統一的新辦法，爲兩岸所樂於接受，這才是名副其實的統一，也才是中國人步向長治久安的光明道理。

這是我一直秉持的理念，相信在任何情形下都不會改變。中視把我的理念傳播出來，不管有沒有影響力，都是爲全體中國人前途著想的一件好事。

一八、在東京紀念孫中山先生

山田辰雄慨允籌辦討論會

中央研究院近代史研究所訂於民國八十四年（一九九五）一月十二至十四日，在南港學人接待中心會議廳舉辦第三屆「近百年中日關係」學術研討會。接到邀請書後立即復函同意出席，因爲我的研究和這一主題有密切關係。藉此機會和日本的朋友們見面談談，也是一樁好事。

當我獲悉老友慶應義塾大學教授山田辰雄先生要來出席此一研討會時，我就想：三月十二日是孫中山先生逝世七十周年紀念日，倘能於此時在東京召集一次討論會紀念孫中山先生，豈不甚好？孫先生一生與日本有密切關係，日本學界對孫先生的研究風氣甚盛，不少學者如伊原澤周、山口一郎等已是國際知名的孫中山研究專家。

一月十二日，在南港研討會會場中遇到山田辰雄教授。我向他提及我的想法，問他有無可能由慶應大學主辦紀念孫中山先生逝世七十周年的一次討論會？他答應考慮。我離開會場時，請陳副主任委員鵬仁兄繼續和山田教授作進一步的研商。十四日，再至南港研討會會場，山田教授同意我的提議，由慶應大學於三月中旬在東京舉行一次座談會或演講會，以紀念孫中山先生。由於我的《中國國民黨史述》一書已出版，並已贈送山田教授一部，他認爲這也是件大事，應藉此座談會向日本學界介紹。經研商後，座談會主題定爲「孫中山思想與國民黨史研究的趨勢」。不過，他說要等回東京與慶應大學研究後，才能作最後的決定。

一月十九日，山田辰雄致函我和陳鵬仁兄，告以座談會擬訂於三月十四日在慶應大學地域研究中心舉行，主題爲「孫中山思想與國民黨黨史研究的趨勢」，邀日本方面研究孫先生與國民黨的學者五十餘人參加，希望我們同意並尅期與會。我與鵬仁兄及邵銘煌秘書研究後，決定同意山田的計畫，黨史會方面由我、鵬仁和劉維開三人前往。議程的安排請山田負責，我們將寄一批新書去在會場展出，會後即贈送給慶應大學地域研究中心。這情形，由鵬仁兄電告山田教授，他於二月十四日就對日本學者發出如下的通知書，一開始就提到我的新著。通知爲日文，原文如下頁：

1995年2月14日

各　位

慶應義塾大学地域研究センター
所長　山　田　辰　雄

研究会開催通知

李雲漢先生は最近『中国国民党史述』全5巻の大著を完成されました。それをめぐって地域研究センターでは、下記の通り研究会を開催いたします。ご多忙中とは存じますが、ご出席下さいますようご案内申し上げます。なお、お手数に存じますが、同封葉書にてご出欠のほどお知らせ頂ければ幸いに存じます。

また、研究会終了後、懇親会（於シャトー飯店、電話 3453-7092）を開催いたしたく、併せてご出欠のご返事をお願い申し上げます。

記

日　時　　3月14日（火）　午後1時～5時

場　所　　慶應義塾大学（三田）　大学院校舎8階
　　　　　地域研究センター第一共同研究室

講　師　　李　雲　漢　氏（中国国民党中央党史委員会主任）
　　　　　陳　鵬　仁　氏（中国国民党中央党史委員会副主任）
　　　　　劉　維　開　氏（中国国民党中央党史委員会総幹事）

テーマ　　「孫文思想と中国国民党史研究の趨勢」（通訳付き）

問題提起者　久保田文次　氏（日本女子大学）
　　　　　　狭間直樹　氏（京都大学）
　　　　　　横山宏章　氏（明治学院大学）
　　　　　　山田辰雄　氏（慶應義塾大学）

以　上

名義上是個座談會，實際上是個討論會。我們決定由我提一篇主題論文〈海峽兩岸研究孫中山思想與中國國民黨黨史的現況與展望〉，我報告後，鵬仁和維開再作補充，維開並偏重於黨史會史料的典藏與運用。計畫於十五日晚間宴請中、日雙方友好，地點及請柬均函請東京中山學會執行長魏延年兄代爲安排。

山田辰雄給我們安排了五天的日程，我們又略作更動，增列了十五日晚宴及十六日上午與立教大學教授戴國煇博士餐敍時間。與國煇教授在會外晤敍，是政大史研所畢業，正在東京深造之許育銘君來信提及：

欣聞李雲漢老師及陳鵬仁老師預定來日訪問一事，立教大學歷史研究所所長戴國煇先生囑咐學生育銘轉達歡迎之意，並擬擇日與李老師餐敍會面，略盡地主之誼。然因李老師來日期間，正值立教大學大學入試之際，雜務繁身；而李老師等人行程又恐爲緊湊。戴國煇先生之意，在三月十五、十六日之早晨或十七日之中午，視李老師方便之意，擇一日由戴老師招待聚餐，並擬邀請東京大學的老師陪席，謹請李老師、陳老師惠允出席。

此次訪日的全部日程，最後決定如下：

三月十三日（星期一）

下午 二：三〇 赴日

六：一五 抵日

七：三〇 山田辰雄教授晚宴

三月十四日（星期二）

上午 九：三〇 拜會亞東關係協會林金莖代表

一一：〇〇 參觀慶應大學圖書館

下午 一：〇〇 出席慶應大學地域研究中心學術研討會

六：〇〇 參加學術研討會後晚宴

三月十五日（星期三）

上、下午 參觀國父在東京附近有關史蹟

下午 六：〇〇 李主任委員晚宴

三月十六日（星期四）

上午 一一：〇〇 與戴國煇教授及東京大學教授午餐

下午 徵集圖書資料

四：〇〇 赴中央委員李海天同志晚宴

三月十七日（星期五）

上午 七：三〇 請魏延年特派員等早餐

下午 二：〇〇 返國

四：四〇 抵中正國際機場

四度訪問東京

三月十二日，孫中山先生逝世七十週年紀念日。隨了中央委員會各單位總幹事以上同仁，於上午九時去國父紀念館向孫先生銅像行禮致敬。

十三日，要飛往東京的日子。天一直在落雨。九時到臺北辦公室辦公，十二時再驅車前往桃園中正機場。陳副主任委員鵬仁與劉總幹事維開，亦如約按時到達。預定的飛機班次是華航18C次，午後二時二十分起飛，到六時二十分始可抵達東京羽田機場。

飛機起飛時間晚了十分鐘。回想起來，已是第四次訪問東京了。第一次是民國五十八年一月，留美歸國途中在東京停留六天，去參觀了東洋文庫，並訪問了中華民國駐日大使館。第二次是民國六十五年（一九七六），隨同國際關係研究所赴美出席「中美中國大陸問題研討會」人員自舊金山返國，在東京只停二天一夜。第三次是民國七十年十一月，與李國祁等七位教授前往橫濱出席「三民主義與中國」學術研討會，會後遷居東京，共停留四天。這次往返要五天，是時間較長的一次，但日程排得很緊，恐怕沒時間到東京名勝區一覽風光。

到東京羽田機場，始悉東京亦落了雨，剛停不久。（東京中山學會執行長也是海工會駐日特派員魏延年兄和陳玉梅秘書來接機，送我們住進位於東京都港區三田三—七—八號的東京都大旅館（Miyako Inn Tokyo），我的房間是八一〇。這旅館是慶應大學爲我們訂的，費用亦由慶大負擔，這當然是山田辰雄教授的一番盛意。

七時三十分，山田教授來了。他請我們到旅館內的「飛鳥」餐廳吃日本飯，是他私人請客。他將明日討論會的準備情形告訴我，我完全同意，謝謝他。我代表黨史會送他一套中國國民黨建黨一百週年的紀念幣，包括金質、銀質各一枚，略表謝意。

八時許，維開陪許育銘來到我的房間小敍。育銘讀政大歷史研究所碩士班時，選過我的課。聰明精幹，爲人熱誠，爲一優秀青年史學專才。有他協助，當然方便不少。談一小時許離去。他也應邀出席明天下午慶應大學的學術討論會。

與臺北家中通電話，報平安。研讀明日討論會的資料。久保田文次、狹間直樹、橫山宏章、山田辰雄四位教授的講稿都是日文寫的，我沒法瞭解其全部意義。明晨與鵬仁兄一商，只要基本意思瞭解就夠了。狹間直樹對我的《從容共到清黨》及《中國國民黨史述》，備加推崇。也提到黨史會編印的《革命文獻》與複印出版的《中華民國史料叢編》，認爲對現代中國史的研究，貢獻良多。

拜會林金莖代表並參觀慶大

三月十四日上午，要去拜會駐東京文化經濟辦事處代表林金莖先生。天氣非常晴朗，心情無限愉快。

我們九時出發。先坐一段計程車，再步行前往。魏延年特派員已在代表處門口等候，由他引導。這棟樓，是代表處的新家，看來頗有氣魄，比在平和堂時代不可同日而語。我是第一次來到這裏，想到以前的中華民國駐日大使館，那麼寬敞美觀的地方如今已非我政府所有，眞不勝滄桑之感。

在二樓會客廳，和林代表金莖先生談了二十分鐘。他和鵬仁兄是老同事，和我在臺北見過幾次面，同桌吃過飯，也算是舊識。只有維開，是首次見面。林代表邀我們到他辦公室內，看他陳列的一些古董和書刊，只可惜我們對古物都是外行，不敢妄作評論。我帶來一部《中國國民黨史述》送給他，我想代表處內應當有這書供隨時查考。他回贈我們男用領帶一條及女用絲巾一方，設想可謂周到。離開代表處時，承林代表派專車送我們三個去慶應大學，我們與山田教授約好十一時見面。

到慶應大學，時間比預定的稍早些。我們得以先在校園中參觀一下。校舍雖甚局促，樹木蒼翠，還是很美。慶應是所有歷史的大學，名聲也好，曾爲中國培植過一些有用的人才。我最早知道慶應，是黃季陸先生在世時告訴我的。黃先生曾於民國六年即一九一七年在慶應留學，次年因參加中國留日學生反對日本政府與中國北京政府簽訂軍事合作協定，企圖控制中國陸軍的街頭抗議活動，而被日警拘捕毆辱，因憤而離開日本赴美留學。今天我來到慶應大學，卻無人可以告訴我黃先生當年在此地讀書的情況，我們也無暇去查考當年中國學生因反日而被捕的往事。

我們按時到達了山田辰雄主持的地域研究中心。見討論會會場已佈置好，黨史會寄來的《建黨百年紀念叢書》及《國父全集》等書也已陳列在書架上。山田在他的辦公室內接待我們，發現他的辦公室很小，也沒有秘書或助理，大事小事都是他所長自己來，表現出日本學府的節儉勤勞精神，是值得我們效法的。山田給我介紹了周偉嘉，我日記中寫著：

> 在山田辰雄所長辦公室內，見到了準備下午給我們擔任譯員的周偉嘉先生。他來自上海復旦大學，現任產能大學經營情報學部的講師，也是慶應大學的博士研究生，爲山田所長的得力助手。周先生送我一篇他最近所寫有關閩變和第三黨的論文。另外一位受邀爲我作譯員的李秀石女士，是早稻田大學的博士候選人，也是來自大陸。到下午她才來到會場

見面。

山田帶我們在他的校園中走一趟，發現也有一些新式建築物。在圖書館外面看一看，時間不夠，沒有進去。到慶大餐廳用午餐，以魚爲主菜，佐以米飯，也滿可口。因爲午後一時就要舉行討論會，飯後即匆匆趕回地域研究中心，發現會場中已坐滿了人。許育銘和楊合義也到了，他們是會場中僅有來自中華民國的兩人。

一次熱烈而成功的討論會

三月十四日午後一時，討論會開始。山田辰雄以主持人身分，首先說明召開這次討論會的意義和過程，然後介紹我、鵬仁和維開的學術背景。他也提到，日本學者研究孫中山先生和中國國民黨歷史，過去都受中國大陸的影響。近年來，研究民國史和中國國民黨黨史的人遠比研究中共的人多。這是一個新趨勢。

山田講過話後，由我做報告。我的論文《臺海兩岸研究孫中山思想與中國國民黨黨史的現況與展望》已印出來分贈到會的人，所以我只是做補充性的口頭說明，由李秀石女士日譯，她非常盡責，我的每一句話都譯出來了。時間也花了將近一個小時。

我報告完畢，隨即由日本方面的四位學者分別發表意見，也都有書面報告。首先是日本女子大學文學部教授久保田文次，報告〈我對中日關係史研究的看法〉；其次是京都大學教授狹間直樹，報告〈我對研究中國國民黨史的意見〉；再次是明治學院大學法學部教授橫山宏章，報告〈關於孫文對西歐式代議政體的批判〉；最後是山田辰雄，他報告〈我對研究國民黨史的幾個看法〉。他們的報告都非常有見解，有深度，其書面報告其後均由陳鵬仁兄譯為中文，在「近代中國」雙月刊一〇六期發表。

誠如狹間直樹所說，學者間互相尊重彼此的意見，但觀點並不一定相同，也不應相同。不過，有些基本原則，如多應用原始史料，論述要作深入分析，評論要客觀公正等，則是中外學者們所共同同意遵守的。我呼籲「歷史的歸於歷史，不應再固執一些積非成是以及倒果為因的政治成見」，目的即在發現或歸還歷史的眞實面；只有明瞭歷史的眞實面，才能做出正確而公正的論斷。山田辰雄提出「民國史觀」一詞，他的解釋是：

> 現在我們研究孫文和國民黨史的觀點是什麼呢？我一直主張，學術研究要盡量離開特定政黨的立場，相對化民國期很活躍的各種政治勢力，在它們互動關係中研究和評估特定政治勢力所扮演的角色。我把它叫做民國史觀，我認為這個觀點與現代的問題是有關聯的。

四位日籍學者發言過後，山田教授宣佈休息二十分鐘。與會學者得以自由交談。出席人數已達六十餘人，絕大多數爲日籍，大陸在日學者及研究生有趙軍、林尚立、陳影、馬紅雁等，來自臺灣在日服務或留學者則爲楊合義、許育銘及吳秀月。遺憾者，傳播媒體無人在場，即「中央通訊社」及「中央日報」駐東京人員亦未到場採訪。

三時十分，討論會第二階段開始，係自由發言。先後發言者計有九人：

饗庭孝典（杏林大學教授）

小島淑男（日本大學教授）

德田教之（筑波大學教授）

小林幹夫（共同通訊社編集長）

江頭數馬（日本大學教授）

本庄比佐子（東洋文庫研究部）

中村義（二松學舍大學教授）

趙軍（華中師範大學歷史研究所副教授）

吉田實（朝日中國文化學院學院長）

他們一方面表達自己的意見，一方面也提出一些問題，歷史的、政治的、文化的都有。我對這些問題歸納後分別答復，並請陳副主任委員鵬仁和劉總幹事維開，各就其研究及掌管業務範圍，作補充說明。

劉維開先生說明後，仍有與會學者欲繼續發言。惟時間已近五時三十分，較討論會預定結束時間已超過半小時，山田辰雄乃於致簡短閉會詞後，宣佈討論會圓滿結束。如有意見，可在餐會中繼續交談。

晚宴係在京華飯店，係慶應大學做東。席開三席，熱烈非凡，山田辰雄以主人身分致詞歡迎，我則以客人身分致詞答謝。席間敬酒交歡，此起彼落。小林幹夫、野澤豐等先生，談話尤為歡洽。小林為外交官出身之新聞界翹楚，對中日問題多出以世界眼光分析之，有極突出看法。野澤坦承他以前是屬於左派，對中國國民黨不甚友好，現在則已有了進一步的瞭解，希望加強雙方面的聯繫。我答應回臺北後，寄贈一部《中國國民黨史述》，他也要回贈一部即將出版的新著《日本の中華民國史研究》。

有關問題的我知我見

討論會中，久保田文次等四位教授發表了他們的報告，饗庭孝典等九位教授各自提出了看法和一些問題。我利用三十分鐘的時間予以綜合性的口頭答復，但總覺言猶未盡。會後將我的答復用文字寫出來，和四位教授的報告同時發表於「近代中國」雙月刊第一〇六期，代表我對這些問題的具體回應。全文如下：

聽到久保田文次、狹間直樹、橫山宏章、山田辰雄四位名教授的報告，和其他九位學者專家的先後發言。非常感謝，非常欽佩，更感到極大的安慰和鼓勵。事實上，對許多問題的看法，我們的意見是相同的，當然，也有若干見解，彼此間有些差異。我想我們從臺北來的三位教授，應當就各位所提及的各項問題，提出我們的所知所見，與各位相互切磋。

據我個人的理解，各位女士先生所提及的問題，可以歸納爲幾個方面：一是研究的態度和方向，一是中國國民黨組織與政策的若干評論，一是若干爭議性政治問題的探討，一是對中國統一問題的關注，一是黨史會史料運用和研究情形。有些問題，可請陳鵬仁與劉維開兩位先生分別說明，我現在僅就幾項基本問題，說明個人的觀念和一些看法。

久保田教授的報告中，提及中日兩國關係的研究方面，常爲一些侵略與非侵略、援助與利用等「兩分法」觀念所困擾，事實上任何政策或行動，都有其多方面的意義，有付出就有代價，有相互依存也有競爭敵對。特別是日本人對中國革命，是一種援助行爲，但也不是沒有相互利用的動機。我認爲久保田教授的看法非常中肯，務實，基本上我也有同樣的看法。歷史研究，應以宏觀與客觀的態度，對任何人物、事件、政策、行動，作深入的瞭解和綜合的論斷，始可免除機械式兩分法觀念的武斷。

狹間直樹先生是我所欽佩的一位中國史專家，對中國國民黨歷史的研究極爲深入，最近讀到他分析中國國民黨第一次全國代表大會宣言發表過程的論文，深佩其治史態度之嚴謹與勤奮。他提到中國人的道統論或正統論以及「爲賢者諱」的觀念，對孫中山思想和國民黨黨史研究有何影響，也提到「以黨治國」的觀念與春秋大義秉筆直書的史法，極有見地。我個人的觀察和體驗，道統論偏重於文化體系的傳承，正統論爲政治傳統的延續，溯源於春秋大義。早期的國民黨人如戴季陶等，都偏重於道統與正統的維護，歷史學者對黨史作學術研究，就不拘泥於這一觀念了。時代和潮流都在不斷的進步中，在學術自由的環境中進行歷史的研究，勢必要揚棄一些不合時宜的觀念，建立一些新穎而公正的理念。

久保田和狹間兩位先生都提到，孫中山與日本外交人員間有關讓渡中國權利的「密約」問題。誠然，這是一項爭議性的論題。陳鵬仁、陳在俊兩位先生都曾有專文加以論述，這項「密約」是否眞實，恐須等待更眞實的史證出現。本人認爲此等具有高度爭議的問題，應由歷史學者繼續去蒐求史證進行深入的研究，在未能獲有可爲史學界接受的定論之前，任何人都不必强以爲是，應當視之爲懸案，以保留更多的研究空間。

橫山宏章教授對中國「獨裁政治」的評論，有其獨到的看法，認爲孫中山革命建國程序——軍政、訓政、憲政三階段的內容，尚有交代不清的地方，特別是憲政時期的具體做法，都沒有明確的說明。橫山先生也提到賢人政治與好人政府的觀念，很具有啓發性。誠然，孫中山對憲政時期的制度，只提到大前提，大原則，那就是五權分立制，至於其他較實際的問題，孫先生講的太少。孫先生係在民國十三年即一九二四年講演三民主義和制定建國大綱，沒想到第二年便去世了，沒時間多作補充。如何依據他所提示的大前提，大原則，結合時代的發展與社會的需要而定爲制度與政策，正是中國國民黨遵行的路線，精神上仍是孫中山思想的發揚。

非常感謝山田辰雄教授提出「民國史觀」的新觀念，我也一直有同樣的想法，視野必須擴大，應顧及到近代歷史發展的各個階段與各個層面。本人一直認定中國國民黨的黨史，乃是近代中國歷史的骨幹部分，在任何情形下都不應當忽視。山田教授所提及的若干現象和提示的方向，都值得我們重視，並努力去開展。近幾年來，臺灣地區的學者對孫中山思想的看法，是有著開明與開闊的新取向，如前任中國國民黨中央委員會秘書長，現任臺灣省省長宋楚瑜博士，曾在總統府的一次集會中講述「國父思想於歷史新局中的時代意義」，可認作是此種新取向的代表。「近代中國」雙月刊第一〇五期所刊載國立臺灣大學三民主義研究所所長周繼祥的「三民主義教學研究的危機與轉機」，則具體說明在多元化的文化環境中形成研究新取向的必然性，孫中山思想的發展必將步向學術的道路。

我已經佔用了不少時間，但還有三個問題必須向各位教授說明一番。

第一個問題，是宋慶齡的地位問題。在中國大陸，宋慶齡被捧得很高，貴國日本的學界對宋女士也非常有好感，但在臺灣情形就不同了。臺灣史學界並不重視宋慶齡，有些年輕人，甚至不瞭解宋慶齡是個什麼樣的人。除了伊斯雷爾·愛潑斯坦（Israel Epstein）原著，沈蘇儒翻譯的《宋慶齡傳》中文本外，似乎找不到其他有關宋慶齡的傳記。何以有此現象？一是因爲孫中山在世時，宋慶齡在中國國民黨中央並無若何地位，也無具體工作，她當選中央執行委員是在孫中山逝世後的一九二六年一月。二是她是親俄親共的左派，尤其是一九二七年之後，被認爲是中共的同路人，在反共氣氛極爲濃厚的時代，自然很少人會重視宋女士了。

第二個問題，是小林幹夫先生所提到的國民黨黨營事業和黨產的問題。這件事，最近臺灣的傳播媒體炒得很厲害，但有很多報導是不確實的。中國國民黨在大陸時代即有黨產，多數是海外黨員捐助的。如孫中山在上海莫里愛路二十九號的住所是。在訓政時期，黨的工作經費多由政府提供，黨本身用不到黨產，也不必經營什麼事業。至一九四六年制定中華民國憲法，次年開始行憲後，中國國民黨的經費需要自行籌措，因而設立了中央財務委員會，由陳果夫任主任委員，開始舉辦黨營事業，如齊魯公司等，情形不錯。目前，黨的經費大部分是靠黨營事業的盈餘。上週三，中央黨營事業管理委員會主任委員劉泰英在中央常務委員會議報告黨營事業經營情形，本週三——即明天，中央財務委員會主任委員林鎧藩將報告黨產數額及管理情形，各位可從這些報告中瞭解其狀況，本人就不必詞費了。

最後一個問題即第三個問題，是西安事變與張學良的歷史評價問題。西安事變，促成了中日戰爭的提前爆發，給中共提供了乘機坐大的良好機會，有利於中共的發展卻有害於中國國民黨與國民政府的地位與實力，都是歷史事實，因而有人認爲這是一個不幸事件。本人曾撰寫一冊《西安事變始末之研究》，當時曾希望與張學良見面談談，張沒有同意。與何應欽見面談過一次，他有一些意見。我認爲張學良發動西安事變，動機是可以諒解的，其手段卻是不折不扣的叛變。這一看法，於一九八六年去伊利諾大學出席「西安事變五十週年學術研討會」時提出來，當時不少人不同意，但到張學良後來在臺北九十歲生日前數日接受訪問時，卻也自承是叛變。這是他的坦率可愛處。我對他的評價是：張學良是個愛國的人，卻也是個政治意識模糊，沒有遠見的人；他所導演的西安事變是一次不幸事件，他因而成了一個不幸的人。

訪查革命遺蹟

討論會次日——三月十五日，慶應大學爲我們安排了一次東京橫濱地區訪查革命遺蹟之旅。參加者除我等三人外，日方有山田辰雄、久保田文次、中村義三位教授，家近亮子小姐及田中健二先生。這位田中健二先生是白面書生，嘴邊卻滿是鬍鬚，他自稱爲「浪人」，和中國革命有點邊緣關係，因爲他的曾祖父是平岡浩太郎，是孫中山先生的友人，曾經給予中國革命以經濟上和精神上的大力支持。

橫濱是孫中山先生首次抵達日本的登陸地點，也是興中會在海外建立的第一個支會——橫濱興中會——的地方。東京則是中國革命同盟會和中華革命黨先後成立的地點，當年曾是中國革命黨人活動的「大本營」。這兩個毗連的都會，有不少中國革命的遺蹟。時間不允許我們一一去查訪，只是重點性的去對特別有歷史價值的地方，作一次瞻仰性的巡禮。

我們預定於上午九時出發，先在東京，後去橫濱。下午五時結束，一道去東京新宿的東京大飯店接受我做主人的晚宴。

我們分乘兩部車。第一部車爲山田辰雄、我和維開，由家近亮子小姐駕駛。第二部車爲陳鵬仁、久保田文次、中村義，駕駛人則是田中健二。遺蹟解說人爲久保田文次教授，他帶了一只手提袋，裝滿了資料。事情竟是這麼巧。十多年前——一九七九年十二月間，北京中國科學院中國近代史研究所所長劉大年先生訪問日本時，曾經訪查過東京橫濱地區的孫中山先生遺蹟，當時的陪伴與解說人就是久保田文次。久保田教授寫過一篇〈同劉大年先生在一起的時候〉記述其經過，劉大年先生也寫過一篇〈赤門談史錄〉作了補充。久保田文次這次把劉大年的文章及東京市的三份地圖影印件分贈給我們，以幫助我們瞭解。久保田文次應當是最熟悉孫中山先生革命遺蹟的人，每到一地，他的熱情講述，令我們既欽佩又感謝。

中村義教授也是一位有心人。他影印了一份黃興先生的墨跡分送給我們。墨跡是橫寫右起「一硯梨花雨」，下款是「堀江博士正，黃興」，蓋了兩方印章，上面的一方印文是「克強」二字，下面一方的字跡卻看不清楚。中村也作了考訂，說明堀江博士名堀江歸一，明治九年四月二十七日生，昭和二年十二月九日歿，曾任慶應義塾大學經濟學部教授，這幅黃克強先生墨跡（見下頁），對我而言，還是初次見到，自然深感欣喜。

訪查史蹟猶如探險，心中充滿了好奇和期待。我們的第一站是中國革命同盟會於一九〇五年八月二十日舉行成立大會的地點——當時的東京赤坂區靈南坂本金彌住宅。這地方，現在是港區虎門二丁目十號，原址已改建爲氣勢不凡的大倉飯店（Hotel Okara）了。原來的「赤坂區靈南」，即赤坂葵町三號，又名靈南坂。坂本金彌則是當時具有子爵頭銜的議員。日文的「坂」字，其意義略同於中文中的「坡」字，凡言坂，都是指的高地或山坡，現在的地形則完全改變了。我們在大倉飯店大門口一邊聽久保田教授解說，一邊注視這座飯店的造形，卻怎麼也找不到中國革命同盟會的痕跡，這就是所謂滄海桑田的變化吧！

訪查第二站是孫中山先生民國二、三年間曾經住過的地方，海妻豬勇彥的故居。實際上，第

一、二站相距甚近，我們是由大倉飯店步行過去。這情形，劉維開的「出席『研究孫中山思想與中國國民黨黨史的趨勢』研討會經過」一文中，有如下的記述：

> 大倉飯店對面爲美國大使館。沿使館邊上行，有一丁字路，由路口右轉至赤坂一丁目，下行至斯里蘭卡大使館，即爲此行之第二站。此處爲海妻豬勇彥及頭山滿住宅的原址。孫先

生於民國二年（一九一三年）二次革命失敗後，流亡日本的四年期間，有相當長的一段時間居住在這裏。

海妻豬勇彥原宅門牌號碼爲赤坂靈南坂町二十七號，這是日本警方「各國內政關係編纂支那之部革命黨關係第九卷」所載「在本邦亡命支那人名簿」所登記的地址。現在情形自然也是「不復當年」了。我們只在馬路邊觀察一番，沒時間到現住戶去作深入的探究。

回到大倉飯店後，一行登車前往第三站——日比谷公園內的松本樓。沿途繞經日本首相官邸。久保田文次說，現首相官邸即清政府駐日本公使館舊址。孫先生於一八九五年初來東京時曾在附近住過，後因距清使館太近，才又遷居他處。我們也繞道日本自民黨總部，沒有停留，車上看去似乎沒有什麼氣勢。

松本樓爲中國革命之友梅屋庄吉早年經營的餐廳，現由梅屋的一位孫女負責。是一所非常雅緻的日式建築，帶有古典氣氛。進門後，就發現一架鋼琴，琴蓋上放置著一幀鑲框的照片，是孫中山先生與梅屋庄吉夫婦的合照，雍容大方。另外放置了關於這架鋼琴的英日文說明。琴座上亦陳列照片數幀，其中一幀是孫中山先生在松本樓宴請日本友人時的合照。這架鋼琴，據說蔣夫人宋美齡女士曾經彈奏過，但沒有確切的證據。慶應大學安排我們到此地午餐，順便瀏覽一下這幾件文物，眞是設想週到。我們是吃法國式西餐，並在樓內樓外攝了一些照片留作紀念。

離開松本樓後，即直趨橫濱。東京橫濱間是新開發的工業區，橋梁建築規模及工廠工程之宏偉，令人無限欽佩。日本國力之雄厚可見一斑。橫濱的革命遺蹟甚多，我們沒時間一一訪查，只鎖定一處——位於鶴見的曹洞宗大本山總持寺及其附近的兩座紀念碑：一座是「黃君克強之碑」，另一座是「日本同志援助中國革命追念碑」。

曹洞宗爲佛教禪宗的一個支派，於南宋時，由中國傳入日本。總持寺爲曹洞宗的總院，建築極有規模，內設有各級學校，稱爲「鶴見學園」。總持寺院右側，是一所公園，周圍則是「群山環抱」。

「黃君克強之碑」，一般中國人稱之爲黃克強先生紀念碑，位於總持寺前右方一座小小山坡上，周圍雜草叢生，顯然乏人管理。我們從草叢中走上去，對這座外型尚極完整，碑文亦清晰可辨的紀念碑，作細緻的瞻仰，並各於碑前留影存念。碑甚高大，小型照相機無法將碑文全部照下來，我用了最原始也最可靠的辦法——手抄，把全文按原形式抄錄下來，回國後以毛筆寫出，特附載於下頁：

黃克強先生紀念碑後對面山腳下，另有一座更爲高大的紀念碑：「日本同志援助中國革命追念碑」，碑文爲汪兆銘所書，碑陰則是「國民政府追念日本援助中國革命大會主任委員」陳中孚撰文並書寫的建碑經過，太高了，字跡也不十分清楚，我數度想讀完全文，都未能如願。汪、陳都是老革命黨人，但都晚節不保，於民國二十七年十二月脫離了抗戰陣營，於民國二十九年在南

日本橫濱鶴見曹洞宗大本山總持寺旁山麓

黃君克强之碑

中華民國元勳黃君諱興字克强革命之五年丙辰十月
三十一日逝於上海之別第距其生清同治甲戌享年四十三本
邦諸友胥議立石并鐫遺墨於背陰以寓永懷之意

來來去去去去來來無罣無礙天地塵埃

黃興偈於總持寺

大正七年十月犬養毅撰并書

中華民國八十四年三月十五日李雲漢訪謁致敬抄錄歸後書存

京建立了傀儡政權。建碑經過的落款年月爲民國三十年九月，即僞政權成立一年半之後。汪、陳爲降敵賣國之人，然而日人心目中仍有其不錯的形象，且所述爲日本友人援助中國革命史事，故仍有其歷史價值。我們在那邊停留十多分鐘，就再驅車趕回東京，去最後一站——全生菴。

去全生菴，目的是要觀看山田良政的墓碑。山田良政是孫中山先生策動第二次起義——庚子惠州之役（一九〇〇）時，爲中國革命而犧牲的日本志士。孫先生於民國二年（一九一三）二月訪問日本時，曾親往祭弔，並題碑紀念。實則山田良政骨骸尚未歸葬。至民國七年（一九一八）七月，上海國民黨人開會追悼山田良政，孫先生爲題「丹心千古」輓額。八年（一九一九）九月，山田良政之弟山田純三郎攜其兄遺骨歸葬日本弘前，孫先生再撰「山田良政君建碑紀念辭」。孫先生對山田良政之忠義精神備加讚許，並祝以：「願斯人爲中國人民自由奮鬥之平等精神尚有嗣於東國。」

全生菴的山田良政紀念碑，應爲民國二年二月所題者。此碑位於菴之入口處右側，甚矮小，不特意尋找，不一定能發現。碑尚完整，然碑文亦有三數處遭到破壞，殊感惋惜。碑文乃用中文所寫，日人不知其歷史價值，亦無人交涉移入他處珍藏，數年後也許就被完全毀壞了。所幸碑文已有拓片，並已編入《國父全集》之中，此段史實固可傳之久遠也。

東京大飯店賓主盡歡

沒有去東京之前，就決定於三月十五日晚間設宴答謝籌備討論會並陪同查訪革命遺蹟的日籍友人，和我們想見面但無暇專程趨謁的好友與同學。地點和請柬均請魏延年特派員代辦，預定爲兩席，因爲好幾位不住東京的日本朋友已於討論會結束後各回原住地了，而衛藤瀋吉校長又因健康關係不能前來參加。衛藤夫人上午已電話鵬仁兄表達歉意，餐會時又託容應萸女士再爲致意。實際能來參加者共二十二人，地點經延年兄定在新宿東京大飯店，他已於一週前以我的名義發出請柬。

十五日晚，我們從全生菴出發前往東京大飯店，沒想到路上塞車，心裏好著急。約定的晚宴時間是六點正，我們到七時才趕到，足足慢了一個小時。客人都早在苦候了，眞是失禮。我一一抱歉，李委員海天先生卻說：「沒關係，我早就料到你們會遲到，已經與客人講過，並代你們招待客人了。」

日本方面到的客人，有藤田義郎、山田辰雄、江頭數馬、久保田文次、橫山宏章、中村義、野澤豐、家近亮子、容應萸和田中健二。中國方面的朋友，則有李海天、戴國煇、王瑞徵、齊濤、楊合義，簡木桂、徐文和和許育銘。李海天委員和藤田義郎先生都是身負要職的大忙人，能撥冗前來相會，非常感激。李委員並約定明天晚間，要在他橫檳的 Holiday Inn，設宴為我們慶功。他說，討論會非常成功，值得慶賀一番。

席開兩桌，我和鵬仁兄分別作主人。過一陣子，我倆就交換座位，每席都有同等的敬酒和交談機會。中、日語夾雜來講，我的不標準的國語由許育銘代為日譯，每個人都熱情，健談、風趣，多數能豪飲，我自己也弄不清楚喝了多少酒，育銘和維開都低聲勸我不能多喝了。「酒逢知己千杯少」，我想人人都會有同樣的經驗。徐文和是我行專同班同學，王瑞徵、簡木桂是我政大同期同學，久別重逢，怎能不開懷暢飲！簡木桂兄小聲說，幾個有名的左派教授都被請來了，有辦法，也眞是想不到的事，是難得一見的現象！

餐會到十時二十分結束，稱得上是賓主盡歡。回到旅社已十一時，雖然有些累，仍然感到很興奮。討論會的活動全部結束了，明天開始是我們自由活動時間。做完了一件有意義的事，總是感到一些欣慰。要特別謝謝山田辰雄，他在日本學術界研究中國近代歷史範圍內是個有號召力的人，也具有東方人講義氣的性格。

與戴國煇教授明月館小敍

戴國煇教授約於十六日上午餐敍，地點是在新宿的一家韓國餐館，明月館。

上午沒別的活動。要許育銘君早來，陪我們先去新宿一帶逛逛，順便買點紀念品。我們九點半離開旅館，坐電車前往。東京地下交通的便捷是世界聞名的，但路線很複雜，新來東京的人，如果沒有人帶路，一定會陷入迷宮，不容易找到正確的通路。

十一時到了明月館，國煇兄已在等候。和他同來的尙有兩位先生：一位是東京大學教養學部的助教授村田雄二郎，能講中國話；另一位是來自中國大陸，現任東京大學藝術學院中國研究副教授，孫江民先生。客人是我、鵬仁和維開。許育銘算一半客人一半主人，但他以主人自居，很多事都靠他相助。

我們是吃燒肉，冷麵，吃法很別致。我們都吃了不少，談了很多話，覺得很開心。我告訴戴教授：他在「中國時報」發表的一篇評論文章，很受到我們中央委員會的重視，因爲講的有道理。也同時爲他經總統府提名爲國家統一委員會的研究委員，表示道賀。他性格豪爽，思想新穎，對一些複雜問題，都有顯彰大是大非的看法。對二二八事件是如此，對中國統一問題也是如此。他反對臺獨分子，但反對的理由基於理性而非意氣，這是他之所以成爲國際知名學者的基本原因。

吃過飯後，戴教授即匆匆趕回他的立教大學，學校正在考試。我們又去了神田町，想買幾本書。在內山書店檢閱最近大陸出版的新書，發現有價值的學術著作並不多。出大街，入小巷，鵬仁和育銘健步如飛，我總是拖在後面，維開陪我。兩個多月前，農曆年前夕，洗刷門窗時腳底受了點挫傷，至今未痊癒。再過兩個月，就進入六九之年，當然不復當年的勇氣和耐力。

欣然接受李海天先生的邀約

十六日午後三時，我們從神田回到了東京都旅館，半小時後，李委員海天先生就派專車來接我們去橫濱，接受他的晚宴。魏延年兄也來了，我們一道去橫濱的 Holiday Inn。

李海天先生是東京橫濱地區的僑界領袖，是一位成功的企業家，更是一位忠愛國家，熱心倡導文化事業的政壇人物。歷任中國國民黨中央委員，最近又獲李總統登輝先生聘任爲國家統一委員會委員，參與兩岸政策方針之決策。李先生另外一項職務是蔣經國中日文化交流基金會的主席，朋友有時戲稱他爲李主席，暗示與黨的李主席同列。

我們到達橫濱 Holiday Inn，李委員已在門口等候。先到咖啡室茶敘。海天先生說，要接我早點來此地，是有一件事想商談一下。今年是抗戰勝利五十周年，蔣經國中日文化交流基金會決定要在八月五日舉辦一次學術討論會，以資慶祝。因爲是在日本舉行，參加的人也是以日本學者爲多，所以不擬直接討論戰爭的經過與功過，而以「戰後五十年的回顧與展望」爲討論主題，比較更富建設性，且有較多發揮的空間。海天先生希望我在討論會上作一次專題講演，然後開始討論。他甚至給我排定日程：八月四日到東京，五日參加討論會作專題講演，六日參觀，七日回臺北。我認爲在日本召開討論會來慶祝抗戰勝利五十週年，實具有重要意義，也是我應當做的事；海天先生愛國愛黨，我力之所及，當然樂於爲助，因而欣然接受他的邀請。

六時正，我們進入二樓的貴賓宴會廳。廳口豎立起「歡迎李主任委員雲漢等一行宴會」的標牌，如此隆重，實在愧不敢當。除臺北來的我們三人外，主人邀請了六位先生作陪，他們是橫濱華僑總會副會長王良（墨野）、國民大會僑選代表楊作洲，臺北駐日經濟文化代表處橫濱分處處長郭明山、蔣經國中日文化基金會執行長、「中央日報」駐東京特派員齊濤，海工會駐日特派員魏延年，和我政大老同學服務於東京新聞界的王瑞徵。正所謂「吃得香甜，談得愉快」，一直到九時三十分才告終席。海天先生等七位並分別簽名於「名菜譜」，由我們三人分別帶回作爲「橫濱之宴」的紀念。海天先生並再說一句：「經濟學者我佩服鄭竹園，歷史學者我佩服你。」這更增加了我的愧色，卻也同時提高了自己的責任感，黽勉劬瘁，曷敢稍懈！

晚十時又十分，回到了 Miyako Inn Tokyo，天正落雨。先與臺北家中通電話：討論會及訪問活動全部結束，明日搭中華航空公司〇一七次班機，返回臺北。十七日回家後的日記中有一句自我評價的話：「回來了，一切順利，眞的是不虛此行。」

一九、抗戰勝利已滿五十年

深沈的省思

民國八十四年即一九九五年八月，是中華民族對抗日本侵略的自衛戰爭——國人通常稱之爲抗戰，勝利屆滿五十週年的時節，海外、大陸和臺灣地區的中國人，都舉行過規模雖不同，意義卻同樣隆重的慶祝活動。

我是在抗戰烽火中長大的人，親身經歷過戰時生活的痛苦。長達八年的煎熬，心理上留下了永不消褪的烙印。我也是曾經在戰後親見五年內戰的證人，飽經流離蕩析的磨難，冒了九死一生，終能幸運的逃難到臺灣來。四十年來從事於中國現代史的研究，使我深深體察到：中華民國全國軍民同胞共同致力的對日抗戰，才是近百年歷史上最重要的關鍵時代，我們付出了史無前例的慘重犧牲，卻也獲得了曾未有過的珍貴代價。且看國立西南聯合大學在昆明建立的抗戰勝利紀念碑文中的一段話：

中華民國三十四年九月九日，我國家受日本之降於南京；上距二十六年七月七日盧溝橋之變，爲時八年；再上距二十年九月十八日瀋陽之變，爲時十四年；再上距清甲午之役，爲時五十一年。舉凡五十年間日本所鯨吞蠶食於我國家者，至是悉備圖籍獻還。全勝之局，秦漢以來所未有也。

誠然，自鴉片戰爭（一九四〇—一九四二）至抗戰勝利（一九四五）的一百餘年間，歷史上出現的盡是不平等條約的簽訂，割地賠款的恥辱，人民被欺侮殘殺的悲痛，和戰亂連年、內爭不休的慘象！尤其是民國二十年九一八事變之後，大半壁河山次第淪陷於異族蹂躪踐踏之下，騷首問蒼天，何年何月才能掃盡腥羶，湔雪此百年來的奇恥大辱！然而，這日子終於到了，那就是三十四年八月十五日日本宣佈向包括中華民國在內的同盟國正式無條件投降的一天；從這天起，中國人不管身在何處，都開始抬頭挺胸，在世界舞臺上揚眉吐氣。

如此充滿歷史光輝的抗戰勝利紀念日，難道不值得載歌載舞的慶祝一番嗎？

對日抗戰是整體的，全面的；勝利的標誌也是多方面的，多采多姿的。其中最顯著，最光輝，也最足以稱道的，是臺灣的光復——使血肉相連的臺灣同胞，解除了日本人五十一年的殖民統治，回到了中華民族的大家庭裏，成爲不折不扣的列祖列宗的傳人。臺灣光復的一天，不是與鄭成功在赤嵌樓接受荷蘭人投降的日子，同其光輝嗎？難道不值得大家興高采烈的狂歡一場？

說眞的，過去五十年來，國內對抗戰史的研究和出版雖有若干成果，但始終未能蔚成風氣，研究方法與內容上猶未能有所突破。學者個人的研究，是值得肯定並感到欣慰的，如吳相湘的《第二次中日戰爭史》，梁敬錞的《九一八事變史述》和《日本侵略華北史述》，我的三書——《西安事變始末之研究》、《宋哲元與七七抗戰》、《盧溝橋事變》，劉鳳翰的《抗戰軍事史論》，蔣永敬的《革命與抗戰史事》及其近著《抗戰史論》等，學術價值都很高，比大陸出版的一些抗戰著述要正確得多。史政機構也在不斷的發表史料和出版專著，只是至今沒有一部完整的、系統的、學術性高的，能具備國際學術水準的抗戰全史問世，實不無遺憾。已故國史館館長羅家倫計畫編著的《抗戰實錄》，爲後任諸館長所忽視，甚感可惜。

反觀中共政權，近數年來對抗戰史的研究出版及抗戰遺蹟與文物的保存，甚爲努力。並有幾種不錯的史著問世，已開始正視「正面戰場」。不過，最近又在中共官方干涉下，對正面戰場的研究開始降溫。解放軍文藝出版社要「組織軍內外二十六位作家，聯手推出大型系列叢書《中國抗日戰爭紀實》」，要「全面的反映反法西斯戰爭中國戰場的眞實情景」，這說明中共又有了新的規劃。

因此，抗戰勝利與臺灣光復五十週年，是我們歷史學界必須要如期繳卷的新課題，否則就是麻木，就是溺職，就將捫心自問實難以自安！

身爲中國國民黨中央黨史會主管，又適被選任爲中國歷史學會理事長，自己也是抗戰史研究行列中的一員，應該有些什麼計畫，什麼行動？這是我在去年冬天即開始思考的問題。

就黨史會而言，對抗戰史史料的公佈和研究的推動，從未忽視，且著有成績。我在〈中華民國抗日戰爭圖錄序〉一文中，曾說：

中國國民黨中央委員會黨史委員會（簡稱黨史會）先後公佈了大宗的抗日文獻——主要的是《中華民國重要史料初編——對日抗戰時期》那套叢編；也出版過多種以圖片、實物爲主，文字說明爲輔的畫史——主要的是《鐵證如山》和《苦心孤詣堅苦卓絕》兩書；黨史會同人於推動抗戰史研究之外，也從事抗戰史專題研究——如日本侵華政策、國難期間國民政府應變過程、西安事變、盧溝橋事變、汪僞政權、戰時中共活動眞相以及戰後中蘇東北交涉等，都已有專著問世。

只是過去兩三年來，全部人力財力都投注於建黨一百週年的叢書編著與國際學術會議，後續工作尚未能完全結束，實無力再舉辦慶祝抗戰勝利與臺灣光復的大規模活動，只能在有限度的範圍內，出版史料書刊，舉行小型座談會或討論會，支援國內外學術機構及團體舉辦學術會議，並廣泛提供抗戰史蹟圖片供應國內外各界各社團舉辦展覽。也要適時在報刊、電視臺，廣播電臺，發表闡述抗戰勝利之時代意義的文字和談話，俾各界人士均能認清抗日戰爭的眞相以及臺灣光復的經過，不讓利令智昏的政客顚黑倒白，正所謂「不容靑史盡成灰」。

三種史料新編

黨史會爲提供抗戰史研究的基本史料，除已出版的《蔣委員長中正抗戰方策手稿彙輯》兩冊外，於八十四年先後出版三種史料新書：一是《中華民國抗日戰爭圖錄》，二是《中日外交史料叢編》，三是《國防最高委員會常務會議紀錄》。第一種是新編本，第二種是重裝發行，第三種則原始紀錄影印出版。

《中華民國抗日戰爭圖錄》係圖片專輯，由劉維開博士編輯，近代中國出版社出版。精裝一冊，二二一頁。爲已出版各種抗日圖輯中，比較完備、淸楚而美觀大方者，與漢聲雜誌社出版的《目擊抗戰五十年》，同爲上乘之作，漢聲雜誌社在編輯《目擊抗戰五十年》時，曾來與我討論過，黨史會也提供了一部分圖片。

我爲《中華民國抗日戰爭圖錄》寫過一篇序，指出這冊「圖錄」的兩項特徵：

其一，是內容的完整：自日本挑釁至臺灣光復，共含八個單元：國難的來臨、盧溝橋的烽火、爲民族存亡而奮戰、建國與抗戰並行、中華民國位列四强之一、湘鄂大捷與緬印遠征、贏得最後勝利、臺灣重歸祖國懷抱。

其二，編排的革新：揚棄文主圖輔的往例，完全讓圖片內容來顯彰史實，除必要之標題文字外，不作背景的文字說明，以避免主觀的論斷。

《中日外交史料叢編》，是一部依據中華民國外交部中日交涉檔案所編輯的史料叢書，原編印單位爲「中華民國外交問題研究會」，於民國五十三年（一九六四）至五十五年（一九六六）先後印竣，惟未公開發行。「中華民國外交問題研究會」結束後，將存書移藏黨史會。已近三十年，除少數學者曾經運用外，社會人士並不知有此書。我認爲這是一大損失，因決定將存書重加整理裝訂，公開發行。全書涵蓋年代係自民國十六年（一九二七）至四十一年（一九五二），分爲九冊，每冊標題爲：

一、國民政府北伐後中日外交關係

二、九一八事變

三、日軍侵犯上海與進攻華北

四、蘆溝橋事變前後的中日外交關係

五、日本製造僞組織與國聯的制裁侵略

六、抗戰時期封鎖與禁運事件

七、日本投降與我國對日態度及對俄交涉

八、金山和約與中日和約的關係

九、中華民國對日和約

國防最高委員會爲戰時最高決策機構，其常務委員會議紀錄乃爲最權威之原始史料，研究抗戰史如不參閱此項紀錄，勢難瞭解中華民國政府戰時決策及外交問題之因應。此項紀錄，原列爲最高機密。民國八十三年六月，黨史會奉准史料開放期限擴展至民國五十年（一九六一），全部抗戰時期的檔案均對史學界公開，中外學者來會申請借閱此項紀錄人數倍增。第一室同人建議將此項寶貴文獻影印出版，以便利抗戰史之研究。我力促其成，囑即進行，聞之者無不深感興奮。我爲之撰序，結語有曰：

> 確信此帙之出版，將對抗戰史之研究大有裨益，不獨可以深悉政府戰時決策之本源，且可澄清若干不實之記述及有意之曲釋。

抗戰前夕，政府有廬山談話會之召開，其紀錄彌足珍貴。「近代中國」雙月刊先已於第九十期（八十一年八月一日出刊）將第二期談話會紀錄發表，八十四年六月出刊第一〇七期，再將第二期談話會紀錄刊布，於與會諸人及政府負責人當時之言論中，足可瞭解當時朝野對抗戰的看法。「近代中國」第一〇七、一〇八、一〇九連續三期，均闢有「對日抗戰勝利五十週年紀念專輯」。

三次座談會

黨史會爲慶祝抗戰勝利五十年，特於八十四年六月、七月間，先後舉行兩類座談會：一類是「抗戰史研究」座談會，一類是「抗戰經歷之回憶」座談會。前者開會一次，邀請歷史學者參加，就抗戰史研究的現況與展望交換意見；後者曾開會兩次，係邀請曾經參加抗戰的前輩先生們口述其親身的經歷，留作史證。兩次座談會均由我主持，深受感動，受惠亦多。

第一次座談會——「抗戰史研究」，係於八十四年六月九日下午舉行。邀請對抗戰史素有研究的學者蔣永敬、劉鳳翰、李恩涵、陳存恭、呂芳上、張瑞德、遲景德、卓遵宏、莊焜明、陳立文等二十餘人參加。座談紀錄由吳秀玲小姐整理，分別發表於「近代中國」雙月刊第一〇七、一〇八兩期。

蔣永敬教授談對日抗戰的政策。他的一段話言簡意賅，對中共的曲解有一針見血之功：

要瞭解國民政府及國民黨的抗戰政策，應從「九一八」事變以後和「七七」事變以後的兩個階段講起。中共過去指責國民黨在「九一八」事變以後的政策是「不抵抗」，「七七」事變以後的政策是「不徹底」、「片面的」、「動搖的」等等。其實「九一八」事變後的「安內攘外」，和「七七」事變後的「抗戰到底」兩個口號，最足代表國民黨和蔣中正先生的抗日政策，前者是做抗戰的準繩，後者是抗戰的實行。但中共對前者極力詆毀，對後者則又極力據爲己有。

劉鳳翰教授簡要的介紹了黨史會所出版的抗戰史料。他特別推崇秦孝儀先生任內出版的《中華民國重要史料初編——對日抗戰時期》七編二十六冊。他說：「秦先生有魄力，敢作事，又受到經國先生之信任。此等抗日戰史大量史料之公佈，不特加惠研究抗日戰爭的學人，也受到學術界的肯定」。

呂芳上談〈婦女與抗戰〉，張瑞德介紹〈大陸近年出版有關抗戰時期軍事的史料和著作〉，陳存恭報告〈中國國民黨的體質與轉型〉，遲景德討論〈抗戰損失〉與〈日本賠償〉，卓遵宏建議抗戰史研究的方向，陳立文報告〈戰時中美外交〉，均各有深刻的認識和高明的看法，不勝欽佩。

「抗戰經歷之回憶」座談會，開會兩次：第一次會係於七月二十日上午，在來來大飯店大吉聽舉行，應邀到會者有陳立夫、倪文亞、馬樹禮、馬紀壯、劉眞、夏功權六位先生，特請秦孝儀先生和我共同主持。第二次會於七月二十五日在同一地點舉行，應邀出席者有崔垂言、楊西崑、瞿韶華、許朗軒、潘振球五位先生。本來也請了陳守山先生，他臨時感到有點不舒服，沒能來。此外，謝東閔先生亦因健康關係謝絕邀請，葉明勳、曹聖芬、陶百川三位先生不克參加座談，惟可提供書面報告。

座談會的時間長達三個小時又二十分鐘，中間未曾休息。陳立夫先生以九六高齡，終席未能離座，崔垂言先生年屆九秩，侃侃而談，了無倦容。倪文亞、馬樹禮、馬紀壯諸先生亦均在八十歲以上，娓娓道來，生動感人，眞是句句璣珠，珍貴無比。陳立夫先生談戰時主持教育部的經歷，倪文亞先生談入黨經過，抗戰致勝因素及本人對抗日戰爭的感受。馬樹禮先生從青年時代留學日本從事抗日活動，到戰時在第三戰區工作的見聞和參與對臺胞、韓人和上海方面敵後工作的經歷，以及戰後隨前進指揮所進駐南京的感受，是一篇淋漓盡致的戰時工作實錄。馬紀壯先生回憶戰時服役海軍參加戰鬥的情景，劉眞先生追述戰時追隨陳辭修先生工作的經過，於長沙大火、柳州軍事會議之情形，作了最有力的見證。夏功權先生自述投筆從戎，參與空軍，到出任侍從武官的過程。崔垂言先生分析抗戰勝利的因素與臺灣光復的背景。楊西崑先生報告其主持非洲外交，在聯合國奮鬥以及中美斷交後赴美談判的苦辛，感慨甚多，對重回聯合國問題亦有建議。瞿留華先生追述戰時出入淪陷區爲黨工作的驚險場面。許朗軒先生於概述戰爭過程及戰略運用之後，述及「打通西藏到印度的路線」政策的執行，提供一份「康青視察團職員一覽表」，彌足珍貴。潘振球先生回憶戰前從參加高中學生集訓，接受蔣委員長親自校閱情形，身經淞滬戰役，參加青年軍的過程，最後提到抗戰勝利情況及歷史顯示的一些教訓。

「抗戰經歷之回憶」兩次座談會之紀錄，亦由吳秀玲小姐整理，並經口述人親自校訂後，發表於「近代中國」雙月刊第一〇九期，並將考慮印爲專輯，作爲重要的抗戰文獻。吳秀玲小姐爲國立臺灣大學三民主義研究所講師兼爲博士班研究生，並兼任近代中國雜誌社編輯，文字流暢雋美，爲一不可多得之青年人才。

座談會舉行時，國防部所轄中國電影製片廠正著手製作國軍抗日教育影集，我特許其到會場錄影，並將諸位先生之精闢言論納入教材中，足可激勵國軍官兵對抗戰將士之尊敬感，及愛護中華民國並捍衛中華民國之情操與決心。

抗戰勝利五十週年學術討論會

七月七日是抗戰開始的日子，中華軍事學會在這天舉辦了一次「抗戰勝利五十週年紀念」學術座談會，地點在臺北市北安路的三軍大學。八月十五日是抗戰勝利的一天，中國歷史學會在這天假臺北市立圖書館舉辦「抗戰勝利五十週年學術討論會」。前者，我全程參加，並曾評論過蔣永敬教授的論文〈抗戰的起因〉；後者，我以中國歷史學會理事長身分，主持了開會式。我在開會詞中，說明抗戰勝利，萬民同慶的歷史意義：

八年抗戰，是我們中國歷史上的大事，更是我們中華民族裏由衰而興的一個轉捩點。沒有抗戰的勝利，臺灣就不可能光復，我們也不可能在臺北舉行這樣盛大的討論會。個人始終認爲八年抗戰，是我們中國人的大災難，大浩劫，卻也是史無前例的大考驗，大磨礪。今天，我們有資格理直氣壯的向世人宣稱：我們經得起考驗，受得了磨鍊，忍得了痛苦，付得起犧牲，以血肉之軀與强敵拼戰八年，終於贏得了最後的勝利，這是中國人自鴉片戰爭以來，第一次可以揚眉吐氣，中華民國昂然立足於大國强國之林。所以今年抗戰勝利五十周年，全世界的中國人無不興高采烈，熱烈慶祝。

討論會分三場舉行，另有綜合座談一場。各場主題及主持人、引言人姓名如下表：

第一場

主題：對日抗戰的歷史意義

主持人：陳三井先生

引言人：呂實強先生

第二場

主題：抗戰史研究的回顧

主持人：宋　晞先生

引言人：劉鳳翰先生

第三場

主題：抗戰與臺灣光復

主持人：陳捷先先生

引言人：呂芳上先生

綜合座談

主持人：王曾才先生

討論過程及發言大要，由高純淑博士寫成一篇〈抗戰勝利五十週年學術討論會紀實〉，連同三位引言人的論文，一併發表於「近代中國」雙月刊第一〇八期。計在會中先後發言者，有黃大受、徐鰲潤、陳在俊、夏功權、楚崧秋、鄧凌峰、王德毅、趙淑敏、王吉林、李霜青、陳鵬仁、李學勇、陳培雄、劉劍寒、姜書益、陳立文、簡笙簧等近二十位先生、小姐，極爲熱烈。呂芳上先生引言報告中，強調「對日抗戰，臺灣沒有缺席」，頗引起各方面的重視。翌日「中央日報」即以此語作爲標題，發表短文，報導了此次討論會的概況。

此次討論會之舉辦，係由中國歷史學會主持，黨史會則提供人力服務與財力支援。秘書長邵銘煌主控全局，高純淑、文伯瑞兩位專門委員，分別籌劃議程與論文資料分發、餐飲之供應與會場之佈置，備極辛勞。

兩岸學術研討會

「兩岸學術研討會」之全稱爲「慶祝抗戰勝利五十週年兩岸學術研討會」，係由中國近代史學會所策劃並主辦之第一次大型學術會議。日期爲民國八十四年即一九九五年九月一至三日，地點在臺北市南港區中央研究院學術活動中心，出列席兩岸學者專家及研究人員共二百二十餘人，發表論文五十九篇。討論時發言踴躍，情緒熱烈，爲學術研討會之典範。

中國近代史學會，係由國立政治大學歷史研究所所長張哲郎等教授及一部分研究生所發起，於民國八十三年即一九九四年五月間開始籌備，到十月二十三日正式舉行成立大會，通過會章，並選出第一屆理事、候補理事、監事、候補監事，其名單如下：

理事二十一人：（以姓氏筆劃爲序）

王壽南　王綱領　古偉瀛　朱重聖　余文堂　呂芳上　李國祁
李雲漢　林能士　邵台新　胡春惠　胡平生　涂永清　張玉法
張哲郎　張榮芳　陳　華　陳三井　鄭　梓　賴澤涵　遲景德

候補理事七人：

周宗賢　古鴻廷　吳圳義　周惠民　杜維運　王慶琳　段昌國

監事七人：

呂士朋　呂實強　李守孔　黃福慶　逯耀東　蔣永敬　閻沁恆

候補監事二人：

陳鵬仁　瞿韶華

十一月六日，第一屆理監事舉行第一次理監事會議，選舉第一任理事長暨常務監事。選舉結果：

理事長：張玉法

常務監事：呂士朋

理事長張玉法先生提名張哲郎先生爲秘書長，當經一致通過。理事會推動的第一項工作是創刊「近代史學會通訊」，於八十四年二月出刊。第二件工作——也是一項鶯聲初啼的工作，乃是召開此次「慶祝抗戰勝利五十週年兩岸學術研討會」，以下我簡稱為「兩岸研討會」。

「兩岸研討會」的全盤規劃，出自張理事長玉法先生的構想，籌備業務之推動則賴張哲郎秘書長以及他的政大史研所班底。召開大型的學術會並不容易，尤其是費用問題。張理事長以其個人與聯合報系的友誼，終能獲得聯合報系文化基金會的支持，願列名為主辦單位，費用問題遂獲得解決。

對任何闡揚或討論抗戰歷史的活動，我都全力支持。身為中國近代史學會理事，兼為「兩岸研討會」籌備委員之一，對該會之舉辦，自是異常高興，除無法支援財力外，凡是能夠做得到的事，都不會推辭。我寫了論文，做一次主評人，擔任一場討論會的召集人，並接待於會後前來陽明書屋參觀訪問的大陸學人。

我提出的論文題目是〈抗戰期間的黨政關係（一九三七—一九四五）〉，與去年在「國父建黨革命一百週年學術討論會」所提出之〈中國國民黨遷臺後黨政關係制度的演變〉，係屬姊妹篇。大會安排北京師範大學歷史系教授王檜林先生作評論，因他遲來一天沒趕上第一場次，所以臨時請香港科技大學人文社會科學院院長齊錫生教授來評論。齊教授沒有大批評，發言的人也沒有提異議，倒是有一位不請自來的先生意外的向我開砲，就「蘆溝橋」與「盧溝橋」之爭，誣指我竄改了文獻，我不認識他，只有把我早期用「蘆」後來用「盧」的心路歷程告訴他，他接受與否我也不再理會。

大會要我評論貴州社會科學院歷史研究所研究員熊宗仁先生的論文：〈國民政府準備抗戰之策略與何應欽——對「親日派」之我見〉。他確認國民政府準備抗戰的史實，認爲何應欽執行國民政府的政策，而不是「親日派」，這些都是論文的優點——敢於突破中共傳統的講法，但熊先生認爲中國國民黨的最大錯誤是「反共」，就完全是夫子自道，未免離題太遠了。對這點，我絕對不接受，也不能不嚴詞批評，我認爲反共不但不是錯誤，反而是一項貢獻。發言的人有幾位，也都針對此點，一時火藥氣息甚爲濃厚。等熊先生答辯時，也說了些欠缺理智的話。會後也就沒有人再提這件事了。

研討會結束後第五天——九月八日，參加研討會的大陸學者三十餘人由張玉法理事長陪同，來陽明書屋參觀。中午，我請他們在中國大飯店吃飯，彼此談笑風生，極爲融洽，有幾位希望得到我的《中國國民黨史述》，我也照送。黨史會出席研討會的同人都來接待他們，他們也都有賓至如歸之感。以前也有大陸學人來過，只是沒有這次的人數多，代表面也廣。王學莊、陳謙平兩位並曾再來陽明書屋參閱史料，對陽明書屋的設備和接待人員的熱誠服務，都有很好的印象。希望這是學術交流好的開始。把他們三十一位教授名單附列如後，也算是一份史料。

「慶祝抗戰勝利五十週年兩岸學術研討會」大陸學者與會名單

董長芝	遼寧師範大學歷史系教授
霍燎原	長春吉林社會科學院歷史研究所研究員
解學詩	長春吉林社會科學院歷史研究所研究員兼滿鐵資料館館長
韓信夫	中國社會科學院近代史研究所副研究員
楊奎松	中國社會科學院近代史研究所副研究員
王學莊	中國社會科學院近代史研究所研究員兼中華民國史研究室主任
楊天石	中國社會科學院近代史研究所研究員
陳鐵健	北京社會科學院近代史研究所研究員
蔡德金	北京師範大學法政研究所教授
張同新	中國人民大學黨史系教授
王檜林	北京師範大學歷史系教授
周啓乾	天津社會科學院日本研究所研究員
謝放	四川大學歷史系教授
何一民	四川大學歷史系副教授
楊光彥	四川西南師範大學歷史系教授兼副校長

章開沅	華中師範大學歷史研究所教授
馬　敏	華中師範大學歷史研究所教授
張憲文	南京大學歷史研究所教授兼所長
陳謙平	南京大學歷史研究所副教授
陳紅民	南京大學歷史系副教授
申曉雲	南京大學歷史研究所副教授
馬振犢	中國第二歷史檔案館副研究館員
黃美眞	復旦大學歷史系教授
石源華	復旦大學歷史系副教授
金普森	杭州大學歷史系教授兼人文學院副院長
樓子芳	杭州大學歷史系副研究館員
陳勝粦	廣州中山大學歷史系教授兼主任
李吉奎	廣州中山大學近代中國研究中心教授
熊宗仁	貴州社會科學院歷史研究所研究員
馮祖貽	貴州社會科學院歷史研究所研究員兼副院長
何長鳳	貴州師範大學歷史所教授兼所長

國史館研討會

民國八十四年（一九九五）十月十九日至二十一日，由國史館主辦的「抗戰建國暨臺灣光復——中華民國史專題第三屆討論會」，假臺北市國立中央圖書館國際會議廳舉行，爲中華民國各學術機構爲慶祝抗戰勝利五十週年所舉辦之系列學術活動中，時間最後，規模卻最大的一次。

討論會籌備之初，即承國史館前館長瞿韶華先生聘爲籌備委員，參與籌備會議。與南港的「兩岸研討會」一樣，只要能力所及，我願盡力協助。事實上，除了提一篇論文，作一次評論，主持一次分組討論會外，我沒能幫上其他方面的忙。

討論會分兩組進行，一爲抗戰建國史組，一爲臺灣光復史組。開會第一日抗戰建國史組第一場，張玉法兄作主席，蔣永敬兄報告論文〈從團結禦侮到共赴國難〉，由我來評論。論文寫得很好，確是沒有什麼值得批評的，我照實說明其優點，卻也從引用中共資料方面找到一兩處不確實的地方，指出其毛病。永敬開玩笑說，我對他寬大爲懷，但他要「以怨報德」，明天評論我的論文時，要好好修理我一下。

我的論文題目是：〈蔣中正先生與臺灣〉。這題目是和大會秘書長朱副館長重聖兄商洽後決定的。因爲不論是談抗戰勝利，還是談臺灣光復，總不能離開已故蔣總統中正先生。然而，竟然沒有人寫這方面的題目，因而我就當仁不讓了。論文分五節：㈠引言；㈡蔣先生光復臺灣的主張；㈢蔣先生保衛臺灣的行動；㈣蔣先生建設臺灣的宏規；㈤結語。全文已於「近代中國」雙月刊第一〇九期發表，爲「抗戰勝利暨臺灣光復五十週年紀念專輯」欄內唯一的一篇論著。

我的論文被安排在討論會第二日——十月二十日，臺灣光復史組第一場討論會發表。主席是潘館長振球先生，評論人正是蔣永敬這位老搭檔。還好，他並沒有「以怨報德」，相反的，還給予相當程度的肯定。發問的人，也不是針對論文的本身，而是詢查有關史料與史著的下落，如蔣中正先生日記，大事長編等，我都據實以告，蔣先生的日記我從來就沒有看到。

討論會一切都好，非常成功，再三向潘館長道賀。只是大衆傳播界不再重視學術活動，這樣重要而盛大的討論會竟沒有專文報導，難免令人失望。潮流變了，人心也變了，看到目前光怪陸離的怪現象，不禁擲筆三歎！

國史館舉辦之這次大型討論會，將臺灣光復列爲慶祝主題，是一大特色。臺灣是中國人開闢的疆土，臺灣人也都是不折不扣的中國人。臺灣因甲午戰爭（一八九四）失敗而被迫割讓於日本，是中華民族全民族的恥辱；由於抗戰勝利而收復了臺灣，是全民族最大的光榮。生長在臺灣的中國人，絕大多數於主奴榮辱之間都有明確的認識，採用臺灣光復或光復臺灣一詞，乃天經地義。想不到在慶祝臺灣光復五十年的時際，竟然有人不願或不敢用「光復」二字，拾日本人意圖遮羞的牙慧，妄用「終戰」一詞，眞是自取其辱，令人懷疑這些人的智商到底有多高，何以要以戰敗者自居！

國外三個研討會

凡有中國人居住的地方，就有慶祝抗戰勝利五十年的聲浪。我知道並曾予以支持的學術活動有三起：一爲八月五日，在日本東京舉辦的「戰後五十週年紀念學術研討會」；一爲八月十八、十九兩日在美國紐約舉行的「抗戰勝利五十週年國際研討會」（International Conference on the 50th Anniversary of the War of Resistance）；一爲九月十一、十二兩日在香港舉辦的「紀念抗日戰爭勝利五十週年學術討論會」。關於東京的研討會，我曾親自去參加，將另節詳作介紹，現在想把紐約和香港的兩個研討會，就我所知所聞，略述其梗概。

紐約研討會的最初倡議者，爲中國近代口述史學會。該學會以北美二十世紀中國史學會於一九八七年成功的舉辦過七七抗戰五十週年國際研討會，發生極大的影響，因再建議以北美二十世紀中國史學會爲主體，聯合中國近代口述史學會、國際筆會華文作家筆會，暨哥倫比亞大學東亞研究所（East Asian Institute, Columbia University），共同舉辦另一次國際研討會，以慶祝中國抗戰勝利五十週年。這建議獲得熱烈響應，乃由北美二十世紀中國史學會會長徐乃力、中國近代口述史學會會長叢甦、國際筆會華文作家筆會會長唐德剛、近代史學家吳相湘等組成籌備委員會，開始籌備。籌備委員會委員名單如下（以姓氏英文字母爲序）：

陳香梅　朱永德　熊　玠　許倬雲　黎安友　唐德剛　徐乃力　叢　甦　王　冀　吳健雄
吳相湘　袁家騮　袁　清

上列十三人中，有七位是我的朋友。黎安友的本名是 Andrew J. Nathan，哥倫比亞大學東亞研究所所長。唐德剛、徐乃力、朱永德也都是「哥大老人」，在他們幾位的支持下，研討會的地點決定爲：紐約哥倫比亞大學國際事務大樓一五〇一會議室。預定討論的四項專題是：㈠抗戰時期的政治、外交、軍事；㈡抗戰時期的社會、經濟；㈢抗戰文學與文藝運動；㈣華僑與抗戰。

吳相湘教授於八十四年三月間來信，希望我去紐約出席研討會，並發表論文。他同時邀請蔣永敬、張玉法等教授，前去助陣，俾臺灣的陣容不比大陸弱。我計算一下時間，紐約研討會開會之日，正中國國民黨舉行第十四次全國代表大會第二次大會之期，我實在不能分身前往參加，惟可提出論文，並提供有關書刊，表示支持。永敬、玉法兩兄亦因事不能前往。吳教授頗感失望，來信說「大牌都不來參加，當減色不少。」所幸李恩涵、陳重光、張力、李盈慧等教授都可前往出席，尚可一壯聲色。

我提出的論文題目是：「國民政府戰前對日政策之演變（一九三一—一九三七）」，是一篇新撰論文，且如期寄到，吳相湘、吳章銓均來信道謝。相湘先生態度很嚴正，他說有人寄他已經發表過的舊作，決定不採用。問我論文是否已發表過，害我再寫信去說明一番。為這次研討會，他來信達十多封，也寄來了相關文件。他以八十二歲高齡，尚如此熱心，其敬業精神，令我感佩。

研討會如期舉行，情況相當熱烈。紐約研討會結束後，吳相湘、唐德剛兩位教授又於九月九日應邀到華府去參加華府國建聯誼會主辦的「紀念中華民國抗日勝利五十週年」史實專題講演會，頗為叫座。相湘寄我一份「世界日報」九月十三日的報導，標題是「吳相湘、唐德剛開講，叫好叫座。抗日史實專題演說，欲罷不能。」吳相湘也批評臺灣時政，認為臺灣「不知彼、不知己，海外關係更不要」。

十二月六日，接到吳相湘教授賀卡，附筆致謝：「今夏紐約之會，諸承　贊助，賜予論文。總計論文四十七篇，正審訂中，年底寄臺北刊印。附此致謝。」

香港討論會的正式名稱是：「紀念抗日戰爭勝利五十週年學術討論會」。係由香港珠海書院亞洲研究中心發起，聯合香港中國近代史學會、中國文化協會、崇正總會、紀念抗日受難同胞聯合會，索償協會等團體贊助，於九月十一、十二兩日在香港九龍京華國際酒店舉行。討論會的實際發動者與主持者，為胡春惠教授。他思想細密，處事週到，為了使中華民國學者有更多發言機會，他希望中國歷史學會能出面贊助，我立即同意，並請中國歷史學會秘書長邵銘煌先生，協助一切。黨史會同人陳鵬仁、喬寶泰、邵銘煌、劉維開四位先生，應邀前往參加，並各提論文。

會議進行情形，邵銘煌回國後寫了一篇「香港『紀念抗日戰爭勝利五十週年學術討論會』紀盛」，發表於「近代中國」雙月刊第一〇九期，記述甚詳。由於大陸、香港、臺灣三地的學者的價值觀不一致，於討論某些事件或人物時，難免有所堅持。又由於各地學者對中國未來的統一均甚關切，於發言時難免牽涉到目前的兩岸政策問題。香港珠海書院副教授李谷城提到國內大溪檔案及中國國民黨史料開放問題，經中研院近史所研究員呂芳上教授以其親赴陽明書屋使用檔案的經驗，說明中國國民黨的檔案在民國五十年即一九六一年以前者，業經完全開放，影印也甚爲方便。

蔣夫人有殊榮

全球各地中國人慶祝抗日戰爭勝利五十週年的聲浪中，四月三十日從紐約傳出了令人興奮的消息：旅居紐約的蔣中正夫人宋美齡女士確已接受美國參議院多數黨領袖杜爾（Dole）等人的邀請，將於七月二十六日出席在華府國會山莊爲她舉行的一次盛大酒會，接受致敬，並將發表簡短的談話。

杜爾參議員聲稱：他與民主黨籍參議員賽門（Paul Simon）共同領銜發起這次酒會，是爲了表彰這位前中國第一夫人在第二次世界大戰期間，為促進中美關係所作的卓越貢獻。蔣夫人已高齡九十六歲，是第二次世界大戰期間同盟國領導階層中唯一健在的人物，她有資格作這次大戰歷史的權威證人。

消息傳到臺北，各報都以顯著的地位予以報導，並著文刊出生動的圖片，重溫蔣夫人於大戰期間訪問美國，在參衆兩院演講，轟動一時且風靡全美的一段往事。她也是中美英三國元首開羅會議時重要人物，我稱她為開羅會議的「第四巨頭」。

我有幸與蔣夫人見過兩次面。一次是在中山樓，我以出席第三次中美「中國大陸問題」研討會學者代表之一的身分去向蔣夫人致敬，她親切的接待我們，並握手為禮。另一次是她決定離開臺北前往美國前，曾來陽明書屋巡視一番，因係臨時通知，秦主任委員孝儀先生尚未及趕到山上，而夫人已到，由我接待並陪同巡視各處，約十分鐘後秦先生趕到。這一次的印象最深刻，她講話很慢，但我仍然聽不十分懂。

蔣夫人在中國國民黨內，是中央評議委員主席團首席主席。中央婦女工作會主任林澄枝教授告訴我，她要和婦聯會共同組團前往華府致敬並觀禮，希望黨史會能提供夫人的生活圖片和傳記資料，最好能有一篇完整而暢達的傳記。我立即告訴林主任，圖片有，兩日內就可選好送到；傳略，要新寫，我自己執筆。林主任很高興，我也十分欣慰，這是我應當做也願意做的事。

我寫的蔣夫人傳略，題目是〈蔣夫人宋美齡女士的志業與貢獻〉，包括十五小節：(1)最受尊敬的歷史證人；(2)爲中國革命與蔣先生共度一生；(3)江西農村重建；(4)婦女與新生活運動；(5)西安事變；(6)爲抗日而建立空軍；(7)我們要抵抗；(8)戰時婦運；(9)我將再起；(10)向勝利之路邁進；(11)風靡全美；(12)開羅會議中的第四巨頭；(13)重視婦女參政權；(14)政府遷臺後的婦女工作；(15)正言讜論。這只是蔣夫人一生的重要環節，自然沒辦法作詳細敘述。婦女工作會把它印成小冊，帶到美國去分送中外友人，蔣夫人本人也看到了，蔣孝勇先生並曾託樓文淵先生轉達謝意。

七月二十六日，蔣夫人到了華府。她在美國國會山莊的致敬酒會中以英文致詞，當日又在雙橡園接見各方來的致敬團和友人及部屬，以中文發表了書面致詞。前美籍飛虎隊即戰時美國在華空軍志願隊隊員，共同向蔣夫人致敬，蔣夫人發表了謝詞。前遺族學校散佈全球之代表到紐約向當年的「媽媽」致敬，蔣夫人也頒詞勗勉。七月下旬至八月上旬的一個月間，蔣夫人再度成爲傳播媒體爭相報導的風雲人物，眞的如李艷秋小姐爲華視製作的訪問專輯標題：永遠的蔣夫人。

秦孝儀先生很想覓得長才，爲蔣夫人撰寫一本詞文並茂的傳記。這計畫，得到世界書局總經理閻初女士的支持，但兩度物色執筆人，卻都因爲執筆人不敢膺此重任，迄今未有進展。我受邀參與這項計畫，閻總經理的熱誠令人感動，總希望能有適當的人才勇於承擔下來，以實現大家共同的願望。

二〇、東京講演

再飛東京

中華民國八十四年（一九九五）八月四日十二時二十分，搭乘中華航空公司C100次班機由中正機場起飛，前往東京。

這次是獨自一個人去東京。陳副主任委員鵬仁兄已於上月三十日自美返抵東京，預期在機場相會。這次東京之行的主要任務，是參加由日本蔣經國中日文化交流基金會主辦的「戰後五十周年紀念學術研討會」，並在會中以「戰後五十年的回顧與展望」爲題作一次專題講演。

飛機延遲了二十分鐘，到達東京羽田機場已近午後五時了。一出機門，就看到蔣經國中日文化交流基金會主席李海天先生來迎，眞是愧不敢當。李先生是日本東京區中國人的大龍頭，有名的大忙人，親自來機場迎接我這個「一介書生」，也是他一向「禮賢下士」的謙抑作風。出機場後，見陳鵬仁兄和東京特派員魏延年兄已在等候，於是一道驅車前往住宿和研討會所在地的東京白金臺都旅館——英文名稱是 Miyako Hotel Tokyo，發現「中央日報」駐日特派員，也是這次研討會策劃人的齊濤兄亦在等待了。老友相見，分外親切。

日本皇室公園一瞥

八月五日，星期六，東京是個晴朗卻甚燠熱的天氣。研討會下午舉行，上午是個空檔。鵬仁兄提議去日本天皇的公園遊賞一番，眞是個好主意。來東京已是第五次，從未去過「御花園」，於是立即出門。坐了兩段地下車，再步行一段，終於找到了這座帶了幾分神祕色彩的皇家公園。

進得公園的第一印象，是古木參天，雅興盎然。第二印象是湖水潔澈，鯉群競逐，第三印象也可能是令人難以心爽的印象，則是滿樹遍地的大烏鴉。在中國北方，烏鴉是不受歡迎的飛禽，想不到在東京的「御花園」內，牠們卻是不折不扣的霸主。在牠們的領域內，別的鳥是不敢進入的，牠們的嘴像鷹，很兇悍銳利，鵬仁說牠們有時還會襲擊遊人，非常不友好。牠們喳喳的單調叫聲，更是此起彼落，令人厭煩，卻也無可如何。我們走過了烏鴉群的領域，小心翼翼，所幸沒有發生意外。

這所公園，佔地十八萬坪，面積才僅皇宮的一半，日本皇家的威風，可見一斑。各種奇異花木甚多，但未標名牌，遊人不知其來歷。路面是碎砂鋪成的，走起來沙沙作響。鵬仁說，日本皇宮前的廣場和有關道路，都不用水泥，而用碎砂，目的是便於判明走過的人數和身分，以防止軍事叛變。因爲軍隊走在砂石路上，憑其聲響就可推定其兵種和人數的。這是我首次聽到的掌故，想來也有道理。日本人在臺灣各大都市修建的火車站，站外都闢有寬廣的廣場以便於運送兵員，也是同樣以軍事爲著眼點的，這都是日本軍國主義的遺跡。

公園內有一座「臺灣閣」，我們也去參觀一番。是臺灣人於一九二八年，爲慶賀日本昭和天皇的婚禮而呈獻的一棟木造亭閣，所用杉木及其他建材都是臺灣產品。在日本人心目中，這是大日本帝國統治臺灣時代臺灣人表示「恭順」與「愛戴」的證據，是值得驕傲的。但在中國人看來，這座「臺灣閣」是國恥的象徵，是令人有無限傷感和恥辱。民國五十六年（一九六七）在紐約進修時，曾和張玉法去美國西點軍校的博物館參觀，看到美軍在庚子拳變（一九〇〇）亦即八國聯軍之役搶掠的清軍旗幟等戰利品陳列在那裏，不禁臉上一陣熱，今日在日皇的公園內看到了「臺灣閣」，似也有同樣的感覺。

時間不夠，我們只遊覽了全園的三分之一，就順原路出園，搭計程車回到旅館。午餐仍是李海天主席招待，在日本餐廳吃「鱔魚飯」。除鵬仁、延年兩兄外，多了兩位女客：一位是日本中華聯合總會常務代表委員、蔣經國中日文化交流基金會理事及福島縣華僑總會副會長黃春美（日名吳竹春美）；一位是僑務委員會僑務顧問、中華民國留日東京華僑婦女會副會長及中華民國婦女聯合會日本分會總幹事吳淑娥。從言談及風度看，兩位都是女強人。

山田辰雄自天津趕回

午飯後回到十一樓三十七號房間盥洗一下，準備參加預定於一時開始的研討會。突然間，接到山田辰雄從一樓撥來的電話，原來他已提前趕到了，正在一樓等我們，於是與鵬仁兄立即下樓。

山田告訴我，他昨晚才從天津趕回東京來，爲的是要參加這次研討會。事實上，這次研討會籌備期間，魏延年執行長曾專程去拜訪過他，他也願意幫忙，日本方面邀請人名單就是山田提供的。我在前週曾寫信給他，他說已經收到了，由於擔任了慶應大學的學務長，又要到大陸去做文化交流，忙得不可開交。他同時告訴我，日本方面要進行日中、日韓、日臺間相互關係的研究，把學者分成三組，他本想參加日臺關係組，但外務省不同意，要他參加日中組。以後赴大陸的機會，會比來臺灣的機會多。

山田也說，他的高足家見亮子正在讀我的《中國國民黨史述》，他要她寫一篇書評。家見曾來過臺北，並且參加我們去年的「國父建黨革命一百周年學術討論會」，人很美慧伶俐，希望她能評的得體。

一次堪稱完美的研討會

「戰後五十周年紀念學術研討會」於午後二時準時開始，地點在旅館地下二階的會議廳。出席九十多人，大致來自三方面：一是日本籍的學者，如慶應大學學務長山田辰雄、中央大學經濟部教授姬田光義、二松學舍大學教授中村義、東京女子大學教授久保田文次等；一是在日本的大陸人士，如上海國際問題研究所日本研究室主任吳寄南、中國社會科學院亞太研究所研究員，中國日本史學會對外交流部會長田桓及其夫人唐景芸副教授、「留學生新聞」助編蔣豐等；三是在東京的中華民國人士，如駐日文化經濟辦事處代表林金莖、中華學校校長曲平、立法委員張建國以及僑務委員會顧問李發枝等人。眞正算是客人的，只有我和陳鵬仁兄。

研討會由李海天先生擔任主持人，魏延年和黃清林擔任司儀。主持人首先介紹貴賓和幾位主講人，然後宣布研討會分兩階段進行：第一階段爲主席致開會詞，駐日代表林金莖以來賓身分致詞，研討會秘書長齊濤報告籌備經過，中國歷史學會理事長（會中用「中華民國史學會長」）李雲漢專題講演，日本中央大學經濟學部教授姬田光義與二松學舍大學教授中村義兩位作研究報告。中間休息十五分鐘，然後開始第二階段的研討：自由討論，按登記次序自由發言，每人發言時間以五分鐘爲限。

四時三十分，開始自由討論，主席李海天首先說明發言注意事項，並特允魏延年執行長先行宣讀陳福坡的短文〈中日戰爭的省思〉。這是循陳的請求，他不能親自來參加，要求一定代他宣讀。我不認識這位陳先生，相信是一位老年人，因而受到主辦單位的尊重。

發言的人極爲踴躍。李海天主席希望發言人多發表自己的意見，不要就別人的論文多提問題，以免浪費過多的時間，但仍然有好幾位先生就論文提出意見，並指名要求答復。針對我的講演提出問題要求答復的人，共有三位：一位是專修大學商學部教授許常安，他的日本名字是許勢常安，是有名的「臺灣地位未確定論」的主張者。他先用書面提出問題，主席又請他作口頭說明，問題的大意是：李教授講詞中提到中國統一問題，可是中華民國臺灣一直就得不到國際間的承認，原因何在？爲何不說明一下？我待許氏講完後，即表達了個人的瞭解和看法：

許教授的問題，我在很多場合都曾聽到過，我也都曾依據歷史發展的事實作過答復，現在也仍然是把我素所抱持的看法講出來，請許教授包涵，耐心的聽下去。

一九四九年以前，中華民國政府是中外一致承認的中國唯一合法政府，即使是中國共產黨當時也是奉中華民國正朔，中共中央發表的文件也都標明中華民國年月日。一九四九年在中國歷史上，是個重要的關鍵年代。中共戰勝了國民黨及中華民國政府，在大陸上建立了中華人民共和國。中華民國政府撤退到臺灣，一直維持下來，形成了今天臺海兩岸分裂分治的局面。

臺灣是中華民國領土。中華民國政府撤退到臺灣，仍然是在自己的國土上執行職權，沒有敗亡，也不是流亡政府。因此，在聯合國內仍然獲得絕大多數國家的承認，仍然是中國唯一的合法政府。這情形，一直到一九七一年才有了變化。由於中華人民共和國獲允進入了聯合國，世界多數國家將其外交承認由臺北轉向北京，中華民國政府也喪失了在聯合國中的地位。但他仍然存在於臺灣，今日仍然與三十個國家維持正常的外交關係，也和一百四十多個國家維持非正式的實質關係。

所以中華民國政府並非沒有人承認過，至今也仍然有其國際間的地位。不是不被承認，只是在外交上居於劣勢，不少國家是以民間承認方式與中華民國維持關係。至於臺灣，只是地理名詞，自然不發生承認問題。

中國近代史上，中國國民黨支持的政府也曾有不被國際間承認的時候。如民國初年孫中山先生主持在廣州的護法政府即未曾獲得國際間的承認，當時外國承認的中華民國政府是北洋軍人主持下的北京政府。這一情形，並不影響國人對革命政府的信任，大家都認爲廣州政府才是符合民意，爲絕大多數中國人所接受並信賴的政府。這個政府於一九二八年完成北伐之後，自然就成爲中華民國合法中央政府。今天中華民國政府在臺灣，和當年在廣州的南方政府情形很相似，中華民國也在不斷奮鬥，期能打破外交的困境，希望能在將來中國統一的過程中，扮演主導者角色。這就是歷史發展的眞實面，也是我對許教授的問題所能做的答復。

我的話由陳鵬仁兄日譯，他也從國際法觀點作了補充，認爲中華民國政府依據開羅會議接收臺灣，從未有任何外國政府提出異議。臺灣之爲中華民國領土是毋庸置疑的，所謂「臺灣地位未定論」事實上不能成立。

第二位針對我的論文提出詢問的人，是來自大陸的于保田先生。他說是我的大同鄉，也是山東籍，提的問題是針對我論文中的兩段文字，要求我解釋。第一段文字是第七頁張國燾說的一段話：

張國燾曾指陳：張本人和周恩來主張全力支援抗日，使日本人失敗，中國人勝利；毛澤東則堅持要使日本人失敗，蔣介石也失敗，只有中共是勝利者。

于先生詢問這段話的依據在那裏？我說明這是張國燾答復《中國共產黨史稿》一書著作人王健民所提二十九個問題中的第二十七問，同樣的話也見於張國燾的回憶錄。于先生第二問題是針對我論文第十頁的一段話：

> 就拿中日戰爭而言，五十年以後的今天，已經可以純然作理性觀察與客觀論斷，用不著針鋒相對，當然更不應當固執成見。

于先生表示對這段話，不能理解，他顯然認爲我的話是對日本人的妥協。我說明我是指歷史學者研究中日戰爭的態度，不論中國人或是日本人，都應當依據史料去作客觀的分析和認定，用不著再作意氣之爭，相信正確的史料會說明戰爭的眞象。

第三位提出問題，指名要我回答的人，是日本華僑報刊文化事業協會會長及華僑時報社社長楊文魁先生。他問：中國和平統一有無可能？何時可以實現？我很誠懇的告訴他：歷史學者的戒律，是不做任何的預言；不過，站在中國人的立場，自然希望和平統一能儘早實現，我們希望臺海兩岸的負責人也能做此考慮。

發言者中，日本朋友多談戰後的問題，中國同胞多論及戰爭實況及戰爭責任，有幾位激昂慷慨，仍然是當年一派愛國豪情。出身於中央軍校十六期的孔祥麟先生，帶來了他在戰時獲頒的兩項勳章，令人感動。身歷抗戰一役的人，無不證明抗戰是在蔣中正委員長領導之下，全國軍民一致團結，作了長達八年堅苦卓絕的奮鬥，才贏得最後勝利。中共所謂「中國共產黨領導抗日」，直是讕言妄語的欺人之談。

研討會進行到六時三十分，仍有欲罷不能之勢。主持人李海天先生只有說聲抱歉，希望未及發言的人能提出書面意見，將來所有論文和意見，都將印編爲專輯。然後李氏開始致閉會詞——事實上也是在宣讀一篇內容充實的論文，題目是〈紀念戰後五十周年的意義〉。李氏首先說明這次研討會的精神是：

大家暢所欲言，並表現了互相尊重的態度，這些言論，無論看法是否一致，都是非常有價值、有意義的。

李海天閉幕詞中，對我的演講和兩位日本教授姬田光義與中村義的研究報告，也都給以很高的評價。更重要的是他就自身的經歷和觀察，講出「戰後五十年的認識和感想」，對「臺灣奇蹟」的出現以及臺灣過去與當前的處境，作了見證。他也明白支持總統府秘書長吳伯雄關於政府對兩岸關係的基本立場，說：

最近，總統府秘書長吳伯雄先生鄭重的宣示今後對兩岸關係的基本態度說：「一、中華民國追求國家統一的目標不變，中華民國反臺獨的一貫態度不會改變；二、兩岸依照國統綱領的各項交流，要持續進行，以培養善意；三、我們反對任何武力解決問題的作法，臺灣沒有臺獨問題，更沒有外國人控制的問題，希望中共認清事實，以協商代替武力恫嚇；四、中華民國爲主權獨立國家，任何人當總統都不可能在此基本立場上退卻，任何人當總統也都會追求兩岸關係和平及追求統一。」這四項聲明，鏗鏘有力，它既是很務實的，也很有氣節，海內外應該給予認同和支持。

感想與建議

研討會閉會後，接著是一個多小時的餐會。大家邊吃邊談，極爲歡洽。研討會上意見各歧的學者如許常安教授，餐會中也前來寒暄，大陸來的學者也坦誠相見，言談極爲中肯，有復旦大學的兩位女研究生並和我合影留念。久保田教授說，我的報告中引用了他的一句話，認爲是很大的榮耀，楊文魁則對陳鵬仁兄提到，我在研討會上對他所提問題的答復，極有智慧，極爲得體。幾位身經抗戰這一大時代的老先生，依然有寶刀未老的豪氣，對我政府未在臺灣發起紀念抗日戰爭的高潮，則不無微詞。有些事，是出於誤會，政府對於海外僑界的溝通，似乎有欠順暢。有些事政府應當主動去做而沒有做，或是做的不夠，自然也是事實。

八月六日午後二時，搭上華航C17次班機，自東京飛返臺北。這次東京之行，來去匆匆，但感受卻極深刻，對東京僑界的團語和諧以及對政府的堅定支持，至感欽佩。決定請陳副主任委員鵬仁兄寫一篇研討會實況的報導，刊布於「近代中國」雙月刊，也徵得李海天先生的同意，將他的閉會詞「紀念戰後五十周年的意義」一併發表，俾更多的人獲知這次研討會的過程和成果。我的講詞，則依邵秘書長銘煌之意，刊布於「中國歷史學會會訊」第三十一期，於八月十五日舉行的「抗戰勝利五十周年學術研討會」上分贈各與會人士。

八月九日，我親筆寫一份報告書呈給許水德秘書長，說明去東京出席「戰後五十周年紀念學術研討會」經過，並提出兩點建議。許秘書長批示，建議事項簽請主席核示，於是又再寫一份簽呈呈給李主席登輝先生。我的兩項建議是：

一、敬請李主席於適當時間，發表紀念抗戰勝利五十周年並悼念死難軍民同胞之言論，以促進大陸及海外同胞之向心力，提高李主席之國際聲望。

二、海外美國、香港等地均有同性質之研討會次第舉行，我國內學術團體宜積極參與，駐外單位應大力支援，藉以促進瞭解，匡正言論，於促成國內外之團結，必有助益，且可藉此宣揚本黨建設臺灣之成功經驗。

二一、與青年英才共切磋

——三十年教學生活

鄭重的劃個句點

民國八十四年六月三十日，我寫信給政治大學歷史研究所所長張哲朗先生，請辭兼任教授職務。信是用毛筆親筆，以示鄭重。原文如下：

哲朗所長吾兄道席：旬前欣承

召宴，喜躍無已。本想就弟擬辭兼任教職事面陳詳切，衹以師生均在興高采烈之際，未便啓口。彈指間已居月末，不能不奉函一陳衷曲也。弟係民國六十年開始在吾校兼任教職，頃已居二十五年矣。承吾系、所歷任主任、所長，方杰人先生暨閻沁恆、蔣永敬、王壽

南、胡春惠諸兄暨

兄台之關照，幸無隕越，私悃引以爲慰。近年目睹所務飛躍進步，尤感歡忭奮興。祇以公務日益繁重，而又年近古稀，精神體力均覺衰退，因是敢請同意辭卸兼任教職，俾得有較多時間作自由運用，所中亦可有新象展現，公私兩便，務請同意並曲諒爲感。順頌

署祺

弟李雲漢拜　八四、六、卅

張所長瞭解我的情形，他同意我解除兼任教授職務，不過仍希望每學期能回所作一兩次專題講演。我是從民國五十三年八月開始在大學教課的，算來已是三十一年。八十四年八月起不再接任何學校聘書，讓我把三十年來的教學生活很愉快的劃上句點。

談到教學，是我一生的副業，卻也是一段非常值得回味的往事。我在初中時代，就曾客串過兩個月的初級小學教師。高中畢業時正是寒假，要等一學期才能考大學，就利用這一學期到表姐鞠蘭春主持的高級小學裏，充當臨時性的教導副主任。這都是在故鄉山東昌樂求學時代的經歷。三十八年到臺灣後，也兼過初中、高中的課，而且還當過家庭教師。大學嘛，先後教過逢甲工商學院（今逢甲大學）、中國文化學院（今中國文化大學）、臺灣師範大學、政治大學、中山大學

和東海大學。當然，政大任教的時間最久，自民國六十年八月起，經歷了劉季洪、李元簇、歐陽勛、陳治世、張京育、鄭丁旺六位校長，有資格自我封稱爲「六朝元老」。

我到逢甲教課，是母校政大劉季洪校長介紹的。當時逢甲是學院，院長是張希哲先生，教務主任是廖英鳴先生，兩位先生都是腳踏實地辦教育的人，逢甲校務蒸蒸日上，蔚爲中部主要工商學府。我是兼任講師，講授「中國近代史」和「國父思想」兩門課。只教了兩年，便出國了。但與逢甲有深厚的情誼，我的《從容共到清黨》一書申請中國學術著作獎助出版獎金是由逢甲推薦的，出國是以學人身分申請，也是由逢甲專案報奉教育部核准的。回國後，逢甲仍發聘書，但我工作留在臺北，不能再去臺中授課了。廖主任後來升任校長、董事長，每次到臺北來見到面，就要我得空回逢甲看看，並請我去講演，逢甲的校刊也仍然按期寄給我。張希哲先生在臺北，我每次向朋友介紹他時，總說一句：張先生是我的老院長，我在他的逢甲大學教過書。

到文化學院兼課，是五十八年自美進修回國以後的事。崔劍奇兄先在文化的舞蹈專修科教英文，他要出國，要我去代課，是我和文化發生關係之始。舞蹈科的學生大部分是女生，而且都多才多藝，有位張小姐是舞蹈專家，還有一位女學生後來成爲電影明星。我是個很拘謹保守的人，不像劍奇兄那樣受女學生們歡迎。一學期後改教「中國近代史」。郭榮趙兄接史學系主任後，要我在史三、史四兩個年級講授「民國史料」。在當時，這是一門新課程，頗受學生歡迎。在文化兼課四年，覺得史學系基礎深厚，後來造就了不少優秀的史學人才。

接師範大學聘書，是在六十一年二月。李國祁兄主持歷史研究所，要我去開一門「中國近代內亂史研究」，我答應了，職銜是歷史研究所兼任副教授。三民主義研究所有一門「中國革命史」，本來是李守孔教授講授的，不曉得爲什麼他不教了，他和所長葉守乾先生來找我，要我接下來，我也同意。在兩個所，開課至七十三年夏天，算來也有十二年之久。歷史研究所經歷了李國祁、張朋園、林明德三位所長，三民主義研究所也經歷了葉守乾、葉祖灝、蕭行易三位所長，六位都是好朋友，可惜兩位葉先生都已先後作古了。歷史研究所的課堂上，不斷的有人來旁聽。臺大歷史所四位香港學生每次都來，一年沒缺一次課，其中一位就是芝加哥大學博士現任中國文化大學史學系副教授李朝津先生。還有一位已任教職的廖文眞小姐，連續在師大和政大旁聽我的課，溫文有禮，極受歡迎。

中山大學和東海大學兼課，都是短期幫忙性質。中山大學遠在高雄，由於朱堅章兄被校長李煥先生「徵召」去做中山學術研究所所長，一定要我去講授「中國革命史」，我也同意去「共襄盛舉」。每隔一週去一次，來回都是搭華航客機，時間上實在很不經濟。好在只教了一個學期，係七十一年二月至七月。由於愛兒肖元於七月十八日在軍中因公殉職，沒心情再南下兼課了。堅章兄的所裏，有兩位非常能幹的青年講師。一位是臺大出身的龐建國先生，一位是政大碩士廖達琪小姐，兩位隨後都出國深造榮獲博士學位。如今，龐在臺大，廖在中山，一北一南，都是學術和政治均具專長的明星人物。

去東海大學歷史研究所講授「中國現代史專題研究」，是七十二年間的事，係由於文學院院長兼歷史研究所所長呂士朋老兄的安排。一個學期的課，我們四個人輪流去講授，每人只去上八次課。梅可望校長發的是聘函，不是聘書，我的聘函字號是七一東望人字第七四二號。聽課的學生有十多位，其中一位林玲玲小姐，其碩士論文爲《廖仲愷與廣東革命政府》，八十三年黨史會爲慶祝建黨一百周年舉辦優良黨史著作徵選，林小姐的著作獲得首獎。她現在在陸軍軍官學校做講師，講授「中國現代史」，治學甚爲勤奮。

我愛政大

任何人對母校都懷有懷念與敬愛，我也不例外。政大是我的母校，我對政大懷有濃厚的感情，我愛政大，我以出身於政大爲榮。

我於民國四十三年秋考進政大研究部的公民教育研究所——翌年改稱教育研究所，爲政大在臺復校後第一期研究生。政大復校，是教育部長張其昀先生的德政。四十三年先恢復研究部，次年（四十四）始開辦大學部。研究部初設公民教育、行政、國際關係、新聞四個研究所，分別由陳雪屏、邱昌渭、崔書琴、曾虛白四位先生任所長。行政研究所後改稱政治研究所，國際關係研究所後改稱外交研究所。第一期研究生共五十餘人，我們教育研究所的同學是鄭瑞澤、陸珖、江漢松、呂寶水、李序僧、陳石貝、高長明、王承書、黃啓炎、徐傳禮、鍾永琅、高明敏和我，可惜黃啓炎已經不在人間了。

還記得，研究部第一期開學典禮是於民國四十三年十一月二十四日在臺北市中山南路教育部內露天舉行的，校長陳大齊（百年）先生主持，張其昀部長講了一番語重心長的話。開學日期也是張部長決定的，他選定興中會成立之日的十一月二十四日是有很深切的意義的，希望政大同學勿忘曾爲黨校的歷史淵源，同時要肩負起革命建國的大責重任。

陳百年校長德高望重，是一位身教重於言教的老教育家。開學典禮時，他穿了中國禮服長袍馬褂，進退雍容，和藹仁慈，令人肅然起敬。四十四年秋，我參加一次全國性的三民主義論文比賽，獲得第一名。報紙公布之日，陳校長把我找到校長辦公室，說：恭喜你，你爲學校爭光，我沒有好的禮物送你，送你兩本書。我雙手接過老校長親筆題名致贈的一冊《荀子學說》和一冊《印度理則學》，又興奮，又感激，老校長一兩句話令我感到無限溫暖，終生難忘。

在校讀書兩年，順利通過了學位考試。但又加讀一年，補足大學部缺讀的學分。民國四十六年夏天要離校就業，當時很想留校教學，以便繼續進修。曾與新任所長吳兆棠先生表白這一心願，吳先生說，學校希望同學們向外發展，我就不再多說了。十四年後，我才有幸回到母校教課。雖然是兼任，心理上和專任沒什麼差別。一晃就是二十五年，教過的學生不少已是名教授。

民國六十年八月初開課時，是兼任副教授，講授「中國近代史」。方豪院長很坦率的告訴我，要先開外系的課，兩年後才可能在歷史系開課。我教過應用數學系、銀行學系、經濟系，眞的是經過兩年的試教後，才在歷史系教「中國現代史」。六十五年歷史研究所成立後，我的名字列到所裏，從第一期一直教到八十四年六月。先後開過的課有「中國國民黨歷史與理論」、「中國現代史專題研究」、「民國人物」、「中國政黨史」四門。並曾應李校長元簇先生之邀，在三民主義研究所講授「中國國民黨史」三年，以後由蔣永敬教授接替。

民國六十五年，我曾有改兼任爲專任的機會。很感謝李校長，是他主動告訴我，歷史所要成立，要我回母校專任教職，並協辦所務。我要離開黨史會去政大，必須先徵求黃主任委員季陸師的同意。黃先生先一日同意了，第二天又對我說還是不動好。我只好去政大晉見李校長，說明不能回校專任原因，李校長當然很不高興，他說：「別的人託人介紹我都沒接受，你是我主動請的，課已照專任教授安排好，你卻又不回來了。」我只有表示誠摯的歉意，兼任也同樣可以爲母校盡心力。李校長勉強同意了，當時心裏有點不愉快，但不放在心裏，以後一直對我很關照。

政大有光榮的歷史，優良的傳統，歷史研究所更有純樸眞誠的學風，同事相處融洽，師生間毫無隔閡，有如家人。歷任所長閻沁恆、蔣永敬、胡春惠、張哲郎諸兄，均係政大同學，蔣、胡兩位又兼有黨史會同事之誼，我雖係兼任，感覺上卻與專任無異。社會上也有不少人認爲我的本職在政大，不少國際間的函件也都直寄政大，我也深以身列政大史研所之一分子爲榮。

教課二十五年，大部分政大史研所的研究生都認識，聽過我課的同學都有很深厚的感情。有一部分同學不只選過一次課，像王正華，大學部、碩士班及博士班，三度選課，吳蕙芳也是於碩士班畢業後隔了十年，又再回到博士班我的課堂來。八十四年教師節前夕——九月二十七日，接到吳蕙芳一封很溫馨的敬師信，開頭就說：「老師，兩次有機會坐在臺下聽您上課，中間雖相隔十年，感覺仍是那麼熟悉——一貫地認眞，嚴謹地闡釋論點，解釋我們的疑惑。」

我對政大史研所同學另一種印象，是他（她）們熱心服務，自治能力很強。很多次大型國際學術研討會如「黃興與近代中國學術研討會」及「慶祝抗戰勝利五十周年兩岸學術研討會」，絕大部分的籌備工作都由博士班研究生來承擔起來，不但有條不紊，而且有聲有色。呂紹理、彭明輝、劉文賓等已是主辦國際學術會議的專家，確實很欽佩他們做事的精神和能力。

無論在碩士班，或是博士班，我都是採取大單元教學方式，講述與討論並重。即每學期開學時，預定一份講授進度表，內含四至八個單元，每一單元即係一項主題，每一主題印發綱要並附主要書目，每一主題需講述一至三週，講完後繼之以討論。每學期也有兩次總討論。每一課程開始時，我也向選課研究生說明我的「教室規約」（Class manner）：三小時連接起來講，中間不下課；遲到及有事須先退席，不必報告，輕悄悄的離去或進來，只要不影響到大家聽講情緒就好；切戒在教室內講話，如果兩人一定要講話，可以暗示一下相約到室外講，講完後悄悄回座；千萬不要在課堂內瞌睡，疲乏了，可到室外休息一會再回來；講課中間不要問，把問題記下來，講完一個段落後再問；我的國語不標準，發音不正確，又不喜歡多寫黑板，但如聽不明白我講的人名或地名時，一定找機會問淸楚，千萬不能捕風捉影，害己害人。很感謝選課及旁聽的同學們，都能遵守我的「約章」，二十多年來，課堂上從來沒有發生過意外或是小不愉快。

一項不成文法的規定：每學期總利用總討論的時間，帶同學們參觀陽明書屋或其他史學機構，午餐由我招待，參觀單位也會送點參考書，並舉行座談。有幾個班次，選課同學於最後一次總討論時間，邀我到校區外的茶館中品茶座談，情趣盎然；有一次，博士班吳翎君安排到後山的觀光茶園中茶敍，別具風味。

我要求歷史研究所選課研究生，要撰寫兩篇報告：一篇是專題論文，一篇是閱讀報告，就根據這兩篇報告評定本課程的學期總成績。報告經評閱後，發回各作者，有時我也加註若干意見或改正一些舛誤，我認爲其性質適合「近代中國」雙月刊者，也曾介紹給該刊發表。記憶中，大部分論文寫得都很有分量，評閱這些論文，也會有「教學相長」的自得之樂。

論文指導

指導研究生撰寫學位論文，是資深教授的一項義務，也是一份榮譽。我是很喜歡作指導工作的，因爲藉指導論文可以多讀一些書，也可發掘並培植一些新進的學術人才。但由於本職工作較忙，不敢多答應學校或學生請擔任指導教授的要求。計算一下，我教學期間曾指導過及現仍指導中者有十七人，論文一十九篇：

文化大學

博士班：林詩輝　孫中山先生與中國現代化之研究

邵銘煌　汪偽政權之建立及覆亡

高純淑　戰後中國政府接收東北之經緯

李彥鴻　陳炯明反孫事件之研究

碩士班：蘇墱基　民國初年的聯省自治運動

郭黛琍　民報的始末及其言論的分析

王婷婷　清末民初的婦女教育

師範大學

碩士班：呂芳上　朱執信與中國革命

朱文原　辛亥革命與列强態度

陳宜安　中國國民黨改組前後的容共與反共

博士班：莊　政　中山先生晚年的思想與政略

政治大學

碩士班：陳立台　戴季陶早年的革命言論與活動（一九一〇—一九一五）

陳春美　吳佩孚的崛起與挫敗（民國九—十三年）

莊義芳　蔣夢麟與抗戰前之中國教育

高純淑　民初合作運動之研究

王正華　廣州時期的國民政府（民國十四年七月至十二年十二月）

陳曼玲　陳炯明與粵軍

博士班：王正華　南京時代的國民政府

政治作戰學校

碩士班：謝早金　新生活運動之研究（一九三四—一九三七）

十七位青年新進，各有所長。林詩輝是中國文化大學三民主義研究所博士班研究生，於民國七十三年六月獲得博士學位。指導教授本是陳水逢先生；陳先生認爲研究中山先生與中國現代化，必須採用歷史的觀點，因而拉我作共同指導人，我也不計權責，盡其所能的爲林詩輝論文提供意見。他的論文字數在五十萬字以上，已由正中書局予以出版。詩輝爲人信篤謙虛，忠黨愛國，曾當選爲增額國民大會代表，並曾任革命實踐研究院處長、副主任。民國八十四年三月，並曾出任中國國民黨臺北市黨部主任委員。

蘇墱基是我指導碩士班論文的第一人，是文化大學史學研究所的高材生。他研究民國初年的聯省自治運動，極有見地。現任「中國時報」副總編輯，也一直努力於民國史的研究，對西安事變發生背景之研究有獨到之處，曾發表〈陣前驚變〉專文，剖析張學良於民國二十五年與中共間秘密勾結經過，頗受各方重視。

邵銘煌和高純淑兩位的碩士學位，都是在國立政治大學歷史研究所取得，都選過我的課，純淑的碩士論文也由我指導。兩位都先後到黨史會服務，也先後獲得文化大學史學研究所的博士學位，我也以先後擔任他們的論文指導教授，深感欣慰。另一位在黨史會服務的劉維開，碩士、博士學位都獲自政大，雖非我指導，卻是選過課的「及門弟子」。邵、劉、高三位博士弟子是黨史會的主要負責幹部，也是現代史研究計畫的推動者，維開的碩士及博士論文已先後出版，銘煌和純淑的博士論文也將於近期內問世。

李彥鴻女士是我中央委員會的同事，現任中央秘書處秘書，聰穎明達，治學治事均有優良表現。她是文化大學三民主義研究所博士，論文是研究陳炯明，取材甚廣，亦有新的論點。目前也在文大兼課，對革命史研究抱極大興趣。

在師範大學教課十年，指導過三篇碩士論文，另一篇莊政的博士論文正在撰寫中。三篇碩士論文，呂芳上的論文是歷史研究所通過的，早已獲獎並出版；朱文原和陳宜安是三民主義研究所的，其論文亦已先後由正中書局出版專書。呂芳上繼續在師大攻得博士學位，目前已是國內外知名學者，他的兩種巨著《革命的再起》和《從學生運動到運動學生》是難得一見的學術專著，對中國國民黨黨史和青年運動史之研究，有其不可磨滅的貢獻。朱文原現任國史館纂修，太太洪碧姬是他師大三民主義研究所的同學，也是我的得意門生之一，曾公費赴英進修，練達而明慧。陳宜安聰明活潑，服務熱誠，現任教於警察專校。莊政是國內研究孫中山先生生平思想及行誼的專家，已有《國父革命與洪門會黨》、《國父生活與風範》等多種著作出版，治學至爲勤奮，涉獵亦廣。

政治大學歷史研究所六位碩士班同學中，高純淑在黨史會任專門委員，亦兼輔仁大學教職。莊義芳去了逢甲大學，講授「中國近代史」。陳立台、陳春美畢業後甚少聯繫，情形不太熟悉。陳曼玲在亞東工專教過一段書後，去美進修；她的論文《陳炯明與粵軍》頗爲史界同人所稱道。王正華的碩士論文經增訂後，更題爲《國民政府之建立與初期成就》，由臺灣商務印書館出版；她另著有《抗戰時期外國對華軍事援助》，由環球書局出版；兩書均獲好評。正華現任國史館協修，仍在繼續攻讀博士學位，進行對國民政府南京時代的研究。

謝早金，是我指導論文諸生中唯一的軍事學校研究生。他是政治作戰學校政治研究所碩士班研究生，是一位很誠懇踏實的軍中幹部。入伍前就讀基隆中學時，做過張玉法教授的學生，我是由於張玉法的介紹才認識他，並做了論文指導教授。論文寫得不錯，口試時順利通過。只是畢業後再分發軍中任政治工作，以後便失去了聯絡，想來頗感遺憾。

指導論文，是件很辛苦也富於挑戰性的工作。一篇碩士論文，要花二、三年，一篇博士論文，恐怕非三、五年不爲功。研究生忙著到處找材料，擬綱要，寫初稿，討論、質疑、修正，到最後定稿，簽字推薦、口試等一系列工作，指導教授一步步都參與，才算是盡到責任。捫心自問，我應該有充分理由說：我盡到了責任；有的論文，連標題、文字，我都作過輕微的潤色。這是很費精力和時間的事，因此我決定同一段時間內，只能指導一、二篇論文，等這篇論文順利通過後，再換下一篇。這樣，有時也會要研究生失望。上一週吧，政大史研所一位韓籍博士班研究生車雄煥請求我做他的論文指導教授，我很委婉的謝絕了，看他失望而又無奈的表情，心中也著實有幾分歉意。時間精力有限，我又如何能夠做到「有求必應」呢！

指導論文之外，更曾應臺大、政大、師大、文大、東海、政治作戰學校之聘，擔任過博士、碩士學位論文考試的口試委員，次數及人數已經不容易記得清楚了。現仍保存在手邊的聘書中，有一份連戰先生擔任臺大政治研究所主任時發給我的邀請到所口試函；是手寫的，可見當時學校的簡樸情形。函文是：

雲漢先生勛鑒：

敬啓者，茲謹訂於六月十八日（星期二）下午三時在北市徐州路本校法學院樓上貴賓室舉行本所研究生蘇家明之碩士論文口試。承　惠允擔任口試委員，至爲感荷。除正式聘書俟稍後轉致外，茲先奉上該生論文，並祈屆時撥冗蒞院口試爲荷。

耑此順頌
時綏

政治學研究所主任連戰敬啓　六二、六、五

喜見菁英頭角崢嶸

中國古語有謂「三十年爲一世」，意思是說，人的一生精神體力最居於巔峰狀態的時光不過三十年，歷史和社會每過三十年也自然出現人事上的新舊交替，也有人稱之爲世代交替。學術界也是一樣，每過三十年左右，就會更換一批全新的面孔。「江山代有才人出，各領風騷數十年」，近數年來，我們史學界的一批菁英，已是頭角崢嶸，令人激賞。

很高興也很欣慰，當今這群史界菁英中，不少是和我有師生之誼的才俊之士。由我指導過論文的博士、碩士有的已是知名學者，前面已經講過。論文非由我指導，但曾協助其研究並任口試委員，或是曾經選過我的課而後出國獲得博士學位而其研究成績至爲優異的青年學者，也大有其人。以下就記憶所及，信筆介紹一下這些史學界的青年菁英。

首先介紹政大歷史研究所的博士群。至民國八十四年六月，已獲得博士學位的研究生有十二位。其中有十位選過我的課。另有獲得碩士學位後即出國深造，在國外大學獲得博士學位，或在國內其他大學獲得博士學位者，最少有五人。所以，我在政大有十五位「博士弟子」，是我私底下引以自豪的美事。

政大出身的博士群分別服務於各大學和史政機構，而以政大歷史所、系與中央研究院近代史研究所爲兩大中心。任教於政大歷史所、系者，有周惠民、毛知礪、彭明輝三位。周惠民是政大歷史系畢業後，考入臺大歷史研究所取得碩士學位，再赴德深造，於獲得博士學位後再回政大歷史系任教。毛知礪的碩士、博士學位都來自政大，碩士論文是《梁士詒與民初政局》，博士論文是《從張嘉璈與中國銀行早期的經營與發展》。她是位謙恭、勤奮而負責的女學人，以講師身分兼任歷史所秘書時代的熱誠服務，教師們無不交口稱讚。彭明輝筆名吳鳴，入政大史研所之前即是名作家，研究範圍甚廣，博士論文爲《歷史地理學與現代中國史學的發展——以「史地學報」、「禹貢半月刊」爲中心的探討》，可謂別開生面。夫人吳翎君也是政大史研所八十三年度的博士，夫婦相得益彰。

中央研究院近代史研究所人才鼎盛，老一輩的研究員十九都是我的朋友，我也曾是該所在國內的第一位訪問學人，青年一代的研究人員中不少與政大史研所有淵源，如許雪姬、楊翠華、胡國台、余敏玲等，都曾在政大取得碩士學位後，再赴他校或國外攻讀博士學位，目前都是極具聲譽的歷史學者。吳翎君目前在近史所從事博士後研究，張力和萬麗鵑目前仍是政大博士候選人，張力同時又是哈佛大學博士候選人，兩位都可能於一、二年內正式取得博士學位。張力的研究範圍頗廣，翻譯過李文森（Joseph R. Levenson）所著梁啓超的傳記，研究過蔡元培與近代中國啓蒙運動，其後其研究興趣轉向了中國的大西北地區。萬麗鵑則一直研究辛亥革命以來中國的社會主義運動，頗有獨到之處。

政大史研所的人才，也向史政機構及各大學及獨立學院發展。邵銘煌、劉維開、高純淑在黨史會；何思眛、王正華、侯坤宏、何鳳嬌、陳清敏、陳進金等在國史館；莊義芳、李盈慧在逢甲大學、林桶法在輔仁大學、林美玫在中正大學、林德政在成功大學、柯惠珠在陸軍官校、王玉在彰化師大、王傳燾在銘傳管理學院，陳曼玲仍在美國南加大進修。林美玫是研究教會組織及其教育活動極有成就的一位，在政大的碩士論文是《中國內地會之研究（一八六五—一九二六）》，留美十多年，在德州大學奧斯汀校區（The University of Texas at Austin）榮獲博士學位，論文題目是The Episcopalian Missionaries in China, 1835-1900，考試委員們的評價極高。八十三年夏回國後任教中正大學歷史研究所，以新觀念設計新課程與新方法，頗受學生歡迎。

再談談師範大學歷史研究所培植的優秀史學人才，當然，限於我所熟識的一群。留校任教的不少，其中鄭瑞明是現任歷史研究所所長兼歷史系主任，林麗月、劉德美、吳文星等人都是教授。向校外發展的人數更多，呂芳上、謝國興、張瑞德等都爲中央研究院近代史研究所所延攬，也都是學有專精的中生代學者。鄭亦芳任教於中山大學中山學術研究所，卓遵宏則已是國史館纂修，爲國內有名的研究民國貨幣金融的專家。

在中興大學歷史系及歷史研究所服務的師大校友，相識多年且不時見面者，有已獲得博士學位的黃秀政和正在撰寫博士論文的孫若怡兩位教授。黃秀政擔任過系、所主任及夜間部主任，近年對臺灣史之研究頗有倡導之功。孫若怡係留美回國後再入師大修博士學位，早期對法國戰時及戰後政治頗有興趣，近來其研究範圍已擴展至抗戰時期（一九三七—一九四五）。

師大三民主義研究所是國內各大學最早設立研究孫中山先生思想學說與革命歷史的機構，基礎極爲穩固，培植的人才亦不少。就我所知，黃人杰留校任教授，朱文原在國史館任協修，黃城則任教於空中大學，並負責革命實踐研究院的教務。早期畢業的董家安，一直任教於彰化師範大學，並曾負責訓導工作，以研究中華革命黨而知名於史學界。莊政研究孫中山先生的生平事業，已出了四、五種著作，治學極爲勤奮。

我在文化大學史學系而未在史學研究所開過課，然早期史學所畢業的碩士、博士研究生，不少人都待我以師禮，如莊焜明、卓文義、陳重光、施家順等教授是。安嘉芳情形又比較特殊；她的碩士論文是研究巴黎新世紀週刊，指導教授是黃季陸先生，黃先生要我多協助嘉芳，因此和她認識最早，對她研究過程和成果也知之甚詳。倒是她的博士論文，我沒能幫上忙，等她順利通過口試獲得博士學位後一段時間，才把論文送給我，題目是：《政治都市化的發展——抗戰前的南京（一九二七—一九三七）》，是一項非常有價值的研究專題。嘉芳現任教於國立臺灣海洋大學，也已是資深教授了。

我也有不少外國籍的學生。有的是眞正選過我的課；有的則是來臺收集資料或出席會議，由其指導教授介紹與我見面，以後也就尊我爲師。前者如德國籍的施耐德（Axel Schneider），他和他太太李貌華都是政大史研所我教過的碩士班學生，施耐德回德後取得博士學位，並已擔任系主任，每次來臺灣都會來看我，也時常寫信來問候。後者以日本籍學者爲多；最近的一位是深町英夫，他是東京外國語大學學院博士候補生，曾赴哈佛大學研究，於八十四年八月間來陽明書屋看史料，和我見面討論過問題，回日後於九月十八日來信即稱我爲老師。他的信如下：

李雲漢老師

你好！我八月二十二日回到東京來了。我這次在臺北的期間，多虧您的安排和幫助，能搜集很多寶貴的資料，我衷心感謝您。今後，我利用這些資料，努力繼續研究。

我正在寫博士論文，題目是《中國國民黨形成史的研究——〈孫文革命〉的展開和黨國體制的成立》。寫完後，我希望有機會再到臺北去，跟您重逢。

謹頌

深町　英夫　一九九五年九月十八日

今年一月，收到深町英夫明信片，告訴我：「我去年十二月交了博士論文。今年三月畢業，四月大概開始工作。」祝福他順利通過博士學位考試，參加中國國民黨黨史研究行列。

二二、中國歷史學會與我

初為會員：兼憶方豪先生

早在抗日戰爭期間的民國三十二年（一九四三）四月二十四日，中國歷史學會即在重慶成立。四十三年（一九五四）三月，在臺灣恢復，同年三月七日在臺灣大學法學院禮堂召開了第一屆會員大會。這時候，我正就讀於國立政治大學教育研究所，當然不會注意到這個由史學界風雲人物胡適、沈剛伯等發起和主持的史學團體。直至五十八年（一九六九）三月間，中國歷史學會在東海大學召開第五屆會員大會時，才有了直接接觸，並經由陳捷先先生的介紹加入為會員，算來已是二十六個年頭了。

歷史學會的第一任理事長是沈剛伯，總幹事是方豪。第二任理事長是姚從吾，總幹事是張貴永。第三、四、五連續三任理事長是方豪，第三、四兩任總幹事是陳捷先、第五任總幹事是札奇斯欽。中國歷史學會之步入正軌，是方豪和陳捷先兩位先生的貢獻。陳捷先兄不自居功，把這份貢獻完全奉之於方豪先生，他在〈方杰人院士與中國歷史學會〉一文中，寫出下面一段話：

從民國四十三年復會以後，十多年中，中國歷史學會的活動因受經費的影響，顯得並不活躍，只在民國五十一年冬天，舉辦過一次國際性的亞洲史學家會議，算是斐然有成。因爲這次會議，不但增進了亞洲各國史家間的關係與瞭解，同時對我們史學界國際地位的提高也是具有絕對的影響力的。不過，中國歷史學會本身的會務並不很順利正常，因爲年會不常舉行，活動也是時有時無的。民國五十六年以後，由於方杰人院士連任了三屆的理事長，中國歷史學會才開始有了新生命，會員逐年增多，年會按期舉辦，史學集刊從此印行，對外聯絡也擴大展開，一切會務的進行都走上了正軌。

方豪先生已於民國六十九年十二月二十日逝世。回想起我和方先生的一段交往，也多有值得反省和懷思之處。老實說，我最初對於這位神父也是教授的方先生印象不算太好，原因是他連續寫了好幾篇文章申論孫中山先生與臺灣的關係，提出所謂「五次論」、「六次論」，我和蔣永敬兄都認爲方先生這些論點不能成立，覺得他治學態度不夠謹嚴，甚至失之草率。好像永敬兄曾寫文章反駁過，我也曾公開指摘方神父「亂說」。但有了交往之後，才曉得方先生有方先生的專長，他也是性情中人，雖有隨意發表不成熟意見之失，治史基本上是很勤奮而很鄭重的，能見其細也能見其遠。

民國五十九年四月，中國歷史學會第六屆會員大會在臺北市南海路國立歷史博物館舉行。由於黨史會主任委員黃季陸先生是理事長，午餐即由黨史會招待，已洽妥在烟酒公賣局餐廳用餐。方先生是大會籌備會主持人，我代表黨史會與其聯絡。也許是辦理事務的同人沒有把話說淸楚，開會前一天他還不曉得在那裏吃飯，因而電話黨史會「問罪」。我接過電話，也回敬了幾句，告訴他，一切都已準備好，放心就是。我從此曉得，方先生是有脾氣的神父，方先生也說，黨史會的李雲漢有些年輕氣盛，後來黃先生告訴我，一切事都要公正和平，人生道路上就不會有太大的風險。

民國五十八年二月自美回國前夕，薛光前先生設筵爲我餞行，問我回國後要不要到大學教教書，並說他可以介紹給政治大學新任文學院院長兼歷史系主任方豪。我向薛先生道謝，但沒把這事放在心上。回國後不久，李國祁先生請我到師範大學歷史研究所兼課，也沒再問政大的事。一年以後的秋天，學校快要開學了，一天忽然接到方豪院長一份便箋，說：薛光前先生介紹兄來政大教書，現在有機會了，歷史系聘你爲兼任副教授。請來一敘。我去政大見到方先生，很高興的接下聘書。從此成爲歷史系的一員，方先生則是我們的「龍頭」。

參加過不少次方院長主持的會議，也到他溝子口的教會堂裏參觀他的藏書，更有不少時間在院長辦公室談些現代史方面的問題，院長室的秘書程瓊英小姐也都很清楚我的底細。六十八年八月，方先生自臺大歷史系退休，不幸六十九年十二月即告逝世。享年七十一歲。他送我一些論文，其中馬相伯的年譜迄今仍然放在我的書架上，每次取用，就想起方先生當年的風采和他對歷史學會的貢獻。

為第八屆會員大會作證

身為會員，出席每年一度的會員大會是最起碼的義務，這點我是做到了。第六屆會員大會到第三十二屆會員大會，都沒有缺席。宣讀過論文，擔任過選舉檢票員及不只一次分組討論近現代史組召集人，做過大會主席，也曾在第三十屆會員大會上發表專題講演。職務方面，第九屆以前是「陽春會員」，第十屆開始當選理事（六十三年五月二十六日選出），第十四屆開始當選為常務理事（六十七年五月二十一日選出），迄今未嘗改變過。當然，我不是最資深的理事，程光裕、宋晞、陳捷先、王聿均、黃大受、呂士朋、李守孔、王曾才、李國祁等兄的理事資格都比我老。

第八屆會員大會於民國六十一年五月七日，假臺北市南海路國立歷史博物館舉行，由理事長黃季陸先生主持，方豪先生作專題講演，議程的安排則係由總幹事李守孔負全責。我參加了大會，會後並寫了一篇詳細的報導「中國歷史學會與其第八屆會員大會」(發表於「新知雜誌」第二年第三、四期)，全文分四節，第二節是「記八屆會員大會實況」，全文如下：

第八屆會員大會的會期只有一天，因此在大會日程的排列上顯得特別緊湊。上午八時開始辦理報到，九時舉行開幕典禮。首先是大會主席，中國歷史學會理事長黃季陸先生致詞。黃先生首先說明此次會員大會於總統 蔣公當選第五屆連任即將就職前夕舉行的意義，並提議請全體起立鼓掌以示敬賀之忱。繼之黃理事長分析了當前的國際局勢及歷史學家的責任，並提出了積極發展我國傳統的歷史文化，以建立「文化大國」的號召。黃氏認爲：在當前國際情勢於我不利的情形下，我們應當全力發展以爭取世界各國重視並對共黨僞政權進行反擊的只有兩件事，一是經濟的發展與建設，一是民族固有文化的維護與發揚。經濟發展已獲有相當的成就，文化的發揚則爲當前知識分子共同的責任，而歷史學者所負的責任尤大。

黃理事長致詞完畢後，中國國民黨臺北市黨部主任委員陳水逢及臺北市政府新聞處長朱鶴賓，均曾以來賓身分，分別致詞。臺灣省政府主席陳大慶，中央黨史會主任委員杜元載，臺灣省政府教育廳長潘振球等亦均拍來賀電，由秘書人員在大會上宣讀。

繼之由國立政治大學文理學院院長方豪教授作專題講演，講題是：研究臺灣「行郊」的綜合報告。方教授是國內知名的史學家，同時也是中國歷史學會的「元老重臣」，他的登臺演講，確使此次大會爲之生色。方教授在講演中，提示給會員們一個基本觀念：臺灣的「郊」，最初是指民間的「同業公會」，「幫會」，後來逐漸演變成「宗教團體」。據筆者所知，方教授目前正從事於「臺灣『郊』之研究」，並已發表了三項專題：「鹿港之『郊』」，「臺南之『郊』」，及「新竹之『郊』」；預定近期內即將發表者有「臺北之『郊』」；正在搜集材料中者，則有「澎湖之『郊』」、「宜蘭之『郊』」、「北港之『郊』」、「新港之『郊』」、「鹽水港之『郊』」、「屏東之『郊』」、「高雄之『郊』」等題。方教授這項新著出版後，無疑的，將對臺灣文化史，社會史的研究樹起新的里程碑。

十時四十分，第一次大會開始，由常務理事宋晞先生主持。首先由總幹事李守孔先生作會務報告，將一年來歷史學會的學術活動，經費收支情形及此次會員大會的籌備經過，提出扼要的說明。李先生報告完畢後，即進行討論提案。提案只有三案，第一案是由黃大受等二十三位教授所提請求教育部重視本國歷史教育，將「中國通史」及「中國近代史」列爲共同必修科案。提案原文如下：

案由：爲搶救本國歷史教育，積極恢復民族精神意識，擬請本會函請教育部轉請大學課程修訂委員會，將原定爲文法學院必修之中國通史改列入大學共同必修科目內，俾切合當前國家民族需要，當否請公決案。

理由：一、查中國通史一科，爲民族精神教育之要目，對青年愛國心之激發，民族自尊心與自信心之培養，關係至鉅，在大陸時代，各大學文理法三學院均已開設，政府播遷來臺後，僅在文法學院列爲共同必修科，迄今二十二年。

二、今年青年節　總統告全國青年說：「共匪破壞文化，我們復興文化，共匪滅絕道德，我們復興道德，共匪陷國家民族於危亡，我們救國家民族於復興。」吾人仰承　總統訓示，亟應加強本國歷史教育，積極恢復民族精神，復興道德。

三、目前世局險惡，共匪邪說橫行，加強民族精神教育，搶救民族文化，實屬刻不容緩。立法院迭次質詢於先，教育部亦曾明令於後。乃此次（六十一年三月廿四日）法學院課程修訂委員會，竟置國家民族之需要、　總統之訓示及教育部之多次明令於不顧，將多年必修之中國通史，以不必設置院共同必修科爲由予以刪除，改由各系自由決定，今後是否設置，不得而知。

四、爲切合國家民族當前需要，消滅共匪邪說，復興中華文化，亟應將多年來文法兩院必修之中國通史，予以列入大學共同必修科目表，俾使大專學生對我國悠久光榮歷史，具有深切認識，一旦出國留學，不致詆毀祖國，被匪利用。

辦法：一、由本會函請教育部轉請大學課程委員會，將原由文法學院必修之中國通史，列入大學共同必修科目表內，全年六學分爲必修科。

二、在大學共同必修科目表另列「中國近代史」爲必修科（現爲選修），註明不修中國通史之各學院，一律必修中國近代史，全年四—六學分。

提案人：黃大受　鄔玉田　朱際鎰　張效乾　程京震　陳蘭芸　李霜青　李久沂　滕鈞非
沈明璋　王健民　田世英　范守正　王懷中　汪知亭　馬澤鈞　何慶祥　王壽南
林炳光　王宏志　鮑家麟　李守孔　程光裕

這一提案提出後，提案人黃大受先生曾作口頭說明。也許這一提案被認爲是一項歷史學會會員們的基本立場，因此沒有人反對，很順利的通過。第二、第三兩案都是會員汪大鑄所提，第二案的案由爲「爲實踐蔣總統莊敬自強之偉大號召，並恪遵總統發揚中華民族歷史文化，闡揚中國傳統之歷史教育，以固國本」，第三案的案由則爲「建議政府重視救亡圖存之歷史學科，各大學增設歷史學系及研究所，並派遣歷史學者分別至各民主國家訪問講學，俾其認識我國地位之重要，加強國民外交活動」。對汪大鑄的兩案，有兩位會員發言，認爲此兩案的內容已大部分包括在黃大受提案內，此案「可以通過也可以不通過」。結果主席宋晞先生以「提交下屆理事會研議辦理」的建議徵求大會的同意，經大家鼓掌通過。汪大鑄雖欲再作解釋，但已沒有機會了。

第一次大會的次一議程是選舉第八屆的理監事，是十一點二十分開始的。由於事先準備的周到以及服務人員的盡責，選舉的進行甚爲順利。投票結束後，立即開票，所有唱票、計票人員均由臺大、師大、輔仁及中國文化學院四校歷史研究所的研究生擔任，他們一直忙碌到下午三時才統計出選舉結果來，中飯也躭誤了。他們的服務熱誠，令人欽佩。選舉的結果是：

一、理事二十七人：

黃季陸　方　豪　李守孔　李符桐　宋　晞　黃大受　楊家駱　札奇斯欽　高亞偉

杜維運　逯耀東　張其昀　陶晉生　程光裕　黎東方　錢　穆　傅樂成　王任光

呂士朋　李樹桐　李邁先　郭榮趙　夏德儀　王曾才　楊雲萍　王天民　朱際鎰

二、監事九人：

蕭一山　藍文徵　沙學浚　沈剛伯　陶希聖　毛子水　蔣復璁　梁敬錞　李　濟

此外尚選出候補理事九人，候補監事三人，名單不備錄。理事當選人名單中，有五位係首次當選者，即逯耀東、陶晉生、郭榮趙、王曾才、朱際鎰五位教授。尤其令人興奮者，是這五位教授中的四位是回國不算太久的青年史學學人，分別任教於臺大、政大、師大及文化學院，深受學生們愛戴。他們此次當選爲理事，有了爲國內史學界提供卓見及作最佳服務的機會，無論是史學界的前輩或是後進，無不對五位新理事寄以殷切的期望。

下午二時至五時舉行第二次大會，分組宣讀論文。其分組組別、地點、主持人、宣讀人及其論文題目如下表所列：

甲組（唐　史）：主持人：札奇斯欽　李符桐　李樹桐

時　間：六十一年五月七日下午二時

地　點：國立歷史博物館大會場

宣讀人：王吉林　咸通年間唐對南詔關係之研究
任育才　略論突厥文化形態及其對唐代文化影響

乙組（宋史）：主持人：宋　晞　楊家駱　程光裕
時　間：六十一年五月七日下午二時
地　點：國立歷史博物館二樓展覽廳
宣讀人：林天蔚　宋代公使庫諸問題
李　安　岳飛和文天祥的史事研究
王德毅　李椿年與南宋土地經界

丙組（明史）：主持人：夏德儀　方　豪　楊雲萍
時　間：六十一年五月七日下午二時
地　點：國立歷史博物館二樓展覽廳
宣讀人：楊雲萍　鄭氏與臺灣——農村新技術新方法的導進
呂士朋　明初的中越關係

丁組（近代史）：主持人：陳捷先　李毓澍　黃大受
時　間：六十一年五月七日下午二時
地　點：國立歷史博物館地下室正廳

宣讀人：黃大受　從太平天國失敗看今日中共政權
曾祥鐸　同文館
王綱領　民初列強對華之財政外交
朱際鎰　鈴木大拙答胡適博士文中有關禪非史家所可作客觀的探說與歷史性的考察之辨釋
孫常煒　蔡元培先生與中央研究院

戊組（外國史）：主持人：李邁先　王任光　高亞偉
時　間：六十一年五月七日下午二時
地　點：國立歷史博物館地下室
宣讀人：陳　驥　西方史學之新趨勢並論西方史學教學
汪大鑄　希臘政治思想之歷史背景

上表十四位宣讀論文的歷史學者中，筆者願特別提及的是林天蔚先生。林先生執教香港，這次是特地由香港趕來參加歷史學會的第八屆會員大會，並提出其近作「宋代公使庫諸問題」來宣讀，其熱愛宗邦，傾心學術的精神，令人敬佩。此外，王吉林、王綱領兩先生是中國文化學院的博士研究生，這次提出他們研究專題有關的兩篇極有價值的論文來討論，亦屬難能可貴。

筆者個人的興趣在現代史部分，因此決定參加丁組的討論。但是由於被指定擔任監票員的職務，因忙於開票計票及與新聞界聯繫，竟喪失了參加討論的機會，也無法對各分組討論的情形作較爲完備的報導，至感遺憾。我想建議新選出的第八屆理事會，把此次提出宣讀的十四篇論文印成專輯，分送給各會員們，一定會得到更多更大的意外的收穫。

一個學術團體必須以倡導學術研究，舉辦學術活動爲其職志，否則，這個團體就沒有生命，就沒有存在的意義。中國歷史學會的工作，正漸趨積極，這是有目共睹的事實。然而，它的工作成效，卻不能令人完全滿意。因爲有些該做的工作還沒做，已經做的也應當做的更好些。如果很客觀的和國外同性質學術團體比較一下，便會感到中國歷史學會應當努力的地方正多。

多年以來，我就企盼國內有一種夠學術水準的權威史學期刊出現。國家的學術水準提高，做研究工作的國民自然會感到光榮。我們做史學研究的人，都很重視像*Journal of Asian Studies* 之類的期刊，離開了這種刊物，幾乎就沒法從事研究工作。可是我們的史學界爲什麼就編不出具有JAS同樣水準的刊物來呢？我過去的想法是：我們沒有人才。但是我現在的看法是：「是不爲也，非不能也。」我認爲中國歷史學會有資格，也有能力，把「史學集刊」擴大、改進、充實爲一份中國史學研究的權威刊物。

如何擴大、改進、充實呢？我的建議是：

一、將集刊由年刊改爲季刊，每年出刊三至四期；

二、內容除研究論文外，增加國內外新書評介，學術活動報導及中外史學研究機構介紹等欄；

三、加增現代史論著的比重，最少應佔到三分之一的比例；

四、多發表具有創見及新發現的論文，避免舊調重談。

這裏牽扯到一個重要問題，即是經費問題。已出版的四期集刊，印刷費都是省府補助的。據說省府已表示經費越來越難，而且要求補助的學會也太多，今後恐怕愛莫能助。在這種困難情形下，負責的先生自然不能不愼重。不過，我認爲困難是人去克服的，只要有人肯動腦筋，想辦法，總會找出一條路來。何不採用訂閱及銷售方式，以收回印刷費呢？只要刊物辦得好，不愁沒人要。

中國歷史學會每年開會員大會一次，每次大會都有十多篇論文宣讀。可是讀過去就算了，除了給聽衆留下淡薄的印象外，沒有別的痕跡。我認爲這是很可惜的事。爲什麼不把這些宣讀的論文收集起來，編爲專輯發表呢？六十年度會員大會後，陶晉生教授曾收集了一部分論文提要，發表在「食貨」月刊上，晉生先生的做法實深得我心。我誠懇的建議中國歷史學會的理事會，應當把每次大會的重要文件，報告及論文，編爲集刊的專號發表。

還有一事，是邀請我國旅外歷史學者入會問題。目前中國歷史學會的五百多會員中，有外籍在華的留學生參加，可是沒有我國旅外的歷史學者在內，我認爲這是不應當的事。國內外的學人雖是異地相處，但血肉相連的民族情感仍把我們聯繫在一起。在學術研究上，國內外的學者能有交流經驗與心得的機會，對國家與個人都有利益。我在國外的友朋中，不少是極有成就的青年史學家，有好幾位曾當面對我提過這個問題。我建議歷史學會向海外的學人群中徵求會員，請他們多寄研究報告到國內發表。把國內外的學人聯繫起來，我們的學術界會顯得格外有朝氣，有聲勢，有潛力！

四年總幹事

第十五屆會員大會於民國六十八年五月二十七日在臺北舉行，選舉黃季陸等二十七人為理事，陶希聖等九人為監事。六月十日，第十五屆理、監事召開第一次聯席會議，選舉常務理、監事。選舉結果：

常務理事九人：

黃季陸　李守孔　秦孝儀　李符桐　黃大受　閻沁恆　宋　晞　李雲漢　李國祁

常務監事三人：

陶希聖　蔣復璁　張效乾

依當時會章之規定，理事長、副理事長係由常務理事選舉產生。這天常務理事選出後的第一件事，就是選舉理事長、副理事長。選舉結果：

理事長：黃季陸

副理事長：秦孝儀

依會章規定，理事長提名總幹事一人實際推動會務，其人選須經理事會同意。黃理事長即席提名我爲總幹事，全體理事一致鼓掌通過。這是我直接爲中國歷史學會服務的開始，擔任總幹事職務至四年之久，直至民國七十二年五月第十九屆理事會成立，才勉強獲准辭職，由常務理事王壽南先生接任。

就任總幹事職務後，很想把歷史學會會務推向一個新的境界。一些改革性工作如改善會員大會報到手續等事，都很容易做到。有幾件開創性的工作，如創刊「中國歷史學會通訊」、徵求團體會員等事，也都付諸實施。但想舉辦大規模的學術活動，或將「史學集刊」由年刊改爲季刊等事，卻因爲財力人力兩感不足，原來的構想只有胎死腹中。這是很遺憾的事，也是無可奈何的事。

我在第十六屆會員大會（民國六十九年五月二十五日在國立政治大學舉行）所提書面「會務報告」中，對於經費問題，曾慨乎言之：

「歷史學會最大的困難，就是窮，窮到什麼事都不大敢做的程度。」

這是實情。歷史學會沒有基金，也從未接受過私人和團體的補充，只靠臺北市政府的二萬四千元補助，中山學術文化基金會的二萬元補助，和會員會費的收入來勉強支應。會員會費係在會員大會時繳納，很多會員不出席會員大會，也就不繳納會費，因此會員的人數雖多，會費的收入卻甚少。我當總幹事的第一年，總開支需十萬元左右，總收入卻只有五萬多，眞正體會到「巧婦難爲無米炊」的況味。每次會員大會後總虧空二、三萬元，也都由中華民國史料研究中心無條件支付。

我曾想辦法開闢財源。伸手向教育部要錢，可是只申請到高教司的一萬元，而且只補助二次；向中山學術文化基金董事會告急，獲允將補助費提高爲三萬元，後又增爲四萬元。一度想向私人機構接洽補助，但黃理事長堅不同意，認爲那樣有損中國歷史學會的尊嚴。最後，我們終於想了個徵求團體會員的辦法，要求團體會員繳團體會費。這是出自呂實強理事的提議，經第十七屆第三次理監事聯席會議通過，並提經第十八屆會員大會（民國七十一年五月三十日在臺北市國立故宮博物院舉行）修改會章，於第三章第四條增列第五款「團體會員」，條文如下：

團體會員：國內外公私立大學及獨立學院歷史所系，史學研究及文獻機構、圖書館等有關機關與團體，得參加本學會團體會員，於本學會之會務，得提供建議及場地，設備及費用上之贊助。

當時共發函二十三單位徵求其爲團體會員，復函願爲團體會員並認繳會費者十六單位，其名稱及認定會費數額如下：

國史館	伍萬元
中國國民黨中央黨史會	參萬元
中研院近史所	伍仟元
國立故宮博物院	伍仟元
國防部史政編譯局	伍仟元
國立歷史博物館	伍仟元
政治大學歷史系	壹仟元
成功大學歷史系	壹仟元
臺大歷史所系	壹仟元
文化大學史學所	壹仟元
文化大學史學系	壹仟元

東海大學歷史所	壹仟元
東海大學歷史系	壹仟元
中興大學歷史系	壹仟元
東吳大學歷史系	壹仟元
政治大學歷史所	壹仟元

以上十六單位，共計團體會費爲壹拾壹萬元，於中國歷史學會困境之解除，大有裨益。十六單位之團體會員身分，迄今未變。事實上，團體會員只盡義務而未享權利，各團體會員贊助歷史學會之熱誠，令人感佩。

人力財力雖不足，學會的工作還要積極去做。如各級學校歷史教育之爭取，「史學集刊」之充實，對考試院於高、普考增列地方文獻人員一科之建議，各項學術會議（研討會、座談會）之召開等，無不盡力而爲。其中最有意義的一項活動，是七十一年九月十八日，爲抗議日本修改教科書而召開的一次以「日本修改歷史教科書的剖視及我們應有的立場」爲主題的座談會，發表了一篇「中國歷史學會爲忠告日本政府請尊重歷史精神與鄰國相與爲善之聲明」，辭嚴義正，鏗鏘有力。座談會紀錄由邵銘煌撰爲專文連同「聲明」全文，一併發表於「中國歷史學會會訊」第八期（民國七十一年十二月一日出刊），是一篇非常值得一讀的歷史文件。

擔任中國歷史學會總幹事四年，協助我最多也最辛苦的是胡健國博士。他本職是國史館協修（今已升等爲纂修），我請他擔任中國歷史學會的秘書，明知是苦差使，他卻能一口承諾，四年以來默默耕耘，辛勤備至，從無怨言。所經管之事項雖甚繁雜，但能從容處理，從無差錯。我於七十二年辭卸總幹事職務後，繼任的王壽南和再繼任的遲景德兩位總幹事也仍然請胡先生繼續擔任秘書，近十年之久。任何人寫中國歷史學會會史，都不會忽視胡健國的辛勤和貢獻。

會訊之創刊

民國六十八年五月，我接任第十五屆理事會總幹事後，總想做幾件改進會務的工作。其中一項，就是創刊一份「通訊」，作爲理事會與會員間的聯繫。經過一番考慮後，把這份定期刊物的名稱定爲「中國歷史學會會訊」，於民國六十九年一月三十一日創刊。我在第十六屆會員大會所作會務報告中，對創刊情形曾作如下的陳述：

爲加强會員聯繫，傳達理事會通告及報導學術活動消息，提經第二次理監事聯席會議通過，創刊「中國歷史學會會訊」一種。創刊號已於六十九年一月三十一日出刊，並經分別寄送各會員先生。第二期於五月二十五日出刊，係第十六屆會員大會專刊，有關大會各項文件均彙刊在內，人手一冊，甚爲方便。由於經費困難，本年僅出刊會訊二期。明年如財務情形好轉，計畫出刊三期，分別於九月、一月、五月出刊。

會訊的刊頭八個字和創刊號的發刊詞，都要請理事長黃季陸先生題撰。黃先生很客氣，他說寫不好毛筆字，要國史館文書科科長唐元甫代筆。創刊詞則是由我擬稿，請黃先生改過採用。兩者都不寫明題詞人及執筆人，這也是黃先生的謙虛。到我執筆寫這篇憶述文字時，「會訊」已出刊至第五十二期，刊頭從未改變。我很喜歡這份會訊，存有全套。我先後在會訊發表的報告、書評、報導及講詞，已有二十二篇，目次及期別如下：

題目	期別	出刊年月日
（第十六屆會員大會）會務報告	二	六九、五、二五
對歷史負責，爲歷史作證——閱讀兩本新書後的感想	二	六九、五、二五
初讀李編「近代中華婦女自敘詩文選」有感	四	七〇、一、三一

（第十七屆會員大會）會務報告	五	七〇、五、二四
介紹「孫逸仙博士與香港」國際學術會議	六	七〇、十一、二五
（第十八屆會員大會）會務報告	七	七一、五、三〇
（第十九屆會員大會）會務報告	九	七二、五、七
出席全美中國研究協會第二十六屆年會之經過	一五	七三、十二、二〇
當代史學家簡介　黃季陸先生	一七	七四、五、二六
國慶國史與國運	四四	八一、十二、十五
由孫中山先生建黨革命談革命史研究—民國八十三年九月二十五日在中國歷史學會第三十屆會員大會報告	四九	八三、九、二五
戰後五十年的回顧與展望——一九九五年八月五日在東京「戰後五十周年紀念」學術研討會報告	五一	八四、八、十五

接任理事長

歷史學會歷任理事長，以黃季陸先生任期最長，自民國五十八年到民國七十三年，共十五年。第二十屆會員大會於七十三年七月七日在淡水淡江大學舉行，黃先生仍以高票當選理事，然於第一次理監事聯席會議選舉理事長時，黃先生以健康關係謙辭理事長職，秦孝儀先生當選理事長。秦理事長任期至七十七年七月，爲時四年。第二十五屆理事會選舉朱匯森先生爲理事長，八十年七月第二十七屆理事會選舉王壽南先生爲理事長，八十一年七月第二十八屆理事會選舉宋晞先生爲理事長。依據「人民團體法」的新規定，理事長任期一年，以連任一次爲限，總幹事則改稱爲秘書長。宋理事長於八十二年第二十九屆理事會當選連任，到八十三年第三十屆理事會時礙於規定不能再連任，必須改選新人爲第三十屆理事會理事長。且近一二年來，會員間略有不甚協調現象，因而新理事長人選乃成爲大家所關注的一個問題。

歷史學會自民國六十八年五月起，增設副理事長，選舉當時之黨史會主任委員秦孝儀先生擔任。其後理事長任滿或辭職時，均選副理事長繼其任，秦孝儀、朱匯森、王壽南三位先生均同此例。王壽南、宋晞兩位理事長任內，副理事長均爲中央研究院近代史研究所所長陳三井先生，故此次宋理事長任滿，理應選舉陳三井所長繼任。陳所長之學能德望，享譽國際，爲人熱誠，任事負責，又多創見，不管從那個角度看，都是最理想的理事長人選。只是陳所長再三聲明，出於多方面的考慮，他無意願也不適宜擔任理事長職務。

第三十屆會員大會定期於民國八十三年九月二十五日在師範大學舉行。這年，正是中國國民黨建黨一百週年，各方面都有慶祝活動，宋理事長因此請我在會員大會中作一次專題講演，談談革命建國史事，以示慶祝。職責所在，義不容辭，我就欣然接受，講題定爲「由孫中山先生建黨革命談革命史研究」。這一安排，被認爲是宋理事長有意要我接任理事長的一項暗示。

第三十屆理事選舉結果，依次爲王仲孚、宋晞、王吉林、王綱領、陳三井、李雲漢、蔣義斌、周宗賢、馬先醒、邵台新、陳捷先、毛漢光、王曾才、王德毅、瞿韶華、韓復智、呂士朋、張玉法、莫嘉廉、孫同勛、雷家驥、呂實強、李國祁、朱重聖、王壽南、王明蓀、葉鴻灑，共二十七人。依此次序，理事長人選應以得票最高的王仲孚先生爲首選，他是青壯派歷史學者，師範大學歷史所、系主持人，富正義感，近年來爲歷史教育之維持而奔走呼號，不遺餘力，確爲上乘之選。

民國八十三年十月十六日，第三十屆第一次理監事聯席會議在中央圖書館會議室舉行，主要任務爲選舉常務理監事和正副理事長。這次會，我因另有公務未能出席，結果理事長職務果然加在我的身上，王仲孚先生當選副理事長。常務理、監事當選名單是：

常務理事：

宋　晞　王仲孚　李雲漢　王曾才　王吉林　韓復智　陳捷先　王德毅　陳三井

常務監事：

王聿均　王成聖　李守孔

以幾乎是全體一致的高票當選爲理事長，本來是件很體面很可慶幸的好事，我卻絲毫不感到興奮，反倒有進退不得而又無可如何的感覺。不是怕負責，也不是沒信心，只是認爲歷史學會的理事長，以來自純粹歷史院所或史政機關爲最相宜。既然承各位理事先生們給予我信任投票，只有毅然承擔下來，盡力而爲。八十三年十月二十九日在臺北市空軍官兵活動中心虎賁廳召集常務理、監事第一次聯席會議，提請聘黨史會秘書邵銘煌先生爲秘書長，黨史會專門委員高純淑小姐和師範大學歷史研究所助教葉高樹先生爲秘書，與會理監事均一致同意。

第三十一屆會員大會

民國八十四年九月十七日，第三十一屆會員大會假臺北市立圖書館十樓會議廳舉行。從主持開會到宣布閉會，全程參加。

開幕致詞時，我報告了幾件歷史性事件。第一，是說明中國歷史學會係於民國三十二年（一九四三）四月二十四日成立於重慶，當時報紙上有報導，也許是由於在戰時的關係，以後並沒有什麼活動。第二，是中國歷史學會在臺灣，係於四十三年三月七日召開會員大會，稱第一屆，選舉臺大文學院院長沈剛伯爲理事長，歷史系教授方豪爲總幹事，胡適等二十一人爲理事，董作賓等九人爲監事。第一屆理事中，程光裕先生是四十多年來始終爲歷史學會努力，至今仍是擔任監事職務，且爲今天選舉總監選人。程先生在座，請大家鼓掌向他表示敬意。第一屆會員大會後，過了七年，到民國五十年四月二十二日，才開第二屆會員大會，又過了五年，到五十五年九月十八日才開第三屆會員大會。所以歷史學會一至三屆，不是很上軌道，也沒有什麼成績。第三，中國歷史學會開始制度化，每年都召開會員大會，編刊「史學叢刊」，做一些學術活動，是第四屆以後的事。當時的理事長是方豪先生，人已作古；總幹事現改稱秘書長，是陳捷先教授。陳先生對歷史學會的發展很有貢獻，今天仍是第三十屆理事會的常務理事，他也在座，我們也要以掌聲向他表示謝意。有關會務報告，將由秘書長邵銘煌來報告，我只藉這個機會向大家說明，邵秘書長是位很年輕，很有活力，很熱誠，很負責的人，歷史學會一年來的工作，都是由邵秘書長和兩位秘書（高純淑與葉高樹）少數幾位人來全力承擔，很辛苦，也很值得嘉許。

開會式中，由理事長頒發兩項獎：一爲第七屆金簡獎，得獎人是中央研究院近代史研究所研究員李恩涵教授，得獎著作是《北伐前後的「革命外交」》。另一項是李安先生史學研究基金獎學金，得獎人有兩位：一位是成功大學歷史語言研究所碩士陳保銀，論文題目是《宋代四川榷茶買馬政策研究》；另一位是中國文化大學史學研究所碩士鄧淑鈴，論文題目是：《宋代婚姻制度及其影響》。

上午的第一、二次大會及下午的分組討論會，我都全程參加。聽余敏玲報告其論文《莫斯科中山大學（一九二五—三〇）》後，也講了幾句話，建議她將研究範圍略爲擴大，把中國學生回國後所發生的影響也一併論述，她表示同意接受。

大會順利選出了第三十一屆理、監事及候補理、監事，名單如下：

理事二十七人：

李雲漢　王仲孚　張玉法　宋　晞　陳三井　王曾才　王吉林
王德毅　陳捷先　王壽南　孫同勛　韓復智　王綱領　呂實強
馬先醒　呂士朋　邵台新　朱重聖　葉鴻灑　蔣義斌　李國祁
毛漢光　鄭瑞明　張哲郎　吳文星　葉達雄　黃秀政

候補理事九人：

潘振球　王明蓀　莫嘉廉　管東貴　古偉瀛　邵銘煌　逯耀東
雷家驥　廖伯源

監事九人：

程光裕　王聿均　姚秀彥　李守孔　黃大受　何啓民　鄭樑生

蔣永敬　吳伯卿

候補監事三人：

王成聖　陳鵬仁　孫子和

九月二十日，我寫一封親筆信給新當選的各位理、監事先生、女士們，向他們道賀。信的原式原文如下頁。

昂然前行

民國八十四年九月三十日，第三十一屆第一次理監事聯席會議假臺北市延平南路一八二號實踐堂二樓交誼廳舉行，分預備會議及正式會議兩階段。預備會議仍由我主持，主要任務是選舉常務理、監事及正、副理事長。依會章規定之選舉程序，分三次投票。第一次投票，由二十七位理事選出常務理事九人；由九位監事選出常務監事三人，開票結果如下：

常務理事：

李雲漢　張玉法　王曾才　王仲孚　宋　晞　韓復智　呂士朋

陳三井　李國祁

常務監事：

□□教授吾兄道席：本(九)月十七日中國歷史學會第三十一屆會員大會選舉理、監事，吾兄當選理監事，特此奉
聞，並申賀忱，順頌
時祺

弟 李雲漢 敬上
民國八十四年九月二十日

姚秀彥　程光裕　黃大受

第二、三次投票分別選舉理事長、副理事長，開票結果如下：

理事長：李雲漢

副理事長：王仲孚

正、副理事長及多數常務理事人選，與第三十屆理事會相同。我當即提名邵銘煌博士連任秘書長，獲大家鼓掌通過。兩位秘書亦繼續留任，一位是高純淑專門委員，一位是葉高樹助教。新理事會宣告成立，事實上乃是上屆理事會的延續。

人生在世，很多事都不可能適合自己的意思。第三十一屆會員大會召開前，我曾期盼不要當選，結果卻當選了。這次理事長選舉，我也希望由新人接替，結果卻無法擺脫。我不是怕負責，也不是偷懶，只是一直認爲歷史學會理事長應來自大學歷史所系爲最相宜。明年選舉很可能牽動政局的變化，自己說不定要提前退休，因而不想再佔住理事長位子，免得誤事。各位理事既然仍投票選我，而且是高票當選，就沒有理由推辭。於向各位理事表示謝忱後，我也說明：如果因爲職務變動而沒法執行職務時，還請大家原諒；當然，環境和體力許可，我自會盡其所能與可能爲歷史學界服務。

擔任秘書長和秘書，都很辛苦。邵、高兩位都是我的學生，要他們與我同進退，相信他們也不會抱怨。去年做得不錯，才受到各位理監事的肯定，是犧牲也是享受，我這樣勉勵他們，也這樣自我安慰。告訴銘煌，十月中旬或下旬要開首次常務理監事會，屆時要提出一年的工作計畫，作爲決定後全力推動。卒兒過了河，只有昂然前進！

行者常至，爲者常成。踏實做去，工夫總不會白費。

附載　中國歷史學會歷屆理、監事名錄

有。者爲常務理監事，加框者指已故世。

第一屆（四十三年三月七日票選）

（理事長沈剛伯、總幹事方　豪）

理事： 胡　適。沈剛伯。張其昀。方　豪　錢　穆　李　濟。姚從吾　羅家倫

蔣廷黻　蕭一山　勞　榦　郭廷以。劉崇鋐　沙學浚　張貴永　牟潤孫

王德昭　左舜生　程光裕　羅香林　陳致平

監事： 董作賓。毛子水。朱家驊　但　燾　黃純青　凌純聲　李宗侗　程發軔

盧逮曾

第二屆（五十年四月二十二日票選）

（理事長姚從吾、總幹事張貴永）

理事： 姚從吾　胡　適　○方　豪　勞　榦　○劉崇鋐　○張其昀　錢　穆　王德昭

○張貴永　夏德儀　郭廷以　芮逸夫　黎東方　楊紹震　吳相湘　沙學浚

楊雲萍　羅香林　胡秋原　李樹桐　陳致平

監事： ○沈剛伯　○毛子水　董作賓　李宗侗　李　濟　○蔣復璁　羅家倫　蕭一山

朱家驊

第三屆（五十五年九月十八日票選）

（理事長方　豪、總幹事陳捷先）

理事： 沈剛伯　方　豪　○姚從吾　許倬雲　張其昀　錢　穆　郭廷以　劉崇鋐

杜維運　夏德儀　勞　榦　黎東方　陶希聖　宋　晞　○陳捷先　程光裕

左舜生　沙學浚　陳奇祿　李樹桐　李邁先

監事： 毛子水　蕭一山　屈萬里　蔣復璁　○李　濟　李宗侗　○包遵彭　蕭公權

○凌純聲

第四屆（五十七年三月十七日票選）

（理事長方　豪、總幹事陳捷先）

理事：。方　豪。包遵彭。黎東方　錢　穆。戴玄之　張其昀　郭廷以。沈剛伯

宋　晞　沙學浚　陳捷先　屈萬里　姚從吾　楊家駱　杜維運　許倬雲

趙鐵寒　王聿均　李毓澍　黃大受　李邁先

監事：。蕭一山　蔣復璁。毛子水　羅家倫　夏德儀　李　濟　劉崇鋐。程光裕

陶希聖

第五屆（五十八年三月卅一日票選）

（理事長方　豪、總幹事札奇斯欽）

理事：。方　豪。楊紹震。陳捷先　姚從吾。宋　晞　杜維運　呂士朋　屈萬里

劉崇鋐　沈剛伯　楊家駱　夏德儀　許倬雲　李邁先　王任光　錢　穆

李守孔　蔣復璁　傅樂成　札奇斯欽　張其昀

監事：李　濟。毛子水　藍文徵　蕭一山。黃季陸　李宗侗　郭廷以。包遵彭

凌純聲

第六屆（五十九年四月廿六日票選）

（理事長黃季陸、總幹事札奇斯欽）

理事：。方　豪。札奇斯欽。宋　晞。黃季陸　楊家駱。陳捷先　錢　穆。夏德儀
傅樂成　黎東方　李守孔　杜維運　沈剛伯。劉崇鋐　張其昀。呂士朋
。王任光　屈萬里　許倬雲　蔣復璁　李邁先　趙鐵寒　李樹桐　高亞偉
黃大受　楊雲萍　楊紹震

監事：。毛子水　李　濟　陶希聖。蕭一山　郭廷以　李宗侗　程光裕　沙學浚
藍文徵

第七屆（六十年五月九日票選）
（理事長黃季陸、總幹事李守孔）

理事：。方　豪。札奇斯欽。黃季陸。宋　晞　李符桐。李守孔　錢　穆。李邁先
張其昀。陳捷先　楊家駱　李樹桐。黃大受　傅樂成　高亞偉　夏德儀
杜維運　劉崇鋐　沈剛伯　楊雲萍　程光裕。呂士朋　黎東方　戴玄之
王天民　王任光　蔣復璁

監事：。毛子水　陶希聖　李　濟。蕭一山。沙學浚　藍文徵　郭廷以　李宗侗
郭榮趙

第八屆（六十一年五月七日票選）

（理事長黃季陸、總幹事李守孔）

理事：。黃季陸。方　豪。李符孔。李符桐　宋　晞。黃大受。楊家駱　札奇斯欽

。高亞偉　杜維運　逯耀東　張其昀　陶晉生。程光裕　黎東方　錢　穆

傅樂成　王任光　呂士朋　李樹桐　李邁先　郭榮趙　夏德儀　王曾才

。楊雲萍　王天民　朱際鎰

監事：。蕭一山　藍文徵　沙學浚。沈剛伯　陶希聖　毛子水　蔣復璁　梁敬錞

。李　濟

第九屆（六十二年五月廿日票選）

（理事長黃季陸、總幹事李守孔）

理事：。李守孔。黃季陸　王任光　方　豪　傅樂成　李邁先。宋　晞　杜維運

高亞偉　陶晉生。楊家駱　王曾才。呂士朋　陳　驥。程光裕。李符桐

。黃大受　逯耀東　李樹桐　錢　穆　張其昀　李國祁。楊雲萍　朱際鎰

李毓澍　夏德儀　屈萬里

監事：。沈剛伯。蕭一山　沙學浚　陶希聖　蔣復璁　毛子水　藍文徵　李　濟

○劉崇鋐

第十屆（六十三年五月廿六日票選）

（理事長黃季陸、總幹事李守孔）

理事：○黃季陸 ○李符桐 ○李守孔 蘇振申 ○黎東方 ○楊家駱 ○黃大受 ○宋　晞

高亞偉 李樹桐 傅樂成 張其昀 孫同勛 趙雅書 方　豪 陶晉生

程光裕 ○楊雲萍 錢　穆 杜維運 戚長誠 李毓澍 朱際鎰 李雲漢

李國祁 閻沁恆 ○郭榮趙

監事：○沈剛伯 杜元載 ○陶希聖 蕭一山 ○劉崇鋐 蔣復璁 沙學浚 毛子水

藍文徵

第十一屆（六十四年五月廿五日票選）

（理事長黃季陸、總幹事李守孔）

理事：○黃季陸 ○黎東方 ○李守孔 張其昀 ○楊家駱 宋　晞 方　豪 李符桐

○黃大受 程光裕 錢　穆 蘇振申 朱際鎰 高亞偉 陶晉生 李樹桐

○楊雲萍 郭榮趙 李雲漢 李國祁 傅樂成 石文濟 ○孫同勛 ○閻沁恆

○逯耀東 王任光 馬先醒

監事：沈剛伯。陶希聖 藍文徵 蔣復璁 蕭一山 劉崇鋐。毛子水。汪知亭

鄔玉田

第十二屆（六十五年五月卅日票選）

（理事長黃季陸、總幹事李守孔）

理事：。黃季陸。李守孔。黎東方。楊家駱 方　豪。宋　晞。黃大受。李符桐

逯耀東 錢　穆 李樹桐。楊雲萍 蘇振申 石文濟 高亞偉 郭榮趙

陶晉生 傅樂成 張其昀 甲　凱 閻沁恆 王任光。程光裕 朱際鎰

馬先醒 孫同勛 杜維運

監事：沈剛伯。蔣復璁 蕭一山。陶希聖。毛子水 汪知亭 蕭繼宗 劉崇鋐

鄔玉田

第十三屆（六十六年四月十七日票選）

（理事長黃季陸、總幹事李守孔）

理事：。黃季陸。李守孔。黃大受。宋晞。黎東方 楊家駱 李符桐 張其昀

方　豪 朱際鎰 閻沁恆 馬先醒。孫同勛 傅樂成 錢　穆 高亞偉

蘇振申 逯耀東。李國祁 李樹桐。王曾才 李雲漢 程光裕 王家儉

郭榮趙 王任光 甲 凱

監事：沈剛伯。陶希聖。蕭一山 蔣復璁 劉崇鋐 毛子水 鄔玉田 張效乾

。秦孝儀

第十四屆（六十七年五月廿一日票選）

（理事長黃季陸、總幹事閻沁恆）

理事：。黃季陸。黎東方。李守孔。宋 晞 。王曾才。楊家駱。黃大受 甲 凱

馬先醒 方 豪 姚秀彥 張其昀 程光裕 陳 驥 王家儉 傅樂成

郭榮趙 石文濟 王吉林 朱際鎰。李符桐 閻沁恆 梁嘉彬。李雲漢

李國祁 李樹桐 王德毅

監事：陶希聖 錢 穆。蕭一山。秦孝儀 張效乾 劉崇鋐 鄔玉田。蔣復璁

毛子水

第十五屆（六十八年五月廿七日票選）

（理事長黃季陸、副理事長秦孝儀、總幹事李雲漢）

理事：。黃季陸。黃大受。李守孔。閻沁恆。宋 晞。秦孝儀 張其昀 王曾才

楊家駱。李符桐 黎東方。李雲漢 傅樂成 馬先醒 朱際鎰 程光裕

姚秀彥　王家儉　甲　凱。李國祁　方　豪　任育才　張玉法　王吉林

李樹桐　張朋園　孫同勛

監事：。陶希聖。蔣復璁　錢　穆　毛子水。張效乾　鄔玉田　劉崇鋐　李霜青

陳光棣

第十八屆（六十九年五月二十五日票選）

（理事長黃季陸、副理事長秦孝儀、總幹事李雲漢）

理事：。黃季陸。秦孝儀。李守孔。宋　晞。李雲漢。李國祁。李符桐。黎東方

。姚秀彥　黃大受　馬先醒　王壽南　蔣永敬　閻沁恆　程光裕　朱際鎰

張朋園　余偉雄　王吉林　王曾才　張玉法　李樹桐　梁嘉彬　高亞偉

張　元　陳三井　郭榮趙

監事：。陶希聖。李霜青。張其昀　錢　穆　蔣復璁　毛子水　張效乾　方　豪

鄔玉田

第十七屆（七十年五月二十四日票選）

（理事長黃季陸、副理事長秦孝儀、總幹事李雲漢）

理事：。黃季陸。秦孝儀。李雲漢。呂實強。李符桐。李國祁。黎東方。程光裕

○王曾才　王壽南　閻沁恆　李守孔　陳三井　馬先醒　黃大受　張玉法
宋　晞　姚秀彥　蔣永敬　王吉林　呂士朋　朱際鎰　李樹桐　張　元
王綱領　林明德　王家儉

監事：○張效乾○錢　穆○張其昀　毛子水　蔣復璁　陶希聖　梁嘉彬　陳光棣
鄔玉田

第十八屆（七十一年五月三十日票選）
（理事長黃季陸、副理事長秦孝儀、總幹事李雲漢）

理事：○黃季陸○秦孝儀○呂實強○王曾才○李雲漢○黎東方○王壽南○李國祁
○黃大受　宋　晞　李守孔　李符桐　張玉法　陳三井　王吉林　程光裕
林明德　張　元　蔣永敬　王芝芝　王德毅　呂士朋　王家儉　王綱領
馬先醒　朱際鎰　李樹桐

監事：○張效乾○蔣復璁○張其昀　錢　穆　陶希聖　陳光棣　楊雲萍　楊家駱
毛子水

第十九屆（七十二年五月七日票選）
（名譽理事長黃季陸、理事長秦孝儀、總幹事王壽南）

理事：。黃季陸。秦孝儀。呂實強。王壽南。李雲漢。王曾才。李守孔。呂士朋
。張玉法　宋　晞　蔣永敬　任育才　李齊芳　閻沁恆　遲景德　黎東方
王芝芝　王德毅　黃大受　張　元　李國祁　林明德　姚秀彥　李符桐
程光裕　朱際鎰　王家儉

監事：。蔣復璁。陶希聖。張效乾　張其昀　錢　穆　楊雲萍　陳光棣　陳聖士
毛子水

第二十屆（七十二年七月七日票選）
（名譽理事長黃季陸、理事長秦孝儀、總幹事王壽南）

理事：。黃季陸。秦孝儀。王壽南。呂實強。李雲漢。李國祁。宋　晞。蔣永敬
。李守孔。王曾才　張玉法　王家儉　黎東方　遲景德　李齊芳　程光裕
林明德　姚秀彥　黃大受　呂士朋　王德毅　朱際鎰　陳三井　閻沁恆
王綱領　張　元　王芝芝

監事：。張效乾。梁嘉彬。楊家駱　張其昀　毛子水　王任光　蔣復璁　錢　穆
陶希聖

第二十一屆（七十四年五月二十八日票選）

理事：（理事長秦孝儀、副理事長朱匯森、總幹事王壽南）
◦秦孝儀◦朱匯森◦王壽南◦呂實強◦宋　晞◦張玉法◦王曾才◦李雲漢
◦李國祁　李守孔　蔣永敬　呂士朋　段昌國　張　元　陳三井　王任光
程光裕　徐　泓　張哲郎　黃大受　王綱領　李齊芳　林明德　王德毅
閻沁恆　王家儉　陳捷先

監事：◦張效乾◦陳聖士◦何啓民　蔣復璁　黎東方　吳伯卿　錢　穆　楊家駱
陶希聖

第二十二屆（七十五年七月十三日票選）
（理事長秦孝儀、副理事長朱匯森、總幹事王壽南）

理事：◦秦孝儀◦朱匯森◦張玉法◦王曾才◦李雲漢◦呂實強◦宋　晞◦李守孔
◦王壽南　李國祁　蔣永敬　陳三井　程光裕　王綱領　王吉林　王德毅
王家儉　陳捷先　黃大受　呂士朋　徐　泓　閻沁恆　姚秀彥　林明德
莊尙武　段昌國　朱重聖

監事：◦蔣復璁◦陶希聖◦陳聖士　錢　穆　王成聖　吳伯卿　梁嘉彬　黎東方
李樹桐

第二十三屆（七十六年七月十二日票選）（理事長秦孝儀、副理事長朱匯森、總幹事王壽南）

理事：。秦孝儀。朱匯森。王曾才。李雲漢。王壽南。張玉法。李國祁。蔣永敬

。呂實強　宋　晞　李守孔　任育才　陳三井　王綱領　王家儉　程光裕

呂士朋　王吉林　閻沁恆　姚秀彥　王德毅　黃耀能　鄧元忠　王仲孚

王樹槐　徐　泓　陳　驥

監事：。王聿均。王成聖。陳聖士　李樹桐　蔣復璁　陶希聖　吳伯卿　錢　穆

梁嘉彬

第二十四屆（七十七年六月三日票選）（理事長秦孝儀、副理事長朱匯森、總幹事王壽南）

理事：。秦孝儀。朱匯森。王壽南。王曾才。宋　晞。李國祁。李雲漢。蔣永敬

。姚秀彥　張玉法　呂實強　呂士朋　李守孔　陳三井　王吉林　程光裕

王綱領　王德毅　鄧元忠　閻沁恆　王家儉　任育才　吳圳義　徐　泓

毛漢光　王仲孚　莊尚武

監事：。蔣復璁。陳聖士。王成聖　梁嘉彬　錢　穆　吳伯卿　李樹桐　何啓民

王任光

第二十五屆（七十八年七月九日票選）

（理事長朱匯森、副理事長王壽南、總幹事逯景德）

理事：。朱匯森。王壽南。張玉法。王曾才。李國祁。宋　晞。李雲漢。呂士朋

。蔣永敬　王吉林　秦孝儀　王綱領　陳三井　毛漢光　程光裕　李守孔

呂實強　鄧元忠　閻沁恆　王仲孚　王德毅　杜維運　朱重聖　姚秀彥

吳圳義　王家儉　莊尚武

監事：。錢　穆。王成聖。陳聖士　吳伯卿　梁嘉彬　何啓民　韓復智　蔣復璁

楊家駱

第二十六屆（七十九年七月十六日票選）

（理事長朱匯森、副理事長王壽南、總幹事逯景德）

理事：。朱匯森。王壽南。王曾才。李國祁。宋　晞。張玉法。李雲漢。陳三井

。呂士朋　王家儉　鄧元忠　逯景德　杜維運　程光裕　王綱領　王吉林

蔣永敬　毛漢光　王仲孚　李守孔　胡春惠　王德毅　黃秀政　閻沁恆

朱重聖　馬先醒　秦孝儀

監事：。李樹桐。陳聖士。王成聖　王聿均　吳伯卿　何啓民　謝　浩　韓復智
王任光

第二十七屆（八十年七月二十一日票選）
（理事長王壽南、副理事長陳三井、總幹事遲景德）

理事：。王壽南。陳三井。王曾才。李雲漢。張玉法。呂士朋。蔣永敬。宋　晞
。李國祁　瞿韶華　王吉林　王仲孚　王德毅　程光裕　王綱領　毛漢光
馬先醒　遲景德　李守孔　朱匯森　張哲郎　胡春惠　朱重聖　杜維運
韓復智　莊尚武　秦孝儀

監事：。陳聖士。王成聖。吳伯卿　王聿均　陳存恭　梁嘉彬　王　恢　何啓民
管東貴

第二十八屆（八十二年七月十二日票選）
（理事長宋晞、副理事長陳三井、總幹事王吉林）

理事：。宋　晞。陳三井。王曾才。王壽南。李雲漢。呂士朋。王仲孚。張哲郎
。王吉林　張玉法　王德毅　李國祁　毛漢光　韓復智　瞿韶華　邵台新
莊尚武　王綱領　馬先醒　王家儉　葉鴻灑　程光裕　黃俊傑　朱重聖

鄭樑生　呂實強　管東貴

監事：。王聿均。王成聖。何啓民　吳伯卿　李守孔　李樹桐　朱匯森　杜維運

第二十九屆（八十二年九月十九日票選）

（理事長宋晞、副理事長陳三井、秘書長王吉林）

理事：。宋　晞。陳三井。王仲孚。王曾才。王吉林。王壽南。呂士朋。李雲漢

。韓復智　張玉法　邵台新　毛漢光　李國祁　王綱領　張哲郎　王家儉

雷家驥　馬先醒　呂實強　葉鴻灑　王德毅　蔣義斌　周宗賢　王明蓀

黃繁光　蔣永敬　杜維運

監事：。王聿均。黃大受。李守孔　何啓民　程光裕　李樹桐　姚秀彥　吳伯卿

曾祥和

第三十屆（八十三年九月二十六日票選）

（理事長李雲漢、副理事長王仲孚、秘書長邵銘煌）

理事：。李雲漢。王仲孚。宋　晞。陳三井。王吉林。王德毅。陳捷先。韓復智

。王曾才　王綱領　蔣義斌　周宗賢　馬先醒　邵台新　毛漢光　瞿韶華

呂士朋　張玉法　莫嘉廉　孫同勛　雷家驥　呂實強　李國祁　朱重聖

王壽南　王明蓀　葉鴻灑

監事：王聿均　李守孔　王成聖　程光裕　姚秀彥　李樹桐　黃大受　吳伯卿
鄭樑生

第三十一屆（八十四年九月十七日票選）（理事長李雲漢、副理事長王仲孚、秘書長邵銘煌）

理事：。李雲漢。王仲孚。張玉法。宋　晞。陳三井。王曾才。韓復智。呂士朋
。李國祁　王吉林　王德毅　陳捷先　王壽南　孫同勛　王綱領　呂實強
馬先醒　邵台新　朱重聖　葉鴻灑　蔣義斌　毛漢光　鄭瑞明　張哲郎
吳文星　葉達雄　黃秀政

監事：。程光裕。姚秀彥。黃大受　王聿均　李守孔　何啓民　鄭樑生　蔣永敬
吳伯卿

二三、著作

著述是我在史學圈裏四十年積累下來的一點成績。雖然不能盡如人意，但也勉強說得過去。大略統計一下，學術性專著、論文、傳記、評論及講詞等項，數在一百四十種以上。非學術性的感憶、弔唁、隨筆、序跋、祝詞、翻譯等，並不計算在內。我把學術性的著述列舉出來，目的是爲了方便查考，對我自己方便，對讀者也方便。

專著

1.《從容共到清黨》臺北，中國學術著作獎助委員會，民國五十五年五月初版；六十二年八月影印二版，七十六年八月影印三版，八三四頁。

2.《國民革命與臺灣光復的歷史淵源》臺北，幼獅書店，民國六十年六月初版，一四〇頁；臺灣史蹟源流研究會，民國六十六年重印版。

3.《黃克強先生年譜》初稿發表於「中國現代史叢刊」第四冊（吳相湘主編，臺北正中書局出版，民國五十一年三月），增訂正本由中國國民黨中央委員會黨史委員會出版，民國六十二年十月，四四六頁。

4.《宋哲元與七七抗戰》臺北，傳記文學出版社，民國六十二年九月，二四六頁。

5.《于右任的一生》臺北，臺北市新聞記者公會，民國六十二年九月，二七五頁。

6.《中國國民黨的歷史精神》臺北，正中書局，民國六十五年十一月，一三一頁。

7.《中國現代史論和史料》臺北，臺灣商務印書館，民國六十八年六月，八一一頁。（分上、中、下三冊）

8.《西安事變始末之研究》臺北，近代中國出版社，民國七十一年二月，三九六頁。

9.《中國近代史》臺北，三民書局，民國七十四年九月，七二二頁。（大學用書）

10.《中國近代史》臺北，三民書局，民國七十五年三月，四二〇頁。

11.《盧溝橋事變》臺北，東大圖書公司，民國七十六年九月，五六四頁。

12.《中國國民黨黨史研究與評論》臺北：近代中國出版社，民國八十一年九月，三九四頁；八十四年六月增訂一版，四六四頁。

13.《中國國民黨史述》臺北，中國國民黨中央委員會黨史委員會，民國八十三年十一月，五冊，四二〇〇頁。

合著

1.《民國史二十講》臺北，幼獅書店，民國六十三年三月，三九〇頁。係與呂士朋、蔣永敬、陳捷先、李守孔合著，我撰寫下列四講：

第一講：國父倡導國民革命

第二講：中華民國的建立

第三講：民初的政局

第四講：民國的外交

2.「中華民國建國史」，第一篇，《革命開國》臺北，國立編譯館，民國七十四年四月，二冊，一一四八頁。

導言

第三章第四節　革命勢力的大結合——同盟會成立

第五節　同盟會在國內與海外的組織

第六節　共進會與文學社

3.「中華民國建國史」，第三篇，《統一與建設》臺北，國立編譯館，民國七十八年一月，三冊，一六六六頁。

第二章第三節　思想與理論之建立

第四節　孫中山先生北上

第九章第四節　西安事變

4.「中華民國建國史」，第四篇，《抗戰建國》臺北國立編譯館，印刷中。

第一章　日本對中國之侵略

第一節　日本大陸政策之演變

第二節　田中奏摺與濟南慘案

第三節　九一八事變與一二八事變

第四節　日本侵略華北

5.《研究中山先生的史料和史學》臺北，中華民國史料研究中心，民國六十四年十一月，五八〇頁。

6.《八年對日抗戰中之國民政府》薛光前編，臺灣商務印書館出版，民國六十七年九月，一冊，四四一頁。第一章爲我所撰，題目爲：戰爭的起源：七七蘆溝橋事變的背景。

7.《至公至誠的中國國民黨》近代中國社出版，民國八十年十一月初版，三四三頁，八十三年十二月增訂一版，三五八頁。

編著

1.《九一八事變史料》臺北，正中書局，民國六十六年十二月，五五七頁。

2.《抗戰前華北政局史料》臺北，正中書局，民國七十一年二月，七八四頁。

3.《昌樂文獻》臺北，昌樂文獻編輯委員會，民國七十七年五月，四三三頁。

4.《楊亮功先生年譜》（與蔣永敬，許師慎合編）臺北，聯經出版事業公司，民國七十七年十月，六三二頁。

5.《中國國民黨黨史資料及研究》臺北，中華民國史料研究中心，民國七十八年十一月。

6.《羅志希先生傳記暨著述資料》臺北，中華民國史料研究中心，民國六十五年十二月，一冊。

7.《復館以來的國史館》，臺北，國史館，民國六十八年。

論文

1.〈七七事變前的華北政局〉臺北，「東方雜誌」復刊，第四卷第一期，民國五十九年七月。
2.〈抗戰前臺灣革命同盟會的組織與活動〉臺北，「東方雜誌」四卷五號，民國五十九年十一月，二〇頁。
3.〈馮玉祥察省抗日事件始末〉臺北，「中央研究院近代史研究所集刊」第二期，民國六十年六月，一五頁。
4.〈抗日先鋒第二十九軍〉臺北，「大學雜誌」第四十三期，民國六十年七月。
5.〈冀察政委會成立前後的宋哲元〉臺北，「傳記文學」十九卷一期，民國六十年七月。
6.《抗戰前支持華北危局的宋哲元》臺北，中華民國史料研究中心編印「中現代史專題研究報告」第一輯，民國六十年十二月。
7.〈馬歇爾及其使華任務的失敗〉臺北，「幼獅月刊」三九卷三期，民國六十三年三月。
8.〈孫文主義學會與早期反共運動（一九二五—一九二六）〉臺北，「中華學報」第一卷第一號，民國六十三年一月，三一頁。
9.〈中山先生與菲律賓獨立運動〉臺北，「中華學報」第一卷第二號，民國六十三年七月，二〇頁。
10.〈介紹孫文主義學會及其有關文件〉臺北，「中央研究院近代史研究所集刊」第四期，民國六十三年十二月，二五頁。

11.〈臺灣地區現藏有關民國史史料的初步調查〉　臺北，「人與社會」二卷五期，民國六十三年十二月；張玉法主編，「中國現代史論集」，第二輯，一五頁。

12.〈八十年來的中國國民黨與中華民國〉　臺北，「聯合報」，民國六十三年十一月二十四日；張玉法主編，「中國現代史論集」，第一輯，二三頁。

13.〈關於國父傳記著述的評述〉　臺北，中華民國史料研究中心編印，《研究中山先生的史科與史學》，民國六十四年年十一月，三三頁。

14.〈研究中山先生的英文史料〉　臺北，中華民國史料研究中心編印，《研究中山先生的史料與史學》，民國六十四年十一月，四三頁。

15.〈蔣總統與辛亥革命〉　臺北，國立臺灣師範大學，「歷史學報」，第四期，民國六十五年四月，一八頁。

16.〈九一八事變前後蔣總統的對日政策〉　臺北，「國立臺灣師範大學學報」，第二十一期，民國六十五年四月，二三頁。

17.〈中日戰爭的起源：七七盧溝橋事變的背景〉　美國香檳伊利諾大學主辦「戰時中國研討會」論文，一九七六年四月。

18.〈羅志希先生的大學時代〉　臺北，中華民國史料研究中心編印《羅志希先生著述及傳記資料》，民國六十五年十二月，二七頁。

19.〈中國國民黨第二次全國代表大會〉 臺北，「中華學報」四卷一期，民國六十六年一月，一七頁。

20.〈連雅堂與中國革命〉 臺北，「國立臺灣師範大學三民主義研究所學報」創刊號，民國六十六年八月。

21.〈抗戰前中國知識分子的救國運動〉 臺北，教育部社會教育司印單行本，民國六十六年八月，三四頁；又見「中國文化復興月刊」十卷十期，民國六十六年十月。

22.〈中國摯友毛立斯威廉——一個卓越的中國國民黨外籍黨員〉 臺北，「近代中國」，第四期，民國六十六年十二月。

23.〈反共的先驅——戴季陶先生〉 臺北，「中華文化復興月刊」，第十一卷一期，民國六十七年一月，九頁。

24.〈盧溝橋事變發生前後〉 臺北，「國立政治大學三民主義研究所專刊」第四號，民國六十七年五月，三六頁。

25.〈庚子至辛亥期間（一九〇〇—一九一一）革命思想的分析〉 臺北，中央研究院近代史研究所主辦近代中國維新思想研討會論文，民國六十七年六月，二三頁。

26.〈中山先生護法時期的對美交涉〉 臺北，中華民國史料研究中心十周年紀念論文集論文，民國六十八年十一月，三八頁。

27.〈中山先生護法時期的對日政策〉臺北，中韓學術會議論文，民國七十年八月，二〇頁。

28.〈九一八事變後日本對華北的侵略〉臺北，中華民國建國史討論會論文，民國七十年八月，二〇頁。

29.〈孫逸仙博士與亞洲民族獨立運動〉香港，珠海學院主辦「孫逸仙博士與香港」國際學術會議論文，一九八一年九月，一三頁。

30.〈西安事變的前因與經過〉臺北，傳記文學，三九卷六期至四〇卷四期，民國七十年十二月至七十一年四月，分五期連載。

31.〈同盟會與辛亥革命〉臺北，中央研究院近代史研究所主辦辛亥革命史研討會論文，民國七十一年八月，二二頁。

32.〈政學會與護法運動〉臺北，中央研究院近代史研究所主辦中華民國初期歷史研討會論文，民國七十二年八月，二三頁。

33.〈有關西安事變幾項疑義的探討〉臺北，中華民國歷史與文化學術討論會論文，民國七十三年五月，一五頁。

34.〈中國國民黨與中華民國的建立〉臺北，國立政治大學三民主義研究所主辦「中國國民黨與中國政治發展」學術研討會論文，民國七十四年四月，九頁。

35.〈一段慘痛史實的回顧——抗戰初期中共偽裝民族主義的眞相〉臺北，中央日報慶祝九三軍人節特刊專文，民國七十四年九月三日。

36.〈有關「南京大屠殺」中外史料的評述〉臺北，抗戰建國史研討會論文，民國七十四年十二月，一四頁。

37.〈中華革命黨的組黨過程及其組織精神〉臺北，孫中山先生與近代中國學術討論會論文，民國七十四年十一月，二三頁。

38.〈由中華革命黨組黨看孫逸仙先生的志節和思想〉香港，珠海書院主辦「孫中山先生與中國現代化」國際學術會議論文，一九八五年十一月。

39.〈山東昌濰：一個因時勢而形成的特區〉臺北，中央研究院近代史研究所主辦近代中國區域史研討會論文，民國七十五年八月，二一頁。

40.〈清黨運動的再評價〉臺北，蔣中正先生與現代中國學術研討會論文，民國七十五年十月，一四頁。

41.〈西安事變的善後處理及抗日決策〉美國伊利諾大學主辦西安事變五十年國際學術會議論文，一九八六年十月，二〇頁。

42.〈抗戰初期國民政府的體制與政策（一九三七—一九三八）〉香港，珠海書院主辦「中國近六十年來（一九二六—一九八六）之憂患與建設」國際學術會議論文，一九八六年十一月，二〇頁。

43.〈中國對日抗戰的序幕：從盧溝橋事變到平津淪陷〉臺北，中央研究院主辦第二屆國際漢學會議論文，民國七十五年十二月，二〇頁。

44.〈盧溝橋事變：第二次中日戰爭的開端〉臺北，「中央研究院近代史研究所集刊」第十六期，民國七十六年六月，二七頁。

45.〈中國同盟會魯籍會員之初步調查〉臺北，「山東文獻」第十三卷三期，民國七十六年十二月，二五頁。

46.〈蔣經國先生與戰後中蘇東北交涉〉臺北，「近代中國」雙月刊第六十三期，民國七十七年二月，一六頁。

47.〈上海中央與北伐清黨〉臺北，中國國民黨中央委員會黨史委員會主辦北伐統一六十周年學術討論會論文，民國七十七年七月。

48.〈對日抗戰的史料和論著〉臺北，中央研究院近代史研究所編刊「六十年來的中國近代史研究」上冊，民國七十七年六月。

49.〈中國近代革命史資料與研究之初步觀察〉臺北，漢學研究中心主辦「漢學研究資源國際研討會」論文，民國七十七年十一月；發表於「漢學研究季刊」第七卷第二期（漢學研究中心，民國七十八年十二月），三三頁。

50.〈中國國民黨黨史研究的幾個層面〉臺北，國立臺灣大學歷史研究所主辦「民國以來國史研究的回顧與瞻望」國際學術會議論文，民國七十八年八月。

51.〈孫逸仙·香港·中國現代化〉香港：中山學術研討會論文，一九八九年七月，一九頁。

52.〈漫談國史纂修與研究的幾個層面〉臺北，「國史館館刊」復刊第七期，民國七十八年十二月，八頁。

53.〈蔣經國先生在抗戰時期的奮鬥〉 臺北，蔣經國先生的思想行誼與事功學術討論會論文，民國七十九年四月；又見「近代中國」雙月刊第七十六期。

54.〈中國對日抗戰的序幕：從盧溝橋事變到天津淪陷〉 臺北，「近代中國」雙月刊第八十三期，民國八十年六月。

55.〈黃興與民國開國〉 臺北，「近代中國」雙月刊第八十四期，民國八十年八月。

56.〈黨史會與民國史研究〉臺北，中華民國建國八十年學術討論會論文，民國八十年八月。

57.〈顧維鈞與九一八事變之中日交涉〉 臺北，「近代中國」雙月刊第八十五期，民國八十年十月。

58.〈中國國民黨遷臺前後的改造與創新（一九四九—一九五二）〉 臺北，「近代中國」雙月刊第八十七期，民國八十一年二月。

59.〈張岳軍與抗戰初期之政府決策（一九三七—一九四〇）〉 臺北，「近代中國」雙月刊第八十九期，民國八十一年六月。

60.〈八十年來的民國史研究〉臺北，「國史館館刊」復刊第十期，民國八十年六月。
61.〈中國國民黨的規制與運作〉臺北，正中書局出版，「世界各國主要政黨內部運作之研究」，第二輯，一至六四頁，民國八十二年八月。
62.〈八十年來的民國史研究〉臺北，「國史館館刊」復刊第十期，民國八十年六月。
63.〈孫運仲先生與中國國民黨〉臺北，孫仿魯先生百年誕辰學術討論會論文，民國八十二年七月。
64.〈中國國民黨遷臺後黨政關係制度的演變〉臺北，國父建黨革命一百週年學術討論會論文。
65.〈國民政府戰前對日政策之演變（一九三一—一九三七）〉紐約，抗戰勝利五十週年國際研討會論文，一九九五年八月。
66.〈抗戰期間的黨政關係〉臺北，抗戰勝利五十週年兩岸學術研討會論文，民國八十四年九月。
67.〈蔣中正先生與臺灣〉臺北，抗戰建國暨臺灣光復——中華民國史專題第三屆討論會論文，民國八十四年十月。
68.〈黃季陸先生與中國革命〉臺北，黃季陸先生行誼事功討論會論文，民國八十四年四月。

傳記

1. 丁惟汾——《中華民國名人傳》第七冊
2. 于右任——《中華民國名人傳》第二冊
3. 田桐——《中華民國名人傳》第八冊
4. 宋哲元——《中華民國名人傳》第五冊
5. 秦德純——《中華民國名人傳》第六冊
6. 張自忠——《中華民國名人傳》第五冊
7. 黃季陸

——《中華民國名人傳》第五冊

8.楊衢雲

——《中華民國名人傳》第六冊

9.蔣經國

——《中華民國名人傳》第七冊

10.羅家倫

——《中華民國名人傳》第十二冊

11.戴季陶

——《中國歷史思想家》，卷五五，臺灣商務印書館出版

12.革命黨人王仲裕的生平

——「中央日報」，民國七十一年一月二十至二十四日；《革命人物誌》，第二十一集。

13.李煜瀛

——《革命人物誌》，第十二集

14.《蔣夫人宋美齡女士的志業與貢獻》

——單行本，中國國民黨中央婦女工作會印，民國八十四年七月。

演講

1.「一百年來的中國國民黨」——一九九四年十月二十五日，在莫斯科大學亞非學院中國國民黨建黨一百週年研討會講

2.「由孫中山先生建黨革命談革命史研究」——民國八十三年九月二十五日在中國歷史學會第三十屆會員大會講

3.「臺海兩岸研究孫中山思想與中國國民黨黨史的現況與展望」——一九九五年三月十四日在日本東京慶應大學「研究孫中山思想與中國國民黨黨史的趨勢」研討會講

4.「蔣中正先生的思想與勳業」——一九九五年四月七日在莫斯科大學亞非學院「蔣中正總統逝世二十週年學術研討會」宣讀

5.「戰後五十年的回顧與展望」——一九九五年八月五日在日本東京「戰後五十週年紀念」學術研討會講

書評

1.〈蔣永敬及其新著「胡志明在中國」〉臺北，「新知雜誌」第二年第二期，民國六十一年四月，四頁。

2.〈郭榮趙及其著作〉臺北，「新知雜誌」第三年第五期，民國六十三年十月，七頁。

3.〈由陳著「孫中山先生與日本友人」談起〉臺北，「新知雜誌」第四年第三期，民國六十三年六月，六頁。

4.〈由吳相湘教授新著談中國現代史的研究〉臺北，「綜合月刊」，民國六十三年七月。

5.〈評述柯尚寧對於優林使華的回憶〉臺北，「傳記文學」連載，二六卷二期（民六十四、二），三期（民六十四、三），五期（民六十四、五），二七卷二期（民六十四、八），六期（民六十四、十二），二八卷一期（民六十五、一）。

6.〈談張著「梁啓超與民國政治」〉臺北，「出版與研究」，第二十七期，民國六十七年八月，二頁。

7.〈蔣委員長與羅斯福總統戰時通訊讀後〉臺北，「中央日報」副刊，民國六十七年七月十日。

8.〈王編「中國歷代思想家」評述〉臺北，「近代中國」第七期，民國六十七年九月，五頁。

9.〈蔣著「胡漢民先生年譜」評述〉臺北，「中央日報」，民國六十九年二月五日。

10.〈對歷史負責，爲歷史作證——閱讀兩本新書後的感想〉臺北，「中國歷史學會會訊」第二期，民國六十九年五月二十五日。

11.〈初讀李編「近代中華婦女自敍詩文選」有感〉臺北，「中國歷史學會會訊」第四期，民國七十年二月三十一日。

12.〈縱談「宋氏朝代」〉美國，「世界日報」，一九八五年四月二十一日；「近代中國」第四十七期（民國七十四年六月），頁二四三—二四八。

13.〈評「九一八事變史」〉臺北，「歷史教學」雙月刊第一卷第一期，民國七十七年七月，四頁。

14.〈評介郭著「共產國際與中國革命」〉臺北，中央研究院近代史研究所主編「近代中國史研究通訊」第七期，民國七十八年三月，八頁。

15.〈評大陸版何著「抗日戰爭史」〉臺北，「歷史教學」雙月刊第二卷第一期，民國七十八年七月，五頁。

16.〈評大陸出版有關孫中山先生暨中國國民黨的幾種書籍〉臺北，中華民國史料研究中心編印「中國國民黨黨史資料和研究」，民國七十八年十一月。

17.〈評宋平著「蔣介石生平」〉　臺北　國史館出版「中國現代史書評選輯」第八輯，民國八十一年六月。

18.〈評介李、郭合編「中國國民黨簡史」〉（一八九四——一九四九）民國八十一年五月，臺北。

19.〈評蕭編「中國國民黨史」〉　民國八十一年八月，臺北。

20.〈評介宋著「中國國民黨史」〉　民國八十一年七月，臺北。

21.〈評大陸版苗編「中國國民黨史」〉　民國八十一年六月，臺北。

22.〈評宋春、于文藻等編「中國國民黨臺灣四十年史」（一九四九—一九八九）〉　民國八十三年，臺北。

23.〈談談黃著「國民黨在臺灣」的臺灣版〉　民國八十四年六月，臺北。

24.〈評尙著「孫中山與國民黨左派研究」〉　民國八十一年七月，臺北。

英文著述

1. *Admission of the Communists into the Kuomintang and the Purge* (1923－27) Reprinted from Synopsis of Monographical Studies on Chinese History and Social Sciences, Volume III, Published by

China Committee for Publication and Prize Awards, Taipei, Taiwan, Republic of China, April 1967.

2. *Sung Che-yuan and the Twenty-ninth Army.* New York, Columbia University paper, Origenal Copy, 1969.

3. *The Qrigins of the war*: Backgroud of the Lukouchiao Incident, July 7, 1937. Chapter I of Nationalist China During the Sino-Japanese War, 1937–1945. Edited by Paul K. T. Sih. New York, position Press, 1977.

4. *The Tung-Meng Hui and the* 1911, Revolution, Chinese Studies in History, Spring-Summer 1982/vol XV. No. 3–4, Chinese History Through Chines Eyes. Edited by Li yu-ning, pp. 76–89.

5. *A Reappraisal of the Party Purification Movement*, Chinese Studies in History, Spring 1988/vol xx Ⅰ, No. 3, pp. 51-75. Edited by Li yu-ning.

滄海叢刊書目（二）

國學類

先秦諸子繫年	錢　穆　著
朱子學提綱	錢　穆　著
莊子纂箋	錢　穆　著
論語新解	錢　穆　著
周官之成書及其反映的文化與時代新考	金春峰　著
尚書學述（上）、（下）	李振興　著
周易縱橫談	黃慶萱　著
考證與反思 ——從《周官》到魯迅	陳勝長　著

哲學類

哲學十大問題	鄔昆如　著
哲學淺論	張　康　譯
哲學智慧的尋求	何秀煌　著
哲學的智慧與歷史的聰明	何秀煌　著
文化、哲學與方法	何秀煌　著
人性記號與文明 ——語言・邏輯與記號世界	何秀煌　著
邏輯與設基法	劉福增　著
知識・邏輯・科學哲學	林正弘　著
現代藝術哲學	孫　旗　譯
現代美學及其他	趙天儀　著
中國現代化的哲學省思 ——「傳統」與「現代」理性結合	成中英　著
不以規矩不能成方圓	劉君燦　著
恕道與大同	張起鈞　著
現代存在思想家	項退結　著
中國思想通俗講話	錢　穆　著
中國哲學史話	吳怡、張起鈞　著
中國百位哲學家	黎建球　著
中國人的路	項退結　著

中國哲學之路	項退結 著
中國人性論	臺大哲學系主編
中國管理哲學	曾仕強 著
孔子學說探微	林義正 著
心學的現代詮釋	姜允明 著
中庸誠的哲學	吳怡 著
中庸形上思想	高柏園 著
儒學的常與變	蔡仁厚 著
智慧的老子	張起鈞 著
老子的哲學	王邦雄 著
當代西方哲學與方法論	臺大哲學系主編
人性尊嚴的存在背景	項退結編著
理解的命運	殷鼎 著
馬克斯・謝勒三論	阿弗德・休慈原著、江日新 譯
懷海德哲學	楊士毅 著
海德格與胡塞爾現象學	張燦輝 著
洛克悟性哲學	蔡信安 著
伽利略・波柏・科學說明	林正弘 著
儒家與現代中國	韋政通 著
思想的貧困	韋政通 著
近代思想史散論	龔鵬程 著
魏晉清談	唐翼明 著
中國哲學的生命和方法	吳怡 著
孟學的現代意義	王支洪 著
孟學思想史論（卷一）	黃俊傑 著
莊老通辨	錢穆 著
墨家哲學	蔡仁厚 著
柏拉圖三論	程石泉 著
倫理學釋論	陳特 著
儒道論述	吳光 著
新一元論	呂佛庭 著

宗教類

佛教思想發展史論	楊惠南 著
佛教思想的傳承與發展——印順導師九秩華誕祝壽文集	釋恆清主編

佛經成立史　水野弘元著、劉欣如譯
圓滿生命的實現（布施波羅密）　陳柏達著
薝蔔林・外集　陳慧劍著
維摩詰經今譯　陳慧劍譯註
龍樹與中觀哲學　楊惠南著
公案禪語　吳怡著
禪學講話　芝峰法師譯
禪骨詩心集　巴壺天著
中國禪宗史　關世謙著
魏晉南北朝時期的道教　湯一介著
佛學論著　周中一著
當代佛教思想展望　楊惠南著
臺灣佛教文化的新動向　江燦騰著
釋迦牟尼與原始佛教　于凌波著
唯識學綱要　于凌波著
從印度佛教到中國佛教　冉雲華著
中印佛學泛論
——傅偉勳六十大壽祝壽論文　藍吉富主編
禪史與禪思　楊惠南著

社會科學類

中華文化十二講　錢穆著
民族與文化　錢穆著
楚文化研究　文崇一著
中國古文化　文崇一著
社會、文化和知識分子　葉啟政著
儒學傳統與文化創新　黃俊傑著
歷史轉捩點上的反思　韋政通著
中國人的價值觀　文崇一著
奉天承運
——古代中國的「國家」概念及其正當性基礎　王健文著
紅樓夢與中國舊家庭　薩孟武著
社會學與中國研究　蔡文輝著
比較社會學　蔡文輝著
我國社會的變遷與發展　朱岑樓主編
三十年來我國人文社會科學之回顧與展望　賴澤涵編

社會學的滋味	蕭新煌 著
臺灣的國家與社會	徐正光、蕭新煌主編
臺灣的社區權力結構	文崇一 著
臺灣居民的休閒生活	文崇一 著
臺灣的工業化與社會變遷	文崇一 著
臺灣社會的變遷與秩序（政治篇）（社會文化篇）	文崇一 著
鄉村發展的理論與實際	蔡宏進 著
臺灣的社會發展	席汝楫 著
透視大陸	政治大學新聞研究所主編
寬容之路——政黨政治論集	謝延庚 著
憲法論衡	荊知仁 著
周禮的政治思想	周世輔、周文湘 著
儒家政論衍義	薩孟武 著
制度化的社會邏輯	葉啟政 著
臺灣社會的人文迷思	葉啟政 著
臺灣與美國的社會問題	蔡文輝、蕭新煌主編
自由憲政與民主轉型	周陽山 著
蘇東巨變與兩岸互動	周陽山 著
教育叢談	上官業佑 著
不疑不懼	王洪鈞 著
戰後臺灣的教育與思想	黃俊傑 著
太極拳的科學觀	馬承九編著
兩極化與分寸感——近代中國精英思潮的病態心理分析	劉笑敢 著
唐人書法與文化	王元軍 著
C 理論——易經管理哲學	成中英 著

史地類

國史新論	錢穆 著
秦漢史	錢穆 著
秦漢史論稿	邢義田 著
宋史論集	陳學霖 著
宋代科舉	賈志揚 著
中國人的故事	夏雨人 著
明朝酒文化	王春瑜 著

劉伯溫與哪吒城 ——北京建城的傳說	陳學霖 著
歷史圈外	朱　桂 著
歷史的兩個境界	杜維運 著
近代中國變局下的上海	陳三井 著
當代佛門人物	陳慧劍編著
弘一大師傳	陳慧劍 著
杜魚庵學佛荒史	陳慧劍 著
蘇曼殊大師新傳	劉心皇 著
近代中國人物漫譚	王覺源 著
近代中國人物漫譚續集	王覺源 著
魯迅這個人	劉心皇 著
沈從文傳	凌　宇 著
三十年代作家論	姜　穆 著
三十年代作家論續集	姜　穆 著
當代臺灣作家論	何　欣 著
史學圈裏四十年	李雲漢 著
師友風義	鄭彥棻 著
見賢集	鄭彥棻 著
思齊集	鄭彥棻 著
懷聖集	鄭彥棻 著
憶夢錄	呂佛庭 著
古傑英風 ——歷史傳記文學集	萬登學 著
走向世界的挫折 ——郭嵩燾與道咸同光時代	汪榮祖 著
周世輔回憶錄	周世輔 著
三生有幸	吳相湘 著
孤兒心影錄	張國柱 著
我這半生	毛振翔 著
我是依然苦鬥人	毛振翔 著
八十憶雙親、師友雜憶（合刊）	錢　穆 著
烏啼鳳鳴有餘聲	陶百川 著

語文類

標點符號研究	楊　遠 著

訓詁通論	吳孟復 著
入聲字箋論	陳慧劍 著
翻譯偶語	黃文範 著
翻譯新語	黃文範 著
翻譯散論	張振玉 著
中文排列方式析論	司琦 著
杜詩品評	楊慧傑 著
詩中的李白	楊慧傑 著
寒山子研究	陳慧劍 著
司空圖新論	王潤華 著
詩情與幽境 ——唐代文人的園林生活	侯迺慧 著
歐陽修詩本義研究	裴普賢 著
品詩吟詩	邱燮友 著
談詩錄	方祖燊 著
情趣詩話	楊光治 著
歌鼓湘靈 ——楚詩詞藝術欣賞	李元洛 著
中國文學鑑賞舉隅	黃慶萱、許家鶯 著
中國文學縱橫論	黃維樑 著
漢賦史論	簡宗梧 著
古典今論	唐翼明 著
亭林詩考索	潘重規 著
浮士德研究	李辰冬 譯
十八世紀英國文學 ——諷刺詩與小說	宋美瑛 著
蘇忍尼辛選集	劉安雲 譯
文學欣賞的靈魂	劉述先 著
小說創作論	羅盤 著
小說結構	方祖燊 著
借鏡與類比	何冠驥 著
情愛與文學	周伯乃 著
鏡花水月	陳國球 著
文學因緣	鄭樹森 著
解構批評論集	廖炳惠 著
細讀現代小說	張素貞 著

續讀現代小說	張素貞 著
現代詩學	蕭蕭 著
詩美學	李元洛 著
詩人之燈 ——詩的欣賞與評論	羅青 著
詩學析論	張春榮 著
修辭散步	張春榮 著
修辭行旅	張春榮 著
橫看成嶺側成峰	文曉村 著
大陸文藝新探	周玉山 著
大陸文藝論衡	周玉山 著
大陸當代文學掃描	葉穉英 著
走出傷痕 ——大陸新時期小說探論	張子樟 著
大陸新時期小說論	張放 著
大陸新時期文學（1977～1989） ——理論與批評	唐翼明 著
兒童文學	葉詠琍 著
兒童成長與文學	葉詠琍 著
累廬聲氣集	姜超嶽 著
林下生涯	姜超嶽 著
青　春	葉蟬貞 著
牧場的情思	張媛媛 著
萍踪憶語	賴景瑚 著
現實的探索	陳銘磻 編
一縷新綠	柴扉 著
金排附	鍾延豪 著
放　鷹	吳錦發 著
黃巢殺人八百萬	宋澤萊 著
泥土的香味	彭瑞金 著
燈下燈	蕭蕭 著
陽關千唱	陳煌 著
種　籽	向陽 著
無緣廟	陳艷秋 著
鄉　事	林清玄 著
余忠雄的春天	鍾鐵民 著

吳煦斌小說集	吳煦斌 著
卡薩爾斯之琴	葉石濤 著
青囊夜燈	許振江 著
我永遠年輕	唐文標 著
思想起	陌上塵 著
心酸記	李喬 著
孤獨園	林蒼鬱 著
離　訣	林蒼鬱 著
托塔少年	林文欽 編
北美情逅	卜貴美 著
日本歷史之旅	李希聖 著
孤寂中的迴響	洛夫 著
火天使	趙衛民 著
無塵的鏡子	張默 著
關心茶 ——中國哲學的心	吳怡 著
放眼天下	陳新雄 著
生活健康	卜鍾元 著
文化的春天	王保雲 著
思光詩選	勞思光 著
靜思手札	黑野 著
狡兔歲月	黃和英 著
老樹春深更著花	畢璞 著
列寧格勒十日記	潘重規 著
文學與歷史 ——胡秋原選集第一卷	胡秋原 著
晚學齋文集	黃錦鋐 著
天山明月集	童山 著
古代文學精華	郭丹 著
山水的約定	葉維廉 著
明天的太陽	許文廷 著
在天願作比翼鳥 ——歷代文人愛情詩詞曲三百首	李元洛 輯注
千葉紅芙蓉 ——歷代民間愛情詩詞曲三百首	李元洛 輯注
鳴酬叢談	李飛鵬 編纂